Schritte
international NEU 1
Niveau A1/1

Deutsch als Fremdsprache
Lehrerhandbuch

Susanne Kalender
Petra Klimaszyk
Isabel Krämer-Kienle

Hueber Verlag

Symbole / Piktogramme

⬌	Binnendifferenzierung
⚠	Achtung
👄	Ausspracheübung
TiPP	methodisch-didaktischer Tipp
🌐	Hinweise zur Mehrsprachigkeit
ZDM	Hier kann eine bestimmte Aufgabe aus der Rubrik „Zwischendurch mal …" eingeschoben werden.
🎬	Zu dieser Aufgabe gibt es einen Film.
Länderinfo	landeskundliche Informationen zu Deutschland, Österreich und der Schweiz

Abkürzungen

EA:	Einzelarbeit
GA:	Gruppenarbeit
HA:	Hausaufgabe
PA:	Partnerarbeit
PL:	Plenum
WPA:	wechselnde Partnerarbeit
IWB:	interaktives Whiteboard

3. 2. 1.   Die letzten Ziffern
2020 19 18 17 16   bezeichnen Zahl und Jahr des Druckes.
Alle Drucke dieser Auflage können, da unverändert, nebeneinander benutzt werden.
1. Auflage
© 2016 Hueber Verlag GmbH & Co. KG, München, Deutschland
Redaktion: Annegret Gerleit /Büro Veronika Kirschstein, Lektorat und Projektmanagement, Gondelsheim
Zeichnungen: Hueber Verlag /Jörg Saupe
Fotos: Hueber Verlag/Matthias Kraus
Umschlaggestaltung: Sieveking · Agentur für Kommunikation, München und Berlin
Gestaltung und Satz: Sieveking · Agentur für Kommunikation, München und Berlin
Druck und Bindung: Friedrich Pustet GmbH & Co. KG, Regensburg
Printed in Germany
ISBN 978–3–19–311082–4

Art. 530_19782_001_01

Inhalt

Schritte international Neu ist die umfassende Neubearbeitung des Lehrwerks *Schritte international*.

1 Rahmenbedingungen

Schritte international Neu ist ein Lehrwerk für Lernende auf den Niveaustufen A1, A2 und B1 des Gemeinsamen Europäischen Referenzrahmens (GER), die in einem deutschsprachigen Land leben oder arbeiten möchten. Ziel ist es, den Lernenden die Integration in Alltag und Beruf zu erleichtern und alltägliche Situationen sprachlich zu bewältigen.

Schritte international Neu geht bei der Stoffauswahl von den Vorgaben des GER aus und deckt die Lernziele des Rahmencurriculums für Integrationskurse des Bundesamts für Migration und Flüchtlinge sowie die Prüfungsvorgaben der Prüfungen *Start Deutsch 1* und *2*, des *Deutsch-Tests für Zuwanderer (DTZ)* und des *Zertifikats Deutsch* ab.

2 Aufbau *Schritte international Neu*

2.1 *Schritte international Neu* in sechs oder drei Bänden

Schritte international Neu liegt in einer sechsbändigen Ausgabe (Arbeitsbuch integriert) und einer dreibändigen Ausgabe (Arbeitsbuch separat) vor:

Schritte international Neu 1 *Schritte international Neu 2* oder *Schritte international Neu 1+2*	A1 / *Start Deutsch 1*
Schritte international Neu 3 *Schritte international Neu 4* oder *Schritte international Neu 3+4*	A2 / *Start Deutsch 2*
Schritte international Neu 5 *Schritte international Neu 6* oder *Schritte international Neu 5+6*	B1 / *Deutsch-Test für Zuwanderer, Zertifikat Deutsch*

2.2 Die Bestandteile von *Schritte international Neu*

Schritte international Neu bietet ein umfangreiches Angebot an Materialien und Medien, die aufeinander abgestimmt und eng miteinander verzahnt sind:

- ✓ • ein Kursbuch
- ✓ • ein Arbeitsbuch mit integrierter Audio-CD
- ✓ • ein Medienpaket mit den Audio-CDs zum Kursbuch und einer DVD mit den Filmen zum Kursbuch
- • eine digitale Ausgabe von Kursbuch und Arbeitsbuch mit allen Audios und Filmen
- • eine App mit allen Audios und Filmen zu Kurs- und Arbeitsbuch
- ✓ • ein Lehrerhandbuch
- • Glossare zu verschiedenen Ausgangssprachen
- • Intensivtrainer
- • Berufstrainer
- • Testtrainer
- • eine Übungsgrammatik

Der Lehrwerkservice im Internet unter www.hueber.de/schritte-international-neu enthält u. a.:

- • ausführliche Unterrichtspläne zu Kurs- und Arbeitsbuch
- • zahlreiche Kopiervorlagen, z. B. zu den Transferaufgaben/Aktivitäten im Kurs und den Filmen
- • ein Lerner-Portfolio
- • interaktive Zusatzübungen für die Lernenden zu den Selbsttests im Arbeitsbuch

Der Lehrwerkservice wird sukzessive immer wieder mit aktuellen Informationen und zusätzlichen Angeboten für den Unterricht ergänzt.

2.3 Medienüberblick: Die Verfügbarkeit von Filmen, Hörtexten, interaktiven Übungen und Kopiervorlagen

Material	eingelegte Audio-CD im KB/AB	Medienpaket	Lehrwerkservice www.hueber.de/ schritte-international-neu	App*	LHB
Hörtexte Kursbuch		x	x	x	
Hörtexte Arbeitsbuch	x			x	
Audio-Dateien zur Foto-Hörgeschichte		x	x	x	
Foto-Hörgeschichte als Slide-Show		x		x	
„Laras Film"		x TA?		x	
Kopiervorlagen zu „Laras Film"			x TA?		
Filme zu „Zwischendurch mal ..."		x		x	
Audiotraining		x	x	x	
Videotraining		x		x	
Lektionstests					x
Kopiervorlagen zu den Lernschritten					x
Kopiervorlagen zu den Aktivitäten im Kurs			x		
Interaktive Übungen zu den Selbsttests im AB			x		
Kopiervorlagen zum Portfolio			x		

* Mit der neuen, kostenlosen *Schritte international Neu*-App können alle Filme und Hörtexte ganz einfach per Smartphone oder Tablet direkt aus dem Buch heraus abgerufen werden. Sie sind jederzeit verfügbar und somit ideal einsetzbar für das individuelle Lernen und Wiederholen. Die App ist im App Store oder Google Play Store verfügbar.

3 Das Kursbuch

Jeder Band von *Schritte international Neu* enthält sieben Lektionen.
Diese folgen einem klaren und einheitlichen Aufbau.

Aufbau einer Lektion

Die Foto-Hörgeschichte
Motivierender Einstieg über eine Foto-Hörgeschichte mit hoher Identifikationsmöglichkeit für die Lernenden

Konzeption — Das Kursbuch

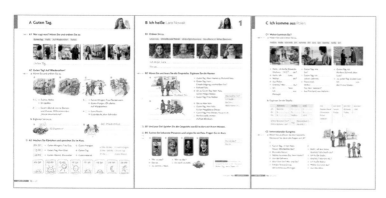

Die Seiten A bis C
Einführung und Einübung des neuen Lernstoffs in abgeschlossenen Einheiten

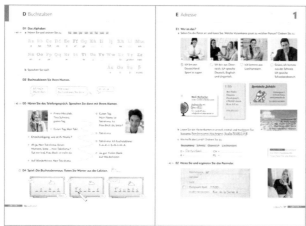

Die Seiten D und E
Training und Erweiterung der rezeptiven und produktiven Fertigkeiten

Die Seiten „Grammatik und Kommunikation"
- Übersicht über Grammatikstrukturen und Redemittel, dazu Übungen, Tipps, Visualisierungen und Merkhilfen
- Übersicht über Lernziele und Möglichkeit zur Selbstevaluation
- Verweis auf Videotraining und Audiotraining

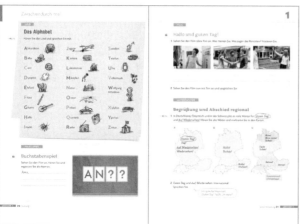

Die Seiten „Zwischendurch mal …"
Fakultatives Angebot mit Filmen, Projekten etc. zum variablen Einsatz im Unterricht

TA

3.1. Die Foto-Hörgeschichte

Jede Lektion beginnt mit einer Foto-Hörgeschichte. Die Lernenden begleiten die junge Deutschlernerin Lara in ihrem Alltag. Dadurch wird ein motivierender Einstieg geschaffen, der nah an der Lebenssituation der Lernenden ist und durch die emotional ansprechenden Inhalte zu größeren Lernerfolgen führt.

Die Foto-Hörgeschichte bildet den sprachlichen und thematischen Rahmen der Lektion: Sie führt die Kommunikationsmittel und den grammatischen Stoff in einer zusammenhängenden Episode ein und entlastet damit den Lernstoff. Zugleich trainiert sie das globale Hörverstehen. Die Geschichte kann über die Audios 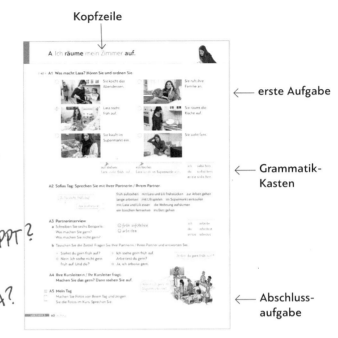 gehört werden, während die Lernenden parallel die Fotos im Kursbuch ansehen. Sie steht aber auch als Slide-Show zur Verfügung und kann im Unterricht am interaktiven Whiteboard gezeigt werden (→ siehe „2.3 Medienüberblick" auf S. 5).

„Laras Film" / „Tims Film"
Ergänzt wird die Foto-Hörgeschichte jeweils durch einen kleinen Film („Laras Film" / „Tims Film").

Laras Film

Diese Filmsequenzen erzählen kurze Alltagsszenen aus der Perspektive der Hauptfiguren Lara und Tim und lassen diese dadurch noch lebendiger werden. Darüber hinaus wird das Hör-Sehverstehen geschult. Diese Filme sind fakultativ einsetzbar und können gemeinsam im Unterricht angesehen werden, eignen sich aber auch gut zum selbstständigen Nachbereiten und Ansehen zuhause. Eine Kurzbeschreibung des Filminhalts sowie konkrete Vorschläge, an welchen Stellen die Filme im Unterrichtsablauf der Lektion eingesetzt werden können, finden Sie in diesem Lehrerhandbuch am Ende der Hinweise zu den Foto-Hörgeschichten. Tipps, Hinweise zum Einsatz im Unterricht sowie Kopiervorlagen zu den Filmen finden Sie im Lehrwerkservice unter www.hueber.de/schritte-international-neu (→ siehe „2.3 Medienüberblick" auf S. 5)

3.2 Die Seiten A bis C

Die **Kopfzeile** enthält ein Zitat aus der Foto-Hörgeschichte und repräsentiert den Lernstoff der Seite. Die neue Struktur ist fett hervorgehoben. So können Sie und die TN sich rasch orientieren.

Kopfzeile

erste Aufgabe

Grammatik-Kasten

Abschlussaufgabe

Die **erste Aufgabe** dient der Einführung des neuen Stoffs. Sie bezieht sich ebenfalls im weiteren Sinne auf die Foto-Hörgeschichte und schafft damit den inhaltlichen und sprachlichen Kontext für die neu zu erlernenden Strukturen.

Der **Grammatik-Kasten** fasst den Lernstoff übersichtlich zusammen und macht ihn bewusst. In den **folgenden Aufgaben** üben die TN den Lernstoff zunächst gelenkt und dann in freierer Form.

Die **Abschlussaufgabe** ist mit dem Piktogramm gekennzeichnet und dient dem Transfer des Gelernten in den persönlichen Anwendungsbereich (z. B. über sich selbst sprechen oder schreiben, seine Meinung sagen) oder bietet die Möglichkeiten, den Lernstoff auf spielerische Art und Weise aktiv und interaktiv anzuwenden. Manche Aufgaben sind zusätzlich mit dem Piktogramm versehen. Dieses weist darauf hin, dass die TN bei dieser Aufgabe ihr Smartphone oder Tablet nutzen können. Hinweise dazu finden Sie in diesem Lehrerhandbuch jeweils bei den didaktischen Vorschlägen zu den entsprechenden Aufgaben. Der Einsatz dieser Medien ist jedoch fakultativ!
Hinweis: Zur Vereinfachung und Unterstützung Ihrer Unterrichtsvorbereitung finden Sie zu vielen der Abschlussaufgaben Kopiervorlagen im Lehrwerkservice unter www.hueber.de/schritte-international-neu.

3.3 Die Seiten D und E

Die Seiten D und E dienen der Vertiefung und Erweiterung
der vier Fertigkeiten Lesen – Hören – Schreiben – Sprechen.
Die Textsorten zu den Fertigkeiten Lesen und Hören ent-
sprechen ebenso den Anforderungen der Niveaustufe A1
wie die Sprech- und Schreibanlässe (→ siehe „5.2 Fertigkeitstraining" auf S. 12).

3.4 Übersicht: Grammatik und Kommunikation

Diese Doppelseite gibt einen Überblick über die neue
Grammatik und die wichtigen Wendungen der Lektion.
Mithilfe der Übersicht kann der Stoff der Lektion selbstständig wiederholt und nachgeschlagen werden. Die
Übersicht enthält zudem Verweise auf die *Schritte Übungsgrammatik*.
Darüber hinaus soll auf dieser Seite mit kleinen Aufgaben,
Tipps, Merkhilfen und Visualisierungen auch wiederholend
und vertiefend gearbeitet werden. Diese sind den Gramma-
tiktabellen oder den Redemittelkästen jeweils am rechten
Rand direkt zugeordnet. Auf dieses Zusatzangebot kann
entweder im Unterricht eingegangen werden oder Sie weisen Ihre Lerner darauf hin, wie sie mit diesen Seiten sinnvoll
eigenständig arbeiten und sie zum Nachschlagen nutzen
können. Entsprechende Hinweise finden Sie in diesem
Lehrerhandbuch auf den Seiten 18/19 und in den didaktischen Hinweisen direkt bei den Aufgaben mit den jeweiligen Grammatikthemen bzw. Wendungen. Sollten mehrere
Verweise zu einem Grammatik-Teil vorkommen, dann steht
die kurze Anleitung an der „Hauptstelle" und von den
„Nebenstellen" wird auf die Hauptstelle verwiesen.

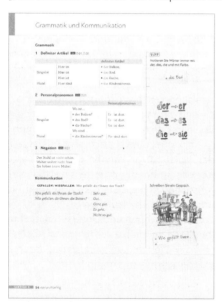

Die Rubriken „Videotraining" und „Audiotraining" verweisen
auf ein umfangreiches fakultatives Trainingsangebot, das
Lernende und Lehrende im Medienpaket, im Internet
und über Smartphone /Tablet abrufen können. (→ siehe
„2.3 Medienüberblick" auf S. 5).

Eine Kurzbeschreibung des Inhalts und mögliche Vorge-
hensweisen finden Sie in diesem Lehrerhandbuch unter
→ „5.12 Arbeit mit den Übersichtsseiten ‚Grammatik und
Kommunikation'" auf den Seiten 18/19 und direkt in den
didaktischen Hinweisen zur jeweiligen Lektion.

Audiotraining
Das Audiotraining umfasst jeweils drei Übungen zum Wiederholen, Üben und mündlichen Einschleifen der wichtigen
Wendungen der Lektion.
Sie können die Übungen zum Videotraining und Audiotraining anfangs in den Unterricht integrieren, um Ihre TN mit
diesen Übungsformen vertraut zu machen und sie später
zur selbstständigen Beschäftigung mit diesem Zusatzangebot anregen.

Videotraining
Kleine Filmsequenzen mit den Hauptdarstellern der Foto-
Hörgeschichte zeigen wichtige Redemittel und Strukturen
der Lektion in kleinen Spielszenen und bieten ein aktives
Übungsangebot für die Lernenden. Zu jeder Lektion gibt es
einen Film, in dem wichtige Wendungen der Lektion präsentiert werden sowie einen weiteren Film, in dem die Lernenden aktiv einbezogen werden und durch Nachsprechen oder
Variieren von Redemitteln das Gelernte festigen können.

Den Abschluss der Doppelseite bildet die Übersicht über
die Lernziele der Lektion. Diese schafft Transparenz und eignet sich zur Selbstevaluierung. Sie ist nach den Lernschritten
A bis E gegliedert (→ siehe „5.12 Arbeit mit den Übersichtsseiten ‚Grammatik und Kommunikation'" auf S. 19).

3.5 Zwischendurch mal …

Auf diesen Doppelseiten finden Sie zwei bis vier kleine
Angebote, die Sie fakultativ im Kurs einsetzen oder zur
Binnendifferenzierung nutzen können.

Die Rubriken sind: LIED FILM SPIEL LANDESKUNDE PROJEKT COMIC SCHREIBEN LESEN HÖREN

Der Schwerpunkt dieser Aufgaben und Projekte liegt nicht mehr auf dem Erwerb und Einüben von Strukturen, sondern die Lernenden können hier das in der Lektion erworbene Wissen aktiv und oft spielerisch anwenden und erweitern. Diese Zusatzangebote sind völlig unabhängig voneinander und an verschiedenen Stellen der Lektion einsetzbar. Eine Beschreibung der Einsatzmöglichkeiten finden Sie in diesem Lehrerhandbuch unter „Zwischendurch mal …" in der jeweiligen Lektion. Die Stellen im Unterrichtsablauf, an denen ein Angebot aus „Zwischendurch mal …" eingesetzt werden könnte, sind mit diesem Symbol ZDM gekennzeichnet.

4 Das Arbeitsbuch

Im Arbeitsbuch finden Sie vielfältige Übungen und Aufgaben zu den Lernschritten A bis E für die Still- und Partnerarbeit im Kurs oder als Hausaufgabe. Auch hier erscheinen – wie auf der entsprechenden Kursbuchseite – in der Kopfzeile ein Zitat und ein Foto aus der Foto-Hörgeschichte als Strukturierungs- und Memorierungshilfe.

4.1 Basisübungen – Vertiefungsübungen – Erweiterungsübungen

Die Übungen und Aufgaben berücksichtigen unterschiedliche Lernniveaus innerhalb des Kurses und bieten so Möglichkeiten zur Binnendifferenzierung. Die Aufgaben sind folgendermaßen gekennzeichnet:
- Keine Kennzeichnung: Basisübungen für alle TN
- ◇ : vertiefende Übungen für TN, die noch mehr üben wollen/müssen
- ❖ : erweiternde Übungen als Zusatzangebot oder Alternative für schnellere TN
- Lerntipps unterstützen die TN beim Lösen einer Übung, indem sie aufgabenspezifische Hinweise geben, z. B. zum Wortschatzerwerb oder zu einer bestimmten Strategie.

4.2 Die Rubriken
Neben den oben beschriebenen Basis-, Vertiefungs- und Erweiterungsübungen finden Sie im Arbeitsbuch folgende Aufgaben:
- **Schreibtraining:** eine Schreibaufgabe, passend zum Thema und den neuen Inhalten jeder Lektion
- **Grammatik entdecken:** Aufgaben, die neue Grammatikphänomene durch die Art der Aufgabenstellung bewusst machen und zum eigenen Entdecken des neuen Stoffs einladen
- **Prüfung:** Aufgaben, die in ihrem Aufbau genau den gängigen Prüfungsformaten der Prüfungen *Start Deutsch 1* und *2* sowie des *Zertifikats Deutsch* folgen und zur Prüfungsvorbereitung eingesetzt werden können

- **Phonetik:** ein systematisches Aussprachetraining mit Übungen passend zur Lektion, das sich je nach Bedarf der TN gut in den Unterrichtsablauf integrieren lässt
- **Mehrsprachigkeit:** Aufgaben, die die Möglichkeit zum Vergleich mit der Muttersprache oder anderen Sprachen bieten

4.3 Der Selbsttest
Den Abschluss jeder Arbeitsbuchlektion bildet ein Lernertest zur Selbstevaluation.

- drei Rubriken: Wörter – Grammatik –Kommunikation
- Punkteauswertung mit „Ampelsystem"
- Vertiefungs- und Erweiterungsübungen im Lehrwerkservice unter www.hueber.de/schritte-international-neu/lernen

4.4 Die Fokus-Seiten
Die Inhalte der Fokus-Seiten am Ende jeder Arbeitsbuchlektion orientieren sich an konkreten Sprachhandlungen, die im Berufsalltag der TN eine Rolle spielen. Sie greifen Lernziele auf, die im Rahmencurriculum für Integrationskurse festgeschrieben sind. Die Fokus-Seiten können fakultativ – jeweils den Bedürfnissen und Lerninteressen der TN entsprechend – im Unterricht behandelt werden. Methodisch-didaktische Hinweise zu jeder Lektion finden Sie in diesem Lehrerhandbuch.

4.5 Der Lernwortschatz
Am Ende des Arbeitsbuchs gibt es auf den Seiten LWS 1 – LWS 26 ein integriertes „Wörterlernheft" in Form einer Liste mit dem Lernwortschatz und Visualisierungen zu Kernthemen der Lektion. Der Lernwortschatz ist chronologisch nach Lektionen sortiert und innerhalb der Lektion den Aufgaben zur Foto-Hörgeschichte sowie den Lernschritten A–E zugeordnet. Die TN können eigene Übersetzungen in ihrer Muttersprache ergänzen. Es gibt mehrere Memorierungshilfen für die TN: Zu jedem Wort gibt es einen Kontextsatz,

der das Lernen des Wortes unterstützt. Zudem sind die Nomen mit farbigen Genuspunkten und Artikeln versehen. Am Ende des Lernwortschatzes jeder Lektion finden die TN eine bebilderte Darstellung eines Wortfeldes sowie einen Lerntipp zum Wörterlernen.

4.6 Die Grammatikübersicht

Am Ende des Buches befindet sich eine Übersicht über den gesamten Grammatikstoff des Bands zum Nachschlagen. Die Übersicht enthält Verweise auf das Vorkommen in den Lektionen sowie auf die *Schritte Übungsgrammatik*.

5 Methodisch-didaktische Grundlagen und praktische Tipps

5.1 Arbeit mit der Foto-Hörgeschichte

Der Einstieg in jede Lektion erfolgt über eine Foto-Hörgeschichte. Diese ...

- ist authentisch: Die Sprache wird im Kontext vorgestellt. Die Lernenden können sich intensiv mit einer Geschichte auseinandersetzen, wodurch das Memorieren von Wörtern und Strukturen erleichtert und verbessert wird.
- ist motivierend: Die Fotos erleichtern eine situative und lokale Einordnung der Geschichte und aktivieren das Vorwissen. Durch die Kombination von Foto und Hörtext/ Geräuschen verstehen die Lernenden eine zusammenhängende Episode. Sie erkennen, dass sie am Ende der Lektion in der Lage sein werden, eine ähnliche Situation sprachlich zu meistern.
- macht neugierig: Die Geschichten sind so amüsant, dass sie das Interesse der Lernenden wecken und zur Identifikation einladen.
- vermittelt implizit Landeskunde und regt zu interkulturellen Betrachtungen an.

Neben den Audio-Dateien steht Ihnen die Foto-Hörgeschichte auch als „Slide-Show" zur Verfügung. Diese können Sie im Unterricht am interaktiven Whiteboard abspielen und haben damit eine direkte Verknüpfung von Bild und Ton. Alternativ können die TN die Slide-Show zur Nachbereitung auf dem Smartphone oder Tablet ansehen (→ siehe „2.3 Medienüberblick" auf S. 5).

„Laras Film" / „Tims Film"

Die Foto-Hörgeschichte wird ergänzt durch kleine Filme. Jede Filmsequenz passt zur Foto-Hörgeschichte und erweitert das Thema der Foto-Hörgeschichte um einen Aspekt aus der Perspektive der Hauptfiguren Lara und Tim. Die Hauptfiguren erzählen in kleinen „Handyfilmen" ergänzende Geschichten aus ihrem Alltag. Dies lässt Geschichte und Figuren lebendiger werden, vermittelt darüber hinaus vertiefende landeskundliche Inhalte und bietet motivierende Sprechanlässe.

Praktische Tipps:
Arbeit mit der Foto-Hörgeschichte

Beginnen Sie den Unterricht nicht direkt mit dem Hören der Geschichte. Die TN lösen zu jeder Episode Aufgaben vor dem Hören, während des Hörens und nach dem Hören. Generell sollten Sie die Geschichte so oft wie nötig vorspielen und ggf. an entscheidenden Passagen stoppen. Achten Sie darauf, jede Episode mindestens einmal durchgehend vorzuspielen.
Hören Sie am Ende jeder Lektion die Geschichte mit den TN noch einmal. Das ermutigt sie, denn sie können erleben, wie viel sie im Vergleich zum allerersten Hören nun schon verstehen, und das fördert die Motivation.

Aufgaben vor dem Hören

Die Aufgaben vor dem Hören machen eine situative Einordnung der Geschichte möglich. Sie führen neue, für das Verständnis wichtige Wörter der Geschichte ein und lenken die Aufmerksamkeit auf die im Text wichtigen Passagen und Schlüsselwörter. Für die Vorentlastung bieten sich außerdem viele weitere Möglichkeiten:

Fotosalat und Satzsalat

Kopieren Sie die Fotos und schneiden Sie die einzelnen Fotos aus. Achten Sie darauf, die Nummerierung auf den Fotos wegzuschneiden. Die Bücher bleiben geschlossen. Verteilen Sie je ein Fotoset an Kleingruppen mit 3 bis 4 TN. Die TN legen die Fotos in eine mögliche Reihenfolge, hören die Geschichte mit geschlossenen Büchern und vergleichen die Foto-Hörgeschichte mit ihrer Reihenfolge. Sie korrigieren ggf. ihre Reihenfolge.
Diese Übung kann um Satzkarten erweitert werden: Schreiben Sie zu den Fotos einfache Sätze oder Zitate aus der Geschichte auf Kärtchen, die die TN dann den Fotos zuordnen. Sie können hier auch zwischen geübteren und ungeübteren TN differenzieren, indem Sie geübteren TN weniger Vorgaben und Hilfen an die Hand geben als den ungeübteren.
Auf fortgeschrittenerem Niveau können sich die TN zu ihrer Reihenfolge der Fotos eine kleine Geschichte ausdenken oder Minidialoge schreiben. Ihre Geschichte können sie dann beim Hören mit dem Hörtext vergleichen.

Poster

Jede Foto-Hörgeschichte gibt es auch als großes Poster, das Sie im Kursraum aufhängen können oder für einen Fotosalat verwenden können. Wenn Sie nur ein Poster haben, geben Sie je ein aus dem Poster ausgeschnittenes Foto an eine Kleingruppe. Die Gruppen versuchen dann, den richtigen Platz in der Geschichte für ihr Foto zu finden, und entwickeln eine gemeinsame Reihenfolge. So müssen sich alle beteiligen und mitreden. Alternativ können die TN aus ihrer Gruppe auch je einen TN bestimmen, der sich mit den anderen gewählten TN vor dem Kurs in der richtigen Reihenfolge aufstellen muss, sodass diese TN die Reihenfolge der Geschichte bilden und das Foto vor sich halten. Das macht Spaß, weil die TN sich bewegen müssen und womöglich mehrmals umgestellt werden, bis alle mit der Reihenfolge einverstanden sind.

Hypothesen bilden

Verraten Sie den TN nur die Überschrift der Lektion und zeigen Sie ggf. noch eines der Fotos auf Folie. Die TN spekulieren, soweit es die Sprachkenntnisse zulassen, worum es in der Geschichte gehen könnte (Wo? Wer? Was? Wie viele? Wie? Warum?). Oder die TN sehen sich die Fotos im Buch an und stellen Vermutungen über den Verlauf der Handlung an. Das motiviert und macht auf die Geschichte neugierig. Zudem wird das spätere Hören in der Fremdsprache erleichtert, weil eine bestimmte Hör-Erwartung aufgebaut wird. Fortgeschrittenere Anfänger können sich im Vorfeld Minigespräche zu den Fotos überlegen und ein kleines Rollenspiel machen. Nach dem Hören vergleichen sie dann ihren Text mit dem Hörtext.

Situationsverwandte Bilder/Texte

Vielleicht finden Sie einen passenden Text oder ein Bild / einen Comic, den Sie verwenden können, um in das Thema einzuführen und unbekannten Wortschatz zu klären. Diese Übungsform eignet sich, wenn Sie erst ganz allgemein auf ein Thema hinführen wollen, ohne die Fotos aus der Foto-Hörgeschichte schon zu zeigen. Zeigen Sie z. B. beim Thema „Einkauf" das Bild eines gefüllten Einkaufskorbs. Die TN nennen die ihnen bekannten Lebensmittel. Dadurch wird das Vorwissen der TN aktiviert.

Aufgaben während des Hörens

Die TN sollten die Geschichte mindestens einmal durchgehend hören, damit der vollständige Zusammenhang gegeben ist. Dabei ist es nicht wichtig, dass die TN sofort alles erfassen. Sie haben verschiedene Möglichkeiten, den TN das Verstehen zu erleichtern:

Mitzeigen

Beim Wechsel von einem Foto zum nächsten ist ein „Klick" zu hören, der es den TN erleichtert, dem Hörtext zu folgen. Bei jedem Klick können die TN wieder in die Geschichte einsteigen und mithören, falls sie den Faden einmal verloren haben sollten. Als weitere Hilfestellung können Sie zumindest in den ersten Stunden einen TN bitten, auf dem Poster der Foto-Hörgeschichte mitzuzeigen. Die übrigen TN zeigen in ihrem Buch mit, sodass Sie kontrollieren können, ob alle der Geschichte folgen können.

Wort-/Bildkärtchen

Stellen Sie im Vorfeld Kärtchen mit Informationen aus der Foto-Hörgeschichte her (z. B. Lektion 5: Bild- oder Verbkärtchen mit den Tätigkeiten der Familie). Die TN hören die Geschichte mit geschlossenen Büchern und legen die Kärtchen während des Hörens in die Reihenfolge, in der die Informationen in der Geschichte vorkommen.

Antizipation

Wenn die TN wenig Verständnisschwierigkeiten beim Hören haben bzw. wenn die TN schon geübter sind, können Sie die Foto-Geschichte natürlich auch während des Hörens immer wieder stoppen und die TN ermuntern, über den Fort- und Ausgang der Geschichte zu spekulie-

ren. Allerdings sollten Sie die Geschichte im Anschluss auch einmal durchgehend vorspielen.

Aufgaben nach dem Hören

Die Aufgaben nach dem Hören dienen dem Heraushören von Kernaussagen. Sie überprüfen, ob die Handlung global verstanden wurde. Lesen Sie die Aufgaben gemeinsam mit den TN, geben Sie Gelegenheit zu Wortschatzfragen und spielen Sie die Geschichte noch weitere Male vor, um den TN das Lösen der Aufgaben zu erleichtern. Stoppen Sie die Geschichte ggf. an den entscheidenden Passagen, um den TN Zeit für die Eintragung ihrer Lösung zu geben. Darüber hinaus können Sie die Foto-Hörgeschichte für weitere spielerische Aktivitäten im Unterricht nutzen und so den Wortschatz festigen und erweitern:

Rollenspiele

Vor allem schon geübtere TN können kleine Gespräche zu einem oder mehreren Fotos schreiben. Diese Gespräche werden dann vor dem Plenum als kleine Rollenspiele nachgespielt oder mit dem Smartphone aufgenommen und dann gezeigt. Regen Sie die TN auch dazu an, die Geschichte weiterzuentwickeln und eine Fortsetzung zu erfinden.

Pantomime

Stoppen Sie das Audio beim zweiten oder wiederholten Hören jeweils nach der Rede einer Person. Bitten Sie die TN, in die jeweilige Rolle zu schlüpfen. Lassen Sie die TN pantomimisch darstellen, was sie soeben gehört haben. Fahren Sie dann mit der Foto-Hörgeschichte fort. Wenn die TN schon geübter sind, können die TN die Geschichte pantomimisch mitspielen, während Sie diese noch einmal vorspielen.

Kursteilnehmerdiktat

Die TN betrachten die Fotos. Ermuntern Sie einen TN, einen beliebigen Satz zu einem der Fotos zu sagen, z. B. „Heute ist das Wetter gut." Alle TN schreiben diesen Satz auf. Ein anderer TN setzt die Aktivität fort, z. B. „Wir machen heute ein Picknick." etc. So entsteht eine kleine Geschichte oder ein Dialog. Die TN sollten auch eine Überschrift für ihren gemeinsam erarbeiteten Text finden. Schreiben Sie oder einer der TN auf der Rückseite der Tafel oder auf Folie mit, damit die TN abschließend eine Möglichkeit zur Korrektur ihrer Sätze haben. Diese Übung trainiert nicht nur eine korrekte Orthografie, sondern dient auch der Wiederholung und Festigung von Wortschatz und Redemitteln.

Situationsverwandte Bilder/Texte

Auch nach dem Hören können Sie situationsverwandte Bilder oder Texte zur Vertiefung des Themas der Foto-Hörgeschichte nutzen. Die TN können die Unterschiede zwischen der Foto-Hörgeschichte und dem Text oder der Situation herausarbeiten. So könnte z. B. in Lektion 6 mithilfe einer Statistik über das Freizeitverhalten der Deutschen dargestellt werden, welchen Freizeitaktivitäten die Deutschen nachgehen.
Texte oder Bilder können auch in eine andere Situation überleiten und nach dem Hören der Foto-Hörgeschichte zur Erweiterung eingesetzt werden (z. B. Lektion 3: Einkaufen auf dem Markt; weiterführend: Einkäufe in der Bäckerei,

in der Fleischerei, im Schreibwarengeschäft). Damit werden Wörter und Redemittel in einen anderen Zusammenhang transferiert und erweitert. Sie können so individuell auf die Interessen Ihres Kurses eingehen.

Phonetik

Die Foto-Hörgeschichte bietet sich sehr gut für das Aussprachetraining an, denn sie enthält viele für den Alltag wichtige Redemittel, die sich gut als Formeln merken lassen. Greifen Sie wesentliche Zitate/Passagen aus der Geschichte heraus, spielen Sie diese isoliert vor und lassen Sie die TN diese Sätze nachsprechen. Der Hörspielcharakter und der situative Bezug innerhalb der Foto-Hörgeschichte erleichtern den TN das Memorieren solcher Redemittel. Außerdem lernen die TN, auch emotionale Aspekte (Empörung, Freude, Trauer, Wut, Mitgefühl …) auszudrücken. Schließlich kommt es nicht nur darauf an, was man sagt, sondern vor allem darauf, wie man es sagt. In jeder Sprache werden ganz unterschiedliche Mittel benutzt, um solche emotionalen Aspekte auszudrücken.

Nicht zuletzt können auch Modalpartikeln wie „doch", „aber", „eben" unbewusst eingeschliffen werden. Die Bedeutung von Modalpartikeln zu erklären ist im Anfängerunterricht schwierig und daher oft wenig sinnvoll. Mithilfe der Zitate aus der Foto-Hörgeschichte können die TN diese aber verinnerlichen und automatisch anwenden, ohne dass Erklärungen erforderlich sind.

Praktische Tipps:
Arbeit mit „Laras Film / Tims Film"

Es gibt mehrere Möglichkeiten für den Einsatz im Kurs:

- Sie können die Filme im Unterricht zeigen, nachdem Sie die Foto-Hörgeschichte durchgearbeitet haben. In diesem Lehrerhandbuch finden Sie Hinweise dazu, wie und wann Sie die Filme im Unterricht einsetzen können. Darüber hinaus gibt es im Lehrwerkservice unter www.hueber.de/schritte-international-neu Arbeitsblätter zu jedem Film, die Sie im Kurs bearbeiten können (→ siehe „2.3 Medienüberblick" auf S. 5).
- Sie können die Filme im Unterricht auch als motivierenden Abschluss der Lektion zeigen.
- Die TN können die Filme nutzen, um ihr eigenes Verständnis des Lektionsstoffs zu überprüfen.
- Die Filme bieten neben der Foto-Hörgeschichte eine situative und authentische Einbindung des Lernstoffs, sodass die TN sehen, wo und wie sie das Gelernte umsetzen können.
- Die TN nutzen die Filmvorlage für entsprechende eigene kleine Handyfilme, z. B. im Rahmen eines kleinen Projekts. Anschließend zeigen die TN ihre Filme im Kurs oder stellen sie auf die Lernplattform.
- Alternativ können sich die TN analog zu den Handyfilmen weitere Situationen ausdenken, eigene Rollenspiele entwickeln und diese im Kurs präsentieren.
- Wenn Sie keine Möglichkeit haben, Filme im Unterricht zu zeigen, sollten Sie Ihre TN auf jeden Fall auf das Filmsymbol hinweisen. Sie können die Filme dann im

Internet über ihre Smartphones/Tablets abrufen und haben damit eine motivierende Möglichkeit, den Lernstoff zu wiederholen (→ siehe „2.3 Medienüberblick" auf S. 5).

5.2 Fertigkeitstraining: Lesen – Hören – Schreiben – Sprechen

Das gezielte Fertigkeitstraining spielt in *Schritte international Neu* eine tragende Rolle. Sowohl die rezeptiven Fertigkeiten (Lesen und Hören) als auch die produktiven Fertigkeiten (Schreiben und Sprechen) werden systematisch geübt.

Lesen

Die TN üben das Lesen anhand einfacher authentischer Textsorten. Dazu gehören auf dem Niveau A1 Schilder, Prospekte, Kataloge, Kleinanzeigen, einfache E-Mails und Kurznachrichten. Kurze Zeitungsartikel, Blogeinträge und Reportagen runden das Programm ab.

Hören

Die TN lernen, Kernaussagen und wichtige Informationen aus alltagsrelevanten Textsorten zu entnehmen. Dazu gehören z. B. Lautsprecherdurchsagen, automatische Telefonansagen, Meldungen im Radio etc.

Schreiben

Die TN lernen, einfache formelhafte Notizen zu machen sowie persönliche E-Mails, Kurznachrichten und Mitteilungen zu schreiben. Um die Schreibfertigkeit der TN aufzubauen, enthält das Arbeitsbuch ein systematisches Schreibtraining.

Sprechen

Die TN werden zur sprachlichen Bewältigung einfacher Alltagssituationen hingeführt. Dazu gehören z. B. das Bitten um Informationen, Terminabsprachen, Entschuldigungen und Einladungen. Sprechen auf der Niveaustufe A1 heißt: Fragen stellen und Antworten geben. In *Schritte international Neu 1* und *2* üben die TN daher häufig kurze Frage-Antwort-Gespräche.

5.3 Grammatikvermittlung

Die Grammatikprogression in *Schritte international Neu* orientiert sich an den Lernzielen des Rahmencurriculums für Integrationskurse und den Vorgaben der Prüfung *DTZ*. In übersichtlichen kurzen Lernschritten werden die Strukturen in kleinen „Portionen" eingeführt und intensiv geübt. Häufige Wiederholungsschleifen festigen das Gelernte und bereiten auf die Erweiterung einer grammatischen Struktur vor. Dort, wo es sich anbietet, wird der neue Stoff auch induktiv eingeführt, d. h. die TN erarbeiten und entdecken neue Strukturen/Paradigmen mithilfe der Aufgaben selbst. Deshalb werden ab *Schritte international Neu 2* manche Grammatik-Kästen von den TN selbst ausgefüllt. Von Anfang an gibt es im Arbeitsbuch die Rubrik „Grammatik entdecken", die den TN neue Grammatikphänomene durch die Art der Aufgabenstellung bewusst macht und zum eigenen Entdecken des neuen Stoffs einlädt.

Grammatik-Kasten

Der Grammatik-Kasten fasst den neuen Stoff anhand von Beispielen einfach und verständlich zusammen. Farbsignale ersetzen Regelerklärungen, die die TN im Anfängerunterricht noch gar nicht verstehen würden.

Das Erlernen des Artikelsystems wird durch eine besondere Farbkennzeichnung unterstützt:

(blau) • der Fernseher, -

(grün) • das Bett, en

(rot) • die Dusche, -

(gelb) • die Möbel (Pl.)

Diese Farbkodierung, die sich durch alle Bestandteile des Lehrwerks zieht, unterstützt als Memorierungshilfe den Lernprozess (→ siehe „4.5 Lernwortschatz" auf S. 9).

Praktische Tipps: Arbeit mit den Grammatik-Kästen

- Schreiben Sie die Beispiele aus den Grammatik-Kästen an die Tafel / ans IWB und heben Sie die neuen Strukturen – wie im Grammatik-Kasten – visuell hervor. Verweisen Sie auf die erste Aufgabe auf den A-C-Seiten und zeigen Sie die dahinter stehende Struktur auf.
- Die TN sollten immer das Gefühl haben, Grammatik als Hilfsmittel für das Sprechen und Schreiben zu lernen und nicht als Selbstzweck. Zeigen Sie deshalb immer den konkreten kommunikativen Nutzen der erlernten Grammatik auf und arbeiten Sie mit Beispielen.
- Sollten Ihre TN ab Band 2 die Grammatik-Kästen selbst ausfüllen, ist es wichtig, dass Sie immer im Anschluss die richtige Lösung an der Tafel / am IWB präsentieren.
- Verweisen Sie im Verlauf der Unterrichtsstunde immer wieder auf den Grammatik-Kasten. Er soll den TN auch bei den anschließenden Anwendungsaufgaben als Gedächtnisstütze und Orientierungshilfe dienen.
- Der Grammatik-Kasten kann auch als Vorlage für Plakate dienen, die im Kursraum aufgehängt werden. Sie zeigen kurz und knapp das Wichtigste. Vor allem zu Beginn eines Kurses und bei ungeübteren TN ist es sehr nützlich, wichtige Strukturen immer „im Blick" zu haben und schnell darauf verweisen zu können.
- Die Aufgaben „Grammatik entdecken" im Arbeitsbuch dienen dem induktiven Lernen. Sie können auch vor der Arbeit mit dem Grammatik-Kasten eingesetzt werden. Alternativ können Sie diese Aufgaben auch vertiefend bearbeiten, nachdem Sie die Strukturen erklärt haben.
- Verweisen Sie auch immer wieder auf die Tabellen auf der Übersichtsseite „Grammatik und Kommunikation" sowie die dort angebotenen Zusatzaufgaben und Memorierungshilfen.
- Achten Sie von Anfang an darauf, dass die TN neue Nomen mit dem Genuspunkt und der Pluralmarkierung (analog zum Lernwortschatz) und ab Band 2 auch die Verben immer mit dem Partizip Perfekt und dem entsprechenden Hilfsverb notieren.

5.4 Wortschatzvermittlung

Die Wortschatzprogression orientiert sich ebenfalls an den Lernzielen des Rahmencurriculums für Integrationskurse und den Vorgaben der Prüfung DTZ. Der Wortschatzarbeit liegen folgende Überlegungen zugrunde:

- Neuer Wortschatz wird mit bekannten Strukturen eingeführt, damit die TN sich auf die neuen Wörter konzentrieren können.
- Nach Möglichkeit werden Wortfelder eingeführt.
- Im Lernwortschatz am Ende des Arbeitsbuchs wird jedes neue Wort mit einem Kontextsatz aus der Lektion und einer Schreiblinie ergänzt, auf der die TN die Übersetzung in ihre Muttersprache eintragen können. Sie können sich damit selbst abfragen und den neuen Wortschatz im Kontext lernen. Zahlreiche Wörter und Wortfelder sind im Lernwortschatz visualisiert. Auch dies erleichtert das Vokabellernen.
- Kleine Lerntipps zum Vokabellernen im Lernwortschatz helfen den TN beim Spracherwerb.
  (→ siehe „4.5 Lernwortschatz" auf S. 9)

Praktische Tipps

- Achten Sie darauf, dass die TN von Anfang an gezielt ein Wörterbuch (oder eine Wörterbuch-App) benutzen. Das fördert das autonome Lernen.
- Nutzen Sie auch die Foto-Hörgeschichten für die Wortschatzarbeit. Die TN suchen im Wörterbuch passende Wörter zu den Fotos.
- Achten Sie auf regelmäßige Wiederholung der Lernwörter.
- Geben Sie regelmäßig die Lernwörter der jeweiligen Kursbuchseiten als Hausaufgabe und fragen Sie diese in der nächsten Stunde ab. Erstellen Sie zum Abfragen einen kleinen Lückentext mit Lücken für die neuen Wörter.
- Lassen Sie neue Wörter pantomimisch darstellen: Die anderen raten.
- Lassen Sie neue Wörter zeichnen: Die anderen raten.
- Umschreiben Sie die Wörter. Die TN raten das passende Wort.
- Erstellen Sie Bildkarten oder ein Bilder-Bingo, um den Wortschatz spielerisch zu Wiederholen.
- Die TN bilden Wortketten im Rahmen eines „Ich packe meinen Koffer"-Spiels.
- Die TN erstellen Wortschatzübungen füreinander (Kreuzworträtsel, Buchstabensalat etc.)
- Die TN bilden zwei Gruppen, laufen abwechselnd zur Tafel und notieren neue Wörter.
- Die TN laufen im Kursraum herum und murmeln die neuen Wörter. Das hilft beim Einprägen.
- Ermuntern Sie die TN, neue Wortfelder in ihrem Portfolio zu notieren.
- Fragen Sie auch immer wieder Wörter aus vorhergegangenen Lektionen als Wiederholung ab, indem Sie z. B. ausgewählte Wörter auf Kärtchen schreiben und nach Wortarten, Artikeln oder Wortfeldern sortieren lassen.
- Weisen Sie die TN auf die Lerntipps zum Wörterlernen auf den Lernwortschatz-Seiten hin.

5.5 Automatisierung

Für einen erfolgreichen Spracherwerb ist es wichtig, neue Strukturen nicht nur kognitiv zu erfassen, sondern sie auch immer wieder einzuschleifen. Durch diese Automatisierung bekommen die TN ein Gespür für die neuen Strukturen. Durch das aktive Verwenden und Memorieren werden diese zu beherrschbarem Sprachmaterial. Die TN gewinnen Vertrauen in die Erlernbarkeit des Neuen. Dafür bietet *Schritte international Neu* mehrere Möglichkeiten an:

- Variationsaufgaben: Kurze, alltagsbezogene Modellgespräche, die die TN variieren sollen.
- Audiotraining: Einschleifübungen zu Grammatik und Redemitteln der Lektion
- Videotraining: Präsentation und Einschleifübungen zu den Redemitteln der Lektion

Praktische Tipps zum Audio- und Videotraining finden Sie unter → „5.12 Arbeit mit den Übersichtsseiten ‚Grammatik und Kommunikation'" auf den Seiten 18/19 und direkt in den didaktischen Hinweisen zur jeweiligen Lektion.

Praktische Tipps: Arbeit mit den Variationsaufgaben

- Die TN decken den Modelldialog zu und hören ihn zunächst nur. Falls vorhanden, sehen Sie dazu das Bild/ Foto an und konzentrieren sich auf die Situation. Wenn Sie die Bilder/Fotos auf Folie kopieren / am IWB zeigen, können die TN die Bücher geschlossen lassen.
- Stoppen Sie das Modellgespräch beim zweiten Hören nach jedem einzelnen Sprechpart. Die TN sprechen im Chor nach. Dabei sollen Sie den Text nicht mitlesen, sondern sich auf das Hören und Nachsprechen konzentrieren.
- Die TN hören das Gespräch noch einmal und lesen mit.
- Die TN lesen und sprechen das Gespräch in Partnerarbeit.
- Die TN lesen die Varianten und sprechen das Gespräch in Partnerarbeit mit den Varianten. Die farbigen Unterlegungen helfen den TN zu erkennen, welche Teile des Gesprächs variiert werden sollen.
- Die TN wechseln regelmäßig die Rollen.
- Die TN sollten manche Gespräche auch auswendig lernen und vor dem Kurs vorspielen.
- Die TN können oder sollen auch eigene Varianten bilden.

5.6 Aktivitäten im Kurs ⇄

In den Abschlussaufgaben auf jeder Kursbuchseite wird der Lernstoff in den persönlichen Bereich der TN übertragen. Sie befragen sich auf ganz unterschiedliche Art gegenseitig zu verschiedenen Themen oder üben den Lernstoff durch eine spielerische Aktivität in Kleingruppen. Achten Sie darauf, dass die TN sich bei diesen Aktivitäten möglichst oft im Kursraum bewegen. Das fördert das Memorieren von Wörtern und Strukturen. Bewegung ist für viele TN auch konzentrationsfördernd und trägt zur Aktivierung beider Gehirnhälften bei. Dadurch wird neuer Wortschatz im Gedächtnis besser verankert.

Bei dieser Art von Aufgaben geht es häufig darum, dass die TN selbst Kärtchen, Plakate oder Fragebögen erstellen, was nicht nur ein gutes Schreibtraining ist, sondern sich auch positiv auf das Kursklima auswirkt. Wenn Sie im Kurs nicht genug Zeit für Bastelarbeiten haben, können Sie zu den entsprechenden Aufgaben Kopiervorlagen aus dem Lehrwerkservice unter www.hueber.de/schritte-international-neu nutzen (→ siehe „2.3 Medienüberblick" auf S. 5).

Praktische Tipps

- Vermeiden Sie in diesen Phasen zu viele Korrekturen. Die TN sollen Gelegenheit haben, sich frei auszudrücken.
- Achten Sie auf den Wechsel von Sozialformen.
- Nutzen Sie einen Ball für Frage-Antwort-Gespräche.
- Rollenspiele sollten nicht nur gesprochen, sondern auch gespielt werden. Wenn Ihre TN im Besitz von Smartphones sind, können Sie sie auch anregen, kleine Videos von den Rollenspielen aufzunehmen.
- „Kugellager": Die TN stehen sich in einem Außenkreis und einem Innenkreis gegenüber. Der Außenkreis stellt Fragen, der Innenkreis antwortet. Nach jedem Mini-Gespräch bewegt sich der Innenkreis im Uhrzeigersinn, damit stehen sich zwei neue Partner gegenüber. Alternativ können Sie die TN sich auch zu Musik im Kreis bewegen lassen. Wenn die Musik stoppt, sprechen sie mit der Partnerin / dem Partner, die/der ihnen gerade gegenübersteht. Auf diese Weise können Sie Bewegung und Musik in den Unterricht integrieren.
- Texte, Plakate etc. werden im Kursraum aufgehängt. Die TN gehen herum und sprechen darüber.
- Die TN suchen andere TN mit möglichst vielen Gemeinsamkeiten oder Unterschieden.
- Die TN sprechen mit wechselnden Partnern (WPA), um so möglichst oft die Dialoge oder Aufgaben zu wiederholen und zu variieren.
- Sie können hier gezielt geübtere und ungeübtere TN zusammenarbeiten lassen und so eine Differenzierung vornehmen, ohne dass sie den TN sofort bewusst wird.

Praktische Tipps zur Paar- und Gruppenbildung
Paare:

- Verteilen Sie Kärtchen, auf denen z. B. Frage und Antwort stehen. TN mit einer Frage suchen den TN mit der passenden Antwort. Dies können Sie später auch mit Verbformen (Infinitiv und Partizip), Gegensatzpaaren, Komposita oder mehrsilbigen Wörtern usw. durchführen.
- Kleben Sie vor dem Unterricht unter oder hinter die Stühle der TN Zettelchen, von denen je zwei die gleiche Farbe haben. Das geht auch mit Bonbons. So können Sie die Partnerfindung steuern.
- Nehmen Sie ein Bündel Schnüre, Anzahl: die Hälfte Ihrer TN. Die TN fassen je ein Ende einer Schnur, am anderen Ende der Schnur finden sie ihre Partnerin / ihren Partner.
- Das „Atomspiel": Die TN stehen auf und bewegen sich frei im Raum, evtl. können Sie Musik dazu vorspielen. Als Stoppzeichen rufen Sie „Atom 2" (alternativ: 3/4/5/...). Die TN finden sich paarweise (bzw. zu Dreier-, Vierer-, Fünfergruppen ...) zusammen.

Gruppen:

- Zerschneiden Sie einen Satz in seine Bestandteile: Die TN müssen den Satz zusammenfügen (z. B. „Und wie heißen Sie?") und bilden eine Gruppe.
- Lassen Sie die TN abzählen (bei einer Gruppe von 21 TN von 1 bis 7, alle Einser gehen zusammen, alle Zweier etc.).
- Zerschneiden Sie Postkarten (Bilderpuzzle) oder Spielkarten und verteilen Sie sie: Die TN suchen die fehlenden Puzzleteile und finden so gleichzeitig ihre Partner.
- Definieren Sie bestimmte Merkmale: Alle mit Brille, alle mit blauen Augen, ... bilden eine Gruppe.

5.7 Binnendifferenzierung

In Kursen finden sich oft TN mit unterschiedlichen Lernerfahrungen und Lernzielen. Binnendifferenzierung ist eine Möglichkeit, den Unterricht für alle TN interessant zu gestalten, auf die unterschiedlichen Bedürfnisse der TN einzugehen und jeden Einzelnen so gut wie möglich zu fördern. Binnendifferenzierung bedeutet Gruppenarbeit: Innerhalb des Kurses werden (zeitweise) mehrere Gruppen gebildet, die unterschiedliche Lerninhalte bearbeiten. Das kann beispielsweise heißen, dass leistungsstärkere Gruppen mehr oder schwierigere oder freiere Aufgaben erhalten oder dass für einzelne Gruppen verschiedene Lernziele gesetzt werden. *Schritte international Neu* bietet vielfache Unterstützung für einen binnendifferenzierenden Unterricht:

- in den Unterrichtsplänen durch praktische Hinweise zum binnendifferenzierenden Arbeiten; diese sind mit ◀━━▶ gekennzeichnet
- explizit im Kursbuch durch gekennzeichnete Zusatzaufgaben für schnellere TN **SCHON FERTIG?**
- implizit im Kursbuch durch Lesetexte oder Rollenspiele in unterschiedlichen Schwierigkeitsgraden
- implizit im Kursbuch durch die „Zwischendurch mal ..."-Seiten: Die Aufgaben auf diesen Seiten können in Einzelarbeit, in Gruppenarbeit oder auch im Kurs bearbeitet werden. In den Unterrichtsplänen finden Sie jeweils Verweise dazu, wie und wann schnelle oder interessierte TN die Aufgaben auf diesen Seiten bearbeiten können. **ZDM**
- implizit im Kursbuch durch die Extra-Aufgaben auf den Übersichtsseiten „Grammatik und Kommunikation"
- explizit im Arbeitsbuch durch die mit ◇ gekennzeichneten vertiefenden Übungen für ungeübtere und die mit ❖ gekennzeichneten erweiternden Übungen für geübtere TN.
- implizit im Arbeitsbuch durch die Selbsttests: Das „Ampelsystem" in der Auswertung ermöglicht den TN, im Internet unter www.hueber.de/schritte-international-neu/lernen die passenden Anschlussübungen zu finden. Die TN können mit diesen Übungen den Stoff der Lektion selbstständig wiederholen und sich ggf. auch auf den Test vorbereiten. (→ siehe „4.3 Der Selbsttest" auf S. 9).

Praktische Tipps

Wichtig: Es ist nicht nötig, dass immer alle alles machen! Teilen Sie die Gruppen nach Kenntnisstand und/oder Neigung ein. Die einzelnen Gruppen können ihre Ergebnisse dem Plenum präsentieren. So lernen die TN miteinander und voneinander.

Binnendifferenzierung / Kursbuch

- Verweisen Sie schnellere TN immer wieder auf die „Schon-fertig?"-Aufgaben, auf die passenden Aufgaben auf den *Zwischendurch mal ...*-Seiten und den Übersichtsseiten. Gehen Sie herum und helfen Sie individuell.
- Lassen Sie nach Abschluss von Lektion 1 alle TN den Selbsttest im Arbeitsbuch machen. Erläutern Sie das „Ampelsystem" und zeigen Sie – wenn möglich – exemplarisch im Internet, wie die TN mit den zusätzlichen Übungen umgehen sollen.
- Wenn Sie einen Computerraum zur Verfügung haben, bieten Sie für die erste Lektion an, die Übungen gemeinsam im Kurs durchzugehen. So können Sie helfen, wenn die TN mit den Übungsformen noch nicht vertraut sind.
- Ermuntern Sie die TN, das Audio- und Videotraining und die Handyfilme aktiv zu nutzen. Schnellere TN können diese Aufgaben mit Hilfe von Smartphone/Tablet und Kopfhörer auch nutzen, während andere TN noch Aufgaben aus Kurs- oder Arbeitsbuch lösen.
- Stellen Sie Mindestanforderungen, die von allen TN gelöst werden sollen. Besonders schnelle TN bekommen zusätzliche Aufgaben, z. B. Erweiterungsübungen im Arbeitsbuch. Reduzieren Sie die Vorgaben und Hilfestellungen für geübtere TN. Entfernen Sie z. B. Vorgaben oder Schüttelkästen in den Aufgaben.
- Binden Sie schnellere TN als Co-Lehrer mit ein: Wenn diese eine Aufgabe beendet haben, können sie die Lösung schon an die Tafel oder ans IWB schreiben.
- Stellen Sie die Gruppen nach Neigung oder Lerntypen zusammen. Haben Sie beispielsweise visuell orientierte TN, können Sie neue Grammatikstrukturen mit Beispielen und Farben an der Tafel oder dem IWB präsentieren. Kognitiv orientierte TN erhalten Tabellen, in denen sie neue Formen eintragen – für diese TN sind die „Grammatik entdecken"-Aufgaben im Arbeitsbuch besonders gut geeignet.
- Lassen Sie bei unterschiedlich schwierigen Aufgaben die TN selbst wählen, welche sie lösen möchten und wie viel sie sich zutrauen. Damit vermeiden Sie eine feste Rollenzuweisung, denn ein TN kann sich einmal für die einfachere Aufgabe entscheiden, weil er sich selbst noch unsicher fühlt, ein anderes Mal aber für die schwierigere, weil er sich in diesem Fall schon sicher fühlt.
- Aufgaben zum Lesen: Nicht alle TN müssen alle Aufgaben lösen. Langsamere TN können sich auf die Aufgaben zum globalen Lesen konzentrieren oder nur weniger Absätze lesen und den restlichen Text als Hausaufgabe bearbeiten. Schnellere TN finden eine Reihe von weiteren Lesetexten auf den „Zwischendurch mal ..."-Seiten.

- Aufgaben zum Hören: Sie können die TN in Gruppen aufteilen: Jede Gruppe achtet beim Hören auf einen bestimmten Sprecher und beantwortet die entsprechenden Fragen.
- Aufgaben zum Sprechen: TN, die noch Hilfestellung benötigen, können bei Sprechaufgaben auf die Redemittel auf den Kursbuchseiten und auf der Übersichtsseite zurückgreifen. Geübtere TN sollten das Buch schließen.
- Aufgaben zum Schreiben: Achten Sie auf die Vorlieben der TN. Nicht alle haben Freude am kreativen Erfinden von kurzen Texten. Bieten Sie auch Diktate (im Internet unter www.hueber.de/schritte-international-neu) an oder unterstützen Sie TN, die noch Schwierigkeiten beim Schreiben haben, indem Sie ihnen Beispieltexte mit Lücken zum Ausfüllen geben.

Binnendifferenzierung/Arbeitsbuch

Die binnendifferenzierenden Übungen im Arbeitsbuch (siehe auch Seite 9) können im Kurs oder als Hausaufgabe bearbeitet werden. Es empfiehlt sich folgendes Vorgehen:

- Die Basisübungen (ohne Kennzeichnung) sollten von allen TN gelöst werden.
- Zusätzlich können die Vertiefungsübungen (◇) und die Erweiterungsübungen (✿) gelöst werden. Lassen Sie nach Möglichkeit die TN selbst entscheiden, wie viele Aufgaben sie lösen möchten, oder geben Sie bei der Stillarbeit im Kurs einen bestimmten Zeitrahmen vor, in dem die TN die Übungen lösen sollten. So vermeiden Sie, dass nicht so schnelle TN sich unter Druck gesetzt fühlen.

Die Basis- und Vertiefungsübungen sollten Sie im Plenum kontrollieren – durch Vorlesen im Kurs oder durch Selbstkontrolle der TN mithilfe einer Folie, auf der Sie oder ein TN zuvor die Lösungen notiert haben. Erweiterungsübungen führen über den Basiskenntnisstand hinaus. Hier gibt es auch freiere Übungsformen, z. B. das Schreiben von Dialogen anhand von Vorgaben. Die TN können sich bei diesen Übungen selbstständig zu zweit kontrollieren oder Sie verteilen eine Kopie mit den Lösungen. Bei freien Schreibaufgaben sollten Sie die Texte einsammeln und in der folgenden Unterrichtsstunde korrigiert zurückgeben.

5.8 Wiederholung

Damit sprachliche Strukturen und Wörter gefestigt werden können, müssen sie immer wieder aktiviert werden. *Schritte international Neu* setzt daher auf häufige Wiederholungssequenzen:

- Im Lehrwerkservice finden sich interaktive vertiefende und erweiternde Übungen zum selbstständigen Weiterüben. Sie sind mit den Selbsttests am Ende jeder Arbeitslektion verknüpft.
- Mit dem Audio- und dem Videotraining auf den Übersichtsseiten „Grammatik und Kommunikation" können die TN wichtige Wendungen aus der Lektion selbstständig üben.
- Im vorliegenden Lehrerhandbuch gibt es zu jeder Lektion eine Kopiervorlage zur Wiederholung.
- Im Internet finden sich weitere Kopiervorlagen zur Wiederholung („Wiederholungsstationen").

Praktische Tipps

- regelmäßige Wortschatzwiederholung am Anfang jeder UE, z. B. durch spielerische Aktivitäten zum Einstieg (→ siehe „5.4 Wortschatzvermittlung" aus S. 13)
- Greifen Sie bereits bekannte Hör- und Lesetexte nochmals wiederholend auf und erstellen Sie kleine Wiederholungsübungen dazu (z. B. Lückentexte).
- Nutzen Sie die Wortfeld-Abbildungen auf den Lernwortschatz-Seiten zur Wortschatzwiederholung- und erweiterung. Kopieren Sie dazu die Abbildungen (z. B. ohne Artikel oder ohne Wörter) auf Folie, zeigen Sie sie am IWB und lassen Sie sie von den TN ergänzen.
- Wiederholen Sie Wortschatz, besonders Verben durch pantomimische Darstellung. Verteilen Sie dazu Wortkarten an die TN. Diese spielen das jeweilige Wort pantomimisch vor, die anderen raten.
- Die TN erstellen zu Beginn der Kursstunde kleine Plakate zu einem bestimmten Wortfeld der letzten Kursstunde. Achten sie darauf, dass alle Nomen immer mit dem richtigen Artikel (und Genuspunkt) präsentiert werden. Geübtere TN können in dieser Phase selbstständig mit dem Wörterbuch arbeiten und das Wortfeld um weitere Wörter ergänzen.
- Erstellen Sie zusammen mit den TN eine „Schatzkiste", indem Sie die TN in regelmäßigen Abständen bitten, die neuen Wörter auf Kärtchen zu schreiben und zu visualisieren. Die „Schatzkiste" kann dann bei Bedarf zur Binnendifferenzierung oder Wiederholung genutzt werden.

5.9 Lernstrategien/Lernerautonomie

Viele Lernende verfügen aufgrund ihrer Lernbiografie nicht über die Mittel, ihren Lernprozess eigenständig zu strukturieren und zu steuern. Deshalb gibt es in *Schritte international Neu* dazu einige Hilfestellungen:

- Durch die Übungen im Arbeitsbuch lernen die TN in der praktischen Anwendung verschiedene Lerntechniken kennen (z. B. „Grammatik entdecken").
- Auf den Übersichtsseiten „Grammatik und Kommunikation" und auf den Lernwortschatzseiten finden die TN kleine Tipps zu verschiedenen Lerntechniken.

Merke:

Ich heiße | ~~Frau~~ Baumann.
Mein Name ist |

TiPP
Lernen Sie Fragen und Antworten immer zusammen.

- Auf den Übersichtsseiten „Grammatik und Kommunikation" finden Sie die Lernziele der jeweiligen Lektion. (→ siehe „3.4 Übersicht: Grammatik und Kommunikation" und „5.12 Arbeit mit den Übersichtsseiten ‚Grammatik und Kommunikation'" auf S. 8 und 18)
- Im Lehrwerkservice steht eine Kopiervorlage für ein komplettes Portfolio zu jedem Band zur Verfügung (→ siehe „2.3 Medienüberblick" auf S. 5). Das Portfolio bietet die Möglichkeit, das Gelernte individuell zu dokumentieren und den Lernfortschritt am individuellen Lebensalltag zu spiegeln. Die TN halten Angaben zu sich und ihrem Umfeld fest, die sie sprachlich bereits bewältigen können und reflektieren an konkreten Beispielen über ihren Sprachlernprozess.

Praktische Tipps

- Verweisen Sie regelmäßig auf die Lerntipps auf den Übersichtsseiten „Grammatik und Kommunikation" und den Lernwortschatzseiten.
- Achten Sie darauf, dass die TN die Lerntipps ausprobieren und tauschen Sie sich darüber im Unterricht aus, z. B. indem Sie Kärtchen mit Smileys an Ihre TN verteilen, damit sie die Lerntipps bewerten und erstellen Sie ein Plakat mit den hilfreichsten Tipps für Ihren Kurs.
- Nehmen Sie sich eine feste Zeit in der Unterrichtswoche vor, in der sich die TN mit dem Thema Sprachenlernen beschäftigen.
- Kopieren Sie das Portfolio möglichst für alle TN. Alternativ können die TN sich die Seiten auch selbst aus dem Internet herunterladen (→ siehe „2.3 Medienüberblick" auf S. 5).
- Bitten Sie alle TN, sich einen Ordner für das Portfolio anzulegen und die erarbeiteten Blätter dort abzuheften.
- Begleiten Sie die Arbeit der TN am Portfolio aktiv. Ermuntern Sie Ihre TN, das Portfolio regelmäßig zu führen und planen Sie innerhalb des Unterrichts Phasen ein, in denen die Portfolio-Arbeit thematisiert wird.

5.10 Landeskunde

Die Vermittlung von Landeskunde ist gerade für Lerner in nicht europäischen Ländern, die den Alltag in Deutschland kennenlernen wollen, besonders wichtig. In *Schritte international Neu* werden landeskundliche Inhalte gezielt angeboten:

- durch die Foto-Hörgeschichte, die den deutschen Alltag authentisch abbildet und dabei implizit landeskundliches Wissen vermittelt sowie interkulturelle Diskussionsanlässe bietet
- durch die Handyfilme zu den Foto-Hörgeschichten, die ebenfalls den Alltag in Deutschland zeigen
- durch landeskundlich relevante Lese- und Hörtexte auf den D- und E-Seiten sowie auf den „Zwischendurch mal ..."-Seiten
- durch die fakultativen Fokus-Seiten im Arbeitsbuch, die konkrete Informationen und Hilfestellungen zum Leben in Deutschland geben

Landeskundliche Informationen, über die die TN nach dem Rahmencurriculum für Integrationskurse verfügen sollten und die für das Leben in Deutschland wichtig sind, finden Sie in diesem Lehrerhandbuch. Länderinfo

Praktische Tipps

- Setzen Sie gezielt authentisches Material aus dem Internet ein, z. B. Fotos, Videos oder Webseiten aus dem deutschsprachigen Raum.
- Lassen Sie die TN landeskundliche Informationen mit ihren Heimatländern vergleichen.

5.11 Phonetik

Häufig erwerben Lernende gute Kenntnisse in Wortschatz und Grammatik. Damit haben sie einen wichtigen Schritt für die Kommunikation mit Muttersprachlern der Zielsprache gemacht. Aber selbst wenn die Wörter von ihrer Semantik her richtig verwendet werden, kann es durch eine falsche Aussprache oder Betonung zu Missverständnissen bis hin zum völligen Scheitern der Kommunikation kommen. Deshalb wird in *Schritte international Neu* von Anfang an Wert auf eine gründliche Ausspracheschulung gelegt:
In *Schritte international Neu 1* und *2* stehen neben der Schulung einzelner Laute und Lautkombinationen vor allem Wortakzent, Satzakzent und Satzmelodie im Vordergrund. Bei der Lautartikulation wird der Schwerpunkt auf die Vokale gelegt, die als Akzentträger des Wortes für die Verständlichkeit von besonderer Bedeutung sind.
Die Ausspracheschulung in *Schritte international Neu* hält sich an folgende Prinzipien:

- Sie erfolgt in einem Wechselspiel aus imitativem und kognitivem Lernen, z. B. durch Hören, Erkennen und Nachsprechen oder Hören, Erkennen und Markieren oder Hören und Nachsprechen.
- Die Laute werden zunächst im Wort und darauf aufbauend im ganzen Satz geübt.
- Die Beispiele ergeben sich aus der Lektion. Dadurch steht die Phonetik in einem für die TN relevanten und nachvollziehbaren Kontext. Zudem ergibt es wenig Sinn, Wörter nachzusprechen, die man nicht versteht.

Praktische Tipps

- Regen Sie die TN dazu an, phonetische Phänomene zunächst zu übertreiben, um die Lautbildung/Betonung zu üben und dadurch sicherer zu werden.
- Einzelne Sätze und Sequenzen aus der Foto-Hörgeschichte eignen sich sehr gut, um gesprochene Sprache zu hören und zu üben, z. B. wenn emotionale Ausdrücke und Aussagen dabei sind.
- Lassen Sie die TN Wortschatz zu einem bestimmten Laut sammeln und anschließend nach Schreibweise ordnen.
- Die TN oder Sie können aus Wörtern zu einem bestimmten Phänomen auch kleine Texte schreiben, in denen möglichst viele Laute einer bestimmten Sorte vorkommen, z. B. „Ist Iris im Iran?" – „Ich bin nicht sicher." / „Wo? Rot?" – „Da! Das Fahrrad!"
- Sprechen Sie mit den TN Wörter/Sätze laut, leise, geflüstert, gebrummt etc. Variieren Sie in der Stimmung und lassen Sie die TN mit ihrer Stimme spielen.

5.12 Arbeit mit den Übersichtsseiten *Grammatik und Kommunikation*

Die Übersichten über den Grammatikstoff und die wichtigen Wendungen der Lektion dienen den Lernenden zur Wiederholung direkt im Anschluss an die Lektion oder auch später.

Bei den Grammatik-Kästen sind jeweils Verweise zu den entsprechenden Abschnitten der *Schritte Übungsgrammatik* zu finden. Hier können die Lerner den Grammatikstoff weiterführend nachschlagen und trainieren (→ siehe „3.4 Übersicht: Grammatik und Kommunikation" auf S. 8).

Aufgaben / Tipps / Visualisierungen

Zu den einzelnen Grammatikphänomenen und den systematisch gruppierten Wendungen werden über die Übersicht hinaus am rechten Rand die folgenden Möglichkeiten angeboten:

In kleinen freien Aufgaben wenden die Lernenden den Lernstoff noch einmal an – meist in Bezug auf ihre eigene Lebenswelt.

Tipps zu Lernstrategien unterstützen den Lernprozess.

Visualisierungen helfen beim Memorieren der neuen Strukturen.

Kleine Suchaufgaben oder Rätsel wiederholen den gelernten Stoff spielerisch.

Illustrationen von Situationen verdeutlichen den Kontext des Gelernten.

Praktische Tipps

- Erstellen Sie Lückentexte aus den Übersichten. Die TN ergänzen die Lücken in Partnerarbeit und vergleichen anschließend mit dem Buch.
- Die TN ergänzen die Grammatikübersichten um eigene Beispiele.
- Verweisen Sie im Unterricht immer wieder auf diese Seiten, damit sich Ihre TN an den Umgang mit den Übersichten gewöhnen. Tipps zur Einbindung der Übersichten in den Unterrichtsablauf finden Sie auch hier in diesem Lehrerhandbuch.
- Aufgaben: Diese Aufgaben können zur Wiederholung im Unterricht bearbeitet werden, als Hausaufgabe gegeben werden oder zur Binnendifferenzierung genutzt werden.

- Tipps: Lesen Sie die Tipps – wenn möglich – gemeinsam mit Ihren TN und lassen Sie sie – wenn möglich – auch direkt praktisch anwenden.
- Lassen Sie die TN aus den Übersichten Plakate erstellen, die im Kursraum aufgehängt werden und so immer einen schnellen „Zugriff" zum neuen Stoff bieten.
- Achten Sie darauf, dass Sie die Grammatikübersichten aktiv in den Unterricht einbinden, damit die TN die Scheu vor diesen verlieren und lernen, sie als Hilfsmittel zu nutzen.
- Erläutern Sie den TN, dass diese Übersichten die wichtigen Strukturen zeigen, die zum Gebrauch der Sprache wichtig sind und kein Selbstzweck.

Audiotraining und Videotraining

Die Automatisierung spielt im Sprachlernprozess eine wichtige Rolle. Deshalb bietet *Schritte international Neu* ein umfassendes Programm zum Einschleifen der wichtigsten Strukturen und Redemittel an (→ siehe „5.5 Automatisierung" auf S. 14).

Dieses Angebot können die TN zum selbstständigen Üben und Festigen von Strukturen und wichtigen Wendungen nutzen. Sie können die Übungen zum Audio- und Videotraining anfangs in den Unterricht integrieren, um Ihre TN mit diesen Übungsformen vertraut zu machen und die selbstständige Beschäftigung mit diesem Zusatzangebot anzuregen.

In den Unterrichtsplänen finden Sie Hinweise dazu, wie Sie diese Lerneinheiten konkret im Unterricht nutzen können.

Audiotraining

Zu jeder Lektion gibt es drei Übungen, die die wichtigen Wendungen und Strategien in kleinen Sätzen / Gesprächen aufgreifen. Die Übungen sind selbsterklärend und ausschließlich über die Informationen in den Audios zu lösen. Jede Aufgabe beginnt mit einem Beispiel, das die Aufgabenstellung transparent macht. Das Trainingsprogramm besteht aus Übungen zum Nachsprechen und Variieren der gelernten Wendungen nach einfachem Muster. Mithilfe dieses Trainings schleifen die Lernenden diese noch einmal ein und automatisieren so ihre Verwendung.

Praktische Tipps

- Weisen Sie Ihre TN auf diese Trainingsmöglichkeit und das Potenzial der Automatisierungsübungen hin. Spielen Sie zwei oder drei Sequenzen im Unterricht vor und zeigen Sie, wie Ihre TN selbstständig mit diesen Aufgaben arbeiten können.
- Spielen Sie das Audiotraining im Unterricht vor, die TN laufen im Kursraum herum und sprechen die Aufgaben mit.
- Spielen Sie das Audiotraining im Kurs vor und lassen Sie die TN die Lösungen im Chor sprechen.
- Die TN nutzen das Audiotraining der vorhergehenden Lektionen zur Wiederholung und Festigung.

Videotraining

Zu jeder Lektion gibt es eine Filmsequenz, die in zwei Teile geteilt ist:
Im ersten Teil sehen die Lernenden eine kleine Szene (gespielt von den Hauptdarstellern der Foto-Hörgeschichte), in der wichtige Wendungen der Lektion aufgegriffen werden. Im zweiten Teil werden die Lernenden direkt angesprochen und müssen Aufgaben zum Lernstoff lösen.
Die TN können das Videotraining selbstständig zur Wiederholung und Festigung nutzen. Sie sollten jedoch zu Beginn des Kurses einige dieser Videotrainings mit den TN zusammen ansehen und die TN zum Mitmachen auffordern, damit sie das Prinzip kennenlernen und es später selbstständig nach Bedarf nutzen können.

Praktische Tipps

Zeigen Sie die Filme im Unterricht als motivierenden Abschluss der Lektion und arbeiten Sie damit im Kurs. Hier gibt es mehrere Möglichkeiten:
- Zeigen Sie die kleinen Szenen und lassen Sie sie von den TN in kleinen Rollenspielen oder pantomimisch nachspielen.
- Zeigen Sie die Mitmachszenen und lassen Sie Ihren Kurs im „Chor" mitmachen.
- Sollten Ihre TN im Unterricht genügend Smartphones oder Tablets zur Verfügung haben, können sie die Filme auch in Partner- oder Gruppenarbeit ansehen, mitsprechen und nachspielen.
- Die TN nutzen die Filmvorlage für entsprechende eigene kleine Handyfilme. Anschließend zeigen die TN ihre Filme im Kurs oder stellen sie auf die Lernplattform.
- Sollten Sie keine Möglichkeit haben, Filme im Unterricht zu zeigen, weisen Sie Ihre TN auf jeden Fall auf das Symbol zum Videotraining hin. Die TN können die Filme dann eigenständig ansehen und haben damit eine motivierende Möglichkeit, den Lernstoff zu wiederholen (→ siehe „2.3 Medienüberblick" auf S. 5).

Lernziele

Die Auflistung der Lernziele dient der Transparenz des Lernprozesses. Für jeden Lernschritt A bis E können Lernende und Lehrende das Lernziel nachvollziehen. Diese Liste dient dazu, dass die Lernenden ihren Lernfortschritt selbst überprüfen können, indem sie ihr Können selbst einschätzen.
Durch Ankreuzen können die TN in der Rubrik „Ich kann jetzt …" selbst bestimmen, ob sie die Ziele erreicht haben. Darüber hinaus ergänzen sie in der Rubrik „Ich kenne jetzt …" Wörter aus dem erlernten Wortfeld. Auch dies dient der Überprüfung des Gelernten.

Praktische Tipps

- Verweisen Sie nach jedem erarbeiteten Lernschritt A bis E auf die Lernziele auf der Übersichtsseite und motivieren Sie Ihre TN dazu, anzukreuzen, wie sie ihren Lernerfolg einschätzen.

- Gehen Sie im Kurs umher und fragen Sie nach. Geben Sie unsicheren TN Tipps, wie sie den Stoff nochmals wiederholen oder vertiefen können, zum Beispiel, indem Sie ihnen geeignete Aufgaben im Arbeitsbuch, auf der Übersichtsseite oder die interaktiven Übungen im Internet empfehlen.
- Lassen Sie die Rubrik „Ich kenne jetzt …" nach Abschluss der Lektion ergänzen. Vergleichen Sie die Ergebnisse im Kurs und nutzen Sie diese Unterrichtsphase zur Wiederholung der Wortfelder. Verweisen Sie ggf. auch auf die Lernwortschatzseiten der Lektion.

5.13 Arbeit mit den Seiten *Zwischendurch mal …*

Die Einheiten auf diesen Seiten können Sie während der Arbeit mit den einzelnen Lernschritten der Lektion benutzen. In den Unterrichtsplänen finden Sie Verweise auf eine optimale Verknüpfung des Lernstoffs mit den Aufgaben auf diesen Seiten. Sie können diese Einheiten aber auch zur Wiederholung und Festigung des Stoffs im Anschluss an die Lektion bearbeiten. Sie sind fakultativ und spiegeln den Stoff der Lektion – oft in spielerischer Form.
Die Aufgaben können teilweise auch in Selbstarbeit bearbeitet und gelöst werden. Damit sind sie sehr gut zur Binnendifferenzierung geeignet (→ siehe „5.7 Binnendifferenzierung" auf S. 15).
Auf diesen Seiten finden Sie folgende Rubriken, die komplett unabhängig voneinander als eigenständige Zusatzaufgaben einsetzbar sind:

PROJEKT Hier wenden die TN den Stoff noch einmal praktisch und frei an, und zwar in Teamarbeit. Die Projekte fördern auch soziale Kompetenzen, den Umgang mit Informationsmedien und das selbstständige Handeln.

FILM Zu vielen Lektionen gibt es landeskundlich interessante Filmsequenzen, die das Thema der Lektion unter einem neuen Blickwinkel aufgreifen. Die Aufgaben dazu schulen das Hör-Sehverstehen. Zusätzlich zu den Aufgaben auf den „Zwischendurch mal …"-Seiten finden Sie in diesem Lehrerhandbuch noch Kopiervorlagen mit weiteren Didaktisierungsvorschlägen zu den Filmen. (→ siehe „2.3 Medienüberblick" auf S. 5)

LESEN Ergänzende, landeskundlich interessante Lesetexte vertiefen und erweitern den Stoff und schulen das globale Leseverstehen.

HÖREN Ergänzende Hörtexte vertiefen und erweitern den Stoff und schulen das globale Hörverstehen.

SCHREIBEN Zusätzliche authentische und kreative Schreibanlässe bieten die Möglichkeit zum gezielten Schreibtraining.

LANDESKUNDE Interessante landeskundliche Zusatzinformationen und Themen schärfen den Blick für die deutschsprachige Lebenswelt und bieten Anlass zum interkulturellen Vergleich.

SPIEL/RÄTSEL/COMIC Das spielerische Wiederholen des Lernstoffs soll die TN motivieren und ist besonders gut nach längeren, kognitiv orientierten Unterrichtsphasen einsetzbar.

LIED Beim Einsatz von Musik im Unterricht haben Sie vielfältige Möglichkeiten, Ihre Lernenden durch die Kombination von Text und Rhythmus anzuregen. Auch der Einsatz von Bewegung in Form von Pantomime oder Tanz trägt in vielen Lerngruppen zur zusätzlichen Motivation bei.

Praktische Tipps

PROJEKT
- Bereiten Sie die Projekte immer sprachlich so weit wie nötig vor. Wiederholen Sie erforderliche Redemittel. Das gibt den TN Sicherheit bei der Durchführung der Projekte.
- Sie können die Projekte als Hausaufgaben aufgeben, die einzeln oder im Team gelöst werden sollen. Wenn Sie genug Unterrichtszeit zur Verfügung haben, können Sie die Projekte auch für selbstständige Gruppenarbeitsphasen nutzen.
- Wichtig ist, dass die Ergebnisse der Projekte im Kurs präsentiert und/oder auf die Lernplattform gestellt werden.

FILM
- Nutzen Sie die Fotos und die Überschriften im Buch, um Erwartungen an die Filme zu wecken.
- Stellen Sie W-Fragen (wer – was – wann – wo – wie – warum) zum Film.
- Lassen Sie den Film zunächst ohne Ton laufen und ermuntern Sie die TN, Hypothesen zum Gesehenen aufzustellen.
- Lassen Sie nur die Tonspur ablaufen und lassen Sie die TN Hypothesen zum Gehörten aufstellen.
- Zeigen Sie ausgewählte Standfotos aus den Filmen und lassen Sie die TN beschreiben, was gerade passiert oder was sie sehen.
- Stoppen Sie den Film nach kurzer Zeit. Die TN äußern Vermutungen, was weiter passiert.
- Lassen Sie die TN Szenen aus dem Film nachspielen.

LESEN/HÖREN/LANDESKUNDE
- Nutzen Sie Bilder und Überschriften, um Erwartungen an den Text zu wecken und das Vorwissen der TN zu aktivieren.
- Die TN können auch eigene Aufgaben füreinander erstellen, z. B. Richtig-Falsch-Aufgaben, Fragen zum Text, Lückentexte etc.
- Wortschatzarbeit: Die TN suchen wichtige Wörter aus dem Text und sortieren Sie nach Wortfeldern.
- Die TN stellen anhand der Informationen im Text interkulturelle Vergleiche an. Das kann paarweise, in Gruppenarbeit oder im Plenum geschehen.

COMIC
- Schneiden Sie die einzelnen Bilder des Comics aus, die TN setzen den Comic wieder richtig zusammen.
- Entfernen Sie Teile oder auch komplette Texte aus den Sprechblasen, die die TN dann zuordnen oder auch komplett neu schreiben. Damit können Sie entweder Leseerwartungen wecken oder die TN zu weiteren eigenen Variationen anregen.

LIED
- Arbeiten Sie mit dem ersten, ganzheitlichen Höreindruck (Melodie / Gesang), indem Sie das Lied als Ganzes vorspielen. Fragen Sie dann, wie die TN das Lied finden bzw. worum es gehen könnte.
- Nutzen Sie Bilder und Überschriften, um Erwartungen an den Text zu wecken und das Vorwissen der TN zu aktivieren.
- Spielen Sie, wenn vorhanden, zunächst nur den Refrain vor und tragen Sie im Kurs zusammen, was die TN verstanden haben.
- Die TN hören das Lied und notieren, welche Wörter sie verstanden haben. Notieren Sie diese dann auf Zuruf an der Tafel und lassen Sie Vermutungen über den Liedinhalt anstellen.
- Schreiben Sie einige Schlüsselwörter auf Kärtchen, verteilen Sie sie im Kurs und bitten Sie die TN, sie hochzuhalten, wenn das Wort im Lied vorkommt. Alternativ können Sie die TN bitten, aufzustehen und sich nach den gehörten Worten chronologisch aufzustellen.
- Schreiben Sie den Text satzweise auf Papierstreifen und bitten Sie die TN, die Sätze während des Hörens in die richtige Reihenfolge zu legen.
- Abschließend können die TN das Lied oder den Refrain auch mitsingen. Dabei können verschiedene Zeilen oder Strophen im Kurs aufgeteilt werden.

Die erste Stunde im Kurs

Form	Ablauf	Material	Zeit
PL	1. Bevor Sie in die Arbeit mit *Schritte international Neu* einsteigen, sollten die TN sich gegenseitig vorstellen.		
PL	2. Begrüßen Sie die TN und stellen Sie sich zunächst selbst vor, um auch den TN die notwendigen Redemittel für die eigene Vorstellung an die Hand zu geben. Schreiben Sie Ihren Namen an die Tafel und sagen Sie: „Guten Tag. Mein Name ist …" Mein Name ist … Ich heiße …		
PL	3. Sagen Sie noch einmal: „Mein Name ist …" und fragen Sie dann einen TN nach seinem Namen: „Und wie heißen Sie?". Fragen Sie exemplarisch noch ein paar weitere TN und schreiben Sie die Frage ebenfalls an die Tafel.		
GA	4. Die TN stellen sich zunächst in Kleingruppen ihren direkten Sitznachbarn vor. Gehen Sie herum und helfen Sie bei Schwierigkeiten.		
PL	5. Werfen Sie den Ball einem TN zu und fragen Sie: „Hallo. Mein Name ist … . Und wie heißen Sie?" Der TN stellt sich vor. Deuten Sie dem TN mimisch und gestisch an, dass er den Ball einer Person seiner Wahl zuwerfen und diese Person ebenfalls nach dem Namen fragen soll. Die TN werfen sich so lange den Ball zu, bis alle einmal ihren Namen genannt haben.	Ball	
PL	6. Spielen Sie mit zwei TN ein kleines Gespräch, um „Das ist …" einzuführen. Fragen Sie einen TN: „Wie heißen Sie?". Der TN antwortet: „Ich heiße … / Mein Name ist …". Anschließend stellen Sie den TN dem dritten TN vor, indem Sie sagen: „Das ist …". Weisen Sie dabei mit der Hand auf den TN, den Sie vorstellen.		
PL	7. Die TN stellen sich nun im Kreis auf. Lassen Sie sich den Ball von einem TN zuwerfen, der TN sagt dazu: „Ich heiße …". Werfen Sie dann den Ball einem weiteren TN zu und sagen Sie im Hinblick auf den Vorredner: „Das ist … Ich heiße …". Der TN, der den Ball gefangen hat, fährt in derselben Weise fort, indem sie/er den Ball wirft, Sie dabei vorstellt und dann seinen eigenen Namen sagt. Die TN werfen sich so lange den Ball zu, bis alle einmal vorgestellt wurden.	Ball	

TiPP

Im Kurs wird von Anfang an ein Gemeinschaftsgefühl entwickelt, wenn sich alle mit Namen kennen. Damit sich die TN die Namen der anderen TN leichter einprägen, bietet sich im Anschluss an die Kennenlernphase ein Spiel an, z. B. „Zipp Zapp". Durch eine solche spielerische Aktivität kommen die TN nicht nur in (Augen-)Kontakt miteinander und somit weg von einer auf die Kursleiterin / den Kursleiter gerichteten, zentralisierten Aufmerksamkeit, sondern die TN haben bereits die erste Hürde des Kennenlernens und „Sich-Äußern-Trauens" geschafft.
Spielanleitung:
1. Die TN setzen sich in einen Kreis, Sie als Kursleiterin / Kursleiter stehen in der Kreismitte. Achtung: Es gibt nur so viele Stühle wie TN im Kreis sitzen, d.h. bei 20 TN und Ihnen als Mitspieler gibt es 20 Stühle.
2. Sagen Sie „Zipp" zu einem TN. Dieser muss dann den Namen des TN sagen, der links von ihr/ihm sitzt. Sagen Sie „Zapp", muss der TN den Namen des TN nennen, der rechts von ihr/ihm sitzt. Wenn ein TN dabei einen Fehler macht, muss sie/er in die Mitte und Sie können sich auf den Stuhl setzen. Bei dem Ausruf „Zipp Zapp" wechseln alle TN ihre Plätze. Wer in der Mitte steht, versucht dabei, einen Platz im Stuhlkreis zu erhaschen. Nun muss der TN, der ohne Stuhl bleibt, weiterfragen.

GUTEN TAG. MEIN NAME IST ...

Folge 1: Das bin ich.

Einstieg in das Thema „Kennenlernen"

Slides 03 : 22

	Form	Ablauf	Material	Zeit
1		**Das erste Hören**		
	PL	1. Da es für Ihre TN vielleicht etwas ganz Neues ist, sich auf einen Hörtext zu konzentrieren, sollte erst der Ablauf der Foto-Hörgeschichte trainiert werden. Ziehen Sie dafür Folien von Foto 1–2 oder nutzen Sie die Slide-Show zur Foto-Hörgeschichte mit verknüpftem Ton und Bild.	CD 1/1–2, Folie/IWB, Slide-Show *1 : 15*	
	PL	2. Zeigen Sie Foto 1, spielen Sie den Text von Foto 1 einmal vor und stoppen Sie nach dem „Klick". Zeigen Sie Foto 2 auf Folie/IWB nach Möglichkeit neben Foto 1 und zeigen Sie, dass durch den „Klick" zum nächsten Foto gewechselt wird.	Folie/IWB, CD 1/1–2 *1 : 15*	
	PL	3. Die TN hören nun die ganze Geschichte einmal von Beginn an und zeigen in ihrem Buch mit.	CD 1/1–8 *4 min*	
	PL	4. Zeigen Sie auf Laras Foto in Aufgabe 1 im Buch und fragen Sie: „Wer ist das?". Zeigen Sie auf die Sprechblase „Ich heiße Lara Nowak."	Folie/IWB	
	PL	5. Fragen Sie, während Sie auf die Fotos von Lili, Walter und Sofia zeigen: „Wer ist das?".		
	PL	6. Deuten Sie an, dass die TN die Geschichte noch einmal hören, indem Sie z.B. die Hand an das Ohr legen und sagen: „Wir hören noch einmal.". Spielen Sie die Foto-Hörgeschichte noch einmal vor. Die TN verbinden jeweils Foto und Sprechblase und nennen mündlich die Lösung. *Lösung: A Ich bin Lili. C Mein Name ist Walter Baumann. D Ich bin Sofia Baumann.*	CD 1/1–8 *4 : 00*	
2		**Nach dem ersten Hören: Was ist richtig?**		
	PL	1. Sollte der Kurs aus echten Anfängern bestehen, lesen Sie die Aufgabe und die Texte A–D vor. Wenn es in Ihrem Kurs TN mit Deutschkenntnissen gibt, kann einer von ihnen die Aufgabe vorlesen. Es geht hier noch nicht darum, dass die TN die grammatikalischen Strukturen verstehen. Diese werden auf den Modulseiten A bis C Schritt für Schritt erklärt. Verzichten Sie hier auf Erklärungen.		
	PL	2. Deuten Sie an, dass die TN Teile der Geschichte jetzt noch einmal hören.		
	PL	3. Spielen Sie die Foto-Hörgeschichte zu Foto 2 (Track 2 bis „Auf Wiedersehen") vor. Deuten Sie auf Laras Text und fragen Sie: „Ist das richtig? Ich komme aus Deutschland. Ich spreche Polnisch und Deutsch.". Spielen Sie, wenn nötig, den Hörtext noch einmal vor. Markieren Sie auf Folie/IWB im Text die Unterschiede zum Hörtext und sagen Sie: „Das ist nicht richtig." Schütteln Sie dazu den Kopf, um „nicht richtig" zu verdeutlichen. Die TN können die richtige Lösung nennen. *Lösung: Ich komme aus Polen. Ich spreche Polnisch, ein bisschen Englisch und Deutsch.* *fakultativ:* Verteilen Sie zur Vorbereitung auf Aufgabe 2 die Kopiervorlage an ungeübtere TN. Spielen Sie die Foto-Hörgeschichte zu Foto 2 (Track 2 bis „Auf Wiedersehen") vor und deuten Sie auf der Kopiervorlage auf die Ankreuzkästchen „Deutsch" und „Polen" bei Lara. Deuten Sie an, dass noch weitere Lösungen auf Lara zutreffen. Die TN markieren entsprechend auf der Kopiervorlage und vergleichen erst dann mit dem Text im Buch.	Folie/IWB, CD 1/2, KV L1/FHG *0 : 15*	
	TIPP	Die Lösungen der Kopiervorlage befinden sich am unteren Ende der Seite, sodass Sie sie einfach vor dem Kopieren wegknicken können, wenn Sie nicht möchten, dass sie den TN vorliegen.		

PL	4. Spielen Sie die drei weiteren Hörtexte noch einmal vor und stoppen Sie an den Schlüsselstellen (Walter: Track 4 nach „Auf Wiedersehen", Sofia: Track 5 nach „Tschüs", Lili: Track 7 nach „Tschüs"), sodass die TN Zeit haben, die Informationen in den Texten zu überprüfen und herausfinden können, welche Texte richtig sind.	CD 1/4, 5, 7; KV L1/FHG	# 4: 0:34 # 5: 0:10 # 7: 0:11	
	fakultativ: Ungeübtere TN kreuzen beim Hören Länder und Sprachen auf der Kopiervorlage an. Anschließend nehmen sie die Kopiervorlage für die Lösung von Aufgabe 2 im Kursbuch zuhilfe. Geübtere TN können in Partnerarbeit die falschen Texte berichtigen, indem sie die Fehler unterstreichen und korrigieren. *Lösung: richtiger Text: B; Korrekturen: A Polen, und ein bisschen Englisch; C Deutschland*			
PL	5. *fakultativ:* Die TN hören abschließend die Foto-Hörgeschichte noch einmal ganz. Sicherlich werden sie merken, wie viel sie im Vergleich zum ersten Hören jetzt schon verstehen. Das fördert die Motivation und die Lernfreude.	CD 1/1–8	4:00	
TiPP	Manchmal bringen TN auch in Anfängerkursen schon geringe Deutschkenntnisse mit, vielleicht weil sie beruflich mit Deutschen zu tun haben, oder weil sie schon einmal einen Urlaub in einem deutschsprachigen Land verbracht haben. Versuchen Sie so oft wie möglich, dieses Vorwissen zu aktivieren. Die TN können sich so gegenseitig etwas beibringen und einander helfen. Antworten Sie z. B. bei der Frage nach einer Wortbedeutung nicht sofort selbst, sondern geben Sie die Frage an das Plenum weiter. Vielleicht kann ein TN das Wort erklären. Verfahren Sie ebenso mit Fehlern: Geben Sie erst anderen TN die Möglichkeit, einen Fehler zu korrigieren, bevor Sie selbst korrigieren.			
Laras Film	Lara, Walter, Sofia und Lili stellen sich noch einmal in einem „Selfie-Film" vor. Sie nennen ihren Namen, ihr Heimatland und die Sprachen, die sie sprechen. Dieser Film kann hier als Kontrolle der Lösung zu Aufgabe 2 im Unterricht genutzt werden. Generell sind die „Selfie-Filme" nicht so eng mit den Inhalten der Foto-Hörge-schichte verknüpft, Lektion 1 stellt hier eine Ausnahme dar. Die TN können den Film auch als Hausaufgabe zur Nachbereitung ansehen. Um verschiedene Varianten, sich vorzustellen einzuführen, können Sie den Film auch als Einstieg zu B1 nutzen. Zu Aufgabe C1 können Sie ihn einsetzen und den Schwerpunkt auf die Heimatländer der TN legen und/oder nach C4 als Beispiel dafür, wie ein Film über sich selbst aus-sehen könnte, und welche Informationen die TN auf Deutsch schon über sich geben können. Wenn die TN Lust haben, können sie auch sich selbst vorstellen, sich dabei mit ihrem Handy aufnehmen und den Film in der nächsten Kursstunde zeigen.	„Laras Film" Lektion 1	V2 01:37	

A GUTEN TAG.

Grußformen

Lernziel: Die TN können jemanden begrüßen und sich verabschieden.

	Form	Ablauf	Material	Zeit
A1		**Präsentation von Grußformen**		
	PL	1. Die TN haben die Grußform „Guten Tag" schon kennengelernt („Die erste Stunde im Kurs"). Führen Sie nun weitere Grußformen ein. Die TN haben die neuen Begrü-ßungen in der Foto-Hörgeschichte bereits gehört. Beginnen Sie, indem Sie einige TN mit Handschlag begrüßen: „Guten Tag." Geben Sie den TN Gelegenheit, zu ant-worten und Sie ebenfalls zu begrüßen.		

	PL	2. Zeigen Sie auf das linke Foto von Walter und die Grußform „Guten Tag.".		
	PL	3. Lesen Sie die anderen Grußformen vor und fragen Sie jeweils: „Wer sagt was? Was sagt Walter?/Lara?/Lili?". Zucken Sie dabei mit den Schultern, um Ihr Nichtwissen zu signalisieren.		
	PL	4. Die TN hören den Hörtext und schreiben die jeweils passende Grußform zu den Fotos. *Lösung: B Auf Wiedersehen. C Hallo. D Tschüs.*	CD 1/9 0:22	

A2	**Erweiterung der Begrüßungs- und Abschiedsformen**			
a	PL	1. Die TN hören das erste Gespräch. Zeigen Sie im Buch, dass zum ersten Gespräch Bild C gehört. Die TN hören das erste Gespräch ggf. noch einmal.	CD 1/10 0:59	
	PL	2. Die TN betrachten die Zeichnungen und hören Gespräch für Gespräch so oft wie nötig. Geben Sie ausreichend Zeit für die Eintragungen. *Lösung: 2 B, 3 A, 4 D*	CD 1/10 0:59	
b	PL	3. Betrachten Sie mit den TN die Zeichnungen und zeigen Sie durch Gestik (Handschlag/Winken, Umdrehen und Weggehen/Kommen) den Unterschied zwischen Begrüßung und Abschied.		
	EA/PA	4. Die TN ergänzen die Grußformen. Anschließend Kontrolle im Plenum. *Lösung: A Guten Abend. Guten Morgen. B Tschüs. Gute Nacht.*		
	WPA	5. *fakultativ:* Die TN gehen im Kursraum herum und begrüßen und verabschieden sich gegenseitig. Zeigen Sie den TN, dass sich in der Übersicht zu Grammatik und Kommunikation (Kursbuch, S. 18/19) die gelernten Redemittel zu Begrüßung und Abschied befinden. Da Händeschütteln und Winken in einigen Kulturen der Herkunftsländer nicht üblich sind, können Sie hier mit Ihren TN zusammen die Gesten in Verbindung mit dem Sprachmaterial noch einmal üben. Sie können die Zeichnungen auch vergrößern und mit den TN noch einmal alle Redemittel dazu sammeln, die ihnen einfallen. Wenn Ihre TN gern spielen, können sie paarweise auch noch kleine Minidialoge dazu erfinden. *Variante:* Sie können die Zeichnungen aus a mehrfach kopieren und ausschneiden. Die Hälfte der TN erhält ein Bild. Jeder TN mit Bild sucht sich einen TN ohne Bild. Diese beiden TN begrüßen bzw. verabschieden sich analog zu den Gesprächen im Buch. Danach gibt der TN das Bild an den Gesprächspartner weiter. Dieser sucht sich einen neuen TN ohne Bild. *Hinweis:* Hier können Sie die Landeskunde „Begrüßung und Abschied regional" aus „Zwischendurch mal ..." (Kursbuch, S. 21) einflechten. Die TN lernen hier regionale Grußformen aus den deutschsprachigen Ländern kennen.	Kopien der Zeichnungen aus a ZDM	
	PL 👄	Arbeitsbuch 1–2: im Kurs: Der Schwerpunkt der Phonetik liegt in den ersten Lektionen auf der Intonation. Sie ist für eine gute Kommunikation besonders wichtig. Spielen Sie zu Übung 1 den Hörtext vor. Die TN kreuzen an, was sie hören. Mit diesem einfachen Einstieg werden die TN auf das bewusste Hören eingestimmt. Die TN hören dann die Grüße in Übung 2. Stoppen Sie nach jedem Gruß, die TN sprechen im Chor nach. Führen Sie dabei mit Ihrer Hand die Bewegung der Stimme nach oben und unten mit aus: Gehen Sie bei kurzen Einwortsätzen wie „Tag!" mit der Hand nach unten und machen Sie bei „Guten Tag!" eine Wellenbewegung von unten nach oben und wieder nach unten. Fordern Sie auch die TN auf, mit der Hand „mitzusprechen", so fällt die richtige Intonation leichter.	AB-CD 1/1–2 #1 0:54 #2: 1:23	
	EA/HA	Arbeitsbuch 3–4		

A3	Aktivität im Kurs: Grußformen		
PL	1. Schreiben Sie vor der Kursaktivität ein paar Uhrzeiten an die Tafel (6 Uhr, 11 Uhr, 18 Uhr, 22 Uhr) und malen Sie jeweils eine Uhr dazu.		
PL ⚠	2. Die TN sammeln aus den Gesprächen in A2, welcher Gruß zu welcher Uhrzeit passen könnte. Deuten Sie z. B. auf 6 Uhr und fragen Sie: „Guten Abend? Guten Morgen? Gute Nacht?" und zucken Sie mit den Schultern. Verweisen Sie auch auf den Info-Kasten, um deutlich zu machen, dass man am Vormittag normalerweise mit „Guten Morgen", tagsüber mit „Guten Tag" und am Abend mit „Guten Abend" grüßt. Die TN müssen die Uhrzeiten hier nicht lernen oder anwenden können. Sie sind als zeitliche Hilfsstrukturen gedacht.		
PL	3. Weisen Sie darauf hin, dass „Hallo" und „Tschüs"/„Auf Wiedersehen" an keine Uhrzeit gebunden sind.		
PA	4. Die TN finden sich paarweise zusammen und schreiben beliebige Uhrzeiten auf Kärtchen. *fakultativ:* Wenn Ihnen im Kurs nicht ausreichend Zeit zur Verfügung steht, können Sie zur Vereinfachung und Unterstützung der Aktivität auch auf die Kopiervorlage im Lehrwerkservice unter www.hueber.de/schritte-international-neu zurückgreifen.	Blankokärtchen oder KV L1/A3 im Lehrwerkservice	
PL	5. Machen Sie ein Beispiel vor, indem Sie ein Kärtchen hochhalten und die TN nach dem passenden Gruß fragen.		
WPA	6. Die Paare halten nun abwechselnd eines ihrer Kärtchen hoch und grüßen entsprechend der Tageszeit auf dem Kärtchen. Die Partnerin / Der Partner antwortet entsprechend. Gehen Sie herum und helfen Sie bei Schwierigkeiten. *Hinweis:* Hier können Sie bereits den Film „Hallo und Guten Tag" aus „Zwischendurch mal ..." (Kursbuch, S. 21) einflechten, um noch einmal an filmischen Beispielen den Unterschied zwischen offiziellen und persönlichen Begrüßungen herauszuarbeiten.	ZDM	
Länderinfo	Viele Sprachen (z. B. Italienisch, Französisch) kennen keinen Unterschied zwischen „Guten Morgen." und „Guten Tag.". Deshalb ist es wichtig, diesen Unterschied in der deutschen Sprache deutlich zu machen. Die Verwendung von „Guten Morgen.", „Guten Tag.", „Guten Abend." ist allerdings oft subjektiv. Faustregel: „Guten Tag." passt als Gruß im Zweifelsfall auch am Vormittag und bis in den frühen Abend. Wichtig: „Gute Nacht." ist ein Abschiedsgruß und passt nur spätabends, wenn klar ist, dass man jetzt nach Hause und voraussichtlich auch zu Bett gehen wird.		

B ICH HEISSE LARA NOWAK.

W-Frage und Aussage

Lernziel: Die TN können sich und andere vorstellen und nach dem Namen fragen.

	Form	Ablauf	Material	Zeit
B1		**Präsentation: Sich vorstellen**		
	PL	1. Zeigen Sie die Fotos auf Folie/IWB. Ein TN liest das Beispiel unter Foto A vor. *Variante:* Hier können Sie zur Einführung der verschiedenen Sätze, um sich vorzustellen, auch „Laras Film" nutzen (siehe Hinweise zur Foto-Hörgeschichte).	Folie/IWB	
	PL	2. Deuten Sie dann auf Foto B. Da die TN die Personen aus der Foto-Hörgeschichte bereits kennen, können Sie anhand des Namens die richtige Lösung nennen. Schreiben Sie sie unter das Foto. Schreiben Sie an die Tafel und sagen Sie: *Mein Name ist Walter Baumann. = Ich heiße Walter Baumann.*		
	PL	3. Deuten Sie dann auf Foto C. Die TN nennen den passenden Satz. Ergänzen Sie das Tafelbild und sagen Sie: *Mein Name ist Walter Baumann. = Ich heiße Walter Baumann.* *= Ich bin Walter Baumann.*		
	PL	4. Verfahren Sie mit Foto D ebenso. *Lösung: B Mein Name ist Walter Baumann. C Ich bin Lili. D Ich bin Sofia Baumann.*		
	PL	5. Deuten Sie auf sich und sagen Sie: „Ich bin (Frau/Herr) ...", je nachdem, ob die TN Ihren Vornamen oder Nachnamen benutzen. Schreiben Sie noch einmal generell die verschiedenen Möglichkeiten, sich vorzustellen, an die Tafel: *Wie heißen Sie?* *Ich heiße ... = Ich bin ... = Mein Name ist ...*		
	⟷	6. *fakultativ:* Fragen Sie einen der TN: „Wie heißen Sie?" Die TN beantworten die Frage mit dem eigenen Namen. Die TN werfen sich gegenseitig einen Ball zu und stellen sich vor. Es kann ruhig mehrmals reihum gehen. Ungeübtere TN konzentrieren sich auf mindestens eine Variante der Vorstellung. Geübtere TN sollten alle drei in B1 eingeführten Varianten abwechselnd verwenden.	Ball	
B2		**Anwendungsaufgabe: Sich und andere vorstellen**		
	PL	1. Schreiben Sie die Namen aller Personen aus B2 an die Tafel, damit die TN die korrekte Orthografie vor Augen haben. Die TN hören Gespräch A. Deuten Sie ggf. auf Frau Weber und fragen Sie: „Wer ist das?" Die TN ergänzen den Namen im Buch.	CD 1/11 0:25	
	PL	2. Die TN hören das Gespräch B so oft wie nötig und ergänzen die Namen. *Lösung: (von links nach rechts) A Frau Weber, B Herr Yulu, Frau Deiser*	CD 1/12 0:19	
	PL	3. Spielen Sie die Gespräche noch einmal vor. Die TN lesen mit. Erklären Sie bei Bedarf die Nachfrage „Entschuldigung, wie heißen Sie?", indem Sie einen TN mit einem sehr langen oder schwer nachzusprechenden Namen nach seinem Namen fragen. Deuten Sie dann auf Ihr Ohr, schütteln Sie den Kopf und fragen Sie nach.	CD 1/11–12 0:45	
	PL	4. Zeigen Sie auf Herrn Yulu (Bild B) und sagen Sie: „Das ist Herr Yulu.". Weisen Sie dann auf einen TN hin (nicht mit dem Zeigefinger deuten!) und wenden Sie sich an den Kurs: „Das ist ...". Einige TN stellen andere TN nach diesem Muster vor.		

PL	5. Weisen Sie die TN auf den Grammatik-Kasten hin. Erklären Sie, dass es einen Zusammenhang zwischen dem Subjekt und dem Verb gibt, indem Sie beim Vorlesen das Subjekt und die jeweilige Verbendung besonders betonen und auch darauf zeigen. Wenn nötig, machen Sie auch ein Beispiel „Ich heißen" und schütteln ganz energisch den Kopf zum Zeichen, dass das nicht geht. Sagen Sie dann „Ich heiße" und bejahen Sie die Aussage. Verfahren Sie mit „bin" und „ist" ebenso. *Hinweis:* Da die TN noch nicht viele Verben kennen, vertiefen Sie das Thema hier nicht. Im C-Teil wird es weitergeführt.	Folie/IWB	
PL/PA	Arbeitsbuch 5–6: im Kurs: Die TN haben schon in Übung 2 auf Seite 10 gesehen, dass in deutschen Aussagesätzen die Stimme am Ende nach unten geht. Spielen Sie die Mini-Gespräche in Übung 5 mehrmals vor und zeigen Sie, dass bei besonders fragendem Tonfall, z. B. bei Rückfragen („Und wie heißen Sie?"), die Stimme am Ende auch nach oben gehen kann. Die TN sprechen die beiden Gespräche im Chor nach. Benutzen Sie wiederum Ihre Hand, um die Betonung auf dem Satzakzent und die Stimmbewegung anzuzeigen: Machen Sie jeweils bei der betonten Silbe im Satz eine Handbewegung wie ein Dirigent, der etwas pointieren möchte, und gehen Sie am Satzende mit der flachen Hand nach unten. Die TN sprechen die Gespräche auch in Partnerarbeit. Legen Sie dann eine Folie von Übung 6 auf und spielen Sie das Gespräch vor. Markieren Sie mit den TN gemeinsam die Betonung, also den Satzakzent, und die Satzmelodie. Die TN lesen auch dieses Gespräch in Partnerarbeit. Bitten Sie die TN abschließend, die Gespräche in Übung 5 und Übung 6 auch zu Hause selbstständig zu üben.	AB-CD 1/3–4 *# 3 : 1:08* *# 4 : 0: 38*	
EA/HA	Arbeitsbuch 7–8		

B3	**Aktivität im Kurs: Sich und andere vorstellen und nach dem Namen fragen**		
WPA	1. Die TN gehen durch den Kursraum und finden sich mit wechselnden Partnern zusammen. Sie sprechen das Gespräch A aus B2 mit ihren eigenen Namen. In Kursen mit ungeübten TN geben Sie das Gespräch ohne Namen an der Tafel vor. Wenn die TN dann einige Gespräche geübt haben, löschen Sie nach und nach weitere Wörter, bis die TN schließlich alles frei sprechen müssen.		
GA	2. Die TN finden sich zu dritt zusammen und spielen das Gespräch B. Lassen Sie die Dreiergruppen einige Male wechseln und das Gespräch so mehrfach durchspielen. Auch hier können Sie das Gespräch ohne Namen vorgeben und nach und nach immer mehr Wörter löschen. Heben Sie dann den einzigen Fall hervor, bei dem die Anrede „Frau" bzw. „Herr" verwendet wird: „Das ist Frau/Herr + Familienname". Üben Sie „nach dem Namen fragen" noch einmal, indem Sie die TN einzeln nach dem eigenen Namen oder dem Namen eines anderen TN fragen. Wenn ihre TN schon gut damit zurechtkommen, können Sie, wenn Sie möchten, bei den Fragen auch die Geschwindigkeit erhöhen. *fakultativ:* Zur Vereinfachung und Unterstützung der Aktivität können Sie auch auf die Kopiervorlage im Lehrwerkservice unter www.hueber.de/schritte-international-neu zurückgreifen.	KV L1/B3 im Lehrwerkservice	

PL	3. Verweisen Sie auf den Grammatik-Kasten in B2 und notieren Sie an der Tafel: | 1	2	3		1	2	3 | Wie \[heißen\] Sie?	Ich \[heiße\] Richard Yulu. Wer \[ist\] das?	Das \[ist\] Herr Yulu. Zeigen Sie, dass das Verb bei W-Fragen (?) und Aussagen (.) auf Position 2 steht. Die Ja-/Nein-Fragen werden in Lektion 3 eingeführt. *fakultativ:* Verweisen Sie auch auf die Grammatikübersicht 1 und 2 auf Seite 18. Hier finden Sie eine Übersicht über die Satzstellung in Aussagesätzen und in den W-Fragen sowie eine Visualisierung zum Thema (siehe auch die Hinweise zu Lernschritt C2, 5.).		

B4	**Aktivität im Kurs: Personenraten**			
PL	1. Bitten Sie die TN vorab, Fotos von bekannten Persönlichkeiten zu suchen. Zeigen Sie das Foto einer berühmten Persönlichkeit und fragen Sie: „Wer ist das?". Zucken Sie mit den Schultern, sehen Sie betrübt aus und sagen Sie: „Ich weiß es nicht!".	Internet, Zeitschriften, Smartphone etc.	
PL	2. Die TN raten, wer die Person ist. Je nach Antwort nicken Sie mit dem Kopf und sagen Sie: „Ja, stimmt!" oder schütteln Sie den Kopf und sagen Sie: „Nein!". Die TN lesen auch die Beispiele im Buch. *Lösung: A Philipp Lahm, B Angela Merkel, C Wolfgang Amadeus Mozart, D Sebastian Vettel*		
GA	3. Die TN bilden Vierergruppen und spielen das Personenratespiel mit ihren mitgebrachten Fotos.		
EA	4. Wer die Aufgabe beendet hat und/oder die Gespräche noch einmal schriftlich festhalten will, schreibt sie in der Rubrik „Schon fertig?" dem Muster in B2 folgend auf. Gehen Sie herum und helfen Sie bei Schwierigkeiten.		
EA/HA	Arbeitsbuch 9		
EA/HA	Arbeitsbuch 10–11: Wenn Sie die beiden Übungen im Kurs durchführen, lösen alle TN Übung 10. Geübtere TN ergänzen außerdem auch Übung 11. wenn Sie die Übungen als Hausaufgabe aufgeben, sollten sie von allen bearbeitet werden.		

C ICH KOMME AUS POLEN.

Verbkonjugation bei *ich, du, Sie*

Lernziel: Die TN können ihr Herkunftsland nennen und nach dem Herkunftsland einer Person fragen. Sie können über ihre Sprachkenntnisse Auskunft geben.

	Form	Ablauf	Material	Zeit
C1		**Präsentation der Verbkonjugation bei *du, Sie*; Ländernamen**		
a	PL	1. Die TN hören die Gespräche und ergänzen die fehlenden Satzteile. *Lösung: A heiße, kommst, bist, bin, komme; B heißen, heiße, kommen; C heiße, komme*	CD 1/13–15	1:40

🏷️ TiPP	Dieser Übungstyp zum Hören und Zuordnen kommt häufig vor. Daher sollten Sie immer in der gleichen Weise vorgehen, damit die TN sich darauf einstellen können. Das erste Hören des gesamten Hörtextes dient dazu, dass TN sich zunächst nur auf das Hören und Ansehen der Aufgabe konzentrieren. Sie können sich dabei mit der Situation / dem Gesamtkontext vertraut machen. Beim zweiten Hören mit Pausen ordnen die TN dann die Lösung zu.

←→		*Hinweis:* In Kursen mit geübteren TN können Sie „Laras Film" einsetzen und den Schwerpunkt auf die Heimatländer der TN legen. Die TN konzentrieren sich beim Sehen darauf, in welcher Form die Personen ihr Heimatland nennen. Dabei können Sie die Kurzform „Aus Deutschland." erweitern zu der im Film vorkommenden Aussage „Ich komme aus Deutschland.".		
	PL	2. Weisen Sie auf Foto A und machen Sie gestisch deutlich, dass die Leute sich gut kennen, indem Sie mit den Händen einen geringen Abstand ausmessen und Nähe verdeutlichen. Sagen Sie dabei „du" und „Lara" oder „Sara". Zeigen Sie auf die Fotos B und C und verdeutlichen Sie gestisch die Verwendung von „Sie", indem Sie mit der Körperhaltung einen gewissen Abstand einnehmen, diesen mit den Händen abmessen und „Sie" und „Herr Jalonen" oder „Herbert Schmidt" sagen. *Hinweis:* Beziehen Sie die Sprachkenntnisse der TN mit ein, indem Sie die deutschen Anredeformen mit den Anredeformen in der Muttersprache der TN und ihnen bekannten Sprachen (z. B. Englisch) vergleichen. Wo gibt es Unterschiede? Wo sind Ähnlichkeiten? Wenn Sie und Ihre TN den Unterschied zwischen „du" und „Sie" auch in Ihrer Sprache haben, sollten Sie ganz besonders darauf achten, eventuelle Unterschiede in der Anwendung deutlich zu machen. So kennt z. B. auch das Finnische eine „Du"- und eine „Sie"-Form, die „Sie"-Form wird aber weit seltener angewendet als im Deutschen. Eine 1:1-Entsprechung ist also nicht automatisch gegeben. Im Gegenteil, hier entstehen besonders leicht Fehler!		
b ←→	EA/PA	3. Die TN ergänzen mithilfe der Gespräche aus a die Tabelle. Ungeübtere TN arbeiten zu zweit. Anschließend Kontrolle im Plenum.	Folie/IWB	✕
	PL	4. Markieren Sie die Verbendungen bei „heißen" und „kommen" und machen Sie deutlich, dass die Personen und Verbendungen zusammenhängen: bei „ich" immer „-e", bei „du" immer „-st" und bei „Sie" immer „-en" ist. Das Verb „sein" ist eine Ausnahme und muss gesondert gelernt werden. Weisen Sie die TN auch auf die Grammatikübersicht 3 (Kursbuch, S. 18) hin. In der rechten Spalte sind die Endungen noch einmal visuell verdeutlicht.	Folie/IWB	
	PL	5. Spielen Sie mit den TN ähnliche Gespräche wie in a: Wenden Sie sich höflich distanziert an einen TN und sagen Sie: „Guten Tag. Mein Name ist ... Wie heißen Sie?" Geben Sie dem TN Gelegenheit zur Antwort und sagen Sie: „Freut mich. Woher kommen Sie?". Wenden Sie sich dann an zwei TN, die sich gut kennen und/oder per du sind und denen Sie zutrauen, dass sie das Gespräch richtig vorsprechen. Deuten Sie an, dass die beiden TN das Gespräch mit „du" sprechen sollen.		
	PL	6. Die TN sehen sich die Ländertabelle an. Lesen Sie alle Ländernamen vor. Geben Sie zu einigen Ländern ein Beispiel aus Ihrem Kurs: „Spanien. ... kommt aus Spanien.". Erklären Sie den TN z. B. anhand der Weltkarte, dass Spanien ein Land ist. Ergänzen Sie fehlende Länder.	Weltkarte	
	PL ⚠	7. Wenige Länder haben einen Artikel (siehe Beispiele in der Tabelle). Da es keine Regeln gibt, müssen diese auswendig gelernt werden. Auf der Niveaustufe A1 ist es aber nicht notwendig, dass sich die TN alle Ländernamen merken. Sie sollten ihr eigenes Herkunftsland auf Deutsch nennen können und die Bezeichnungen für Deutschland, Österreich und die Schweiz kennen. Gehen Sie nicht auf die Dativformen bei Ländern wie der Schweiz oder der Türkei ein. Es reicht an dieser Stelle aus, wenn die TN sie als Formeln korrekt anwenden können. *fakultativ:* Die TN suchen sich ein Land aus der Tabelle aus. Sie stehen im Kreis und werfen sich einen Ball zu. Der Werfer fragt: „Woher kommst du?" oder „Woher kommen Sie?". Der Fänger antwortet: „Aus ...".	Ball	

TiPP		Es ist immer hilfreich, neue Strukturen sofort mit einer kleinen Übung einzuschleifen. Es kostet nicht viel Zeit, aber jeder TN hat das Gefühl, beteiligt zu sein und, was noch wichtiger ist, jeder kommt zu Wort. Besonders in Anfängerkursen baut das Redehemmungen ab.		
	EA/HA	Arbeitsbuch 12		

C2	\multicolumn{4}{l}{**Erweiterung der Verbkonjugation bei *ich, du, Sie*; W-Fragen**}

a	PL	1. Die TN hören das erste Gespräch und lesen mit.	CD 1/16 *0:34*	
	PA	2. *fakultativ:* Die TN sprechen das Gespräch nun mit eigenen Angaben jeweils einmal mit den Lernpartnern links und rechts von ihnen.		
	PL/PA	3. Verfahren Sie mit Gespräch 2 ebenso.	CD 1/17 *0:20*	
	PL	4. Zeigen Sie die Gespräche auf Folie/IWB. Zeigen Sie auf die markierte Frage mit „W" und lesen Sie sie vor, indem Sie das „W" besonders betonen. Fragen Sie dann: „Gibt es noch Fragen mit ‚W'?". Wenn ein TN antwortet, markieren Sie entsprechend die nächste W-Frage.	Folie/IWB	
	EA/PL	5. Die TN markieren nun selbstständig in den Gesprächen alle W-Fragen. *Lösung: 1 Woher kommen Sie? Wer sind Sie? 2 Wie heißt du? Wer bist du? Woher kommst du?* Weisen Sie die TN auch auf die Grammatikübersicht 2 auf Seite 18 hin und machen Sie deutlich, dass die meisten Fragewörter mit „W" beginnen. Nutzen Sie die Zeichnung, um mit den TN die verschiedenen W-Fragen noch einmal durchzugehen. Betonen Sie dabei das „W" als Kennzeichen für eine W-Frage. Sie können z.B. die Zeichnung vergrößern und die TN finden passende Fragen zu den dargestellten Fragewörtern.	Folie/IWB	
b ⟵⟶	EA/PA	6. Da den TN der Unterschied zwischen „du" und „Sie" aus C1 bekannt ist, ergänzen sie die Fragen aus a zunächst jeder für sich. Gehen Sie herum und helfen Sie. Ungeübtere TN können auch zu zweit arbeiten. *Lösung: Sie: Wie heißen Sie? Woher kommen Sie? Wer sind Sie?; du: Wie heißt du? Wer bist du? Woher kommst du?*		
	PL	7. Schreiben Sie die Fragen an die Tafel und machen Sie den Zusammenhang von Person und Verbendung noch einmal deutlich. Markieren Sie entsprechend. *Wie heiß<u>en</u> Sie? Wie heiß<u>t</u> du?* *Woher komm<u>en</u> Sie? Woher komm<u>st</u> du?* *Wer <u>sind</u> Sie? Wer <u>bist</u> du?* ⚠		
c	PL/GA	8. Die TN gehen durch den Raum. Auf Ihr Zeichen hin finden sie sich in Zweier- oder Dreiergruppen zusammen und führen Gespräche wie in a. Wenn nötig, schreiben Sie die Gesprächsstruktur an die Tafel. Wenn die TN einige Gespräche geübt haben, löschen Sie die Gespräche an der Tafel.		
	PL	*Hinweis:* Hier können Sie auch den Film „Hallo und guten Tag!" aus „Zwischendurch mal ..." (Kursbuch, S. 21) einflechten.	**ZDM**	

TiPP		Sie können auch Musik laufen lassen, während die TN herumgehen. Wenn Sie die Musik stoppen, bilden die TN Gruppen mit den ihnen am nächsten stehenden Personen.		

	EA/HA	Arbeitsbuch 13		
	PL	Arbeitsbuch 14: im Kurs: Zeigen Sie die Übung auf Folie/IWB. Zeigen Sie auf „du" und fragen Sie, indem Sie auf die Bilder deuten, welches Bild dazu passt. Zeigen Sie auf Bild A und fragen Sie: „du" oder „Sie"? Füllen Sie zunächst mit den TN die Tabelle entsprechend aus. Dann füllen die TN die rechte Spalte allein aus. Bitten Sie einen TN, die Anredeform in seiner Muttersprache einzutragen. Sammeln Sie alle Sprachen, die im Kurs vorkommen. Die TN können „ihre" Sprachen auch jeweils selbst eintragen.	Folie/IWB	

C3		**Anwendungsaufgabe zur Verbkonjugation bei *du, Sie*; W-Fragen**		
a	EA/PA	1. Die TN lesen die Sätze, kreuzen das passende Personalpronomen, „du" oder „Sie", an und vergleichen anschließend zunächst mit einem anderen TN.		
b	PL	2. Die TN hören das Gespräch, vergleichen und korrigieren ggf. Wiederholen Sie das Gespräch so oft wie nötig. *Lösung: du, Du, Sie, Sie, Sie*	CD 1/18 0:41	
	PL	3. Ergänzen Sie das Tafelbild aus C2b um die Fragen „Was sprechen Sie?" / „Was sprichst du?" und markieren Sie auch hier die Personalpronomen und die Endungen. Weisen Sie die TN auch auf den Wechsel von „e" zu „i" bei „du sprichst" hin.		
	PL	4. Die TN sehen sich die Liste der Sprachen im Buch an. Fragen Sie dann einen TN, von dem Sie wissen, dass seine Muttersprache vorkommt: „Was sprichst du?". Fordern Sie den TN durch Gesten auf, einen anderen TN zu fragen. Fahren Sie fort, bis alle TN an der Reihe waren.		
	PL	5. Ergänzen Sie im Tafelbild die Antwort „Ich spreche Deutsch." und auch die anderen Antworten, die die TN bereits kennen. Markieren Sie auch hier die Verbendung und das Personalpronomen. Verweisen Sie auf den Grammatik-Kasten und/oder auf die Grammatikübersicht 3 auf der Seite 18. Dort finden Sie eine Übersicht über die Verben und die Verbendungen, die die TN nun kennen. Gehen Sie die Endungen am konkreten Verb „kommen" noch einmal durch. Rechts finden die TN eine Merkhilfe mit den Verbendungen bei „ich", „du" und „Sie". Weisen Sie die TN darauf hin, dass diese Formen auf die meisten Verben anwendbar sind und daher unbedingt gelernt werden müssen. *fakultativ:* Konjugieren Sie mit den TN einige Verben, die sie aus den Arbeitsanweisungen aus dem Buch kennen, z. B. „hören", „schreiben", „ergänzen", „markieren" etc. Machen Sie den TN deutlich, dass die Formen von „sein" und die 2. Person Singular von „heißen" und „sprechen" ebenfalls gesondert gelernt werden müssen. Wie heißen Sie? / Wie heißt du? / Ich heiße Amir. Woher kommen Sie? / Woher kommst du? / Ich komme aus Polen. Wer sind Sie? / Wer bist du? ⚠ / Ich bin Peter Mauri. Was sprechen Sie? / Was sprichst du? / Ich spreche Deutsch.		
	GA	6. *fakultativ:* Wenn Sie die Konjugation weiter einüben möchten, verteilen Sie die Kopiervorlage. Jede Gruppe erhält Würfel und Spielfiguren. Die TN würfeln und rücken ihre Spielfigur je nach Augenzahl vor. Sie bilden die passende Verbform nach der gewürfelten Augenzahl. Alle Verben sind den TN durch die Übungsanweisungen im Buch schon bekannt.	KV L1/C3, Spielfiguren, Würfel	

C4	Aktivität im Kurs: Sich vorstellen		
WPA	1. Stellen Sie mehrere Stühle in die Mitte. Legen Sie abwechselnd Zettel mit „du" und „Sie" auf die Stühle. Lassen Sie eine ruhige Musik laufen, die TN gehen frei herum. Wenn Sie die Musik stoppen, sprechen die TN, die sich am nächsten stehen, miteinander. Sie fragen sich nach dem Namen, dem Land, der Sprache, wie sie es nun gelernt haben. Ob die TN „du" oder „Sie" sagen, entscheidet der Zettel auf dem Stuhl, der am nächsten steht. Wenn Sie die Musik wieder laufen lassen, gehen die TN weiter etc.	Musik, Zettel	
EA	2. *fakultativ:* Die TN stellen sich vor und nehmen sich dabei mit dem Smartphone auf. Die Filme können sie sich in der Pause zeigen. *Hinweis:* Nutzen Sie hier „Laras Film", der ein gutes Beispiel dafür ist, wie ein eigener Film der TN über sich selbst aussehen könnte, und welche Informationen die TN auf Deutsch schon geben können (siehe Hinweise zur Foto-Hörgeschichte). Zur Vorbereitung können die TN sich die Übersicht über die Redemittel zu Herkunft und Sprache (Kursbuch, S. 19) ansehen. Zeigen Sie den TN die kleinen Übungen rechts und sagen Sie: „Das bin ich.". Geben Sie mündlich Ihre eigenen Daten an. Animieren Sie die TN, die Übung für sich zu machen. Anschließend fragen und antworten sich die TN paarweise gegenseitig.		
TiPP	Wenn Sie die Möglichkeit haben, sammeln Sie die Filme. Am Ende des Kurses ist es bestimmt interessant für die TN, noch einmal zu sehen, wie sie angefangen haben, Deutsch zu lernen.		
EA/HA	Arbeitsbuch 15–17		
PL/EA	Arbeitsbuch 18: im Kurs: Die TN lesen zunächst die Aufgabenstellung und die Aufgabe. Ungeübtere TN markieren in verschiedenen Farben, was zusammengehört, z. B. Österreich — Wien, Italien — Italienisch etc. Dann hören die TN die Hörtexte so oft wie nötig und kreuzen an, wer was sagt. Abschlusskontrolle im Plenum.	AB-CD 1/5 *0:59*	
EA/HA	Arbeitsbuch 19		

Warum mi'!

D BUCHSTABEN

Lernziel: Die TN können die Buchstaben sagen und ihren Namen buchstabieren. Sie können sich am Telefon nach einer Person erkundigen.

	Form	Ablauf	Material	Zeit
D1		**Präsentation des Alphabets**		
a	PL	1. Die TN hören das Alphabet und ergänzen die fehlenden Buchstaben. *Lösung: ha, jot, el, ku, es, vau, w*	CD 1/19 *1:36*	
b	PL	2. Die TN hören das Alphabet noch einmal ganz und sprechen mit. In Kursen mit ungeübteren TN oder TN, die keine Vorkenntnisse haben, gehen Sie langsamer vor, indem Sie zunächst nur die ersten sechs Buchstaben vorspielen (bis f). Bei der Wiederholung sprechen die TN mit. Üben Sie dann mit den Kärtchen (siehe Punkt 2.) zunächst diese sechs Buchstaben. Dann hören die TN die nächsten sechs (bis l) etc.	CD 1/19 *1:36*	

PL	3. *fakultativ:* Zeigen Sie auf Kärtchen Buchstaben in willkürlicher Reihenfolge. Die TN nennen jeweils den Buchstaben auf dem Kärtchen. Besonders für TN, die noch nicht so gut lesen und schreiben können, ist es nicht immer einfach, die Buchstaben richtig zu erkennen und zu benennen.	Kärtchen mit Buchstaben	
PL	4. Um den TN den Begriff „Buchstaben" zu verdeutlichen, schreiben Sie an die Tafel: A a } Buchstaben B b Fragen Sie die TN: „Welche Buchstaben sind neu für Sie?". Schreiben Sie sie an die Tafel, z. B. „ß".		
EA/PA	5. Die TN suchen allein oder in Partnerarbeit andere Wörter aus der Lektion mit den Buchstaben „ö", „ü", „ß", „z", z. B. „Französisch", „Begrüßung", „tschüs", „Türkisch", „heißen", „zuordnen", „zur", „Ich weiß nicht" ... *Hinweis:* Nicht für jede Ausgangssprache sind dieselben Buchstaben unbekannt: Die türkische Sprache kennt „ö" und „ü", aber „q" nicht, während es sich im Spanischen genau umgekehrt verhält. Wandeln Sie die Aufgabe nach Bedarf ab. *Hinweis:* Hier können Sie das Lied „Das Alphabet" aus „Zwischendurch mal ..." (Kursbuch, S. 20) einflechten. Den TN wird das Alphabet in Liedform noch einmal komplett präsentiert, zugleich werden die Buchstaben in einen Wortkontext eingebettet. Die Wörter werden mithilfe von Zeichnungen visualisiert.	ZDM	
PL/GA	6. *fakultativ:* Spielen Sie mit den TN Alphabet-Bingo der Kopiervorlage L1/D1: Jeder TN erhält pro Runde ein leeres Bingo-Blatt und trägt darin neun Buchstaben seiner Wahl ein. Kreuzen Sie verdeckt verschiedene Buchstaben auf dem Kontrollblatt (auf Folie) an und sagen Sie sie laut an. Die TN markieren die Buchstaben auf ihrem Bingoblatt, wenn sie genannt werden. Wer zuerst alle neun Buchstaben angekreuzt hat, ruft „Bingo!" und hat, wenn alles richtig ist, gewonnen. Zur Kontrolle liest der TN seine Buchstaben noch einmal vor. Kontrollieren Sie mithilfe des Kontrollblatts. Bei der nächsten Runde kann ein TN die Ansage / das Kontrollblatt übernehmen.	KV L1/D1	
D2	**Anwendungsaufgabe: Den eigenen Namen buchstabieren**		
WPA	1. Die TN buchstabieren sich gegenseitig ihren Namen. Die Partner schreiben den Namen auf. Die TN korrigieren einander. Gehen Sie herum und helfen Sie bei Schwierigkeiten. *fakultativ:* Einige TN buchstabieren ihren Namen im Plenum.	Kärtchen	
PL	Arbeitsbuch 20: im Kurs: Schriftbild und Lautbild stimmen nicht immer überein. Das können Sie den TN insbesondere an den Diphthongen „ei" und „eu" sehr gut zeigen. Die TN hören Übung 20. Stoppen Sie nach jedem Wort bzw. Satz und bitten Sie die TN nachzusprechen. Fragen Sie die TN nach anderen Wörtern aus der Lektion mit diesen Lauten und notieren Sie die Vorschläge der TN an der Tafel (z. B. Schweiz, Österreich, Auf Wiedersehen ...). Die TN sprechen die Wörter an der Tafel.	AB-CD 1/6 0:54	
PL	Arbeitsbuch 21: im Kurs: Die TN hören Vor- und Zunamen, die dann buchstabiert werden. Die TN notieren die Namen. Wenn nötig, hören die TN die Hörtexte mehrfach. Abschlusskontrolle im Plenum.	AB-CD 1/7–12 4 min	
EA/HA	Arbeitsbuch 22		

D3		Anwendungsaufgabe: Den eigenen Namen am Telefon buchstabieren		
	PL	1. Die TN betrachten die Fotos und hören das Telefongespräch ggf. mehrmals an.	CD 1/20 *1. 06*	
	PA	2. Die TN lesen das Telefongespräch in Partnerarbeit.		
	PL	3. Schreiben Sie mithilfe der TN ein Dialoggerüst an die Tafel. *Hinweis:* Erklären Sie den TN, dass am Telefon zum Abschied oft „Auf Wiederhören!" gesagt wird und nicht „Auf Wiedersehen!", weil man sich am Telefon eben nur hört.		
	PA	4. Die TN finden sich paarweise zusammen. Sie sprechen das Telefongespräch mithilfe des Dialoggerüsts nach und verwenden dabei ihren eigenen Namen. Zum Abschluss können zwei oder drei Paare ihr Gespräch dem Plenum präsentieren.		
	EA/HA	Arbeitsbuch 23–24		
	EA/HA ⟷	Arbeitsbuch 25–26: Wenn Sie die beiden Übungen im Kurs durchführen, lösen alle TN Übung 25. Geübtere TN lösen außerdem auch Übung 26. Wenn Sie die Übungen als Hausaufgabe aufgeben, sollten sie von allen bearbeitet werden.		
	EA/PA Schreib-training	Arbeitsbuch 27: im Kurs: Die TN lesen den Text und schreiben nach dem Muster ihren ersten eigenen Text. Lesen Sie mit den TN den Lerntipp. Wenn Sie den Lerntipp zunächst mit den TN an einem Beispiel üben möchten, schreiben Sie einen kurzen Text wie im Beispiel mit kleinen Fehlern. In Partnerarbeit korrigieren die TN den Text, anschließend Kontrolle im Plenum. Dabei können Sie die TN darauf aufmerksam machen, dass Namen, Länder, Sprachen und Satzanfänge großgeschrieben werden. Erst danach kontrollieren die TN ihren eigenen Text. Gehen Sie herum und helfen Sie, bzw. korrigieren Sie die Texte.		

D4		Aktivität im Kurs: „Die Buchstabenmaus"		
	PL	1. Führen Sie das Spiel exemplarisch vor, indem Sie für jeden Buchstaben des Wortes „tschüs" einen kurzen Strich an die Tafel zeichnen. Die TN versuchen, das Wort zu erraten, indem sie verschiedene Buchstaben nennen. Jeder richtige Buchstabe wird eingetragen. Nennen die TN einen Buchstaben, der im gesuchten Wort „tschüs" nicht vorkommt, zeichnen Sie ein Stück einer Maus: zuerst den Körper, dann ein Ohr, dann das zweite Ohr etc. Wenn die TN das Wort erraten haben, zeigen Sie zur Veranschaulichung auch die Fotos mit der Lösung im Buch.		
	PL	2. Der TN, der das Wort zuerst erraten kann, kommt als Nächster an die Tafel und darf sich ein Wort ausdenken. *Hinweis:* Hier können Sie das „Buchstabenspiel" aus „Zwischendurch mal …" (Kursbuch, S. 20) einflechten. Die TN notieren Vornamen, die im Film buchstabiert werden. Die Lösung wird im Film präsentiert.	ZDM	

E ADRESSE

Lernziel: Die TN können Visitenkarten lesen und ein Anmeldeformular mit persönlichen Angaben ausfüllen.

	Form	Ablauf	Material	Zeit
E1		Leseverstehen: Visitenkarten		
a	PL ⟷	1. Zeigen Sie das Foto A mit Text und die Visitenkarten auf Folie/IWB. Ein TN liest den Text vor. In Kursen mit überwiegend ungeübten TN fragen Sie: „Was ist wichtig?". Markieren Sie „Deutschland" und „Sport". Die TN lesen die Visitenkarte 3, die zu Person A passt.	Folie/IWB	

	EA/PL ⟷	2. Die TN lesen die Texte zu den anderen Personen und ordnen die Visitenkarten zu. In Kursen mit ungeübten TN lesen Sie die Texte im Plenum und markieren wie oben wichtige Wörter auf der Folie/IWB. Dann ordnen die TN in Stillarbeit die Visitenkarten zu. Anschließend Kontrolle im Plenum. *Lösung: B – 1, C – 4, D – 2*	Folie/IWB	
b	PL	3. Zeigen Sie die erste Visitenkarte auf Folie/IWB und markieren Sie gemeinsam mit den TN den Vornamen, den Familiennamen/Nachnamen, die Straße, die Stadt und das Land in der angegebenen Markierung. Erklären Sie den TN dabei, dass „Familienname" und „Nachname" dasselbe sind.	Folie/IWB	
	EA/PA	4. Die TN markieren die Angaben auf den anderen Visitenkarten. Gehen Sie herum und kontrollieren Sie, ob die TN die richtige Markierung verwenden.		
c	EA/PA	5. Die TN ergänzen die Länder mithilfe der Informationen auf den Visitenkarten. TN, die schneller fertig sind, schreiben ihre eigene Visitenkarte und tauschen sie im Kurs aus. Anschließend Kontrolle im Plenum. *Lösung: A = Österreich; CH = Schweiz, FL= Liechtenstein*		
	PL	6. *fakultativ:* Fragen Sie die TN nach der internationalen Abkürzung für ihr Land.		

E2	**Hörverstehen: Persönliche Angaben verstehen**			
	PL	1. Die TN lesen zunächst das Formular. Dann hören sie das Gespräch so oft wie nötig und ergänzen das Formular. Anschließend Kontrolle im Plenum. *Lösung: Familienname: Wegner; Vorname: Marie; Land: Schweiz; Stadt: Fribourg*	CD 1/21 *2:02*	
	EA/HA	Arbeitsbuch 28–30		
	GA	*fakultativ:* Wenn Sie noch Zeit haben, können Sie hier das Wiederholungsspiel von der Kopiervorlage anschließen.	KV L1/Wiederholung	
Lektionstests		Einen Test zu Lektion 1 finden Sie hier im LHB auf den Seiten 176-177 Weisen Sie die TN auch auf den Selbsttest im Arbeitsbuch auf Seite 18 hin.	KV L1/Test	

AUDIO- UND VIDEOTRAINING

	Form	Ablauf	Material	Zeit
Audiotraining 1: Begrüßung und Abschied				
	EA/HA	Die TN hören einzelne Begrüßungen und Verabschiedungen und können diese in den Sprechpausen nachsprechen.	CD 1/22 *6 : 58*	
Audiotraining 2: Fragen Sie nach!				
	EA/HA	Hier geben zwei Personen Auskunft über ihren Namen, ihre Herkunft, ihre Sprache. Die TN sollen nachfragen – zuerst in der „Sie"- dann in der „Du"-Form – und dabei die W-Fragen anwenden, die sie in dieser Lektion kennengelernt haben. Die richtigen Fragen werden nach der Sprechpause noch einmal wiederholt, sodass sich die TN selbst kontrollieren können.	CD1/23 *2:62*	
Audiotraining 3: Buchstabieren Sie die Namen.				
	EA/HA	Hier können die TN Namen, die sie aus der Lektion kennen, buchstabieren. Die TN hören einzelne Namen und haben Gelegenheit, diese in den Sprechpausen zu buchstabieren. Nach der Sprechpause wird der Name noch einmal buchstabiert, sodass sich die TN selbst kontrollieren können.	CD1/24 *3:13*	

Videotraining 1: Ich bin K-2-F-2-G.		
EA/HA	Die TN hören und sehen noch einmal die wichtigsten Wendungen zum Kennenlernen dieser Lektion, die in eine spielerische Handlung mit Lara und Tim, zwei der Protagonisten aus der Foto-Hörgeschichte, eingebettet sind. Damit können sie ihr Verständnis überprüfen und wiederholen. *fakultativ:* Parallel zum Film können die TN die Strategien in der Rubrik Kommunikation (Kursbuch, Seite18–19) mitlesen und diejenigen unterstreichen, die im Film vorkommen.	Film „Ich bin K-2-F-2-G." V3 1:44

Videotraining 2: Das ist super!		
EA/HA	Lara und Tim buchstabieren in diesem Film kleine Sätze. Die TN werden im Film zu Beginn aufgefordert, mitzuschreiben. Der vollständige Text wird am Ende des Films angezeigt, sodass die TN zu Hause selbstständig mit dem Videotraining arbeiten können.	Film „Das ist super!" V4 2:0

ZWISCHENDURCH MAL ...

Form	Ablauf	Material	Zeit
Lied	**Das Alphabet: Ein einfaches Lied mitsprechen (passt z. B. zu D1)**		
PL	1. Die TN sehen sich die Wörter und Zeichnungen an. Sie hören das Lied einmal und lesen still mit.	CD 1/25 3:32	
PL	2. Die TN hören das Lied noch einmal und sprechen mit. *Hinweis:* Die TN können auch den Rhythmus mitklatschen oder schnippen. Da es für die TN aber zunächst viele neue Wörter sind und die Aufmerksamkeit hier gebunden ist, empfiehlt sich das erst beim erneuten Hören.	CD 1/25 3:32	
PA	3. Die TN lesen sich die Wörter in Partnerarbeit vor.		
TiPP	Lieder sind eine motivierende Abwechslung im Unterricht. Insbesondere stark rhythmische Lieder wie dieses eignen sich gut zum Üben von Wort- und später auch Satzakzent. Da es sich um Sprechgesang handelt, kann auch mitmachen, wer glaubt, nicht singen zu können. Trotzdem: Wenn die TN starke Hemmungen haben zu singen, sollten Sie den Einsatz von Liedern nicht überdehnen. Im Vordergrund sollte immer der Spaß am Lied stehen. Singen Sie auf jeden Fall selbst mit, um die TN zum Mitmachen zu animieren.		
PL	4. *fakultativ:* Schneiden Sie die Transkription des Liedtextes in mehrere Teile wie ein Puzzle. Die TN hören das Lied und setzen dabei den Liedtext (hier das Alphabet) zusammen. (Hier bietet es sich an, je nach TN-Zahl die einzelnen Wörter mit Bild auszuschneiden. Jeder TN erhält ein Wort, einige Wörter können Sie erst einmal weglassen. Die TN stellen sich in eine Reihe, wenn „ihr" Wort kommt.)		

	Buchstabenspiel (passt z. B. zu D4) **Im Film werden fünf Vornamen buchstabiert.**		
EA/PL	1. Sie können den Film im Unterricht einsetzen. Die TN haben die Möglichkeit, Vornamen und ihre Buchstaben nachzusprechen und/oder die buchstabierten Namen zu notieren. Eine Kontrolle wird direkt im Film gezeigt. *Lösung: Max, Julia, Daniel, Felix* *Hinweis:* Zurückhaltenderen TN kann der Film auch als Versicherung dienen, dass sie nach Diktat Buchstaben notieren können. Dann trauen sie sich eher, auch einmal als „Schreiber" an die Tafel zu gehen. Der Film kann als Vorbereitung auf das Spiel „Die Buchstabenmaus" im Kursbuch (Aufgabe D4) dienen. TN, die das Buchstabieren noch weiter üben möchten, sehen sich den Film „Buchstabenspiel" als Hausaufgabe noch einmal an.	*V5* *3:17*	

	Hallo und guten Tag! (passt z. B. zu A3, C2 oder C4) **Der Film zeigt fünf kurze Begrüßungs- bzw. Verabschiedungsszenen. Am Ende werden die verschiedenen Grußformen noch einmal nebeneinandergestellt und um die regionalen Varianten „Grüß Gott!" und „Auf Wiederschaun!" erweitert.**	*V6* *1:53*	
1/2 PL	1. Die TN sehen sich die erste Szene im Film ohne Ton an. Dazu gibt es kein Foto im Buch. Stoppen Sie dann. Fragen Sie die TN, was die Personen sagen bzw. wie sie sich begrüßen. Dabei kommt es nicht darauf an, dass die TN den genauen Wortlaut erraten, sondern es geht um eine der Situation angemessenen Begrüßungsform. Die TN sollten erkennen, dass sich hier Freunde begrüßen. Notieren Sie die Vorschläge an der Tafel. *Lösungsvorschlag: Mann: Hallo. / Frau: Hallo.*	KV L1/ZDM	
EA/PA	*fakultativ:* Bevor Sie den Film zeigen, verteilen Sie die Kopiervorlage. Die TN bearbeiten zur Wiederholung der Begrüßungs- und Abschiedsformen zunächst Übung 1. Ungeübtere TN können auch zu zweit arbeiten.		
PL	2. Dann sehen die TN den Filmabschnitt noch einmal mit Ton und hören, wie sich die Freunde im Film begrüßen. Sie überprüfen ihre Vermutungen. *fakultativ:* Die TN ergänzen auf der Kopiervorlage in Übung 2 das Gespräch zum ersten Filmabschnitt.	KV L1/ZDM	
PA/PL	3. Zeigen Sie jetzt die vier weiteren Szenen des Films (0:29 – 1:09) ohne Ton. Die TN notieren ihre Vermutungen in Partnerarbeit zu Szene 2 (Foto B), Szene 4 (Foto C) und Szene 5 (Foto A), wie sich die Personen wohl begrüßen könnten (zu Szene 3 gibt es im Buch kein Foto).		
PL	4. Die TN hören die vier Szenen jetzt mit Ton und vergleichen ihre Notizen mit dem, was die Personen tatsächlich sagen. Verdeutlichen Sie, dass es hier verschiedene Möglichkeiten gibt und es nicht um richtig oder falsch geht. Gehen Sie dabei insbesondere auf die zweite und dritte Szene ein. Junge Leute, die sich sehr gut kennen, begrüßen sich auch oft mit „Hi" oder „Hey". *Hinweis:* Gehen Sie auf die verschiedenen Formen von „Wie geht's?" hier nicht vertiefend ein. Das wird in Lektion 2 thematisiert. *fakultativ:* Verteilen Sie die Kopiervorlage. Die TN hören die vier weiteren Szenen ohne Ton und vermuten, wie sich die Personen wohl begrüßen·könnten. Stoppen Sie nach jeder Szene und sammeln Sie auf Zuruf an der Tafel. Beim zweiten Hören mit Ton ergänzen die TN auf der Kopiervorlage in Übung 2 die Gespräche zu den Filmszenen. Stoppen Sie wieder nach jeder Szene, damit die TN genügend Zeit haben, die Lücken zu ergänzen. Gegebenenfalls sehen die TN jeden Filmabschnitt mehrfach. Abschlusskontrolle im Plenum.	KV L1/ZDM	

GA	5. Die TN finden sich in Kleingruppen zusammen und spielen die Gespräche nach, indem ein TN aus der Gruppe auf ein Foto im Buch zeigt. Dieses Gespräch müssen die anderen nachspielen. *fakultativ:* Die TN spielen die Szenen in Kleingruppen im Plenum vor. Die anderen raten, welche Begrüßung es war. Sie können hierfür auch mit den Fotos aus der Kopiervorlage arbeiten.		
PL	6. *fakultativ:* Wenn Sie im Anschluss „Begrüßung und Abschied regional" bearbeiten wollen, schauen sich die TN noch einmal die Begrüßungen und Abschiede am Ende des Films an und achten auf Wendungen, die sie noch nicht kennen. Der Mann sagt „Grüß Gott!" und „Auf Wiederschaun!", Wendungen, die in Süddeutschland gebraucht werden, im Norden aber unüblich sind. Weisen Sie die TN darauf hin, dass Grußformen regional sehr unterschiedlich sein können.		

Landes-kunde	Begrüßung und Abschied regional (passt z. B. zu A2)		
1 PL	1. Erklären Sie den TN, dass es drei Länder gibt, in denen Deutsch gesprochen wird. Fragen Sie die TN, welche Länder das sind. Verweisen Sie auch auf die Karte im Umschlag vorne innen im Buch. Die Begrüßungsformen, die die TN gerade gelernt haben, werden in allen Ländern verstanden. Aber jede Region grüßt auch anders. Machen Sie die TN darauf aufmerksam, dass sie hier nur eine kleine Auswahl von vielen verschiedenen Varianten hören. Die TN hören den Hörtext und markieren. *Lösung: Guten Tag!: Tag!, Hallo!, Moin!, Moin moin!, Tach! Servus!, Grüezi mitenand! / Auf Wiedersehen!: Wiedersehen!, Tschüs!, Servus!, Uf Wiederluege!*	CD 1/26 *1:04*	
2 PL	1. Die TN schreiben an die Tafel, was „Guten Tag" und „Auf Wiedersehen" in ihrer Sprache heißt und sagen es laut. *Hinweis:* Auf diese Weise entsteht ein internationales Tafelbild, das Sie sehr gut als Hintergrund für ein Kursfoto nutzen können.		
Länderinfo	Deutsch wird in verschiedenen Staaten und Regionen als Muttersprache gesprochen. Für jedes Sprachzentrum haben sich eigene Varianten für bestimmte Wörter und die Aussprache bestimmter Laute entwickelt. In Süddeutschland und Österreich sagt man statt „Guten Tag." im Allgemeinen „Grüß Gott.". Wenn man eine Person duzt auch „Grüß dich." oder „Servus.". „Servus." ist zugleich ein Abschiedsgruß. In der Schweiz grüßt man mit „Grüezi." oder „Salü.".		

MEINE FAMILIE

Folge 2: Pause ist super.

Einstieg in das Thema „Familie"

[handschriftlich: V7 = Slides 3:22]

	Form	Ablauf	Material	Zeit
1		**Vor dem Hören / Beim ersten Hören: Vermutungen äußern/überprüfen**		
a	PL	1. Die TN betrachten die Fotos. Zeigen Sie auf Lara und fragen Sie: „Wer ist das? Was wissen Sie schon?". Schreiben Sie als Hilfestellung die Rubriken „Name?", „Land?" und „Sprache?" (bekannt aus Lektion 1) an die Tafel. Anschließend können Sie auf Tim zeigen und fragen: „Wer ist das?". Zucken Sie mit den Schultern, um den TN zu zeigen: „Ich weiß es nicht.".	Folie/IWB	
	PL	2. Die TN antworten, indem sie ihr Vorwissen aus Lektion 1 aktivieren. Ergänzen Sie auf Zuruf die Informationen an der Tafel. Ermuntern Sie die TN, Vermutungen zu Tim anzustellen.	Folie/IWB	
	EA	3. Die TN betrachten die Fotos und lesen die Aufgabe. Erklären Sie dann die neuen Begriffe. Zeigen Sie z. B. auf sich, dann auf die TN und sagen Sie: „Ich bin Deutschlehrer/in. Und Sie lernen Deutsch.". „Pause" können Sie erklären, indem Sie die Pausenzeiten Ihres eigenen Kurses an die Tafel schreiben. „Im Park" können Sie anhand von Foto 2 zeigen. Fragen Sie dann: „Was meinen Sie? Was ist richtig?" und fordern Sie die TN auf, anzukreuzen, was sie für richtig halten.	Folie/IWB	
	⚠️	Es ist nicht wichtig, dass die TN die richtige Lösung nennen können. Sie sollten hier ihre Vermutungen äußern.		
	TiPP	Nutzen Sie für Worterklärungen so oft wie möglich Abbildungen, Fotos oder Filme aus dem Buch, um neuen Wortschatz in den vorhandenen Kontext zu integrieren.		
b	EA	4. Die TN hören die Foto-Hörgeschichte zum ersten Mal und überprüfen ihre Vermutungen anhand der Lösungen.	CD 1/27–34 *[handschr.: 3:40]*	
	PL	5. Abschlusskontrolle im Plenum. *Lösung: 1 lernt auch Deutsch. 2 haben Pause.*	Folie/IWB	
2		**Beim zweiten Hören: Woher kommen Lara und Tim?**		
	EA	1. Die TN hören die Hörtexte zu den Fotos 2 und 3 noch einmal und schreiben die richtigen Begriffe in die Lücken auf dem Notizzettel.	CD 1/28–29 *[handschr.: 1min]*	
	PL	2. Abschlusskontrolle im Plenum. *Lösung: Tim: Ottawa, Lara: Polen, Lublin* *fakultativ:* Hängen Sie eine Weltkarte auf und bitten Sie die TN, die Länder und Städte von Lara und Tim auf der Weltkarte zu zeigen. Bitten Sie die TN, ihren Vornamen, ihr Land und ihre Stadt auf kleine Zettel bzw. Fähnchen zu notieren. Anschließend fordern Sie die TN auf, ihr Land und ihre Stadt auf der Weltkarte zu zeigen und ihren Klebezettel bzw. ihr Fähnchen darauf zu befestigen. Die TN sagen dazu: „Ich komme aus (Land), aus (Stadt).".	Folie/IWB, Weltkarte, kleine Klebezettel oder Stecknadelfähnchen	
3		**Beim dritten Hören: Laras und Tims Familie**		
a	PL	1. Die TN betrachten die Fotos und lesen die Wörter im Auswahlkasten.	CD 1/30–32 *[handschr.: 1:10]*	
	EA/PA	2. Die TN hören die Hörtexte zu den Fotos 4–6 noch einmal und ergänzen die Texte. Wenn nötig, hören die TN ein weiteres Mal.	Folie/IWB, CD 1/30–32 *[handschr.: 1:20]*	

	PL	3. Abschlusskontrolle im Plenum. *Lösung: A Vater, Mutter; B Bruder; C Mutter, Großeltern* *Hinweis:* Gehen Sie hier nicht weiter auf das Genitiv-S bei „Tims" ein. Bei Nachfragen machen Sie das Prinzip anhand von Beispielen aus dem Kurs deutlich: „Das ist Savas Tasche.", „Das ist Julios Stift." etc.	Folie/IWB	
b	EA	4. Fragen Sie „Was ist richtig?" und spielen Sie die Hörtexte, wenn nötig, noch einmal vor. Die TN hören und kreuzen an.	Folie/IWB, CD 1/30–32 *1:20*	
	PL	5. Abschlusskontrolle im Plenum. *Lösung: 3 Laras Vater lebt in Poznań.*	Folie/IWB	
	PA ⟷	*fakultativ:* Teilen Sie den Kurs in geübtere und ungeübtere TN ein. Die TN finden sich dann paarweise zusammen. Kopieren Sie die Kopiervorlage mehrfach und schneiden Sie die Satzkärtchen aus. Jedes Lernpaar erhält einen Kärtchensatz. Geübtere TN erhalten das komplette Set, ungeübtere TN arbeiten mit weniger Kärtchen. Sie können z. B. die letzten drei (oder auch mehr) Sätze weglassen. Die Paare hören die Foto-Hörgeschichte noch einmal und ordnen die Satzkärtchen den Personen zu. Zur Abschlusskontrolle verteilen Sie die Lösungen. Die TN vergleichen ihre Lösungen selbstständig.	KV L2/FHG	
	[TiPP]	TN, die über ein Smartphone verfügen, können die App zu *Schritte international Neu 1* kostenfrei aus dem entsprechenden Store herunterladen, um alle Hörtexte und Filme zum Lehrwerk jederzeit zur Verfügung zu haben und sie bei Bedarf auch in Kleingruppen nutzen zu können.		
	🎬 Laras und Tims Film	Tim und Lara befinden sich im Park und filmen sich gegenseitig mit dem Handy. Zuerst filmt Lara Tim und spricht dazu über Tim, der nur gestisch und mimisch darauf reagiert. Nur am Schluss intoniert er ein einziges Wort „deutsch". Im zweiten Teil filmt Tim Lara und spricht dazu über Lara, die ebenfalls nichts sagt, sondern auf einem Block nur Stichworte mitzeigt. Der Film passt sehr gut zu C1. Sie können ihn als Einstieg nutzen, um die „er/sie"-Formen einzuführen, oder die TN überprüfen anhand des Films ihre Lösung zu C1. Regen Sie die TN an, in Partnerarbeit selbst einen ähnlichen Film anzufertigen, z. B. nach D4. Dabei können sie die Informationen, die im Film gegeben werden noch um die neuen Informationen, die sie schon gelernt haben, erweitern. Die TN sollten die Dialoge erst schreiben, bevor der jeweilige „Filmemacher" den Text spricht.	„Laras und Tims Film" Lektion 2 *V8* *2:13*	

A WIE GEHT'S? – DANKE, GUT.

Anredeformen *du* und *Sie*

Lernziel: Die TN können andere nach dem Befinden fragen und ihr Befinden ausdrücken.

	Form	Ablauf	Material	Zeit
A1		**Präsentation der Redemittel: Nach dem Befinden fragen**		
	PL	1. Die TN sehen sich die Zeichnungen an. Fragen Sie „Wie geht's?" und deuten Sie dabei auf das Beispiel. Antworten Sie auf die Frage mit Begeisterung: „Super!" und unterstützen Sie Ihre Antwort durch Mimik und Gestik: Strecken Sie den Daumen nach oben und strahlen Sie. *Variante:* Die TN lassen das Buch geschlossen. Gehen Sie auf einen TN zu, der schon länger im deutschsprachigen Raum lebt und fragen Sie: „Wie geht's?". Der TN antwortet. Wiederholen Sie das ggf. noch ein paarmal mit weiteren TN, die schon erste Deutschkenntnisse haben. Die TN öffnen erst dann ihr Buch.	Folie/IWB	

EA	2. Die TN hören die Mini-Gespräche und überlegen, welches Gespräch zu welchem Bild passt. Bei Verständnisschwierigkeiten spielen Sie die Gespräche mehrmals vor und helfen, indem Sie die jeweils passende Mimik/Gestik dazu machen.	CD 1/35 *0:32*	
PL	3. Abschlusskontrolle im Plenum. *Lösung (von links nach rechts): 4, 2, 1…, 5, 3*	CD 1/35, *0:32* Folie/IWB	
EA/HA	Arbeitsbuch 1		

A2	**Anwendungsaufgabe: Nach dem Befinden fragen**		
a	PL	1. Die TN betrachten die Fotos. Fragen Sie: „Sie oder du? Was meinen Sie?". Die TN stellen Vermutungen darüber an, wie sich die Personen anreden könnten.	Folie/IWB
	PL	2. Fragen Sie dann: „Wie geht es Lara?". Deuten Sie, wenn nötig, auf die Zeichnungen in A1. Verfahren Sie mit Foto 2 ebenso: Fragen Sie: „Wie geht es Herrn Baumann?".	Folie/IWB
	EA/PA	3. Die TN lesen die Gespräche und schreiben sie, analog zum Beispiel im Buch, in der richtigen Reihenfolge in ihr Heft.	

TiPP	Zur ersten Kontrolle lesen die Partner die Gespräche mit verteilten Rollen und Flüsterstimme. Oft können sie dann schon hören, ob die Sätze zueinander passen.	

	PL	4. Die TN hören die Gespräche und vergleichen. Abschlusskontrolle im Plenum. Schreiben Sie die Gespräche an die Tafel. *Lösung: 1 ◆ Danke, gut. Und wie geht es dir? ○ Auch gut, danke. 2 ▲ Guten Morgen, Frau Jansen. ■ Guten Morgen, Herr Baumann. Wie geht es Ihnen? ▲ Danke, sehr gut. Und Ihnen? ■ Ach, nicht so gut.*	
	PL	5. Verweisen Sie auf den Info-Kasten und zeigen Sie auch mithilfe der Fotos, dass „Wie geht es Ihnen?" für die Anrede mit „Sie" und „Wie geht es dir?" für die Anrede mit „du" gebraucht wird. Die Kurzform „Wie geht's?" deckt beide Fälle ab. Verweisen Sie an dieser Stelle auch auf die Redemittel zum „Befinden: Wie geht's" in der Übersicht zu Grammatik und Kommunikation (Kursbuch, S. 30). Hier sind die wichtigsten Frage- und Antwortmöglichkeiten übersichtlich dargestellt. Weisen Sie die TN auch auf den Tipp hin, Frage und Antwort am besten immer kombiniert zu lernen.	Folie/IWB
b	PA	6. Die TN sprechen die Gespräche mit ihrem eigenen Namen. Es geht hier ausschließlich darum, die Wendungen lexikalisch einzuschleifen, um sie als Redemittel für die TN bereitzustellen. Erklärungen zum Dativ sind an dieser Stelle nicht notwendig. Die Dativpronomen werden in *Schritte international Neu 2*, Lektion 13, behandelt.	Folie/IWB
	WPA	*fakultativ:* Klassenspaziergang. Wenn Sie gerne etwas Bewegung in den Unterricht integrieren möchten, können Sie die Kopiervorlage L2/A2 kopieren, zerschneiden und die Redemittelkärtchen im Kurs verteilen. Es macht dabei nichts, wenn die Redemittel jeweils mehrfach vorhanden sind. Alle TN versammeln sich in der Mitte des Kursraums und finden sich paarweise zusammen. Die TN befragen sich gegenseitig und nutzen zur Antwort die Redemittel auf ihrem Kärtchen. Anschließend tauschen die Gesprächspartner ihre Kärtchen untereinander und wechseln zum nächsten freien Gesprächspartner. Gehen Sie während der Übung herum und helfen Sie, wenn nötig.	KV L2/A2

TiPP	Laminieren Sie die Kopiervorlage vor dem Zerschneiden. Die Kärtchen halten so länger und können immer wieder eingesetzt werden. Für geübtere TN können Sie einen Satz Kärtchen ohne Text vorbereiten.	

PL 👄	**Arbeitsbuch 2: im Kurs:** Die TN kennen die Stimmbewegung bei W-Fragen und auch den Satzakzent schon aus Lektion 1. Deshalb dürfte ihnen diese Übung keine Schwierigkeiten bereiten. Die TN hören den Hörtext und achten auf die Betonung. Die TN können bei der Silbe, die den Satzakzent trägt, jeweils mit dem Fuß aufstampfen. Dadurch bekommen sie ein Gespür für die Gewichtung dieser Silbe. Setzen Sie für die Stimmbewegung nach unten (W-Frage) und nach oben (Rückfrage) wie in Lektion 1 auch wieder Ihre Hand ein.	Folie/IWB AB-CD 1/13–14	*#13 0:47* *#14: 1:12*
EA/HA ↔	**Arbeitsbuch 3–4: Im Kurs:** Alle TN lösen Übung 3. Geübtere TN können außerdem Übung 4 bearbeiten. Bei einer Abschlusskontrolle im Plenum können die TN, wenn sie möchten, ihre Gespräche mit einem Partner vorspielen.		

A3	**Aktivität im Kurs: Rollenspiel**		
PL	1. Die TN sehen sich die Zeichnungen an und überlegen, wie sich die Personen jeweils anreden. Fragen Sie: „Du oder Sie?" und notieren Sie die Lösungsvorschläge an der Tafel. *Lösungsvorschlag: A du (Situation auf einer Party / in der Disco); B du (Personen, die sich kennen, z. B. Studenten, Mitschüler, Kursteilnehmer); C Sie (beruflicher Kontext, z. B. eine Konferenz oder Besprechung); D du oder Sie (beides ist möglich, je nach Vertrautheit der Person, z. B. Nachbarinnen, Freundinnen; Eltern, deren Kinder sich kennen)*	Folie/IWB	
Länderinfo	Die Regeln für die Anrede mit „du" und „Sie" sind nicht mehr ganz so klar wie noch vor einigen Jahrzehnten. Auch im Berufsleben wird heute häufiger geduzt als früher. Wer sich einer Gruppe oder Gemeinschaft (z. B. Studenten, Kollegen auf gleicher Ebene) zugehörig fühlt, duzt sich meist. Nennen Sie den TN zunächst nur die eindeutigen Regeln, alles andere wäre zu diesem Zeitpunkt verwirrend: Erwachsene duzen Kinder, Kinder siezen (fremde) Erwachsene. Erwachsene, die sich (noch) nicht kennen, siezen sich normalerweise (z. B. auf dem Amt, an der Kasse im Supermarkt). Höhergestellte Personen wie den Chef sollte man immer siezen, es sei denn, sie bieten das Du an.		
PL	2. Zwei geübtere TN lesen das Beispielgespräch A vor und führen es zu Ende.	Folie/IWB	
PA ↔	3. Die TN finden sich paarweise zusammen. Lassen Sie die Paare ganz nach Neigung entscheiden, ob sie die Gespräche zu den Zeichnungen nur sprechen oder auch aufschreiben möchten. Manche TN fühlen sich beim Schreiben sicherer. Ungeübtere TN schreiben bzw. sprechen nur ein Gespräch, geübtere TN überlegen sich für jede der drei Situationen einen Minidialog.		
PA	4. Die TN üben ihre Minidialoge laut.		
PL	5. Präsentation der Minidialoge: Einige TN, die ihre Gespräche geübt haben und sie gerne im Plenum vorspielen möchten, erhalten dazu die Gelegenheit. Bitten Sie diese Paare, aufzustehen und die Situation nachzuspielen. *Hinweis:* An dieser Stelle bietet sich die Arbeit mit „Fokus Beruf" im Arbeitsbuch, Seite 30 an, um den TN noch einmal bewusst zu machen, dass die Wahl der Anredeform kontextgebunden ist, im beruflichen Alltag in Deutschland aber das „Sie" überwiegt.	AB-CD 1/21–24 *3: 1:12*	

B DAS IST MEIN BRUDER.

Possessivartikel *mein/meine, dein/deine, Ihr/Ihre*

Lernziel: Die TN können ihre Familie / Familienmitglieder vorstellen.

	Form	Ablauf	Material	Zeit
B1		**Präsentation des Wortfeldes „Familienmitglieder"**		
a	EA	1. Die TN betrachten die Fotos im Familienstammbaum. Sagen Sie: „Das ist eine Familie.". Die TN lesen die Aufgabe. Dann hören sie das Gespräch und ordnen zu.	Folie/IWB, CD 1/38	*0:58*
	PL	2. Abschlusskontrolle im Plenum. Fragen Sie: „Wer ist das? Was sagt Walter?". Deuten Sie dabei auf die einzelnen Personen und ergänzen Sie die Lücken auf Zuruf. *Lösung: Tobias: mein Sohn, Sofia: meine Tochter, Lili: meine Enkelin*	Folie/IWB	
b	EA	3. Die TN sehen sich die die Fotos im Familienstammbaum noch einmal an und kreuzen die richtige Lösung an. Helfen Sie ggf. mit dem neuen Wortschatz, indem Sie im Stammbaum auf die Familienmitglieder zeigen.		
	PL	4. Abschlusskontrolle im Plenum. *Lösung: mein Opa.*	Folie/IWB	
	PA/EA	Arbeitsbuch 5		
	PL	Arbeitsbuch 6: im Kurs: Zeigen Sie die Übung auf Folie/IWB. Die TN ergänzen zunächst die Wörter aus Übung 5. Dann lesen zwei TN vor, indem der eine das deutsche und der andere das englische Wort liest. Den TN sollte deutlich werden, dass die Wörter ähnlich klingen und somit ihre Bedeutung aus dem Englischen erschließbar ist. Auf diese Ähnlichkeiten im Klang sollten die TN achten. Dann ergänzen sie die Wörter in ihrer Sprache in Stillarbeit. Nun können jeweils drei TN lesen: Einer liest die deutschen Wörter, einer die englischen, der dritte liest in seiner Muttersprache. Sprechen Sie mit den TN über weitere Ähnlichkeiten.	Folie/IWB	
B2		**Präsentation der Possessivartikel *mein/meine, dein/deine, Ihr/Ihre***		
a	EA	1. Die TN betrachten die Fotos und ergänzen die Lücken in den Gesprächen 1 und 2.		
	EA	2. Die TN hören nun die Gespräche und vergleichen mit ihren Lösungen.	CD 1/39	*6:27*
	PL	3. Abschlusskontrolle im Plenum. *Lösung: 1 Dein, mein, 2 Ihre, meine*	Folie/IWB	
	PL	4. Erstellen Sie zur Systematisierung der Possessivartikel zusammen mit den TN ein Tafelbild (s. 5.). Notieren Sie analog zum Grammatik-Kasten zunächst „mein Bruder", „mein Kind", „meine Tochter" und „meine Kinder" an der Tafel. Unterstreichen Sie „mein Bruder" blau, „mein Kind" grün, „meine Tochter" rot sowie „meine Kinder" gelb. Verweisen Sie auch auf den oberen Teil des Grammatik-Kastens. Der definite Artikel und die Artikelfarben blau, grün, rot und gelb werden systematisch in Lektion 4 eingeführt.		

PL	5. Ergänzen Sie das Tafelbild dann gemeinsam mit den TN um weitere Possessiv-artikel und Verwandtschaftsbezeichnung aus der Foto-Hörgeschichte, KB/B1 und B2 sowie AB/5.			

mein Bruder	mein Kind	meine Tochter	meine Kinder
mein Opa		meine Enkelin	meine Eltern
mein Vater		meine Mutter	meine Großeltern
mein Sohn		meine Oma	
		meine Frau	
		meine Schwester	

GA	6. *fakultativ:* Die TN finden sich in Kleingruppen zusammen. Jede Gruppe erhält die zerschnittenen Domino-Steine von der Kopiervorlage. Ziel ist es, möglichst alle Dominosteine zu verwenden. Als Hilfe können sich die TN am Tafelbild orientieren. Wenn Sie spielbegeisterte TN haben, können die Gruppen gegeneinander antreten. Die Gruppe, die am schnellsten alle Dominosteine verwendet hat, hat gewonnen. *fakultativ:* Teilen Sie die TN in möglichst homogene Gruppen ein. Für ungeübte TN können Sie die Artikel <u>vor</u> dem Zerschneiden farbig markieren. Das erleichtert den TN die Zuordnung. Geübtere TN erhalten ein Domino-Set ohne farbige Mar-kierung. Dadurch ergeben sich mehr Kombinationsmöglichkeiten und es ist eine größere Herausforderung, alle Dominosteine unterzubringen.	KV L2/B2
[TiPP]	Kopieren Sie die Kopiervorlage auf verschiedenfarbiges Papier. Das erleichtert an den Tischen das Aus-einanderhalten der Kärtchen und Sie vermeiden aufwändiges Sortieren nach Beendigung des Spiels.	
PL	7. Sehen Sie sich dann gemeinsam mit den TN noch einmal die Gespräche im Buch an und fokussieren Sie auf die Zusammengehörigkeit von „ich – mein/meine". Zei-gen Sie dazu auf sich und sagen Sie: „ich", zeigen Sie dann z.B. auf Ihr Buch und sagen Sie „Das ist mein Buch.". Zeigen Sie noch auf weitere Gegenstände, die Ihnen gehören und machen Sie weitere Beispielsätze. Gehen Sie dann zu einem TN und sagen Sie: „du". Zeigen Sie auf sein Buch und sagen Sie: „Das ist dein Buch". Machen Sie weitere Beispiele mit anderen TN mit „du – dein/deine", und „Sie – Ihr/Ihre". Verweisen Sie dann auf den Grammatik-Kasten und die Grammatiküber-sicht 1 (Kursbuch, S. 30) und die kleine Übung in der rechten Spalte. Zeigen Sie auf die Zeichnung und fragen Sie: „Was sagt die Frau?". Ein geübter TN antwortet. Ergänzen Sie dabei die Sätze auf der Folie/am IWB. *Lösung: 1 Das ist mein Mann. 2 Das ist mein Sohn. 3 Das ist meine Tochter.*	Folie/IWB
b PA	8. Die meisten TN werden Fotos von ihrer Familie auf dem Smartphone haben. Die anderen TN bringen Fotos der Familie von zu Hause mit. Nach dem Muster von a spielen die TN mit den eigenen Fotos weitere Gespräche. Gehen Sie herum und helfen Sie, wenn nötig. Achten Sie dabei auf die korrekte Verwendung der Possessivartikel. Sollten sich Ihre TN schwertun, die Grammatik spontan richtig anzuwenden, können die TN die Gespräche zunächst auch schriftlich fixieren und anschließend laut sprechen.	
EA/HA	Arbeitsbuch 7	
EA/PA Grammatik entdecken	Arbeitsbuch 8: im Kurs: Hier können sich die TN die Formen des Possessivartikels noch einmal bewusst machen, da hier das Farbschema selbstständig angewendet wird.	

PL 👄	**Arbeitsbuch 9:** im Kurs: Eine mögliche Methode, den TN die Stimm-Modulation bewusst zu machen, ist das Klopfen oder Klatschen im Rhythmus. Spielen Sie den Hörtext vor. Die TN lesen still mit und achten auf die Markierungen unter den Silben, die die Stärke der Betonung angeben. Die TN hören die Sätze dann noch einmal und klopfen oder klatschen gleichmäßig mit, bei den betonten Silben klopfen oder klatschen sie etwas kräftiger. In einem dritten Durchgang klopfen oder klatschen und sprechen die TN im Chor, ohne den Hörtext zu hören.	AB-CD 1/15
EA/HA ↔ ⚠	**Arbeitsbuch 10–13** *fakultativ:* Wenn Sie im Kurs noch Zeit haben, können Sie die Übungen 11 und 12 zur Binnendifferenzierung nutzen. Bilden Sie dazu möglichst homogene Paare. Ungeübtere TN lösen Übung 11 schriftlich und sprechen dann die Minidialoge. Geübtere TN lösen Übung 11 und 12 schriftlich und üben dann eines der Gespräche in Übung 11 mündlich. Wenn die TN möchten, können Sie abschließend eines der Gespräche im Plenum vorspielen. In Übung 12 kommt bereits die Negation mit „nicht" vor. Diese wird erst in Lektion 4 systematisch eingeführt. Gehen Sie an dieser Stelle nur kurz darauf ein, indem Sie folgenden Satz aus Übung 12 an die Tafel schreiben: „Entschuldigung, mein Name ist <u>nicht</u> ~~Roth~~." ← Ich heiße Peters.	

B3	Aktivität im Kurs: Rätsel		
PL ⚠	1. Schreiben Sie auf einen Zettel den Namen „María". Bitten Sie einen geübteren TN, ihn hochzuhalten und mit Ihnen den Beispieldialog im Buch vorzuspielen. Wiederholen Sie das Beispiel nun mit einem anderen TN und einem neuen Namenskärtchen. „Ehefrau" im Beispieldialog ist für die meisten TN neu. Verweisen Sie auf das Foto von Tims Eltern auf Seite 23. Erinnern Sie die TN daran, dass Tims Vater (Richard) und Tims Mutter (Amy) verheiratet sind. Tims Vater ist deshalb Amys Ehemann. Tims Mutter ist Richards Ehefrau.	Folie/IWB
EA	2. Die TN schreiben nun den Namen eines Familienmitglieds auf einen Zettel.	Zettel
WPA ↔	3. Alle TN stehen auf und finden sich jeweils paarweise zusammen. Bitten Sie, wenn nötig, zwei TN, ein weiteres Beispiel zu machen. Anschließend befragen sich alle TN gegenseitig und raten, um wen es sich bei der genannten Person handelt. Ist das Rätsel gelöst, wechseln die TN die Partner und raten erneut. Gehen Sie herum und achten Sie darauf, dass die TN die Possessivartikel korrekt verwenden. *Variante:* Alternativ können Sie die Übung auch am Platz durchführen lassen. Dann beschriften die TN mehrere Zettel mit Namen aus ihrer Familie. Anschließend deuten Sie auf jeden einzelnen und fragen ihre Partnerin / ihren Partner: „Wer ist ...?". Diese/r rät, bis die richtige Lösung gefunden ist. Gehen Sie herum und achten Sie darauf, dass die TN die Possessivartikel korrekt verwenden. TN, die bereits alle Verwandtschaftsbeziehungen erraten haben, planen ein fiktives Familienfest und machen eine Einladungsliste wie in „Schon fertig?" vorgeschlagen. Sammeln Sie die Listen zur Korrektur ein.	

TiPP	Den TN macht es Spaß, wenn auch Sie von sich erzählen. Bringen Sie doch einfach ein paar Fotos von Ihrer Familie mit. Kleben Sie diese auf ein Plakat, das Sie im Kursraum aufhängen, und beschriften Sie das Plakat mit den TN zusammen. Als Hausaufgabe können die TN ein ähnliches Plakat mit eigenen Familienfotos machen und in den Kurs mitbringen. Planen Sie dann genügend Zeit für die Vorstellung der Familienplakate in Kleingruppen ein. Die Plakate werden dann für alle sichtbar im Kursraum aufgehängt und geben Anlass für Pausengespräche der TN untereinander, denn die Familie spielt in den meisten Herkunftsländern der TN eine große Rolle.	
EA/HA	Arbeitsbuch 14	

C ER LEBT IN POZNAŃ.

Personalpronomen, Verbkonjugation

Lernziel: Die TN können den Wohnort nennen.

	Form	Ablauf	Material	Zeit
C1		**Präsentation der Verbkonjugation und der Personalpronomen *er/sie, sie***		
a	EA	1. Die TN hören die Texte und sehen die Fotos im Buch an. Machen Sie deutlich, dass die TN wirklich nur hören sollen, um einer realen Hörsituation näherzukommen.	Folie/IWB, CD 1/40 0:38	
	EA	2. Die TN lesen die Texte. *Hinweis:* Hier können Sie auch mit „Laras und Tims Film" einsteigen.		
	EA	3. Die TN hören noch einmal und ergänzen die Lücken. Stoppen Sie den Hörtext, wenn nötig, nach jedem einzelnen Satz. *Variante:* TN mit Vorkenntnissen können die Lücken mithilfe der vorgegebenen Stichworte selbstständig ergänzen und ihre Lösungen dann anschließend während des Hörens vergleichen. Ungeübtere TN füllen die Lücken so weit wie möglich und ergänzen dann während des Hörens wie oben beschrieben.	CD 1/40 0:38	
	PL	4. Abschlusskontrolle im Plenum, ggf. anhand von „Laras und Tims Film". *Lösung: A kommt, wohnen, sind, lebt; B ist, kommt, spricht; C wohnen*	Folie/IWB	
b	EA	5. Die TN ergänzen mithilfe der Texte aus a die Tabelle.		
	PL	6. Abschlusskontrolle im Plenum. *Lösung: (von oben nach unten) er, sie*		
	PL	7. Schreiben Sie zunächst folgende Beispiele an die Tafel: *er* *Das ist Tim, ~~Tim~~ kommt aus Kanada.* *sie* *Das ist Lara, ~~Lara~~ kommt aus Polen.* *sie* *Lara und Tim wohnen in München, ~~Lara und Tim~~ lernen Deutsch.*	Folie/IWB	
	PL	8. Lenken Sie die Aufmerksamkeit der TN nun auf die Verbkonjugation. Schreiben Sie folgende Beispiele an die Tafel. *Tim kommt aus Kanada. Er lebt in München.* *Lara ist 20 Jahre alt. Sie spricht Polnisch.* *Lara und Tim leben in München. Sie sprechen ein bisschen Deutsch.* Verweisen Sie auch auf den Grammatik-Kasten und die Grammatikübersicht 2 (Kursbuch, S. 30).	Folie/IWB	
	EA Grammatik entdecken	**Arbeitsbuch 15:** im Kurs: Die TN machen sich den Zusammenhang zwischen Nomen und Personalpronomen bewusst.		
	EA/PA	**Arbeitsbuch 16–17:** im Kurs: Geübtere TN lösen die Übungen in Stillarbeit. Ungeübtere TN arbeiten paarweise zusammen.		

C2	Anwendungsaufgabe zur Verbkonjugation und zu den Personalpronomen *er/sie, sie*		
	PL	1. Deuten Sie auf Yari und fragen Sie: „Wer ist das? Woher kommt er? Wo lebt er?". Deuten Sie auf die Stichwörter und den Notizzettel.	Folie/IWB
	PL	2. Die TN lesen die Stichworte und den Notizzettel und beantworten die Fragen.	Folie/IWB
	EA/PA	3. Die TN schreiben den Text zu Yari und, analog dazu, zu Erika und Marlon in ihr Heft.	
	PL	4. Abschlusskontrolle im Plenum. *Lösung: Das ist Yari. Er kommt aus Japan, aus Nagoya. Jetzt lebt er in Deutschland. / Das sind Erika und Marlon. Sie kommen aus Ungarn. Sie leben in Österreich.* *fakultativ: Verweisen Sie auch auf die Redemittel zu „Andere vorstellen: Das ist mein Vater." in der Übersicht (Kursbuch, S. 30). Die TN können hier analog zum Kursbuch ein eigenes Familienmitglied vorstellen. Wer möchte, kann auch ein Foto mitbringen.*	Folie/IWB
	EA/PA	5. Die TN schreiben analoge Texte zu weiteren Personen, z. B. zu anderen TN oder zu internationalen Stars. Einige TN lesen ihre Texte im Plenum vor.	

C3	Präsentation der Verbkonjugation: 1. und 2. Person Plural		
a	EA	1. Die TN sehen sich die Zeichnung an und lesen die Sätze.	Folie/IWB
	PL/EA	2. Deuten Sie auf die Sätze 1–3 und fragen Sie: „Wer sagt das? Leonie oder Stéphane?". Die TN hören und kreuzen an.	CD 1/41 *0:47*
	PL	3. Abschlusskontrolle im Plenum. *Lösung: 2 Leonie, 3 Stéphane*	Folie/IWB
	PA	*fakultativ: Verweisen Sie anschließend auf den Grammatik-Kasten und die Grammatikübersicht 2 (Kursbuch, S. 30). Die TN konjugieren analog zur Verbtabelle in Partnerarbeit die Verben „wohnen", „lernen" und „kommen", die sie bereits kennen.* *Weisen Sie die TN auch auf das Kreuzworträtsel auf der rechten Seite der Grammatikübersicht hin und fordern Sie sie auf, vier weitere Formen von „sein" zu finden. Geübtere TN lösen die Aufgabe in Stillarbeit, ungeübtere TN arbeiten mit einer Partnerin / einem Partner zusammen.* *Lösung: senkrecht: bin, seid; waagerecht: ist, sind*	

TiPP	Neue Strukturen prägen sich am leichtesten ein, wenn mehrere Wahrnehmungskanäle aktiviert werden. Daher empfiehlt es sich, dass die TN die Verbkonjugation nicht nur aufschreiben, sondern auch laut sprechen.

b	PL/WPA	4. Bitten Sie zwei TN aus demselben Land, zu Ihnen an die Tafel zu kommen. Beginnen Sie das Gespräch mit: „Hallo. Wer seid ihr?". Die TN orientieren sich am Beispiel und ergänzen ihren Namen und ihr Herkunftsland. Sie antworten z. B. „Wir sind Lin und Yang. Wir kommen aus China.". Spielen Sie das zweite Beispiel mit zwei TN aus verschiedenen Ländern vor. Anschließend stehen alle TN auf und finden sich zusammen. Die TN gehen zu zweit durch den Raum und spielen die Gespräche einige Male mit ihren eigenen Angaben durch. Sollten Ihre TN alle aus demselben Land kommen, können Sie auch Länderkärtchen vorbereiten und bei Bedarf austeilen. Die TN kommen dann aus dem Land auf ihrem Kärtchen. *fakultativ: Zur Vereinfachung und Unterstützung der Aktivität können Sie auch auf die Kopiervorlage im Lehrwerkservice unter www.hueber.de/schritte-international-neu zurückgreifen.*	KV L2/C3 im Lehrwerkservice
	EA/PA Grammatik entdecken	Arbeitsbuch 18: im Kurs: Die TN machen sich die Verbformen noch einmal bewusst. Die Übung kann von geübteren TN in Stillarbeit gelöst werden. Ungeübtere TN arbeiten paarweise zusammen.	

EA/HA	Arbeitsbuch 19–20			
EA/HA ⟷	Arbeitsbuch 21–22: im Kurs: Wenn Sie die beiden Übungen im Kurs durchführen, lösen alle TN Übung 21. Geübtere TN bearbeiten außerdem auch Übung 22. Wenn Sie die Übungen als Hausaufgabe aufgeben, sollten sie von allen bearbeitet werden.			

D ZAHLEN UND PERSONALIEN

Zahlen von 0–20, Konjugation des Verbs *haben*

Lernziel: Die TN können bis 20 zählen, Fragen zur eigenen Person beantworten und ein Formular ausfüllen.

	Form	Ablauf	Material	Zeit
D1		**Präsentation der Zahlen von 0 bis 20**		
	PL	1. Die TN hören die Zahlen und sprechen sie nach.	Folie/IWB, CD 1/42 *1:08*	
	PL	2. Veranschaulichen Sie die Bildung der Zahlen 13–19, indem Sie die Leserichtung durch einen Pfeil von der 3 zur 1 etc. anzeigen. **13** ↶	Folie/IWB	
	PL	3. Die TN hören die Zahlen noch einmal und sprechen sie im Chor nach. *fakultativ:* Schreiben Sie jede Zahl auf ein Kärtchen und halten Sie die Kärtchen in beliebiger Reihenfolge hoch: Die TN nennen die Zahl auf dem Kärtchen.	CD 1/42 Kärtchen *1:08*	
	TiPP	Das Sprechen im Chor ermöglicht es auch schüchternen TN, die Zahlen laut mitzusprechen und so ein Gefühl für die Aussprache zu bekommen.		
	EA/HA	Arbeitsbuch 23–24	AB-CD 1/16 *0:45*	
D2		**Hörverstehen: Telefonnummern richtig verstehen**		
	EA	1. Die TN hören das erste Beispiel und lesen im Buch mit.	CD 1/43 *1:08*	
	PL	2. Die TN hören das Beispiel noch einmal. Ein geübterer TN schreibt die gehörte Telefonnummer an die Tafel. Die anderen TN kreuzen die richtige Telefonnummer in ihrem Buch an. Bei Schwierigkeiten hören die TN noch einmal. Verfahren Sie mit 2 und 3 genauso. Anschließend Abschlusskontrolle im Plenum. *Lösung: 2 19 16 10, 3 16 17 03* *fakultativ:* Wenn Sie die Zahlen 1–20 im Kurs noch weiter üben möchten, können Sie mit Ihren TN Zahlen-Bingo spielen. Die Spielregeln kennen die TN bereits vom Alphabet-Bingo in Lektion 1/D.	CD 1/43, KV L2/D2 *1:08*	
	TiPP	Wenn die TN Spaß am Spielen haben, können Sie das Spiel später mit höheren Zahlen wiederholen. Wichtig ist dabei nur, dass Sie die Zahlenspanne, z. B. 20–50, vorher genau vereinbaren und diese nicht zu groß ist, damit das Spiel nicht zu lange dauert.		
	Länderinfo	Weisen Sie die TN darauf hin, dass es in Deutschland üblich ist, Telefonnummern als Dezimalzahlen (19 16 10 statt 1 9 1 6 1 0) zu nennen. Diese Übung ist daher eine gute Vorbereitung auf den Alltag in Deutschland.		
	EA/HA	Arbeitsbuch 25		

D3	Schreiben: Ein Formular mit Personalien ausfüllen		
EA	1. Die TN hören das Gespräch und lesen im Buch mit.	CD 1/44 0:46	
PL	2. Die meisten Fragen sind bekannt. Erklären Sie „Wo sind Sie geboren?" anhand Ihres eigenen Geburtsorts und sagen Sie z.B.: „Ich bin in Nürnberg geboren.".		
EA/PL	3. Die TN lesen das nebenstehende Formular. Erklären Sie unbekannte Begriffe. Schreiben Sie „das Heimatland" an die Tafel und sagen Sie: „Das ist mein Land: Da bin ich geboren. Deutschland ist mein Heimatland.". Schreiben Sie dann „der Geburtsort" und „der Wohnort" an die Tafel und sagen Sie: „Der Geburtsort ist die Stadt, wo ich geboren bin.". Wenn Sie möchten, können Sie Ihren Geburtsort auf der Landkarte zeigen und sagen: „Ich bin in ... geboren.". Sie können den Geburts-ort auch mit einem Sternchen (*) symbolisieren. Erklären Sie dann „der Wohnort" indem Sie sagen: „München ist mein Wohnort. Hier wohne ich.". Füllen Sie das Formular exemplarisch mit Ihren Personalien aus. Fragen Sie bei Familienstand: „Was bedeutet ‚verheiratet'?" und deuten Sie auf das Ring-Symbol im Buch. „Was bedeutet ‚ledig', ‚verwitwet' und ‚geschieden'?". Schreiben Sie diese Wörter an die Tafel und zeichnen Sie kleine Symbole (z.B. durchgestrichener Ring für „ledig", zerbrochene Ringe für „geschieden" und ein Kreuz neben „Ehemann/Ehefrau" für „verwitwet"). Fragen Sie auch die TN: „Wer ist verheiratet?".	Folie/IWB, Landkarte	
EA/PA	4. Die TN hören das Gespräch noch einmal. Geübtere TN ergänzen das Formular in Stillarbeit. Ungeübtere TN arbeiten paarweise zusammen und helfen einander.	CD 1/44 0:46	
PL	5. Abschlusskontrolle im Plenum. *Lösung: Vorname: Veronica, Geburtsort: Biasca, Straße: Marktstr. 1, Telefonnummer: 788639, Familienstand: geschieden, Alter: drei* *Hinweis:* An dieser Stelle bietet sich das Kettenspiel aus „Zwischendurch mal ..." an (Kursbuch, S. 32). Die TN wenden dabei auf spielerische Art und Weise die in den Lernschritten A–D erworbenen Kenntnisse in Bezug auf sich selbst an und erfahren dabei auch etwas über die anderen TN.	Folie/IWB [ZDM]	
EA/HA	Arbeitsbuch 26–27: im Kurs: Wenn Sie die beiden Übungen im Kurs durchführen, lösen alle TN Übung 26. Geübtere TN ergänzen außerdem auch Übung 27. Als Hausaufgabe sollten sie von allen bearbeitet werden.		
EA/HA Schreib-training	Arbeitsbuch 28: Die TN verschriftlichen noch einmal, was sie rund ums Formular gelernt haben.		
PA Prüfung	Arbeitsbuch 29: im Kurs: Die TN machen sich, wenn nötig, Notizen zu den Stich-punkten und tauschen sich dann, wie im Buch angegeben, dialogisch mit ihrer Part-nerin/ihrem Partner aus. Dabei üben sie gleichzeitig noch einmal die W-Fragen. *Variante:* Wenn Sie die Übung als Aufgabe zur Prüfungsvorbereitung auf *Start Deutsch 1* gestalten möchten, können die TN anhand der Stichpunkte monolo-gisch über sich berichten. *Hinweis:* Pro Stichpunkt sollten im mündlichen Teil der Prüfung *Start Deutsch 1* ein bis zwei Sätze genannt werden. Die TN dürfen die Sätze vorher nicht schriftlich fixieren, können ihre Präsentation aber selbstverständlich vorher im Kurs oder zu Hause vorbereiten.		
D4	Aktivität im Kurs: Partnerinterview		
a	EA	1. Die TN markieren die Fragen in D3. Weisen Sie noch einmal auf den Gebrauch der „Sie"-Form und die Form des Personalpronomens „Ihr(e)" hin. Wiederholen Sie bei Bedarf noch einmal, warum es „Ihre Adresse" und „Ihre Telefonnummer" heißt. Ver-weisen Sie an der Stelle auch auf die Grammatikübersicht 1 (Kursbuch, S. 30).	

	PA	2. Die TN befragen ihre Partnerin / ihren Partner und machen sich Notizen. Gehen Sie herum und helfen Sie bei Schwierigkeiten.	KV L2/D4 im Lehrwerkservice	
		Hinweis: Wenn Sie sich im Kurs duzen bzw. die TN sich untereinander duzen, verweisen Sie an dieser Stelle auf den Grammatik-Kasten zu „haben". Fordern Sie die TN auf, die Fragen entsprechend umzuformen. Die Verbkonjugation sowie die Possessivartikel haben die TN bereits kennengelernt.		
		fakultativ: Zur Vereinfachung und Unterstützung der Aktivität können Sie auch auf die Kopiervorlage im Lehrwerkservice unter www.hueber.de/schritte-international-neu zurückgreifen.		
b	EA/PL	3. Die TN schreiben anhand ihrer Notizen vollständige Sätze über ihre Partnerin / ihren Partner. Verweisen Sie vorher auf den Grammatik-Kasten zu „haben", die Grammatikübersicht 2 (Kursbuch, S. 30) und auf die Übersicht über die Redemittel zu „Angaben zur Person" (Kursbuch, S. 31).		
		fakultativ: Wer möchte, kann seine Partnerin / seinen Partner im Plenum vorstellen.		
		Hinweis: Hier können Die TN eine Kurs-Kontaktliste erstellen, wie sie in „Zwischendurch mal ..." (Kursbuch, S. 33) vorgeschlagen wird.	(ZDM)	
(TiPP)		Empfehlen Sie Ihren TN, Fragen zu ihrer Person zusammen mit ihren persönlichen Angaben zu lernen, da ihnen diese Fragen im Alltag voraussichtlich noch oft gestellt werden. Hierzu können die TN den kleinen Steckbrief aus der Übersicht (Kursbuch, S. 31) ausfüllen.		
	HA	4. *fakultativ:* Wenn Ihre TN Spaß an „Laras und Tims Film" haben oder gerne Handyfilme machen, können sie hier analog dazu eigene Filme in Partnerarbeit anfertigen. Wer möchte, kann die Filme in der nächsten Kursstunde auch zeigen.		
		Hinweis: Zum Abschluss können Sie den Lesetext „Meine Familie und ich" aus „Zwischendurch mal ..." einsetzen (Kursbuch, S. 32).	(ZDM)	
(TiPP)		Wenn Sie wissen möchten, wie gut die TN den bisherigen Lernstoff anwenden können, bitten Sie sie, den Text auf ein extra Papier zu schreiben, sodass Sie die Hausaufgabe einsammeln und korrigieren können. Die Texte können dann, wenn alle damit einverstanden sind, im Kursraum aufgehängt werden.		
	EA/HA	Arbeitsbuch 30		

E DEUTSCHSPRACHIGE LÄNDER

Lernziel: Die TN lernen einige Städte der deutschsprachigen Länder kennen. Sie können einfache Informationen verstehen.

	Form	Ablauf	Material	Zeit
E1		**Landeskunde: Präsentation der deutschsprachigen Länder (D-A-CH) und der Himmelsrichtungen**		
	PL	1. Die TN sehen sich die Landkarte der deutschsprachigen Länder an.	Folie/IWB	
	PL	2. Fragen Sie die TN, wer eine Stadt in Deutschland, Österreich oder der Schweiz kennt. Die TN zeigen die Orte, wenn möglich, auf der Karte.	Folie/IWB	
	PL	3. Zeigen Sie mithilfe der Landkarte die Himmelsrichtungen. Verweisen Sie zur Unterstützung auch auf den Kompass im Buch.	Folie/IWB	

	PL	4. Ein TN liest Beispiel a vor. Er sucht und zeigt Hamburg auf der Landkarte.	Folie/IWB	
	PL/PA	5. Je ein TN liest eines der nächsten Beispiele vor, die übrigen TN suchen die Stadt auf der Landkarte. Die TN markieren bei der entsprechenden Flagge. *Lösung: b Schweiz, c Österreich, d Deutschland, e Österreich, f Schweiz, g Deutschland, h Deutschland* *Variante:* Die Aufgabe kann auch in Partnerarbeit gemacht werden. Dann Abschlusskontrolle im Plenum.	Folie/IWB	
	EA/HA	Arbeitsbuch 31	AB-CD 1/17–20 *2:07*	
E2		**Leseverstehen: Persönliche Angaben zu Personen verstehen**		
a	PL	1. Ein TN liest den Text zu Person B vor. Zeigen Sie dann auf Peter auf dem Foto und sagen Sie: „Das ist Peter Waldherr.". Ein anderer TN liest den zweiten Text vor. Zeigen Sie auf die anderen Personen und fragen Sie: „Wer ist Benno Gebhardt?". Die TN ordnen zu.	Folie/IWB	
	EA/PA	2. Die TN lesen die anderen Texte still und ordnen zu. Ungeübtere TN können die Aufgabe zu zweit lösen, z. B. auch mit einem geübteren TN zusammen.		
	PL	3. Abschlusskontrolle im Plenum. *Lösung: (Linke Spalte) E, A; (rechte Spalte) F, C, G, D.*	Folie/IWB	
b	PL	4. Ein TN liest Satz 1 vor. Fragen Sie: „Was ist richtig? Leben sie in Stuttgart oder in Heidelberg?". Die TN lesen ggf. noch einmal in den Texten über Peter und Maria nach.	Folie/IWB	
	EA	5. Die TN lesen die anderen Texte auch noch einmal und kreuzen an.		
	PL	6. Abschlusskontrolle im Plenum. *Lösung: 2 Norddeutschland, 3 Österreich, 4 Sebastian, 5 nicht verheiratet*		
c	EA/PA	7. Die TN sehen sich das Beispiel an und machen allein zwei weitere Aufgaben für ihre Partnerin / ihren Partner. Ungeübtere TN arbeiten zu zweit.		
	PA	8. Die TN tauschen ihre Aufgaben und lösen die Aufgaben des Partners. Anschließend Kontrolle mit der Partnerin / dem Partner. *Hinweis:* An dieser Stelle passt auch der Lesetext „Meine Familie und ich" (Kursbuch, S. 32), in dem eine junge Frau über sich, ihre Eltern und Geschwister erzählt. Hier können sich die TN die Verbendungen noch einmal im Kontext bewusst machen.	ZDM	
	EA/HA Schreibtraining	Arbeitsbuch 32: Anhand eines Beispiels schreiben die TN noch einmal einen längeren Text über sich. Sammeln Sie die Texte zur Korrektur ein.		
	GA	*fakultativ:* Wenn Sie noch Zeit haben, können Sie hier zur Wiederholung das Rollenspiel von der Kopiervorlage anschließen.	KV L2/Wiederholung	
Lektionstest		Einen Test zu Lektion 2 finden Sie hier im LHB auf den Seiten 178–179. Weisen Sie die TN auf den Selbsttest im Arbeitsbuch auf Seite 28 hin.	KV L2/Test	

AUDIO-UND VIDEOTRAINING

Form	Ablauf	Material	Zeit
Audiotraining 1: Wie geht's?			
EA/HA	Die TN hören einzeln Fragen nach dem Befinden und mögliche Antworten. Nach dem Signalton haben sie jeweils Gelegenheit, diese nachzusprechen und die festen Wendungen so zu memorieren.	CD 1/45 *1:26*	
Audiotraining 2: Angaben zur Person			
EA/HA	Die TN hören Fragen zur Person und jeweils ein Stichwort, das sie für die Antwort verwenden sollen. Sie haben dann im ersten Teil des Audiotrainings Gelegenheit, die richtige Antwort zu geben und diese laut vor sich hin zu sprechen. Nach der Sprechpause hören die TN die Antwort, um ihre Antwort und die korrekte Aussprache kontrollieren zu können. Im zweiten Teil des Audiotrainings, beantworten die TN die Fragen mit ihren eigenen Angaben zur Person und trainieren so für ihren Alltag in den deutschsprachigen Ländern.	CD 1/46 *3:22*	
Audiotraining 3: Das ist doch deine Mutter!			
EA/HA	Die TN hören als Beispiel die Frage: „Das ist doch deine Mutter, oder?" und die Antwort „Ja, genau! Das ist meine Mutter!". Anschließend beantworten sie in den Sprechpausen analoge Fragen zu anderen Familienmitgliedern, ebenfalls nach dem vorgegebenen Muster mit „Ja, genau! Das ist ...". Nach der Sprechpause hören die TN die Antwort, um ihre Lösung und die korrekte Aussprache kontrollieren zu können.	CD1/47 *2:10*	
Videotraining 1: Hallo Olga!			
EA/HA	Die TN hören und sehen in vier spielerische Szenen eingebettet noch einmal die wichtigsten Wendungen zur Frage nach dem Befinden und deren Beantwortung, die sie in dieser Lektion kennengelernt haben. Damit können die TN ihr Wissen überprüfen und wiederholen.	Film „Hallo Olga!" *V9 1:19*	
Videotraining 2: Wer ist das?			
EA/HA	Den TN werden nacheinander einige Fragen zur Person gestellt. Als Grundlage für die Antworten wird rechts im Bild ein Steckbrief zur Verfügung gestellt. Zusätzlich wird in Teil 1 des Videotrainings zu jeder Antwort ein Teil der Antwort eingeblendet. Dabei dient die Anzahl der Linien als Anhaltspunkt. Im Anschluss an die Frage ergänzen die TN die vorgegebene Antwort um die Angaben aus dem Steckbrief. Die TN erhalten Gelegenheit, die Antwort in Gedanken zu formulieren oder laut auszusprechen. Nach der Sprechpause hören die TN die Antwort und können sie zum Vergleich mitlesen. In Teil 2 des Videotrainings antworten die TN ohne Hilfestellung. Auf diese Weise ist eine Progression innerhalb der Aufgabe gegeben. *fakultativ:* Wenn Sie das Videotraining im Kurs einsetzen, bearbeiten ungeübtere TN nur Teil 1, geübtere TN beide Teile.	Film „Wer ist das?" *V10 3:21*	

ZWISCHENDURCH MAL ...

Form	Ablauf	Material	Zeit
Lesen	**Meine Familie und ich (passt z. B. zu D4 und E2)** Eine junge Frau stellt sich, ihre Eltern und Geschwister vor.		
EA	1. Geben Sie an der Tafel vor: Name: Teresa Maurick. Geburtsort: ...., Wohnort: ...., Familienstand: ...., Geschwister: .... Die TN lesen den Text und ergänzen die Angaben.		
PL	2. Abschlusskontrolle im Plenum. Ergänzen Sie dabei die Angaben an der Tafel. *Lösung: Schwabach, Berlin, ledig, Lisa und Arthur* *Hinweis:* Die unbekannten Wörter in diesem Text können in der Regel aus dem Englischen erschlossen werden.		
EA	3. *fakultativ:* Aus den Angaben schreiben die TN einen eigenen kleinen Text über Teresa. Gehen Sie herum und helfen Sie bei Schwierigkeiten. Zur Kontrolle liest ein TN vor.		
EA	4. Die TN lesen den Text noch einmal und kreuzen an. Gleichzeitig unterstreichen die TN im Text, wo sie die jeweilige Information finden.		
PL ⟷	5. Abschlusskontrolle im Plenum. *Lösung: 1, 2, 3, 5* Geübtere oder schnellere TN korrigieren die falschen Sätze.		
EA	6. *fakultativ:* Die TN schreiben einen ähnlichen Text über ihre Familie. Zur Kontrolle tauschen die TN ihren Text mit einer Partnerin / einem Partner und korrigieren. Anschließend besprechen die Paare die Fehler. Gehen Sie herum und helfen Sie, wenn nötig. Wenn Sie merken, dass die TN zu viele Fehler übersehen, sammeln Sie die Texte ein und korrigieren Sie sie. Regen Sie die TN an, die korrigierten Texte zu Hause noch einmal „ins Reine" zu schreiben und auswendig zu lernen.		
Spiel	**Kettenspiel: über sich und andere berichten; Festigung der Verwendung der Personalpronomen und Verbformen in der 3. Person Singular (passt z. B. zu D3)**		
PL	1. Bitten Sie eine weibliche TN, in die Rolle der ersten Zeichenfigur zu schlüpfen und die Sprechblase laut vorzulesen. Zwei männliche TN fahren mit der zweiten und dritten Sprechblase im Uhrzeigersinn fort. Zeigen Sie zur Veranschaulichung jeweils auf die Person, um die es geht.	Folie/IWB	
PL	2. Bitten Sie einen geübten TN zu beginnen und seinen Namen sowie zwei weitere Informationen über sich zu nennen. *Hinweis:* Wenn Sie sichergehen wollen, dass möglichst viele verschiedene Angaben zur Person spielerisch geübt werden, können Sie vor Spielbeginn nochmal die in Lektion 2 gelernten Angaben zur Person gemeinsam mit den TN an der Tafel sammeln.		
PL	*Variante:* Wenn Sie viele TN im Kurs haben, kann es für einige TN schwierig sein, sich alle Informationen der vorangehenden TN zu merken und korrekt zu wiederholen. Sie können deshalb entweder die Anzahl der zu wiederholenden Beispiele reduzieren oder vereinbaren, dass die TN sich gegenseitig helfen, wenn sie nicht weiterkommen.		

Projekt		Anwendungsaufgabe: Eine Kurs-Kontaktliste erstellen (passt z. B. zu D4)		
1	PA	1. Die TN wählen eine Partnerin / einen Partner, mit der/dem sie noch nicht zusammengearbeitet haben und ergänzen den Fragebogen. Gehen Sie herum und helfen Sie bei Schwierigkeiten.		
2	PL	2. Da die TN oft daran interessiert sind, auch außerhalb des Kurses miteinander in Kontakt treten zu können, bietet es sich an, wenn alle TN einverstanden sind, eine Kurs-Kontaktliste anzufertigen. Ein TN diktiert seinen Namen, seine Telefonnummer und seine E-Mail-Adresse. Ein zweiter TN schreibt sie auf die Folie oder tippt sie ein. Die übrigen TN notieren mit und achten darauf, dass die Buchstaben- bzw. Zahlenfolge stimmt. Wechseln Sie durch. *Hinweis:* Die Namen der anderen Kursteilnehmer zu schreiben, kann eine Herausforderung sein. Erinnern Sie die TN daran, dass sie in Lektion 1/D gelernt haben, ihre Namen zu buchstabieren.	Folie/IWB	
⚠		3. Ziehen Sie am Ende eine Kopie der Folie und teilen Sie die Liste im Kurs aus. Je nachdem, aus welchem Kulturkreis Ihre TN kommen und welche Vorerfahrungen sie gemacht haben, wollen einige ihre Kontaktdaten vielleicht nicht nennen. Respektieren Sie diesen Wunsch, ohne weiter nachzufragen. Die TN schreiben in diesen Fällen nur den Namen in die Kontaktliste. Mit zunehmender Vertrautheit untereinander, können die TN die Liste dann ggf. selbstständig ergänzen.		
3	PL	4. Erstellen Sie eine Statistik, welche Fremdsprachen im Kurs gesprochen werden. Fragen Sie einen TN: „Welche Sprachen spricht deine Partnerin / dein Partner?". Der TN antwortet anhand seiner Notizen aus Aufgabe 1 (Partnerinterview). Machen Sie eine Strichliste an der Tafel oder erstellen Sie ein Plakat mit den Kurssprachen, das im Kursraum aufgehängt wird.	Plakat	
TiPP		Wenn Sie spielbegeisterte TN im Kurs haben, können Sie vorher auch Wetten abschließen, welche Fremdsprache am häufigsten gesprochen wird. Das macht es für die TN spannender, die Ergebnisse an der Tafel zu verfolgen.		

FOKUS BERUF: *DU, SIE* ODER *IHR*?

Die TN wissen, welche Anredeform in welcher Situation angemessen ist.

	Form	Ablauf	Material	Zeit
1/2		**Hörverstehen: Die passende Anredeform**		
a	PL	1. Deuten Sie auf das Bild A und fragen Sie: „Wer sind die Personen? Wo sind die Personen? Sagt Susanna „du", „Sie" oder „ihr"?". Die TN stellen Vermutungen zur Gesprächssituation an. *Lösungsvorschlag: Susannas Kollegen: Sie* *Hinweis:* Wenn es sich um höhergestellte Personen (Chefin/Chef) handelt, ist es üblich, sich zu siezen. Bei Zeichnung A könnte es sich aber auch um gleichgestellte Kollegen handeln. Dann ist, je nach Vertrautheitsverhältnis, „ihr" oder „Sie" angemessen.	Folie/IWB	
	EA	2. Die TN sehen sich die anderen Zeichnungen an und entscheiden, welche Anredeform in diesen Situationen angemessen ist.	Folie/IWB	
b	PA	3. Die TN hören die Gespräche und vergleichen mit ihren Lösungsvorschlägen.	AB-CD 1/21–24	

	PL	4. Abschlusskontrolle im Plenum. *Lösung: A Sie, B Sie, C Sie, D du*	Folie/IWB	
2	EA	1. Die TN lesen die Stichwörter und ergänzen die Sätze. Gehen Sie, wenn nötig, auf neuen Wortschatz ein. „Hoteldirektor" können Sie erklären, indem Sie „Direktor" und „Chef" gleichsetzen.		
	PA	2. Die TN vergleichen ihre Lösungen und lesen die Gespräche mit Flüsterstimme.		
	PL	3. Abschlusskontrolle im Plenum: Die TN lesen ihre Gespräche paarweise vor. *Lösung: A Ich bin neu hier, wer sind Sie; B Buchstabieren Sie, Sie sind; C Mein Name ist, Freut mich, willkommen; D tschüs, Danke* *fakultativ:* Spielfreudige Paare spielen das Gespräch vor.	Folie/IWB	
3	**Rollenspiel**			
	PA/HA	1. Die TN lesen die Aufgabe und schreiben eigene Gespräche. Sie können sich dabei an Übung 2 orientieren. Gehen Sie herum und helfen Sie bei Schwierigkeiten. *fakultativ:* Um die Fantasie der TN anzuregen, sammeln Sie, bevor die TN die Gespräche schreiben, einige typische Arbeitsplätze für ihre TN in deutschsprachigen Ländern, z. B. Au-pair-Mädchen/-Junge in der Gastfamilie, Bedienung in einem Restaurat, Studentin/Student etc. Die TN suchen sich verschiedene Arbeitsplätze aus. Wenn nötig, sammeln Sie noch mögliche Gesprächspartner: Gastfamilie: Gasteltern oder deren Kinder, Nachbarn; Restaurant: Kollegen oder Stammgast, Chef, Koch etc.		
	PL	2. Die TN spielen ihre Gespräche vor.		

ESSEN UND TRINKEN

Folge 3: Bananenpfannkuchen VM 3:52

Einstieg in das Thema „Essen und Trinken"

	Form	Ablauf	Material	Zeit
1		**Vor dem Hören: Welche Wörter kennen Sie schon?**		
	PL	1. Die TN betrachten die Fotos. Fragen Sie: „Was kennen Sie schon?".		
	PL	2. Die TN antworten und zeigen auf die jeweiligen Lebensmittel. Wenn die TN nichts kennen, zeigen Sie auf Foto 2 und fragen Sie: „Wo ist Butter? Ist das Butter? Oder das?".	Folie/IWB	
	PL	3. Die TN zeigen das Produkt auf dem Foto.	Folie/IWB	
	PL	4. Verfahren Sie mit den anderen Lebensmitteln genauso.	Folie/IWB	
	PL	5. Zeigen und beschriften Sie zur Abschlusskontrolle die Produkte. *Lösung: Bananen: Foto 6; Butter: Foto 2; Eier: Foto 3, (5 Hier aus Schokolade) 6, 7; Mehl: Foto 1; Milch: Foto 1, 2; Zucker: Foto 1; Pfannkuchen: Foto 8; Schokolade: Foto 5*	Folie/IWB	
2		**Beim ersten Hören**		
	PL	1. Hier bietet sich vor dem Hören ein Assoziogramm zum Thema „Einkaufen" an.		
	PL	2. Die TN lesen die Aufgabe. Wenn Sie das Gefühl haben, die TN verstehen die Verben „kaufen" und „brauchen" nicht, stellen Sie das Verb „kaufen" pantomimisch dar, indem Sie den Stift eines TN nehmen und so tun, als ob Sie Geld aus Ihrer Tasche ziehen würden. Sagen Sie: „Ich kaufe den Stift." und reichen Sie dem TN das imaginäre Geld, während Sie den Stift zunächst behalten. Verfahren Sie mit dem Verb „brauchen" ebenso. Tun Sie so, als ob Sie Ihren Stift suchen würden, sagen und zeigen Sie auch pantomimisch: „Ich möchte schreiben. Ich habe keinen Stift, ich brauche einen Stift.". Oder zeigen Sie einen leeren Geldbeutel und sagen Sie: „Ich möchte etwas kaufen. Ich habe kein Geld. Ich brauche Geld!" und machen eine entsprechende Geste mit Daumen und Zeigefinger. Fragen Sie dann die TN: „Ich möchte Joghurt kaufen. Was brauche ich?" (Antwort: Geld).		
	EA	3. Die TN hören die Foto-Hörgeschichte und kreuzen an.	CD 1/48–55 2:30	
	PL	4. Abschlusskontrolle im Plenum. *Lösung: a Butter, Zucker, Mehl; b Eier; c Bananen, Eier; d Eier*		
3		**Nach dem ersten Hören: Schlüsselsätze verstehen**		
	PL	1. Ein TN liest die ersten beiden Zitate vor. Zeigen Sie beim ersten Satz auf das zweite Foto, um zu verdeutlichen, dass es ein Zitat aus dem Hörtext zu Foto 2 ist.	Folie/IWB	
	PL	2. Zeigen Sie beim Vorlesen des zweiten Zitats auf mehrere mögliche Fotos und machen Sie ein fragendes Gesicht. Wenn ein TN das richtige Foto nennt, tragen Sie die Nummer (Foto 3) entsprechend ein.	Folie/IWB	
	EA/PA	3. Die TN ordnen zu. Ungeübtere TN können auch zu zweit arbeiten.		
	PL	4. Die TN hören noch einmal und vergleichen mit ihren Antworten.	CD 1/48–55 2:30	

PL ⟷	5. Abschlusskontrolle im Plenum. *Lösung: b – 3, c – 1, d – 8, e – 4, f – 5, g – 6, h – 7* *fakultativ:* Jedes Paar erhält eine Kopiervorlage. Die TN schneiden die Sprech- blasen aus und legen sie vor sich auf den Tisch. Sie lesen die Sprechblasen und ordnen diese den Fotos und den Personen zu. Ungeübtere TN arbeiten entweder mit einem schnelleren TN zusammen oder sie bearbeiten weniger Sprechblasen. Sie können hierfür beim Kopieren schon einige Vorlagen mit weniger Sprechblasen vorbereiten. Anschließend hören die TN die Foto-Hörgeschichte noch einmal und überprüfen ihre Lösung. Abschlusskontrolle im Plenum.	KV L3/FHG, Scheren, CD 1/48–55 *2,30*

TiPP	Sie können die Kopiervorlage auch laminieren und die Sprechblasen einmal ausschneiden und immer wieder verwenden.	

4	**Nach dem Hören: Über das eigene Land erzählen**	
PL	1. Fragen Sie die TN, was man für Pfannkuchen braucht und notieren Sie an der Tafel: Pfannkuchen Eier Mehl Milch Zucker Butter Stellen Sie sicher, dass alle die Aufgabe verstanden haben.	
PL	2. Fragen Sie die TN: „Wo auf der Welt gibt es Pfannkuchen?". Bringen Sie eine Weltkarte mit, auf der die TN die Länder einzeln zeigen können.	Weltkarte
PL	3. Fragen Sie die TN: „Essen Sie gern Pfannkuchen?" und „Wie essen Sie gern Pfannkuchen?".	

TiPP	Wenn Sie eine Frage ins Plenum geben, ist es vor allem im Anfängerunterricht oft so, dass sich zunächst keiner traut, etwas zu sagen. Helfen Sie den TN, indem Sie zunächst einen extrovertierten TN ansprechen und dann nach und nach auf die „stilleren" TN übergehen. Oft verlieren die TN über dem Zuhören und dem Wunsch, auch das eigene Land zu vertreten, ihre Scheu.	

Laras Film ⟷	Lara stellt in dem Film ihre Einkaufsstraße vor. Produkte der Bäckerei werden aus- führlicher vorgestellt (Brot/verschiedene Brötchensorten). Weiter kommen als Oberbegriffe vor: „Wurst", „Käse", „Obst" und „Gemüse". Der Film kann im Unterricht z. B. vor A2 eingesetzt werden, um den TN einige Lebensmittel in Wort und Bild vorzustellen. Dabei kann der Film jeweils bei 1:09, 1:21, 1:30 und 1:42 gestoppt werden, damit die TN beschreiben können, was sich jeweils in Laras Korb befindet. Nach C3 kann er zur Wortschatzerweiterung und Festigung genutzt werden, indem die TN notieren, was es in der Bäckerei, beim Metzger, im Käsegeschäft und im Obst- und Gemüseladen jeweils genau gibt. Dazu stoppen Sie den Film, wenn die Theken gezeigt werden und die TN notieren, was sie kennen. In Kursen mit überwiegend ungeübten TN beschränken Sie sich auf die Geschäfte und ihre Benennung, die Lara vorstellt. Wenn die TN Lust haben, können sie auch einen eigenen Einkaufsfilm mit ihrem Handy drehen, diesen in der nächsten Kursstunde zeigen und, soweit sprachlich möglich, kommentieren.	„Laras Film" Lektion 3 *1:58*

A DAS IST DOCH KEIN EI.

Indefiniter Artikel und Negativartikel

Lernziel: Die TN können nach einem Wort fragen und Vermutungen äußern.

	Form	Ablauf	Material	Zeit
A1		**Präsentation des indefiniten Artikels und des Negativartikels**		
a	PL	1. Die TN sehen sich das Foto an. Fragen Sie, wer die Personen auf dem Foto sind (Lili, Verkäuferin). Führen Sie ggf. das Wort „Verkäuferin" ein und schreiben Sie es an die Tafel. Fragen Sie: „Wo ist Lili?". Wenn die TN nur mit „Supermarkt" antworten, reicht das hier völlig aus. Schreiben Sie das Wort auch an die Tafel, damit die TN sehen, wie man es schreibt.		
	TiPP	Benutzen Sie möglichst immer den gleichen Bereich der Tafel, um neue Wörter zu notieren. Solche Systematisierungen helfen den TN, Unterrichtsinhalte zuzuordnen.		
	EA	2. Die TN hören das Gespräch und ergänzen die Sätze in Stillarbeit. *Lösung: keine, ein*	CD 1/56 *0:35*	
b	PL	3. Die TN ergänzen die Negativartikel in der Tabelle. Erklären Sie ggf. „Apfel", indem Sie einen mitbringen oder auf den Apfel auf dem Foto in A2 zeigen. Machen Sie deutlich, dass im Deutschen für die Negation des indefiniten Artikels der kleine Buchstabe „k" genügt. Verweisen Sie auch auf den Grammatik-Kasten und/oder auf die Grammatikübersicht 1 (Kursbuch, S. 42). Dort ist die Bildung des Negativartikels visualisiert. Zeigen Sie den TN die Grafik und lassen Sie sie Beispiele dazu finden. *ein Ei — kein Ei* *ein Schokoladenei — kein Schokoladenei* *eine Schokolade — keine Schokolade*		
	PL	4. *fakultativ:* In Kursen mit geübteren TN können Sie anhand der Beispiele schon kurz darauf eingehen, dass das Deutsche drei Genera kennt, die TN sich aber zunächst nur zwei verschiedene Formen merken müssen. Vertiefen Sie das Thema nicht. Der definite Artikel wird in Lektion 4 eingeführt. Es genügt, wenn deutlich wird, warum für den indefiniten Artikel an dieser Stelle zwei Beispiele aufgeführt werden.		
	TiPP	Da Wörterbücher nicht mit Artikelpunkten arbeiten, geben Sie für Aufgabe A2 folgende Information kurz an der Tafel vor: *m (=maskulin) / der -> ein* *n (= neutral) / das -> ein* *f (= feminin) / die -> eine*		
A2		**Anwendungsaufgabe zum indefiniten Artikel**		
	PL	1. Zeigen Sie das Bild auf Folie/IWB. Lesen Sie mit einem geübteren TN das Beispiel, indem Sie entsprechend auf die Orange und das Würstchen zeigen. *Variante:* Nehmen Sie einen Apfel, eine Kartoffel, eine Banane, eine Orange, eine Tomate, ein Brötchen, einen Kuchen und ein Ei mit in den Unterricht. Halten Sie diese abwechselnd hoch und fragen Sie: „Wie heißt das auf Deutsch?" und warten Sie auf die Antwort: „Apfel.". Sagen Sie: „Genau, das ist ein Apfel.". Dadurch wird das Vorwissen der TN aktiviert und neuer Wortschatz eingeführt sowie die anschließende Aufgabe vorentlastet.	Folie/IWB, verschiedene Lebensmittel	
	PA	2. In Partnerarbeit zeigen die TN und machen weitere Gespräche. Bei Bedarf sehen die TN ins Wörterbuch. *Hinweis:* Zur Wortschatzerweiterung können Sie hier auch „Laras Film" einsetzen.	Wörterbuch	

TiPP		In Gruppen mit überwiegend geübten TN können Sie das Wortfeld „Lebensmittel" erweitern, indem die TN aus Werbeprospekten weitere Lebensmittel ausschneiden und sich dazu wie in A2 befragen. Die TN können auch hier ein Wörterbuch benutzen.		
	PL	*Hinweis:* Hier können Sie bereits das Projekt „Lebensmittelalphabet" aus „Zwischendurch mal …" (Kursbuch, S. 44) einflechten.	ZDM	
	EA/HA	Arbeitsbuch 1		

A3   Anwendungsaufgabe zum indefiniten Artikel und zum Negativartikel

	PL	1. *fakultativ:* Um die Aufgabe vorzuentlasten, zeigen Sie die mitgebrachten Realien der Reihe nach und sagen Sie z. B. bei dem Wort „Apfel", indem Sie den Kopf schütteln: „Das ist keine Kartoffel. Das ist auch keine Tomate, das ist ein Apfel.".	verschiedene Lebensmittel	
	PL	2. Ein TN liest das Beispiel vor.		
	PA	3. Die TN lösen die Aufgabe in Partnerarbeit.		
	PL	4. Abschlusskontrolle im Plenum. *Lösung: b eine Orange; c eine Birne; d ein Brötchen; e ein Ei; f eine Banane*		

TiPP		Die TN machen als Hausaufgabe weitere Fotos wie in A3 mit dem Smartphone. In der nächsten Stunde befragen sich die TN wie in A3 mit ihren Fotos zur Wiederholung und Festigung. Sie können die Anzahl der Fotos, die jeder TN machen soll, auf drei begrenzen.		

	PA	5. *fakultativ:* Kopieren Sie die Kopiervorlage, sodass jedes Paar einen Satz Domino-karten erhält. Die TN mischen die Karten und verteilen sie gleichmäßig. Der erste TN legt eine beliebige Karte. Der zweite TN muss dann links einen passenden Satzanfang oder rechts ein passendes Lebensmittel anlegen, dabei sagt er den vollständigen Satz, z.B. „Das ist eine Birne.". Nun legt der erste TN eine passende Karte an. *Variante:* Alternativ oder zusätzlich als Wiederholung können die TN die Domino-kärtchen auch zerschneiden, die Nomen auf den Satzkärtchen ergänzen und in Kleingruppen ein Memospiel spielen.	KV L3/A3	
	EA/HA ⟷	Arbeitsbuch 2–4: im Kurs: Alle TN lösen Übung 3, geübtere TN lösen zusätzlich Übung 4. Abschlusskontrolle im Plenum.		

A4   Aktivität im Kurs: Ratespiel

	PL	1. Zeichnen Sie ein Bild wie im Beispiel an die Tafel. Fragen Sie mit skeptischer Miene: „Ist das ein Würstchen?" und antworten Sie sich selbst: „Nein, das ist kein Würstchen.". Schreiben Sie dann an die Tafel: *Ist das ein Würstchen? Nein, das ist kein Würstchen. (–) Eine Banane? Ja, genau. Das stimmt. (✓)*	Folie/IWB	
	PL	2. Die TN spielen weiter, indem immer ein TN ein Lebensmittel an die Tafel zeichnet und die anderen raten. Weisen Sie die TN auf der Übersichtsseite „Grammatik und Kommunikation" (Kursbuch, S. 43) auf die Redemittel zu „Nachfragen: Wie heißt das auf Deutsch?" hin. Hier können die TN alle Fragen und mögliche Antworten auf einen Blick noch einmal durchgehen und auch für ihre eigenen Fragen kleine Sätze schreiben.		

TiPP		Teilen Sie große Gruppen in zwei oder mehrere kleine Gruppen auf und lassen Sie die Gruppen selbstständig spielen. Die TN können dann auch auf Papier zeichnen.		

EA/HA Grammatik* entdecken	**Arbeitsbuch 5:** im Kurs: Die TN erkennen durch die Gegenüberstellung von indefinitem Artikel, Negativartikel und Possessivartikel (der aus Lektion 2 bekannt ist), dass die Endungen gleich sind: ein – kein – mein; eine – keine – meine		
EA/HA 🌐	**Arbeitsbuch 6:** Die TN vergleichen indefiniten Artikel und Negativartikel des Deutschen mit dem Englischen und mit ihrer Muttersprache. *Hinweis:* In sprachhomogenen Kursen können Sie diese Aufgabe auch im Kurs bearbeiten und die Unterschiede im Plenum besprechen. Das kann dann auch in der Muttersprache sein.		
PL/PA 👄	**Arbeitsbuch 7:** im Kurs: Die TN hören die Wörter und sprechen sie im Chor nach. Schreiben Sie „Apfel" und „Banane" an die Tafel und bitten Sie die TN, diese Wörter noch einmal zu sprechen. Malen Sie dabei den Längenakzent unter den jeweiligen Vokal und zeigen Sie an diesem Beispiel, dass Vokale im Deutschen lang oder kurz gesprochen werden können. Die TN hören noch einmal und markieren nach dem Beispiel an der Tafel und im Buch die Länge der Vokale. Die TN sprechen in Partnerarbeit die Sätze der Übung. Erinnern Sie sie an die Stimmbewegung in Fragen und Antworten, die die TN schon in Lektion 1 und Lektion 2 geübt haben. Abschließend hören die TN den Hörtext und überprüfen ihre Aussprache.	AB-CD 1/25 0.53	

B WIR BRAUCHEN ABER EIER.

Nomen: Singular und Plural

Lernziel: Die TN können Mengen benennen.

	Form	Ablauf	Material	Zeit
B1		**Präsentation des Plurals**		
	PL/EA	1. Die TN sehen sich die Fotos und die Nomen an. Sie hören den Hörtext zunächst einmal komplett und dann mit Pausen, damit sie Zeit zum Schreiben haben. Die TN ordnen die Lebensmittel zu.	CD 1/57 1:08	
	PL	2. Abschlusskontrolle im Plenum. *Lösung: A Eier, B Bananen*		
	PL	3. Halten Sie zunächst zehn Finger hoch und sagen Sie „zehn Eier". Halten Sie dann einen Finger hoch und schauen Sie fragend ins Plenum. Ein TN antwortet „ein Ei". Halten Sie Singular und Plural an der Tafel fest und unterstreichen Sie die Pluralendung. Fragen Sie nach Bananen und Pfannkuchen ebenso und ergänzen Sie das Tafelbild. Machen Sie noch einmal deutlich, dass „ein(e)" auch nur eins meint. zehn Eier – ein Ei zwei Bananen – eine Banane zwanzig Pfannkuchen – ein Pfannkuchen		
B2		**Systematisierung des Plurals; Präsentation des Negativartikels im Plural**		
	PL	1. Deuten Sie auf den Wagen und sagen Sie: „Das ist ein Einkaufswagen.". Die TN betrachten den Einkaufswagen und benennen die Lebensmittel im Wagen.	Folie/IWB	

PA	2. Geben Sie ein Beispiel für ein Lebensmittel, das sich nicht im Wagen befindet (z. B. Äpfel), und sagen Sie, indem Sie den Kopf schütteln: „Im Wagen sind keine Äpfel.". Geben Sie auch ein Beispiel für ein Lebensmittel, das sich im Wagen befindet und sagen Sie: „Im Wagen sind Kiwis.".	Folie/IWB	
EA	3. Die TN übertragen nun die vorgegebenen Lebensmittel auf den jeweiligen Zettel. Hilfe finden die TN im Grammatik-Kasten. *Lösung: Im Einkaufswagen sind Orangen, Brote, Bananen, Würstchen.* *Im Einkaufswagen sind keine Eier, Tomaten, Birnen.*		
PL/HA	4. Lesen Sie mit den TN die Grammatik-Kästen. Die TN erkennen, dass es für verschiedene Wörter verschiedene Pluralformen gibt. Notieren Sie an der Tafel die möglichen Plural-Endungen, um den TN zu zeigen, dass die Möglichkeiten der Pluralbildung endlich sind. Machen Sie deutlich, dass der Plural zu jedem Nomen dazugelernt werden muss. Weisen Sie die TN darauf hin, dass der Plural des Negativartikels immer „keine" ist. Verweisen Sie auch auf die Grammatikübersicht 2 (Kursbuch, S. 42) und auf die kleine Übung rechts, die die TN als Hausaufgabe mithilfe des Wörterbuchs machen können.		

-/÷	-e/÷e	er/÷er	-(e)n	-s	
Äpfel	Brote	Eier	Bananen	Kiwis	Kuchen

⚠	Der Plural wird hier als unbestimmte Form eingeführt. Der bestimmte Artikel im Plural ist Thema in Lektion 4.			
EA	Arbeitsbuch 8: im Kurs: Die TN hören und zeichnen. Machen Sie, wenn nötig, Pausen. Anschließend Kontrolle im Plenum.	AB-CD 1/26 *1:46*	
EA/HA	Arbeitsbuch 9		

B3	**Anwendungsaufgabe zum Plural: Arbeit mit dem Wörterbuch**			
PL	1. Die TN betrachten den Auszug aus dem Wörterbuch.	Folie/IWB	
PL	2. Umkreisen Sie auf der Folie die Plural-Endung „-n" und weisen Sie darauf hin, dass die Angabe der Pluralform im Wörterbuch so aussehen kann.		
PL	3. Schlagen Sie auch zusammen mit den TN im Buch die Seiten LWS 8 und 9 mit dem Lernwortschatz auf. Die TN sehen sich anhand schon gelernter Nomen (z. B. Apfel) an, wie die Pluralangaben gemacht werden.		
PA ↔ ⚠	4. Die TN suchen nun in Partnerarbeit die Pluralformen zu den anderen Beispielen aus ihren Wörterbüchern heraus. *fakultativ:* Sollten nicht genügend Wörterbücher vorhanden sein, können Sie auch die Kopiervorlage verteilen. Gehen Sie herum und helfen Sie. Geübtere TN suchen zu weiteren Wörtern aus der Lektion die Pluralform. Bitte denken Sie daran, dass das Ziel der Übung das Heraussuchen der Plural-endung ist. Sollten Fragen zu den Artikeln kommen, weisen Sie ggf. darauf hin, dass die TN das in der nächsten Lektion lernen.	KV L3/B3	
PL	5. Abschlusskontrolle im Plenum. *Lösung: Joghurt(s), Zwiebeln, Fische*		
PL/EA Grammatik entdecken	Arbeitsbuch 10: im Kurs: Beginnen Sie diese Übung zur Systematisierung zunächst im Plenum. Die TN suchen im Wörterbuch die entsprechende Pluralform. Fragen Sie dann, wohin der Plural geschrieben werden muss. Sie können auch auf die einzelnen Spalten zeigen und fragen: „Hierhin?". Wenn Sie das Gefühl haben, die TN haben verstanden, worum es geht, arbeiten sie in Stillarbeit weiter.	Folie/IWB	
EA/PA ↔	Arbeitsbuch 11–12: im Kurs: Geübtere TN lösen die Übungen in Stillarbeit. Ungeübtere TN arbeiten paarweise zusammen.		

	EA/HA	Arbeitsbuch 13		
	EA/HA	Arbeitsbuch 14	AB-CD 1/27 *1:44*	

B4	**Aktivität im Kurs: Suchbild**	

	Form	Ablauf	Material	Zeit
	PA ⬅➡	1. Die TN beschreiben zu zweit die Unterschiede auf den beiden Bildern. *Lösung: In Regal A sind vier Orangen, drei Kuchen und keine Kiwi. In Regal B sind vier Birnen, fünf Orangen, vier Kuchen, keine Tomaten und keine Bananen.* Geübtere TN arbeiten zu zweit, indem sie Rücken an Rücken sitzen und das Bild des Partners jeweils mit einem Klebezettel verdecken. Das erschwert die Aufgabe, indem die TN sich auf das Gesagte konzentrieren, es verstehen und es zunächst am eigenen Bild überprüfen müssen, ehe sie antworten: „In Regal B sind keine Bananen." oder „In Regal B sind vier Birnen.". Schnelle TN können mit der Aufgabe in der Rubrik "Schon fertig?" weitermachen. *fakultativ:* Zur Unterstützung der Aktivität können Sie auch auf die Kopiervorlage im Lehrwerkservice unter www.hueber.de/schritte-international-neu zurückgreifen.	Klebezettel, KV L3/B4 im Lehrwerkservice	
	EA/HA	2. *fakultativ:* Die TN machen mit dem Smartphone ein Foto von ihrem geöffneten Kühlschrank. Für das zweite Foto nehmen sie einige Sachen aus dem Kühlschrank heraus oder legen einige hinein. In der nächsten Stunde befragen sich die TN wie in B4 mit ihren Fotos zur Wiederholung und Festigung. Dazu schicken die TN ihrer Partnerin / ihrem Partner eines der Fotos zu.		

TiPP	Neuer Wortschatz lässt sich immer gut am Anfang der nächsten Stunde wiederholen. Die TN machen z. B. selbst Wortlisten der bekannten Nomen, finden sich in Zweier- bis Vierergruppen zusammen und fragen sich gegenseitig die Pluralformen der Nomen ab.

C HABEN WIR ZUCKER?

Ja-/Nein-Frage; Wiederholung W-Frage

Lernziel: Die TN können Lebensmittel benennen und selbst einen Einkaufszettel schreiben.

	Form	Ablauf	Material	Zeit
C1		**Präsentation des Wortfelds „Lebensmittel"**		
	EA	1. Die TN sehen sich das Foto mit den Lebensmitteln im Buch an und ordnen die Lebensmittel zu, die sie bereits kennen. *Hinweis:* Sie können einige Lebensmittel auch anhand von „Laras Film" einführen.		
	PA	2. Die TN vergleichen ihre Ergebnisse.		
	PL	3. Zeigen Sie die Lebensmittel auf Folie/IWB. Fragen Sie die TN in der vorgegebenen Reihenfolge nach den Lebensmitteln: „Was ist Nummer 1?". Tragen Sie (oder ein geübter TN) die Nummern auf der Folie / am IWB ein. *Lösung: 1 Bier, 2 Salz, 3 Zucker, 4 Mineralwasser, 5 Mehl, 6 Fleisch, 7 Käse, 8 Reis, 9 Wein, 11 Tee*	Folie/IWB	
	PA	4. Die TN decken die Lösung ab und fragen sich gegenseitig nach den Lebensmitteln. Die TN zeigen oder fragen: „Was ist Nummer 1?". Die Partnerin / der Partner antwortet „Das ist Bier.". *Hinweis:* Hier passt zur Erweiterung des Wortschatzes gut das Projekt „Das Lebensmittel-Alphabet" aus „Zwischendurch mal ..." (Seite 44). Die TN sammeln zu jedem Buchstaben des Alphabets Lebensmittel.	ZDM	

C2	Variationsaufgabe: Präsentation der Ja-/Nein-Frage		
PL	1. Klären Sie mit den TN die Situation auf dem Bild: „Was haben die Personen? Was brauchen sie?". (Eine Frau schreibt eine Einkaufsliste, die andere Frau kontrolliert, was noch im Schrank ist.) Dann hören die TN das Gespräch.	Folie/IWB, CD 1/58 0:16	
PA	2. Zwei geübtere TN lesen das Minigespräch mit verteilten Rollen. Motivieren Sie Ihre TN, anhand der Einkaufsliste und des Schrankinhalts weitere kleine Gespräche mit den Wörtern aus dem Schüttelkasten zu spielen.		
PL	3. Schreiben Sie zwei Beispiele für die zwei Fragetypen an die Tafel. Haben wir Zucker? Ja./Nein. Was ist das? Zucker.		
PL	4. Fordern Sie die TN auf, das Tafelbild mit weiteren bekannten W-Fragen aus den vorhergehenden Lektionen zu ergänzen. Stellen Sie die entsprechenden Ja-/Nein-Fragen gegenüber. Lassen Sie sich dabei von den TN helfen. Haben wir Zucker? Ja./Nein. Was ist das? Zucker. Kommen Sie aus Deutschland? Ja. Woher kommen Sie? Aus Deutschland.		
PL	5. Fragen Sie die TN, wie man auf Fragen wie „Kommst du ...?" oder „Bist du ...?" antwortet und wie die Antwort bei Fragen mit einem W-Wort lautet. Ergänzen Sie die Antworten an der Tafel. Die TN sollten jetzt den Unterschied verstehen: Ja-/Nein-Fragen werden mit „Ja" oder „Nein" beantwortet, mit W-Fragen erfragt man eine Information. Verweisen Sie auch auf den Grammatik-Kasten und/oder auf die Grammatikübersicht 3 und 4 (Kursbuch, S. 42). Machen Sie die TN auf die Merkhilfe aufmerksam und wiederholen Sie anhand der Zeichnung noch einmal die Situation aus der Lektion. Die Frau antwortet auf die Frage: „Haben wir Zucker?" mit „Nein.". Fragen Sie: „Ist das richtig?" Die TN prüfen den Schrankinhalt und stellen fest: „Nein. Das ist falsch.". (Im Schrank befindet sich Zucker.) *Hinweis:* Zur Auflockerung können Sie den Comic „Der kleine Mann: Kiosk" aus „Zwischendurch mal ..." (Kursbuch, Seite 45) einflechten. Die TN befassen sich hier noch einmal mit Ja-/Nein-Fragen.	ZDM	
EA/HA	Arbeitsbuch 15		
EA/HA ⟷	Arbeitsbuch 16–17: Wenn Sie die beiden Übungen im Kurs durchführen, lösen alle TN Übung 16. Geübtere TN ergänzen außerdem auch Übung 17. Wenn Sie die Übungen als Hausaufgabe aufgeben, sollten sie von allen bearbeitet werden.		
C3	Anwendungsaufgabe zur Ja-/Nein-Frage		
PL	1. Klären Sie mit den TN die Situation auf dem Bild: Ein Mädchen (Lili) kauft in einem kleinen Laden ein. Dann hören die TN das Gespräch. Lenken Sie die Aufmerksamkeit noch einmal auf die Satzmelodie.	Folie/IWB, CD 1/59 0:31	
PA	2. Die TN spielen in Partnerarbeit weitere Gespräche und achten auf die richtige Satzmelodie. *Hinweis:* Hier können Sie zur Wortschatzerweiterung auch mit „Laras Film" arbeiten.		
PL 👄	Arbeitsbuch 18: im Kurs: Die TN haben die Satzmelodie und den Satzakzent bei W-Fragen und in Aussagen schon gut geübt. Jetzt soll ihnen der Unterschied zwischen Ja-/Nein-Fragen und W-Fragen verdeutlicht werden. Bei Ja-/Nein-Fragen geht die Stimme am Ende leicht nach oben. Spielen Sie das Audio vor, die TN markieren die Satzmelodie. Die TN sprechen die Fragen und Antworten dann abwechselnd mit einer Partnerin / einem Partner. Dabei sollten sie die Stimmbewegung mit der flachen Hand mitmachen (vgl. Lektion 1 und Lektion 2). Die TN hören die Fragen und Antworten noch einmal und markieren den Satzakzent. Die TN sprechen im Chor und klatschen den Satzrhythmus mit.	AB-CD 1/28 1:19	
EA/HA	Arbeitsbuch 19		

	Form	Ablauf	Material	Zeit
	EA/PA/PL Grammatik entdecken	**Arbeitsbuch 20:** im Kurs: Hier können sich die TN noch einmal die Satzstellung im Aussagesatz, in der W-Frage und in der Ja-/Nein-Frage bewusst machen. Besprechen Sie die Übung im Plenum, indem Sie Zettel mit den Wörtern der Sätze und Fragen vorbereiten. Die TN stellen sich den Sätzen/Fragen entsprechend auf. Um die feste Verbstellung zu verdeutlichen, können Sie für den TN mit dem Verb einen Stuhl bereitstellen. In Kursen mit geübteren TN brauchen Sie nicht alle Sätze vorzubereiten.		
	EA/HA ⟷	**Arbeitsbuch 21–22:** im Kurs: Alle TN lösen Übung 21, geübtere TN lösen zusätzlich Übung 22. Bei der Abschlusskontrolle können die TN die Minigespräche auch zu zweit vortragen.		
C4		**Aktivität im Kurs: Einkaufszettel schreiben**		
a	PL	1. Klären Sie vorab, wenn nötig, die Bedeutung des Verbs „brauchen" (siehe FHG/2).		
	PL	2. Schreiben oder zeichnen Sie an die Tafel, was Sie an Lebensmitteln noch zu Hause haben. Fordern Sie die TN auf, Sie zu fragen, was Sie brauchen (also heute Abend im Supermarkt kaufen müssen). Bitten Sie dann einen TN, an der Tafel eine Einkaufsliste für Sie zu schreiben.	Folie/IWB	
	EA	3. Die TN schreiben oder zeichnen nun ihrerseits, was sie zu Hause haben. *fakultativ:* Wenn Ihnen im Kurs nicht ausreichend Zeit zur Verfügung steht, können Sie zur Vereinfachung und Unterstützung der Aktivität auch auf die Kopiervorlage im Lehrwerkservice unter www.hueber.de/schritte-international-neu zurückgreifen.	KV L3/C4 im Lehrwerkservice	
b	PA	4. In Partnerarbeit befragen sich die TN gegenseitig und schreiben eine Einkaufsliste für die Partnerin / den Partner.		
	TiPP	Versuchen Sie so oft wie möglich, das Vorwissen der TN im Unterricht einzubeziehen. Da das Thema „Einkaufen" und das Wortfeld „Lebensmittel" sehr wichtig sind, bietet es sich hier besonders an, z. B. mit einem Wettspiel das Vorwissen zu aktivieren. Schreiben Sie verschiedene Oberbegriffe auf (Milchprodukte/Obst/Gemüse/Sonstiges) und teilen Sie die TN in gemischte Gruppen ein. Machen Sie zu den Oberbegriffen je ein Beispiel. Jede Gruppe wählt einen Oberbegriff. Dann schreiben die TN in acht Minuten so viele Lebensmittel/Gegenstände auf, wie ihnen einfallen.		

D PREISE UND MENGENANGABEN

Zahlen von 21 bis 100

Lernziel: Die TN können Preise und Mengenangaben nennen und verstehen; sie können auch einen Prospekt verstehen.

	Form	Ablauf	Material	Zeit
D1		**Präsentation der Zehnerzahlen von 20 bis 100**		
	PL	1. Die TN hören das Beispiel.	CD 1/60	0:35
	PL	2. Schreiben Sie an die Tafel: 0,20 € = zwanzig Cent		
	EA	3. Die TN hören erneut und lösen die Aufgabe in Stillarbeit.	CD 1/60	0:35
	PL	4. Abschlusskontrolle im Plenum. Schreiben Sie die Zahlen, die TN diktieren Ihnen die Centangaben.		

D2	Präsentation der Zahlen von 21 bis 100		
PL	1. Die TN hören das erste Gespräch. Verweisen Sie im Buch auf die Lösung.	CD 1/61 0:39	
PL	2. Die TN hören die anderen Gespräche so oft wie nötig und kreuzen die richtigen Preise an.	CD 1/62–63 1:30	
PL	3. Abschlusskontrolle im Plenum. *Lösung: b 2,20 €; c 2,99 €*		
PL	4. Verweisen Sie auf den Info-Kasten zur Bildung der Zahlen. Machen Sie deutlich, dass zuerst die Einerzahl, dann die Zehnerzahl genannt wird, und schreiben Sie ein paar Zahlenbeispiele an die Tafel. Die TN lesen die Zahlen vor. Das Bildungsprinzip kennen die TN schon aus Lektion 2/D.		
EA/HA	Arbeitsbuch 23: Weisen Sie die TN auf das Audio hin. Die TN sollen zu Hause selbstständig kontrollieren und nachsprechen. In Kursen mit überwiegend unge- übten TN sollten Sie diese Übung im Kurs bearbeiten.	AB-CD 1/29 0:39	
EA/HA	Arbeitsbuch 24: im Kurs: Die TN verbinden Zahlen, sodass ein Bild entsteht. Spie- len Sie das Audio so oft wie nötig vor. Sie können auch nach jeweils drei Zahlen stoppen.	AB-CD 1/30 1:47	

D3	Anwendungsaufgabe: Maßeinheiten und Gewichte benennen; Preise nennen		
PL	1. Die TN betrachten die Prospektseite. Lesen Sie mit den TN die Info-Kästen zu den Mengenangaben.	Folie/IWB	
PL	2. Die TN suchen Beispiele zu den Mengenangaben (z. B. ein Kilo Hackfleisch) im Prospekt heraus und zeigen das Produkt im Buch.	Folie/IWB	
PL	3. Zwei TN lesen das Beispiel vor. Weisen Sie dabei noch einmal auf den Gebrauch der Plural- und Singularform des Verbs hin, indem Sie an die Tafel schreiben: 1 Gramm kostet … / 100 Gramm kosten … Verweisen Sie auch auf die Variante „Was kostet …?" oder „Wie viel kostet …?".		
PA	4. Die TN fragen sich gegenseitig wie im Beispiel. Gehen Sie herum und helfen Sie bei Schwierigkeiten. Weisen Sie die TN auch auf die Übersicht „Beim Einkaufen: Was kostet ein Kilo Orangen?", „Mengenangaben: ein Liter Milch" und „Preise: ein Euro zehn" (Kursbuch, S. 43) hin. Mit den zwei kleinen Übungen rechts können die TN die Redemittel mit einem eigenen Kontext vertiefen.		
GA	5. *fakultativ:* Bringen Sie Supermarktprospekte mit oder drucken Sie sich aus dem Internet einen Online-Prospekt einer Supermarktkette aus. Wichtig ist, dass die Prospekte Euro-Preise angeben. Die TN teilen sich je nach Vertiefungswunsch in Gruppen auf: Gruppe A wiederholt ausschließlich den Wortschatz (Lebensmittel und Verpackungen): „Was ist das?", „Das ist (ein Liter) Milch.". Gruppe B wiederholt die Zahlen anhand der Preisangaben: „Ein Kilo Orangen kostet … ". Gruppe C schreibt ein Einkaufsgespräch auf der Basis des momentanen Kenntnisstandes: „Guten Tag, ich brauche Äpfel.", „Haben Sie …?", „Wie viel kostet …?". Wenn es der zeitliche Rahmen zulässt, können sich anschließend ein TN aus Gruppe A und ein TN aus Gruppe B zusammenfinden. Der TN aus Gruppe B beschreibt nun ein Pro- dukt (z. B. „Das ist eine Flasche Saft."), der andere TN nennt die Preisangabe („Sie kostet 1,09 Euro."). Die beiden „Spezialisten" korrigieren sich gegenseitig. Gehen Sie herum und helfen Sie, wenn nötig.	Supermarkt- prospekte	
EA	6. Wer die Aufgabe beendet hat, schreibt für sich einen Einkaufszettel auf Deutsch. Gehen Sie herum und weisen Sie, wenn nötig, darauf hin, dass die TN möglichst Produkte und Mengen notieren sollen, die sie heute einkaufen wollen oder regel- mäßig einkaufen, falls heute kein Einkauf ansteht.		

GA	7. *fakultativ:* Zur Wiederholung der Mengenangaben und der Lebensmittel können Sie in der nächsten Stunde Plakate aufhängen, auf denen Sie die bekannten Mengenangaben so notieren, dass drumherum jeweils genug Platz ist. Die TN finden sich in Kleingruppen zusammen und notieren die passenden Lebensmittel, wenn möglich ohne Hilfsmittel.	Plakate	
	Hinweis: Zusätzlich können Sie aus „Zwischendurch mal ..." den Film „Opas Kartoffelsalat" (Kursbuch, S. 44) einflechten.	ZDM	
EA/HA	Arbeitsbuch 25–27		

E MEIN LIEBLINGSESSEN

Verbkonjugation *essen*

Lernziel: Die TN können Gespräche beim Essen verstehen, über das Lieblingsessen berichten und ein einfaches Rezept lesen.

	Form	Ablauf	Material	Zeit
E1		**Einstieg in das Thema „Lieblingsessen"**		
	GA	1. Die Bücher sind geschlossen. Schreiben Sie „Essen und Trinken" an die Tafel, darunter „Zu Hause" und „Restaurant". Erklären Sie den TN: „Da kann man essen. Wo kann man noch essen?". Die TN schreiben mithilfe ihrer Wörterbücher weitere Orte auf. Geben Sie den TN dafür fünf Minuten Zeit. Dann besprechen Sie die Ergebnisse im Plenum und sammeln an der Tafel. Klären Sie dabei unbekannte Orte.	Folie/IWB	
	EA/PA	2. Die TN öffnen die Bücher und ordnen die Fotos den Orten zu.		
	PL	3. Anschließend Kontrolle im Plenum. *Lösung: Zu Hause: 3, Im Restaurant: 4, In der Mensa: 2*		
E2		**Hörverstehen: Gespräche über Essen und Trinken verstehen**		
a	EA	1. Die TN lesen die Aufgabe. Erklären Sie „Durst", indem Sie sagen: „Ich trinke heute noch nichts. Ich habe Durst." Dann hören die TN die Gespräche so oft wie nötig und kreuzen an.	CD 1/64–67 1:32	
	PL	2. Abschlusskontrolle im Plenum. *Lösung: 1 Spaghetti und Tomatensoße, 2 Hähnchen und Pommes, 3 Cola und Wasser, 4 Fisch und Gemüsesuppe.*		
b	EA	3. Geübte TN markieren zuerst nach dem Gedächtnis. Dann hören alle TN die Gespräche noch einmal und kreuzen an.	CD 1/64–67 1:32	
	PL	4. Abschlusskontrolle im Plenum. *Lösung: richtig: 2, 3*		
	PL	5. Schreiben Sie den Satz „Sabine isst gern Fleisch." an die Tafel. Fragen Sie einen TN: „Essen Sie gern Fisch?". Wenn der TN korrekt antwortet mit „Ich esse (nicht) gern Fisch.", schreiben Sie den Satz unter den ersten, wenn der TN zögert, helfen Sie ihm, indem Sie die korrekte Form vorgeben. Unterstreichen Sie die verschiedenen Formen von „essen" in den Sätzen an der Tafel. Sagen Sie den TN, dass „essen" ähnlich funktioniert wie „sprechen" und schreiben Sie die Konjugation vollständig an die Tafel, wenn nötig auch die von „sprechen" zum Vergleich. Weisen Sie die TN auf die Grammatikübersicht 5 und die kleine Übung rechts (Kursbuch, S. 42) hin. Konjugieren Sie auch „trinken" an der Tafel als Beispiel für ein regemäßiges Verb.		

	PL	6. *fakultativ:* Die TN stellen sich im Kreis auf und werfen sich einen Ball zu. Der Werfende sagt: „Ich esse gern Pizza.". Der Fänger wiederholt: „Pete isst gern Pizza. Ich esse gern Eis." und wirft den Ball einem anderen TN zu. Wenn Sie wollen, können Sie zur Erweiterung später auch ein Getränk dazu nehmen.		
	PL	7. Die TN sehen sich noch einmal Satz 2 an. Erklären Sie „Lieblingsessen": „Das esse ich sehr, sehr gern.".		
E3	**Leseverstehen: Einfache Rezepte verstehen**			
a	PL	1. Die Bücher sind geschlossen. Zeigen Sie die Fotos zu den Texten auf Folie/IWB und fragen Sie die TN: „Was sehen Sie da? Kennen Sie das Essen?". Die TN äußern Vermutungen.	Folie/IWB	
	EA/PA ⟷	2. Die TN öffnen die Bücher, lesen die Texte und ergänzen die Tabelle. Ungeübte TN können auch zu zweit arbeiten.		
	PL	3. Abschlusskontrolle im Plenum. Fragen Sie die TN: „Kennen Sie ein Gericht?". Erklären Sie „Gericht", wenn nötig, anhand der Gemüsesuppe: Kohlrabi, Tomaten, Karotten etc. ist Gemüse, erst die Suppe ist ein Gericht. *Lösung: Jens trinkt gern Wasser oder Bier. Hisako isst gern Gemüsesuppe, trinkt gern Wasser oder Tee. Hans isst gern Apfelstrudel, trinkt gern Kaffee oder Tee.*		
b	EA/PL	4. Die TN lesen die Rezepte noch einmal und notieren.		
	PL	5. Anschließend Kontrolle im Plenum. Fragen Sie die TN: „Welches der drei Essen möchten Sie einmal probieren?". *Lösung: 1a ein Kilo, 2a drei Liter, 2b Salz und Pfeffer, 3a ein Kilo, 3b ein Ei*		
		6. Klären Sie anschließend mit den TN unbekannte Wörter. *Hinweis:* Hier passt gut das Projekt „Gerichte aus Deutschland, Österreich und der Schweiz" aus „Zwischendurch mal …" (Kursbuch, S. 45) Die TN sammeln an der Tafel Gerichte aus den Ländern, die sie kennen.	⬚ ZDM	
TiPP	Mit „internationalen" Wortlisten können Sie den Wortschatzerwerb der TN unterstützen. Die TN machen die Erfahrung, dass nicht alles anders ist und neu gelernt werden muss, sondern dass wir in einer – auch sprachlich – internationalen Welt leben. Besonders gut funktioniert es, wenn die TN andere europäische Sprachen als Mutter- oder Fremdsprache sprechen (z. B. Englisch, Französisch, Spanisch). Probieren Sie den Sprachvergleich dann z. B. auch bei den Wortfeldern „Körper", „Familienmitglieder", „Zahlen", „Monate" oder „Farben" aus. Für andere Ausgangssprachen könnte die Methode mit Wortfeldern wie „Speisen und Getränke", „Neue Medien", „Schulfächer" oder „Sportarten" funktionieren.			
	EA/HA	Arbeitsbuch 28		
E4	**Anwendungsaufgabe: Über das Lieblingsessen sprechen**			
a	PL	1. Die TN sehen sich die Smileys rechts an. Machen Sie ein Beispiel. Sagen Sie: „Ich esse gern Salat.". Reiben Sie sich dabei genüsslich den Magen. Sagen Sie dann: „Pizza esse ich nicht gern.". Verziehen Sie das Gesicht und schütteln Sie den Kopf.		
	PL	2. Die TN sehen sich die Beispiele an. Zwei geübtere TN führen ein Beispielgespräch.		
	WPA	3. Die TN gehen herum und sprechen selbstständig mit verschiedenen anderen TN nach dem Muster im Buch. *fakultativ:* Die TN können auch TN suchen, die das gleiche oder ein ähnliches Lieblingsessen haben.		

b	EA	4. Die TN schreiben eine Zutatenliste für ihr Lieblingsessen. Hängen Sie diese Listen für alle im Kursraum auf. *Hinweis:* Zusätzlich können Sie aus „Zwischendurch mal ..." den Film „Opas Kartoffelsalat" (Kursbuch, S. 44) einflechten.	⌐ZDM⌐	
	EA/HA	Arbeitsbuch 29–30		
	EA/HA ⟷	Arbeitsbuch 31–32: Wenn Sie die beiden Übungen im Kurs durchführen, lösen alle TN Übung 31. Geübtere TN ergänzen außerdem auch Übung 32. Wenn Sie die Übungen als Hausaufgabe aufgeben, sollten sie von allen bearbeitet werden.	AB-CD 1/31 *6:39*	
	EA/HA Prüfung	Arbeitsbuch 33: im Kurs: Diese Übung ist an den Teil „Lesen Teil 3" an die Prüfung *Start Deutsch 1* angelehnt. Wenn Sie sie als Training nutzen möchten, geben Sie den TN fünf Minuten Zeit, um die Übungen zu lösen. In der Prüfung müssen die TN fünf solcher Texte lesen und haben dann auch dementsprechend mehr Zeit.		
	GA	*fakultativ:* Wenn Sie noch Zeit haben, können Sie hier die Wiederholung zu Lektion 3 anschließen.	KV L3/Wieder-holung	
Lektions-tests		Einen Test zu Lektion 3 finden Sie hier im LHB auf den Seiten 180–181. Weisen Sie die TN auf den Selbsttest im Arbeitsbuch auf S. 39 hin.	KV L3/Test	

AUDIO-UND VIDEOTRAINING

Form	Ablauf	Material	Zeit
Audiotraining 1: Was ist das?			
EA/HA	Die TN hören verschiedene Lebensmittel und sollen in den Sprechpausen mit „Nein, das ist doch kein(e) ..." antworten. Nach der Sprechpause hören die TN die korrekte Antwort, damit sie ihre Lösung und ihre Aussprache selbst korrigieren können.	CD 1/68 *1:40*	
Audiotraining 2: Plus 10 Cent			
EA/HA	Die TN beantworten die Frage: „Was kostet das?", indem sie immer 10 Cent zu dem vom Sprecher genannten Preis hinzuaddieren müssen. Anschließend Kontrolle durch die Antwort des Sprechers.	CD 1/69 *2:07*	
Audiotraining 3: Das brauchen Sie auch.			
EA/HA	Die TN hören ein Beispiel, was der Sprecher an Lebensmitteln braucht. Die TN wiederholen die Antwort mit „auch". Gleichzeitig können hier ungeübte TN noch einmal die Mengenangaben verschiedener Lebensmittel nachhören. Anschließend Kontrolle durch die Antwort des Sprechers.	CD 1/70 *1:57*	
Videotraining 1: Ich hätte gern Reis.			
EA/HA 🎬 ⟷	Die TN sehen im Film Lara und Tim, die als Verkäufer und Käuferin ein Verkaufs-gespräch spielen. Empfehlen Sie besonders ungeübteren TN diesen Film, den Sie auch später immer wieder zur Wiederholung und Festigung benutzen können, indem sie jeweils eine der Rollen mitsprechen.	Film „Ich hätte gern Reis." *1:16*	

Videotraining 2: Eine Flasche Wasser		
EA/HA	Mit diesem Film können die TN Lebensmittel und die zugehörigen Mengenangaben wiederholen. Tim stellt jeweils ein Gefäß auf den Tisch und Lara ein Lebensmittel. Die TN sagen, was nun auf dem Tisch steht. Dann sagt Tim die Lösung. Empfehlen Sie diesen Film besonders den ungeübten TN, die damit den Lernstoff selbstständig zu Hause wiederholen können.	Film „Eine Flasche Wasser" 2:34
TiPP	Zur Kontrolle können Sie die TN am nächsten Kurstag nach den Audio- und Videotrainings fragen. Bitten Sie die TN, die Texte zusätzlich aufzuschreiben. Eine weitere Möglichkeit ist es, dass die TN die Lebensmittel und die Mengenangaben am nächsten Kurstag notieren: „Wer erinnert sich an die meisten?".	

ZWISCHENDURCH MAL ...

Form	Ablauf	Material	Zeit
Projekt	**Das Lebensmittel-Alphabet (passt z. B. zu A2 oder C1)**		
GA	1. Die TN arbeiten in Kleingruppen. Sie suchen zu jedem Buchstaben des Alphabets neue Lebensmittel heraus. Achten Sie darauf, dass die TN auch den unbestimmten Artikel dazuschreiben. Begrenzen Sie die Anzahl auf drei Lebensmittel pro Buchstabe, sonst entstehen unendliche Listen. Geben Sie den TN auch eine Zeitvorgabe, z. B. 15 Minuten, um alle Buchstaben abzuarbeiten. Die TN erstellen zum Abschluss ein Plakat. Ungeübtere TN nehmen das Foto zu Hilfe und tragen zunächst diese Lebensmittel in die Liste ein. Wenn nötig, benutzen sie ihr Wörterbuch. Sie können ungeübteren TN in Kleingruppen auch nur zehn Buchstaben vorgeben.	Wörterbuch, Plakate	
TiPP	Sie können auch mehrere etwa gleich starke Gruppen bilden. Die Gruppen suchen zunächst ohne Wörterbuch zehn Minuten zu jedem Buchstaben ein bis zwei Lebensmittel und tragen sie auf einem Plakat ein. Danach haben die Gruppen weitere zehn Minuten, um mithilfe des Wörterbuchs Lebensmittel zu den fehlenden Buchstaben zu suchen. Anschließend gibt es Punkte für jedes Lebensmittel, das keine andere Gruppe auf ihrer Liste hat. Die Gruppe mit den meisten Punkten hat gewonnen.		
PL	2. Jede Gruppe stellt ihre Liste im Plenum vor, aber es werden nur noch die Lebensmittel genannt, die noch nicht vorgekommen sind. Zum Schluss werden alle Plakate im Kursraum aufgehängt.		
	Opas Kartoffelsalat (passt z. B. zu D3 oder E4) 2:43 Vor laufender Kamera wird ein Kartoffelsalat nach Opas Rezept angefertigt.		
1 PL	1. Die Bücher sind geschlossen. Zeigen Sie auf den Salat auf dem Foto und fragen Sie: „Was ist das?". Falls keiner der TN den Begriff „Salat" kennt, erklären Sie „Salat", indem Sie auf die Schüssel auf dem Foto zeigen.	Folie/IWB	
PA	2. Die TN vermuten zu zweit, welche Zutaten in einen Kartoffelsalat hineingehören könnten und schreiben eine Zutatenliste. Geübte TN schreiben die passenden Mengenangaben dazu. *fakultativ:* Verteilen Sie die Kopiervorlage. Die TN markieren die Zutaten, von denen sie meinen, dass sie in den Salat kommen.	Kopiervorlage L3/ZDM 1	
PL	3. Die TN sehen sich den Film an, und vergleichen mit ihren Vermutungen.	Kopiervorlage L3/ZDM 1	

	PL	4. Abschlusskontrolle im Plenum.		
	EA	5. Die TN schlagen die Bücher auf und lesen den Einkaufszettel. Zunächst ergänzen sie aus dem Gedächtnis.		
	PL	6. Die TN sehen den Film noch einmal und kontrollieren bzw. ergänzen.	Folie/IWB	
	PL	7. Abschlusskontrolle im Plenum. *Lösung: Kilo, 1, 1, Becher, Wasser, Salz*		
2	PL	1. Fragen Sie die TN: „Ist Opas Kartoffelsalat gut?". Sammeln Sie im Kurs. Hier können die TN auf die Redemittel aus der Foto-Hörgeschichte zurückgreifen („lecker", „superlecker" ...).		

	Projekt	**Gerichte aus Deutschland, Österreich und der Schweiz (passt z. B. zu E3)**		
	EA/PA	1. Die TN sammeln an der Tafel Gerichte aus Deutschland, Österreich und der Schweiz, die sie kennen.		
	EA/PA	2. Zu zweit suchen die TN weitere Gerichte im Internet oder mit dem Smartphone und ergänzen selbstständig die Namen an der Tafel.		
	EA/PA	3. Jeder TN sucht sich ein Gericht aus. Ungeübtere TN suchen sich zu zweit ein Gericht aus. Sie recherchieren mit dem Smartphone ein Foto und das Rezept ihres Gerichts und machen sich Notizen zu den Zutaten.		
	PL	4. Die TN stellen die Gerichte im Plenum vor. *fakultativ:* Die TN können auch, sofern sie die Zutaten bekommen, ein Gericht zu Hause kochen und an einem Tag in den Kurs mitbringen. Wenn Sie das über mehrere Kurstage verteilen, sodass an jedem Tag zwei oder drei TN etwas mitbringen, können die TN probieren und darüber sprechen: „Gibt es so etwas auch im Heimatland? Welche Lebensmittel kennt oder benutzt man im Heimatland vielleicht gar nicht?".		

	Comic	**Der kleine Mann: Kiosk (passt z. B. zu C2)**		
1	PL	1. Zwei TN lesen den Comic mit verteilten Rollen. Klären Sie ggf. das Wort „Durst".		
2	PA	2. Zu zweit schreiben die TN ein neues Gespräch anhand der vorgegebenen Wörter. *fakultativ:* Verteilen Sie die Kopiervorlage. Die TN schreiben ihre Gespräche direkt in die leeren Sprechblasen.	KV L3/ZDM 2	
	PL	3. Einige Paare spielen ihre Gespräche im Plenum vor. Hängen Sie die Comics im Kursraum aus, sodass die TN sie in der Pause lesen können.		

FOKUS BERUF: IM INTERNET BESTELLEN

Die TN können etwas im Internet bestellen.

	Form	Ablauf	Material	Zeit
1		**Ein Online-Formular ausfüllen**		
	PL	1. Die TN sehen das Foto an und lesen die Aufgabe. Fragen Sie: „Was macht Stefano Donatelli?". Klären Sie die Begriffe „Getränke" (anhand des Einkaufszettels) und „Online-Getränkemarkt" (ein Geschäft für Getränke im Internet).		
	PA	2. Die TN lesen den Einkaufszettel und ergänzen das Online-Formular in Partnerarbeit.		
	PL	3. Abschlusskontrolle im Plenum. *Lösung: c 9,00, d 2, e 7,80, f Mineralwasser, g 1*		
2		**Leseverstehen: Ein Online-Formular verstehen**		
	PL	1. Die TN lesen die Aufgabe und sehen sich dann 2c an. Erklären Sie, was „mit Kreditkarte" kaufen heißt, indem Sie verschiedene Kreditkartenanbieter nennen, z. B. Visa, Barclays, MasterCard etc. Erklären Sie „auf Rechnung" kaufen. Man erhält die Getränke und muss dann erst den Betrag der Rechnung überweisen. Zur Verdeutlichung können Sie einen Überweisungsvordruck von einer Bank mitbringen. Dann suchen die TN die Information über die Zahlungsart auf dem Formular und zeigen darauf.	Überweisungs-vordruck	
	PA	2. In Partnerarbeit lesen die TN das Formular noch einmal und kreuzen an.		
	PL	3. Abschlusskontrolle im Plenum. *Lösung: b 164,22 Euro, c mit Kreditkarte*		
	PL	4. Führen Sie mit den TN ein kleines Abschlussgespräch darüber, ob sie schon mal etwas im Internet bestellt haben.		

MEINE WOHNUNG

Folge 4: Ach so!

Einstieg in das Thema „Wohnen"

4:47

	Form	Ablauf	Material	Zeit
1		**Vor dem Hören: Vermutungen äußern**		
a	PL	1. Die TN betrachten die Fotos. Zeigen Sie auf die Fotos und fragen Sie: „Wo sind Tim und Lara? In Laras Wohnung oder in Tims Wohnung? Was meinen Sie?". Die TN äußern ihre Vermutung und kreuzen an. Sollte „Wohnung" noch nicht bekannt sein, zeigen Sie auf den Wohnungsgrundriss (Kursbuch, S. 48) und sagen Sie „Das ist eine Wohnung.". *Lösung: in Laras Wohnung*	Folie/IWB	
b	PL	2. Zeigen Sie jetzt auf die Foto-Hörgeschichte und fragen Sie: „Wo sehen Sie eine Lampe?". Einige TN kennen das Wort „Lampe" vielleicht schon und können auf eines der Fotos deuten. Andernfalls zeigen Sie auf eine Lampe im Kursraum und sagen: „Das ist eine Lampe.".	Folie/IWB	
	PA	3. Die TN lesen die anderen Begriffe und überlegen gemeinsam, auf welchem der Fotos man diese sieht. Abschlusskontrolle im Plenum. *Lösung: eine Lampe: 1, 2, 3, 5, 6; ein Zimmer: 5, 6; eine Küche: 7, 8; ein Bad: 4*	Folie/IWB	
c	PL	4. Deuten Sie auf die Lampe auf Foto 1 und fragen Sie: „Ist die Lampe alt oder neu?". Die Zeichnungen veranschaulichen die Bedeutung von „alt" und „neu". Ein TN nennt die richtige Lösung.	Folie/IWB	
	EA/PA	5. Die TN sehen sich die Fotos noch einmal genauer an und stellen Vermutungen an. Die Zeichnungen helfen bei der Erschließung der Wortbedeutung von „groß/klein", „hell/dunkel", „teuer/billig" und „schön/hässlich". Geübtere TN lösen die Aufgabe in Stillarbeit, ungeübtere TN arbeiten paarweise zusammen.	Folie/IWB	
2		**Beim ersten Hören: Vermutungen überprüfen**		
	EA	1. Die TN hören die Foto-Hörgeschichte und verfolgen sie auf den Fotos mit. Dabei vergleichen sie mit ihren Lösungen in Aufgabe 1c.	CD 1/71–78	5 min
	PL	2. Abschlusskontrolle im Plenum. Fragen Sie: „Wie ist das Bad?". Ein TN nennt die richtige Lösung. Kreuzen Sie die richtige Lösung an. *Lösung: 2 klein, 3 hell, 4 billig, 5 schön*	Folie/IWB	
3		**Beim zweiten Hören: Kernaussagen der Geschichte verstehen**		
	EA	1. Die TN lesen die Aussagen. Fragen Sie: „Was ist richtig?" Die TN hören die Foto-Hörgeschichte noch einmal und kreuzen an. Wenn nötig, spielen Sie die Hörtexte mehrmals vor. Geübtere TN lösen die Aufgabe in Stillarbeit, ungeübtere TN arbeiten paarweise zusammen. Abschlusskontrolle im Plenum. *Lösung: richtig: a, c, e*	Folie/IWB, CD 1/71–78, KV L4/FHG	5 min
	GA	*fakultativ:* Jede Gruppe erhält ein Kartenset von der Kopiervorlage. Die TN lesen die Karten und versuchen, sie aus der Erinnerung in eine sinnvolle Reihenfolge zu bringen. Zur Kontrolle hören sie noch einmal. Abschließend können die TN die Foto-Hörgeschichte mit verteilten Rollen laut vorlesen. Ermutigen Sie die TN, Tim und Lara dabei nachzuahmen, sodass die Geschichte lebendig wird.		

🎬 Laras Film	In „Laras Film" präsentieren Lara und Tim mit einem Handyfilm jeweils die eigene Wohnung bzw. das Zimmer. „Laras Film" können Sie im Unterricht zur Verständnissicherung des neuen Wortschatzes nutzen. Fragen Sie: „Welche Zimmer hat Laras Wohnung? Welche Möbel gibt es in Laras/Tims Zimmer?". Sammeln Sie den Wortschatz an der Tafel. Dieses Vorgehen eignet sich z. B. zur Wortschatzwiederholung als Einstieg bei A3. Oder zeigen Sie den Film nach B2 zur gezielten Veranschaulichung der Artikel und Personalpronomen. Nach C1 können Sie den Film nutzen, um die Möbelstücke noch einmal zu wiederholen.	„Laras Film" Lektion 4 *3:21*	

A DAS BAD IST DORT.

Definiter Artikel *der, das, die*; Lokaladverbien *hier* und *dort*

Lernziel: Die TN können die Zimmer einer Wohnung benennen und sie lokalisieren.

	Form	Ablauf	Material	Zeit
A1		**Präsentation des Wortfelds „Wohnräume" und des definiten Artikels**		
	PL	1. Die TN lassen die Bücher geschlossen. Zeigen Sie den Wohnungsgrundriss (Kursbuch, S. 48) <u>ohne</u> die Wortliste.	Folie/IWB	
	PL	2. Deuten Sie auf die einzelnen Räume und fragen Sie: „Wie heißt das Zimmer auf Deutsch?". Notieren Sie schon bekannte Zimmerbezeichnungen mit dem definiten Artikel neben dem Grundriss.	Folie/IWB	
	PL	3. Verweisen Sie auf den Grammatik-Kasten und schreiben Sie die Beispiele an die Tafel. Verweisen Sie auf die Genuspunkte, die die TN bereits aus Lektion 3 kennen. Erklären Sie, dass es nur wenige Anhaltspunkte dafür gibt, welchen Artikel ein Wort im Deutschen hat. Der definite Artikel eines Wortes sollte daher immer gleich mitgelernt werden. Vergleichen Sie hierzu auch die Grammatikübersicht 1 und den Tipp auf der Übersichtsseite „Grammatik und Kommunikation" (Kursbuch, S. 54). Regen Sie die TN dazu an, sich weitere Zimmerbezeichnungen mit dem definiten Artikel und dem Genuspunkt in der jeweiligen Farbe zu notieren.	Folie/IWB	
	EA	4. Die TN öffnen nun das Buch und ordnen die Zimmer den Bildern zu. Abschlusskontrolle im Plenum. *Lösung: von oben nach unten: 9, 7, 4, 5, 3, 8, 6, 1, 2*		
	TiPP	Machen Sie zusammen mit den TN eine Tabelle mit drei Spalten: **maskulin** (blau), **neutral** (grün) und **feminin** (rot) und sammeln Sie Zimmerbezeichnungen, die den gleichen Artikel haben. Durch das Sortieren und Gruppieren von Wortschatz können sich die TN neue Wörter besser merken.		
	EA/HA	Arbeitsbuch 1–2		
A2		**Anwendungsaufgabe zum definiten und indefiniten Artikel**		
a	PL	1. Die TN lassen die Bücher geschlossen. Zeigen Sie die Zeichnung und fragen Sie: „Welche Zimmer sind im Haus?". Die TN hören den Hörtext. Abschlusskontrolle im Plenum. *Lösung: ein Arbeitszimmer, eine Küche, ein Flur*	Folie/IWB, CD 1/79 *0:39*	
	PL	2. Spielen Sie das Gespräch noch einmal vor und stoppen Sie nach jedem Sprechpart. Die TN sprechen – immer noch ohne mitzulesen – im Chor nach, um den neuen Wortschatz und die Satzmelodie ins Ohr zu bekommen.	CD 1/79 *0:31*	

PA ⚠	3. Die TN hören das ganze Gespräch und lesen im Buch mit. Dabei ergänzen sie die definiten Artikel. Abschlusskontrolle im Plenum. *Lösung: Das, der, die* Verweisen Sie dann auf den Grammatik-Kasten. Sollten Fragen zur Verwendung des definiten und indefiniten Artikels aufkommen, können Sie kurz erklären, dass Dinge, die im Gespräch neu sind oder über die der Sprecher noch nicht gesprochen hat, mit „ein" eingeführt werden. Sie sollten dieses Thema jedoch nicht zu sehr vertiefen, da die meisten TN erfahrungsgemäß durch Erklärungen eher verwirrt werden. Warten Sie mit Erklärungen dieser Art, bis die TN sich schon mehr mit dem definiten Artikel vertraut gemacht haben.	Folie/IWB, CD 1/79 *0:39*	
EA/PA ⟷	Arbeitsbuch 3: im Kurs: Geben Sie den TN weitere Beispiele für die Verwendung des definiten und indefiniten Artikels an die Hand, bevor sie die Übung im Arbeitsbuch machen. Geübtere TN lösen die Übung in Stillarbeit. Ungeübtere TN arbeiten paarweise zusammen.		
PL	4. Gehen Sie jetzt auf die Bedeutung der Lokaladverbien „hier" und „dort" ein. Zur Veranschaulichung können Sie auf einen Gegenstand in Ihrer Nähe, z. B. die Tafel, zeigen und mit Betonung auf „hier" sagen: „Die Tafel ist hier." Anschließend zeigen Sie auf einen Gegenstand am anderen Ende des Kursraums und sagen mit Betonung auf „dort": „Der/Das/Die … ist dort." Verweisen Sie dann auf den Info-Kasten und auf die Rubrik „Nach dem Ort fragen: Wo ist die Küche?" in der Übersicht „Grammatik und Kommunikation" (Kursbuch, S. 55). Hier haben die TN die Fragen nach dem Ort und die Antworten mit „hier" und „dort" auf einen Blick.	Folie/IWB	
PA	5. Die TN sprechen das Gespräch mit verteilten Rollen.		
b EA/PA ⟷	6. Die TN lesen die Beispiele und spielen weitere Gespräche. Achten Sie darauf, dass die Partner ihre Rollen tauschen, damit jeder TN einmal die indefiniten bzw. definiten Artikel verwendet. *Variante:* Ungeübtere TN können das Gespräch im Buch und ggf. auch eine oder zwei Beispiele schriftlich festhalten und die Artikel dabei farbig unterstreichen. Das gibt ihnen Zeit, sich noch einmal in Ruhe mit den Strukturen zu beschäftigen und sich die Artikel besser einzuprägen. Geübtere TN können, wenn sie früher fertig sind, die Gespräche verdeckt auf einer Folie oder an der Tafel notieren. Kontrollieren Sie dabei, wenn nötig, die Schreibweise. Andere TN, die bereits fertig sind, können zusätzliche Gespräche erfinden.	Folie/IWB	
PL	7. Abschließend können einige TN ihre Gespräche im Plenum präsentieren. Die schriftlich fixierten Gespräche werden jetzt aufgedeckt, sodass die anderen TN mitlesen können. Hat niemand die Gespräche notiert, schreiben Sie sie mit. Wenn die geübteren TN zusätzliche Gespräche erfunden haben, sollten sie an dieser Stelle Gelegenheit bekommen, diese mündlich zu präsentieren.	Folie/IWB	
EA/HA	Arbeitsbuch 4–7		

A3	**Aktivität im Kurs: Meine Traumwohnung beschreiben**			
PL	1. Zeichnen Sie den Grundriss Ihrer Traumwohnung an die Tafel und benennen Sie die Zimmer. Alternativ können Sie auch auf den Grundriss im Buch zeigen. Sagen Sie: „Das ist meine Traumwohnung. Hier ist das Bad, dort ist …". Deuten Sie dabei auf die jeweiligen Zimmer. *Hinweis:* Hier bietet sich zur Wortschatzwiederholung die Arbeit mit „Laras Film" an. Die TN sehen den Handyfilm. Fragen Sie: „Welche Zimmer sind in Laras Wohnung? Welchen Artikel haben sie?". Sammeln Sie den Wortschatz noch einmal an der Tafel. Im Film werden die TN durch Laras Präsentation ihrer Wohnung inspiriert und haben die Situation konkret vor Augen. Sie können – wenn sie möchten – ihre Traumwohnung dann auf ähnliche Weise im Plenum vorstellen.		

EA	2. Die TN zeichnen die Grundrisse ihrer Traumwohnung.			
PA/GA	3. Die TN lesen das Beispielgespräch. Dann finden sie sich paarweise oder in Kleingruppen zusammen und beschreiben sich gegenseitig ihre Traumwohnung. Gehen Sie herum und helfen Sie bei Schwierigkeiten.			
PL	4. Die TN hängen die Grundrisse im Kursraum auf. Wer möchte, kann seine Wohnung im Plenum vorstellen.			

B DAS ZIMMER IST SEHR SCHÖN. ES KOSTET …

Prädikatives Adjektiv; Personalpronomen *er, es, sie*; Negation mit *nicht*

Lernziel: Die TN können Häuser und Wohnungen beschreiben.

	Form	Ablauf		Material	Zeit
B1		**Präsentation des prädikativen Adjektivs und der Negation mit *nicht***			
	EA	1. Die TN lesen das Gespräch im Buch.			
	EA/PL	2. Die TN hören das Gespräch und kreuzen an. Abschlusskontrolle im Plenum. *Lösung: nicht, sehr*		Folie/IWB, CD 1/80 0:37	
	PL	3. Gehen Sie auf die Bedeutung von „teuer" ein. Sagen Sie: „Tims Zimmer kostet 350,– €. Das ist teuer.". Machen Sie bei „teuer" mit Daumen und Zeigefinger die Geste für „Geld". Fahren Sie fort: „Laras Zimmer kostet 150,– €. Das ist nicht teuer. Aber Stefans Zimmer kostet 500,– €. Das ist sehr teuer.". Verweisen Sie hier auch auf den Grammatik-Kasten oben und die Grammatikübersicht 3 (Kursbuch, S. 54), wo auch nochmal auf die Negation mit „kein" hingewiesen wird, die die TN bereits aus Lektion 3 kennen.			
	EA/HA	Arbeitsbuch 8: Versichern Sie sich, dass die TN die Bedeutung von „nicht" und „sehr" verstanden haben, bevor sie die Übung im Arbeitsbuch machen.			
	PA Grammatik entdecken	Arbeitsbuch 9: im Kurs: Ein TN liest in a Beispiel 1 vor. Schreiben Sie den korrekten Satz an die Tafel und verbinden Sie „kein" und „Apfel" wie im Arbeitsbuch vorgegeben mit einem Pfeil. Die Bedeutung von „kein/e" kennen die TN bereits aus Lektion 3. Ein anderer TN liest Beispiel 3. Verbinden Sie analog „nicht" und „nicht in Österreich" mit einem Pfeil. Die übrigen Beispiele lösen die TN in Partnerarbeit. Vergleichen Sie die Ergebnisse abschließend im Plenum und fragen Sie: „Warum sagen wir ‚kein Apfel', aber ‚nicht teuer'?". Erinnern Sie die TN ggf. daran, dass Nomen mit „kein/e" negiert werden und erklären Sie, dass Adjektive und Ortsangaben mit „nicht" verneint werden. Deuten Sie dann auf die beiden Tabellen in b und fordern Sie die TN auf, die Beispiele für die Negation mit „kein/keine" bzw. „nicht" aus a zu ergänzen.			
	EA/HA	Arbeitsbuch 10			
B2		**Wiederholung der Personalpronomen *er, sie*; Präsentation des Personalpronomens *es***			
a	PL	1. Zwei TN lesen die erste Frage mit Antwort vor. Fragen Sie: „Was bedeutet ‚sie'?". Die TN kennen die Personalpronomen „er" und „sie" bereits aus Lektion 2, sodass es ihnen keine Schwierigkeiten bereiten sollte, den Zusammenhang zwischen „die Wohnung" und „sie" herzustellen. Verdeutlichen Sie diesen durch einen Pfeil.		Folie/IWB	

	EA/PA ⬌	2. Die TN lesen die nächsten beiden SMS-Nachrichten und markieren wie im Beispiel Artikel und Nomen sowie Personalpronomen. Geübtere TN lösen die Aufgabe in Stillarbeit, ungeübtere TN arbeiten paarweise zusammen.		
	PL	3. Abschlusskontrolle im Plenum. Zeigen Sie auf den Grammatik-Kasten, in dem die drei Personalpronomen „er, es, sie" mit einem Nomen und entsprechenden Genuspunkten veranschaulicht sind. Verweisen Sie an dieser Stelle auch auf die Grammatikübersicht 2 (Kursbuch, S. 54) und die Grafik rechts, die den Zusammenhang von definitem Artikel und Personalpronomen sehr gut verdeutlicht. *Lösung: das Bad → Es, ein Flur? → er*	Folie/IWB	
b	PA	4. Die TN ergänzen die Personalpronomen. Abschlusskontrolle im Plenum. *Lösung: Es, Er, Sie*	Folie/IWB	
	EA/HA ⬌	Arbeitsbuch 11–13: im Kurs: Alle TN machen die Übungen 11 und 12. Geübtere TN ergänzen außerdem Übung 13.		
		5. Verweisen Sie dann auf den Info-Kasten und wiederholen Sie, wenn nötig, die Bedeutung der Adjektive, die die TN aus der Foto-Hörgeschichte bereits kennen. *fakultativ:* Alternativ dazu oder im Anschluss daran bearbeiten die TN zur Semantisierung der Adjektive die Kopiervorlage. *Hinweis:* Hier können Sie zur Wiederholung „Laras Film" einflechten. Die TN achten dann besonders auf die Artikel und die Personalpronomen.	Folie/IWB, KV L4/B2	
B3	**Aktivität im Kurs: Partner-Ratespiel**			
	PL	1. Die TN sehen sich die Zeichnungen an. *fakultativ:* Führen Sie bei Interesse der TN die deutschen Wörter für diese Wohnungen ein: „der Wohnwagen", „das Schloss", „der Wolkenkratzer" / „das Hochhaus", „die (Holz-)Hütte", „das Hausboot", „die Villa" / „das Luxusapartment".	Folie/IWB	
	PA/ WPA	2. Die TN lesen das Beispielgespräch. Sie beschreiben sich gegenseitig ein Haus, die Partnerin / der Partner versucht zu erraten, um welches der Bilder es geht. Sie wiederholen das Ratespiel mehrmals. *Variante:* Die TN gehen mit ihrem Buch umher und beschreiben einer Partnerin / einem Partner eines der Häuser. Wenn er/sie erraten hat, um welches der Bilder es geht, tauschen die Partner die Rollen. Anschließend gehen sie weiter und suchen sich neue Partner. Verweisen Sie an dieser Stelle auf die Rubrik „Beschreiben: Wie ist dein Zimmer?" (Kursbuch, S. 55). Ermuntern Sie die TN, analog zum Beispiel rechts ihr (Traum-)Zimmer oder ihre (Traum-)Wohnung zu beschreiben. Dabei können die TN auf den Wortschatz aus der Übung zurückgreifen. *Hinweis:* Hier können Sie auch auf das Projekt „Mein Traumhaus" aus „Zwischendurch mal ..." (Kursbuch, S. 56) zurückgreifen. *Hinweis:* Hier können Sie den Film mit dem Lied „Das ist die Küche." aus „Zwischendurch mal ..." (Kursbuch, S. 57) einsetzen, um das Wortfeld „Wohnung" und die Adjektive rhythmisch und über Gestik/Mimik zu festigen. *Hinweis:* An dieser Stelle bietet sich die Arbeit mit „Fokus Beruf" an, da hier anhand der „Goldenen Büro-Regeln" noch einmal die Negation mit „nicht" und „kein" geübt wird.	ZDM	
	EA/HA	Arbeitsbuch 14–15		

C DIE MÖBEL SIND SEHR SCHÖN.

Pluralartikel *die*

Lernziel: Die TN können Möbelstücke, Elektrogeräte und Farben benennen sowie Gefallen und Missfallen ausdrücken.

	Form	Ablauf	Material	Zeit
C1		**Präsentation der Wortfelder „Möbel", „Elektrogeräte" und „das Bad"**		
	PL	1. Die TN lassen die Bücher geschlossen. Fragen Sie, indem Sie auf einen Tisch zeigen: „Was ist das?". Zeigen Sie dann auf einen Stuhl und fragen Sie: „Und das?". Helfen Sie, falls niemand diese Wörter kennt.		
	PL	2. Schreiben Sie die Wörter mit dem definiten Artikel an die Tafel.		
	PL	3. Die TN öffnen nun ihr Buch. Ein TN liest das erste Beispiel vor und zeigt auf den Schrank. Zwei andere TN zeigen auf die Lampe und die Dusche.	Folie/IWB	
	EA/PA ⟷	4. Geübtere TN lösen die Aufgabe in Stillarbeit, ggf. mithilfe des Wörterbuchs. Ungeübtere TN arbeiten paarweise zusammen. Gehen Sie herum und helfen Sie.		
	PL	5. Abschlusskontrolle im Plenum: Je ein TN kommt nach vorne und beschriftet die Folie bzw. schreibt ans IWB. *Lösung: Möbel: 5 der Sessel, 6 der Tisch, 7 der Stuhl, 12 das Bett, 13 der Teppich, 15 das Sofa, 16 das Regal; Elektrogeräte: 2 der Fernseher, 4 der Kühlschrank, 8 die Waschmaschine, 14 der Herd; das Bad: 10 die Badewanne, 11 das Waschbecken*	Folie/IWB	
	PA	6. *fakultativ:* Die TN zeichnen ihre Wohnung und beschreiben mit den ihnen bekannten Redemitteln ihrer Partnerin / ihrem Partner das Inventar: „Das ist das Wohnzimmer. Hier ist ein Tisch. Der Tisch ist groß." *Hinweis:* An dieser Stelle bietet sich die Arbeit mit „Laras Film" an, um die Möbelstücke noch einmal zu wiederholen. Fordern Sie die TN auf, besonders auf die Möbel zu achten und sich diese zu notieren. Schreiben Sie diese dann auf Zuruf mit dem definiten Artikel an die Tafel.		
	EA/PL 👄	Arbeitsbuch 16: im Kurs: Die TN hören nacheinander Wörter, die sie bereits kennen oder leicht ableiten können. Sie achten beim Hören auf die Betonung und markieren die entsprechende Silbe. Dabei stellen sie fest, dass die Betonung im Deutschen meistens auf der ersten Silbe liegt. Die TN hören die Wörter noch einmal und sprechen sie im Chor nach.	AB-CD 1/32–33 *3:29*	
	HA	Arbeitsbuch 17		
	GA	7. *fakultativ:* Wenn Sie mit Ihren TN den Wortschatz der Lektionen 3 und 4 spielerisch wiederholen wollen, können Sie an dieser Stelle „Vier gewinnt" spielen. Kopieren Sie für jede Vierergruppe eine Kopiervorlage (Spielbrett) und legen Sie zwei verschiedene Arten von Spielfiguren bereit. Jede Vierergruppe wird in je zwei Teams (A und B) unterteilt, die gegeneinander antreten. Jedes Team bekommt eine Sorte Spielfiguren. Team A beginnt je nach Aufgabenstellung (z.B. Wiederholung des Wortschatzes): „Das ist ein Zimmer." (Spielstein auf „Zimmer"). Team B folgt: „Das ist ein Bett." (Spielstein auf „Bett") etc. Jedes Team versucht, vier Steine fortlaufend entweder horizontal, vertikal oder diagonal zu setzen. Wer zuerst vier Steine in einer Reihe hat, hat gewonnen. Man kann das Spiel ruhig mehrfach hintereinander spielen, es ergeben sich immer neue Konstellationen, sodass es nicht langweilig wird. *Variante:* In der zweiten Runde können die definiten Artikel und die neu gelernten Adjektive eingeübt werden, z. B. „Der Tisch ist schön." (Spielstein auf „Tisch").	KV L4/C1, Spielfiguren (z. B. Chips/ Spielfiguren/ Geldmünzen etc.)	

C2		Präsentation: Redemittel, um Gefallen, Missfallen auszudrücken; Pluralartikel *die*		
a	PL	1. Fragen Sie einen geübteren TN, der schon länger in Deutschland lebt: „Wie gefällt Ihnen das Zimmer?" und verweisen Sie dabei auf den Kursraum. Warten Sie die Antwort des TN ab und wiederholen Sie sie mit nach oben oder unten zeigendem Daumen, um die Bedeutung von „gefällt mir (nicht)" zu verdeutlichen. Machen Sie weitere Beispiele mit Singular und Plural bis allen TN die Bedeutung von „Wie gefällt Ihnen ...?" bzw. „Wie gefallen Ihnen ...?" klar ist. Verweisen Sie abschließend auf den Info-Kasten und die Rubrik „Gefallen/Missfallen: Wie gefällt dir/Ihnen der Tisch?" (Kursbuch, S. 54).	Folie/IWB	
	PL	2. Zeigen Sie auf das Bild und fragen Sie: „Wo sind die Personen? Wer sind die Personen? Was machen sie?". Einer der TN hat vielleicht schon Erfahrungen mit dem Möbelkauf gemacht und kennt das Wort „Möbelgeschäft". „Verkäufer/Verkäuferin" und Kunde/Kundin" kennen die TN bereits aus Lektion 3.	Folie/IWB	
	EA/PA ⟷	3. Die TN hören das Gespräch im Möbelhaus und ergänzen die definiten Artikel. Geübtere TN lösen die Aufgabe in Stillarbeit. Ungeübtere TN arbeiten paarweise zusammen. Abschlusskontrolle im Plenum. *Lösung: der, der, die, die, das*	Folie/IWB, CD 1/81 *1:12*	
b	EA/PA ⟷	4. Die TN lesen das Gespräch noch einmal und markieren dabei alle Ausdrücke, die Gefallen oder Missfallen ausdrücken. Dann sortieren Sie diese den Smileys zu. Geübtere TN lösen die Aufgabe in Stillarbeit. Ungeübtere TN arbeiten paarweise zusammen. Abschlusskontrolle im Plenum. *Lösung: von links nach rechts: nicht so gut, es geht, gut*	Folie/IWB	
	PL	5. Markieren Sie alle Pluralformen, die in C2a vorkommen („Stühle", „Tische", „Betten"). Stellen Sie die Pluralformen dann an der Tafel den Singularformen gegenüber und unterstreichen Sie die Artikel. Auf diese Weise verdeutlichen Sie, dass die definiten Singular / Plural de**r** Stuhl / **die** Stühle de**r** Tisch / **die** Tische da**s** Bett / **die** Betten Artikel im Singular verschieden sind, es aber nur eine Pluralform „die" gibt. Verweisen Sie hier auch auf den Grammatik-Kasten und die Grammatikübersicht 2 (Kursbuch, S. 54).	Folie/IWB	
c	PL/GA	6. Die TN sehen sich noch einmal die Möbel und die anderen Einrichtungsgegenstände in C1 an. Stellen Sie einem TN die erste Frage in der Sprechblase: „Wie gefallen dir denn die Stühle?" und deuten Sie dabei auf die Stühle in C1. Der TN antwortet mit dem Beispiel: „Sehr gut, sie sind sehr modern.". Bitten Sie ihn, die nächste Frage vorzulesen und sich damit an einen anderen TN zu wenden. Setzen Sie die Kettenübung so lange im Kurs fort, bis alle Gegenstände in C1 erwähnt wurden. Wenn die TN Spaß daran haben oder Sie der Meinung sind, dass noch mehr Übung erforderlich ist, können die TN darüber hinaus nach Gegenständen im Kursraum fragen. *Variante:* Sie können die Übung auch in Kleingruppen durchführen lassen. Gehen Sie dann herum und verbessern Sie, wenn nötig, damit sich keine falschen Formen einschleifen. *fakultativ:* Verweisen Sie auf die kleine Übung in der Rubrik „Gefallen/Missfallen: Wie gefällt dir/Ihnen der Tisch?" (Kursbuch, S. 54). Die TN betrachten die Zeichnung und können in die Rolle des Verkäufers schlüpfen und noch einmal selbst Fragen und Antworten formulieren.	Folie/IWB	
	EA/HA	Arbeitsbuch 18–19: Hier geht es um Wörterbucharbeit. Wenn Ihren TN der Umgang mit dem Wörterbuch noch schwerfällt, machen Sie die Übungen im Kurs gemeinsam.		
	EA/HA ⟷	Arbeitsbuch 20: im Kurs: Geübtere TN, die mit den Übungen 18 und 19 schnell fertig sind, können Übung 20 machen. Als Hausaufgabe sollten diese Übung alle TN bearbeiten.		

EA/PA ⬅➡	Arbeitsbuch 21: im Kurs: Wenn Sie mit den TN die Bildung des Plurals vertiefen wollen, sehen Sie sich gemeinsam die Tabelle an und fordern Sie die TN auf, den Lernwortschatz der Lektionen 1–4 (Seite LWS 2–15) durchzugehen und 20 Nomen ihrer Wahl in die Tabelle einzutragen. Geübtere TN lösen die Aufgabe in Stillarbeit. Ungeübtere TN arbeiten paarweise zusammen. Zur Abschlusskontrolle im Plenum notieren Sie auf Zuruf alle Nomen im Singular und Plural an der Tafel. Fordern Sie die TN auf, sich die Tabelle noch einmal genau anzusehen und Regeln zur Pluralbildung daraus abzuleiten. So können die TN z. B. erkennen, dass alle Nomen auf „-er" (z. B. Computer), „-en" (z. B. Schinken) und „-el" (z. B. Sessel) im Plural keine zusätzliche Endung erhalten, alle Nomen auf „-e" den Plural mit „-n" (z. B. Lampe) bilden und alle Nomen auf „-a" oder „-o" im Plural ein „-s" (z. B. Sofa, Radio) erhalten. Verweisen Sie auch auf den Lerntipp, da es mit Ausnahme der genannten Regeln nicht viele Regelmäßigkeiten bei der Pluralbildung gibt.			
EA/HA	Arbeitsbuch 22–23			
EA/HA Schreib-training	Arbeitsbuch 24: im Kurs: Deuten Sie auf das Bild in Übung 20 und fragen Sie: „Wie gefallen Ihnen die Möbel?". Ein TN liest die Antwort im Beispiel vor. Fragen Sie ggf. noch ein- oder zweimal in die Runde, bevor die TN jeweils vier Möbelstücke wählen und analog zum Beispiel einige Sätze aufschreiben. Wer möchte, kann seine Beispiele anschließend vorlesen.			
PL Prüfung	Arbeitsbuch 25: im Kurs: Das Format dieser Übung zum Hörverstehen entspricht der Prüfung *Start Deutsch 1* (eine von drei Lösungen ist richtig; die Hörtexte werden zweimal gehört).	AB-CD 1/34–36 *3 : 19*	

C3	**Aktivität im Kurs: Farben und Farbnuancen**			
PL	1. Bitten Sie zwei geübtere TN, das Beispielgespräch vorzulesen und mit einigen Möbelstücken fortzusetzen. Verweisen Sie auf den Malkasten, der den TN hilft, die richtige Farbbezeichnung zu finden und anzuwenden. Das Beispiel im Infokasten zeigt, wie mithilfe von „hell-" und „dunkel-" Farben nuanciert werden können. Machen Sie Ihre TN auch auf die Rubrik „Beschreiben: Wie ist dein Zimmer?" auf der Übersichtsseite „Grammatik und Kommunikation" (Kursbuch, S. 55) aufmerksam. Hier können sich die TN an der Zusammenfassung der Fragen und Antworten zum Thema „Beschreiben" orientieren. Mit der kleinen Übung können sie, gesteuert durch die Zeichnung, einen eigenen Text verfassen.			
PA	2. Die TN stellen sich nach dem vorgegebenen Muster gegenseitig Fragen zu ihrer Wohnung. *Hinweis:* An dieser Stelle bietet es sich an, mit dem Projekt „Mein Traumhaus" aus „Zwischendurch mal…" (Kursbuch, S. 56) zu arbeiten. Bitten Sie die TN, im Internet nach Bildern zu suchen und sie den anderen im Kurs zu präsentieren.	ZDM	

TiPP	Wenn Sie Bewegung im Unterricht mögen, können Sie auch Luftballons in den verschiedenen Farben mitbringen und zur Wiederholung der Farben die TN auffordern, aufzustehen, die Luftballons anzustupsen und dabei die Farbe zu sagen.

| EA/HA/PL | Arbeitsbuch 26: im Kurs: Die TN ergänzen zunächst die Farben auf Deutsch. Schreiben Sie auf Zuruf an die Tafel. Fordern Sie dann zwei TN auf, jeweils die deutsche bzw. englische Farbbezeichnung vorzulesen. Den TN sollte deutlich werden, dass einige der Farben in beiden Sprachen ähnlich klingen und somit ihre Bedeutung aus dem Englischen erschließbar ist. Dann ergänzt jeder für sich die Farbbezeichnungen in seiner Muttersprache. Fragen Sie dann, ob es bei den Farben auch Ähnlichkeiten mit anderen Sprachen gibt. Die TN nennen die entsprechenden Beispiele zusammen mit der deutschen und englischen Farbbezeichnung. Bei Interesse der TN können Sie weitere Farbbezeichnungen miteinander vergleichen. Machen Sie anhand dieser Beispiele deutlich, dass Ähnlichkeiten im Klang oder im Schriftbild bei der Bedeutungserschließung neuer Wörter helfen können. | | |

D WOHNUNGSANZEIGEN

Lernziel: Die TN können bis eine Million zählen und Wohnungsanzeigen relevante Informationen entnehmen.

	Form	Ablauf	Material	Zeit
D1		**Präsentation der Zahlen bis zu einer Million**		
	PL	1. Gehen Sie, wenn nötig, noch einmal auf die Bildung der Zahlen ab 13 bzw. 20 (bekannt aus Lektion 2) ein. Wiederholen Sie dann die Zahlen 1–100, die die TN bereits aus Lektion 3 kennen. Dazu stellen sich die TN im Kreis auf und werfen sich im Zickzack den Ball zu. Dabei zählen sie zunächst in Einerschritten (1, 2, 3 ...) hoch. Wechseln Sie dann z. B. ab 20 zu Zweierschritten (20, 22, 24 ...), später zu Dreier- und Fünferschritten. Bei 100 angekommen, können die TN z. B. in Fünfer- oder Zehnerschritten rückwärts zählen bis sie wieder bei 0 angekommen sind. *fakultativ:* An dieser Stelle können Sie noch einmal das Zahlen-Bingo von KV L2/D2 spielen. Begrenzen Sie die Zahlen dabei auf eine Spanne von max. 40 Zahlen, also z. B. von 10–50, damit das Spiel nicht zu lange dauert.	Ball, KV L2/D2	
	PL	2. Die TN hören dann die Hunderterzahlen, lesen im Buch mit und sprechen nach.	CD 1/82	*1:07*
	PL	3. Die TN schreiben abwechselnd eine Zahl zwischen 100 und 1000 an die Tafel, die anderen lesen diese laut vor.		
D2		**Anwendungsaufgabe: Zahlen zwischen 100 und einer Million verstehen**		
	PL/EA	1. Die TN lesen die Aufgabe 1, fragen Sie: „Was kostet das Sofa? 92 €, 299 € oder 2.099 €?". Die TN hören das Gespräch und kreuzen an. Kontrolle im Plenum. *Lösung: 1 299,– €*	Folie/IWB, CD 1/83	*0:33*
	EA	2. Die TN hören nun die Hörtexte zu 2 und 3, wenn nötig mehrfach, und kreuzen an. Abschlusskontrolle im Plenum. Verweisen Sie an dieser Stelle auch auf den Info-Kasten, der noch einmal zeigt, wie man die Maßangaben richtig ausspricht. *Lösung: 2 701 108; 3 60 cm x 120 cm*	Folie/IWB, CD 1/84–85	*0:55*
	EA/PL	Arbeitsbuch 27: im Kurs	AB-CD 1/37	*0:44*

D3		**Anwendungsaufgabe: Telefonnummern diktieren**		
	PL	1. Deuten Sie auf das erste Bild und fragen Sie: „Wo ist das Telefon?", um „zu Hause" einzuführen. Fragen Sie weiter: „Wer von Ihnen hat so ein Telefon zu Hause?". Heutzutage hat nicht mehr jeder einen Festnetzanschluss. Einige TN werden stattdessen vielleicht auf ihr Mobiltelefon zeigen. Fragen Sie: "Wie heißt das auf Deutsch?", um den in Deutschland gängigeren Begriff „Handy" einzuführen. Zeigen Sie dann auf das dritte Bild und fragen Sie: „Wo steht das Telefon?" und führen Sie „bei/auf der Arbeit" ein.	Folie/IWB	
	PL ⚠	2. Fragen Sie einen TN: „Wie ist Ihre Nummer zu Hause?". Notieren Sie die Antwort des TN mit. Fragen Sie weiter: „Haben Sie eine Handynummer?" Notieren Sie die Antwort ebenfalls mit. In manchen Kulturen wird das Fragen nach der Telefonnummer als Verletzung der Privatsphäre betrachtet. So würde man in manchen Ländern insbesondere fremde Frauen nicht nach ihrer Nummer fragen. Machen Sie deshalb deutlich, dass die TN selbstverständlich auch eine fiktive Nummer nennen können.	Folie/IWB	
	PA	3. Die TN arbeiten paarweise zusammen und fragen sich gegenseitig nach den Telefonnummern. Die Redemittel in den Sprechblasen helfen ihnen bei der Antwort.		
D4		**Leseverstehen 1: Wohnungsgrößen und Mietpreise aus Wohnungsanzeigen entnehmen**		
	PL	1. Führen Sie in das Thema Wohnungssuche ein, indem Sie fragen: „Sie suchen eine Wohnung. Wie machen Sie das?". Notieren Sie die Vorschläge der TN, wie z.B. Internet, Zeitung etc. an der Tafel und führen Sie abschließend ggf. selbst den Begriff „Wohnungsanzeige" ein. Wenn möglich, bringen Sie zur Veranschaulichung eine Tageszeitung mit der entsprechenden Rubrik oder einen Link zu einem einschlägigen Internetportal mit.	Wohnungs-anzeigen (Zeitung, Internetportal)	
	PL	2. Zeigen Sie dann auf Anzeige A und fragen Sie: „Wie groß ist die Wohnung?" und „Was kostet sie im Monat?". Ein TN liest die markierten Stellen vor. Gehen Sie an dieser Stelle kurz auf den Info-Kasten ein und verdeutlichen Sie, dass man die Quadratmeter auf unterschiedliche Weise angeben kann.	Folie/IWB	
	EA/PA ⟷	3. Fragen Sie weiter: „Wie groß sind die anderen Wohnungen und was kosten sie?". Die TN lesen die übrigen Anzeigen und markieren die Informationen in den entsprechenden Farben. Geübtere TN lösen die Aufgabe in Stillarbeit, ungeübtere TN arbeiten paarweise zusammen.		
	TiPP	Diese Lesestrategie, wesentliche Informationen in den entsprechenden Farben zu markieren, sollten sich die TN von Anfang an angewöhnen, denn so stellen sie sicher, dass sie für die richtige Lösung nichts Wichtiges übersehen haben. Sie lernen dabei auch, dass für eine bestimmte Information nicht alles verstanden werden muss. Diese Strategie nützt den TN später auch bei Prüfungen.		
	PL	4. Abschlusskontrolle im Plenum. Die TN lesen die Größenangaben sowie die Mietpreise vor. Markieren Sie die Informationen auf der Folie/am IWB. *Lösung: Wie groß ist die Wohnung? B 36 qm, C 3-Zimmer-Wohnung / 60 qm, D 2-Zimmer-Wohnung, E 1-Zimmer-Wohnung / 33 qm; Was kostet sie im Monat? B 500 €, C 950 €, D 750 €, E 588 €*	Folie/IWB	

D5	Leseverstehen 2: Eine passende Wohnung finden		
PL	1. Ein TN liest Satz a vor. Deuten Sie dann auf die Wohnungsanzeigen in D4 und fragen Sie: „Welche Anzeige passt?".	Folie/IWB	
PL	2. Abschlusskontrolle im Plenum: Die TN lesen noch einmal die Anzeigen und nennen die richtige Lösung und erklären, warum die Wohnung hier passt. Markieren Sie die relevante Textstelle.	Folie/IWB	
EA ⟷	3. Die TN bearbeiten die restlichen Aufgaben. Geübtere TN lösen die Aufgabe in Stillarbeit. Ungeübtere TN arbeiten paarweise zusammen. Dabei markieren sie die relevanten Textstellen. Da das Herausfiltern vor allem ungeübteren TN noch Schwierigkeiten bereitet, werden sie für diese Aufgabe länger brauchen als geübtere TN, die bereits über die genannten Lesestrategien verfügen. Letztere lösen deshalb in der Zwischenzeit die Zusatzaufgabe aus der Rubrik „Schon fertig?". Wenn am Ende noch Zeit ist, können sie ihre Anzeigen im Kurs vorlesen. Sonst sammeln Sie die Texte anschließend ein und geben Sie sie den TN ggf. mit Korrekturvorschlägen zurück. Abschlusskontrolle im Plenum. *Lösung: b B, c C* *Hinweis:* An dieser Stelle können Sie zur Vertiefung des Themas die Schreibaufgabe „Zimmer frei!" aus der Rubrik „Zwischendurch mal …" (Kursbuch, S. 56) in den Unterricht integrieren. Wenn Sie im Kurs nicht so viel Zeit haben, können die TN die Aufgabe als Hausaufgabe bearbeiten.	Folie/IWB ZDM	
PA	4. *fakultativ:* Zur Anwendung des Gelernten können Sie zum Abschluss die Kopiervorlage einsetzen, mit deren Hilfe die TN in Partnerarbeit Wohnungsvermittlung spielen und den neuen Wortschatz kommunikativ verwenden.	KV L4/D5	
EA/HA	**Arbeitsbuch 28:** im Kurs: In dieser Übung erarbeiten die TN die in Wohnungsanzeigen üblichen Abkürzungen, deren Kenntnis für das Leseverstehen unbedingt notwendig ist. Bringen Sie in diesem Fall aktuelle Wohnungsanzeigen aus einer Tageszeitung oder von einem Onlineportal mit. Abkürzungen, wie z. B. „HZ" (Heizung), „NK" (Nebenkosten), „KT" (Kaution) etc. können Sie so gemeinsam im Kurs klären.	AB-CD 1/38, Wohnungsanzeigen	

E MEIN SCHREIBTISCH IST …

Lernziel: Die TN können einen Text über Möbel lesen und Möbel beschreiben.

	Form	Ablauf	Material	Zeit
E1		**Präsentation des Wortfelds „Schreibtisch"**		
	PL	1. Deuten Sie auf die Fotos in E2 und fragen Sie: „Wo sehen Sie Bücher?". Ein TN zeigt auf die Bücher auf Foto C. Verfahren Sie mit den übrigen Gegenständen ebenso.	Folie/IWB	
	EA	2. Geben Sie den TN Gelegenheit, anhand der Fotos nach weiteren Gegenständen zu fragen. Notieren Sie neuen Wortschatz an der Tafel.		

E2	Leseverstehen: Wesentliche Inhalte verstehen		
a	PL	1. Bitten Sie einen TN, den Text von Tom Sommer vorzulesen und fragen Sie: „Welcher Schreibtisch passt zu ihm? Warum?". Die TN nennen die Lösung und begründen ihre Antwort mit verschiedenen Schlüsselwörtern oder -passagen, wie „viele Hefte" oder „ziemlich voll". Unterstreichen Sie die Schlüsselwörter auf der der Folie / am IWB, um deutlich zu machen, dass das Verständnis von Schlüsselwörtern genügt, um die Aufgabe lösen zu können.	Folie/IWB
	PL	2. Fragen Sie dann: „Welcher Schreibtisch passt zu Anita Feldstein und welcher zu Nicole Rauch?".	
	EA/PA ⟷	3. Die TN lesen die Texte und ordnen zu. Geübtere TN lösen die Aufgabe in Stillarbeit. Ungeübtere TN arbeiten paarweise zusammen. Abschlusskontrolle im Plenum. Fragen Sie dabei wie im Beispiel nach den Schlüsselwörtern und unterstreichen Sie diese auf der Folie / am IWB. *Lösung: B Anita Feldstein, C Nicole Rauch*	Folie/IWB
b	EA/PA ⟷	4. Die TN lesen zuerst die Aussagen 1–6. Dann lesen sie die Texte noch einmal und kreuzen an, welche Aussage zutrifft. Geübtere TN lösen die Aufgabe in Stillarbeit. Ungeübtere TN arbeiten paarweise zusammen. Abschlusskontrolle im Plenum. *Lösung: richtig: 3, 6*	Folie/IWB
c	PL	5. Deuten Sie auf Aussage 4 und sagen Sie: „Tom hat nur einen Computer. Das ist falsch. Was steht im Text?". Die TN sehen noch einmal genau nach und korrigieren den Satz. Streichen Sie auf der Folie / am IWB „nur" durch und schreiben Sie „viele Hefte und" darüber.	Folie/IWB
	EA	6. Die TN lesen die Aussagen 2 und 5 noch einmal und korrigieren sie. Abschlusskontrolle im Plenum. *Musterlösung: 2 Anita hat kein Tagebuch. 5 Nicoles Schreibtisch ist schon sehr alt.*	Folie/IWB
	EA/HA	Arbeitsbuch 29	

E3	Schreibaufgabe		
	PL	1. Fragen Sie: „Wie groß ist Ihr Schreibtisch? Welche Farbe hat er? Was ist auf dem Schreibtisch?". Deuten Sie auf das Beispiel und fordern Sie die TN auf, ihren Schreibtisch zu beschreiben.	
	EA/HA	2. Die TN schreiben einen Text über ihren Schreibtisch. Die Beispiele in E2 dienen dabei als Vorlage.	
	⚠	3. Sammeln Sie die Texte ein und geben Sie sie korrigiert zurück. Konzentrieren Sie sich bei der Korrektur auf das Wesentliche. Korrigieren Sie nur, was die TN bereits gelernt haben und deshalb können sollten. Nur in diesen Fällen können die TN die Korrektur auch verstehen und daraus lernen. Darüber hinausgehende Korrekturen verwirren die TN nur und führen zu Frustration.	
	EA/HA	Arbeitsbuch 30	AB-CD 1/39–40

3·04

AB?

Form	Ablauf	Material	Zeit
PL	Arbeitsbuch 31–32: im Kurs: 31a Die TN hören die Wörter und lesen im Buch mit. Schreiben Sie dann „Bett" und „Tee" sowie „Tisch" und „Miete" an die Tafel und bitten Sie die TN, diese Wörter noch einmal zu sprechen. Malen Sie dabei den Längenakzent unter den jeweiligen Vokal und zeigen Sie an diesen Beispielen, dass Vokale im Deutschen lang oder kurz gesprochen werden können. Die TN sollten erkennen, dass hier ein Unterschied in der Aussprache besteht. Machen Sie die TN besonders auf den Unterschied in der Aussprache zwischen kurzem, offenem „e" und langem, geschlossenem „e" aufmerksam. Sie können das geschlossene „e" mit den TN trainieren, indem Sie sie bitten, „iiiiiiii" zu sagen und dabei allmählich in „e" überzugehen, wobei sie die Mundstellung weiterhin wie bei „iiiiiiii" lassen, also: „iiiiiiiieeeeee". Die TN hören dann noch einmal markieren nach dem Beispiel an der Tafel und im Buch die Länge der Vokale. Vergleichen Sie die Lösung an der Folie/am IWB. 31b Die TN hören noch einmal und sprechen im Chor nach. Die Markierungen helfen ihnen dabei. 32 Die TN hören den Hörtext und sprechen die Sätze im Chor nach. Erinnern Sie die TN an die Stimmbewegung in Fragen und Antworten, die sie schon in Lektion 1 und Lektion 2 geübt haben.	Folie/IWAB-CD 1/41–43 3:07	
GA	*fakultativ:* Wenn Sie noch Zeit haben, können Sie hier die Wiederholung zu Lektion 4 anschließen.	KV L4/Wiederholung	
Lektionstests	Einen Test zu Lektion 4 finden Sie hier im LHB auf den Seiten 182–183. Weisen Sie die TN auf den Selbsttest im Arbeitsbuch auf Seite 50 hin.	KV L4/Test	

AUDIO- UND VIDEOTRAINING

Form	Ablauf	Material	Zeit
Audiotraining 1: Wo ist ...?			
EA/HA	Die TN hören „Das ist meine Wohnung." und sollen in den Sprechpausen mit „Ah, schön! Und wo ist ...?" antworten. Die Zimmer, nach denen sie fragen sollen, sind vorgegeben. Nach der Sprechpause hören die TN die korrekte Antwort, damit sie ihre Lösung und ihre Aussprache selbst korrigieren können.	CD 1/86 2:13	
Audiotraining 2: Ist das hier die Küche?			
EA/HA	Die TN hören „Ist das hier (die Küche)?" und antworten in den Sprechpausen mit „Nein. <u>Das</u> ist nicht (die Küche). <u>Das hier</u> ist (die Küche).". Nach der Sprechpause hören die TN die korrekte Antwort, damit sie ihre Lösung und ihre Aussprache selbst korrigieren können. Hier kommt es besonders auf die Betonung an.	CD 1/87 2:13	
Audiotraining 3: Wie gefällt dir das?			
EA/HA	Die TN hören „Wie gefällt dir (das Bett)?" und antworten in den Sprechpausen mit „Es geht. Aber hier: Wie gefällt dir (der Schrank)?". Die Einrichtungsgegenstände, nach denen sie fragen sollen, sind vorgegeben. Nach der Sprechpause hören die TN die korrekte Antwort, damit sie ihre Lösung und ihre Aussprache selbst korrigieren können. Hier kommt es besonders auf die Betonung an.	CD 1/88 2:57	

Videotraining 1: Schauen Sie mal!

EA/HA	Die TN sehen in dem Film Lara und Tim, die ein Gespräch zwischen einer Verkäuferin im Möbelhaus und einem Kunden spielen.	Film „Schauen Sie mal!" *1:25*

Videotraining 2: Wie ist das Regal?

EA/HA	Mit diesem Film üben die TN Telefongespräche aufgrund von Kleinanzeigen. Es werden Angaben zu Möbeln eingeblendet und schrittweise nach Farbe, Alter, Maßangaben und dem Preis gefragt. In den Sprechpausen formulieren die TN analog zum Beispiel korrekte Antworten. Anschließend hören die TN die korrekten Antworten, die zusätzlich eingeblendet werden, damit sie ihre Lösung und ihre Aussprache selbst korrigieren können. *fakultativ:* Wenn Sie die Übung im Kurs durchführen, können die TN im Anschluss weitere Telefongespräche nach dem gleichen Muster erfinden und dann vorspielen. Dazu hören sie zunächst ein Beispiel noch einmal und notieren sich die Fragen. Dann überlegen sie sich mit ihrem Partner / ihrer Partnerin eigene Gespräche. Ungeübtere TN beschränken sich auf ein eigenes Beispiel. Geübtere TN können mehrere Telefongespräche simulieren.	Film „Wie ist das Regal?" *3:10*

ZWISCHENDURCH MAL …

	Form	Ablauf	Material	Zeit
Schreiben		**Zimmer frei!: Eine Zimmerannonce verstehen und eine eigene Anzeige schreiben (passt z. B. zu D5)**		
1	PL	1. Decken Sie nur die Überschrift „Zimmer frei!" auf und fragen Sie: „Welche Informationen stehen in der Anzeige? Was meinen Sie? Notieren Sie die Vermutungen der TN an der Tafel.	Folie/IWB	
TiPP		Hypothesen über den Textinhalt aufgrund der Überschrift zu bilden, ist eine Strategie, die den TN hilft, sich auf den Textinhalt einzustellen und ihr Vorwissen zu aktivieren, bevor sie den Text lesen.		
	EA/PA	2. Die TN lesen die Anzeige und korrigieren anschließend die Aussagen. Geübtere TN lösen die Aufgabe in Stillarbeit, ungeübtere TN arbeiten paarweise zusammen. Abschlusskontrolle im Plenum. *Lösung: 2 Es ist hell, ruhig und billig. 3 Das Zimmer ist möbliert: ein Bett, ein Schrank, ein Schreibtisch, ein Tisch und zwei Stühle. 4 Das Bad hat eine Toilette und eine Dusche.*		
2	EA/HA	1. Die TN schreiben eine Anzeige für ihr Zimmer oder ihre Wohnung.		
	PL	2. Wer möchte, kann seine Anzeige vorlesen. Sammeln Sie die Texte ein, um zu sehen, ob sie noch einmal etwas wiederholen müssen.		
TiPP		Korrigieren Sie nur, was die TN bis jetzt schon gelernt haben. Andere Fehlerkorrekturen können die TN nicht nachvollziehen und sind also nicht produktiv. Anstatt die Fehler zu korrigieren, können Sie sie auch nur markieren und die TN bitten, diese selbst zu korrigieren. Dabei ist es hilfreich, wenn Sie Fehlerkategorien unterscheiden und diese unterschiedlich markieren. So können Sie z. B. Grammatikfehler einfach unterstreichen, Orthografiefehler doppelt unterstreichen, Ausdruckfehler unterringeln etc.		

	Projekt	Mein Traumhaus: Fotos von einem Traumhaus mitbringen und mündlich präsentieren (passt z. B. zu B3 oder nach C3)		
1	PL	1. Klären Sie den Begriff „Traumhaus", indem Sie z. B. sagen: „Mein Haus ist klein, alt und hat keinen Garten. Mein Traumhaus ist groß, modern und hat einen Garten.". Die Betonung liegt dabei auf „Traum".		
	EA/HA	2. Bitten Sie die TN dann, im Internet nach Bildern zu suchen. Diese Bilder sollen Sie dann im Kurs beschreiben. Ihren Text für die Präsentation können die TN zu Hause vorbereiten. *Variante:* Alternativ dazu können die TN auch ihr eigenes Haus fotografieren und ihrer Partnerin / ihrem Partner im Kurs präsentieren.		
2	PL ⟷	3. Die TN präsentieren anhand der mitgebrachten Fotos ihr Traumhaus. Fordern Sie geübtere TN auf, ihre Traumwohnung möglichst anhand von Stichpunkten zu präsentieren. Ungeübtere TN können ihren vorbereiteten Text vorlesen. Begrenzen Sie die Zeit für eine Präsentation und eventuelle Rückfragen auf 2–3 Minuten.		
	TIPP	Bitten Sie geübtere TN, in ihrem Text die Schlüsselwörter zu markieren und sich daran wie an einem Geländer zu orientieren. Sie können sie auch bitten, nur diese Wörter noch einmal auf einen extra Zettel zu schreiben und nur diesen zur Präsentation zu benutzen. Das wird für viele TN eine ungewohnte Übung sein, ist aber eine effektive Form des Stichwortzettelschreibens und fördert das freie Sprechen.		
	🎬	**Das ist die Küche. (passt z. B. zu B3)** _2:10_ **Im Film wird eine 2-Zimmerwohnung vorgestellt. Der Text dazu ist in Liedform und wiederholt das Wortfeld „Wohnung" (Zimmer und Adjektive).**		
1	EA	1. Die TN sehen den Film einmal und notieren, welche Zimmer sie sehen. Abschlusskontrolle im Plenum. *Lösung: Wohnzimmer, Schlafzimmer*	Folie/IWB	
2		2. Die TN lesen den Liedtext und achten dabei besonders auf die Illustrationen.	Folie/IWB	
		3. Die TN hören das Lied noch einmal, lesen oder singen mit und machen dabei die gleichen Bewegungen wie auf den Bildern.		
	TIPP	Mit Liedern können Sie auch Bewegung in den Unterricht bringen. Das ist besonders bei Intensivkursen mit vier und mehr Unterrichtsstunden am Tag wichtig. Bitten Sie die TN aufzustehen und mitzuklatschen. Wer möchte, kann sich dazu auch im Rhythmus bewegen. TN, die aus Kulturen kommen, in denen viel und gern getanzt wird, können hier die anderen zum Mitmachen motivieren.		

FOKUS BERUF: REGELN IM BÜRO

Die TN wissen, wie man sich im Büro verhält.

	Form	Ablauf	Material	Zeit
1		**Wortfeld „Aktivitäten im Büro"**		
	PL	1. Die TN sehen sich die Zeichnung an. Überprüfen Sie das Vorwissen der TN, indem Sie mit ihnen alle Wörter und Aktivitäten sammeln, die sie im Bild benennen können. Notieren Sie die Begriffe der TN an der Tafel.	Folie/IWB	
	EA	2. Die TN ordnen die Wörter zu. Abschlusskontrolle im Plenum. *Lösung: A Pizza essen B privat telefonieren C rauchen F Musik hören*	Folie/IWB	

PL	3. *fakultativ:* Wenn Ihre TN ihren Wortschatz um das Wortfeld „Büroeinrichtung" erweitern möchten, können Sie das Bild nutzen, um neuen Wortschatz zu erarbeiten. Mögliche neue Wörter wären z. B. „der Schreibtischstuhl", „der Papierkorb", „das Großraumbüro", „der Flachbildschirm", „die Schreibtischschublade", „die Tastatur", „die Maus", „die Teeküche"," der Kollege", „die Kollegin" etc. Setzen Sie auch die Genusfarben ein, um das Memorieren zu erleichtern.	Folie/IWB	

2 Leseverstehen 1: Verhaltensregeln im Büro global verstehen

EA/PA ⬌	1. Fragen Sie: „Welche Informationen finden Sie im Text?". Die TN lesen die drei Fragen, die „Goldenen Büro-Regeln" und kreuzen an. Geübtere TN lösen die Aufgabe in Stillarbeit. Ungeübtere TN arbeiten paarweise zusammen.		
PL	2. Abschlusskontrolle im Plenum. Die TN lesen den Text abschnittweise laut vor. Gehen Sie dabei auf unbekannten Wortschatz, wie „Lärm", „nicht erlaubt" und „verboten" ein. Wenn Ihr Kursraum an einer lauten Straße liegt, können Sie z. B. das Fenster öffnen und sagen: „Es ist laut. Es gibt Lärm." und sich dabei die Ohren zuhalten. „Nicht erlaubt" bzw. „verboten" können Sie erklären, indem Sie ein Verbotsschild mit einer durchgestrichenen Zigarette an die Tafel zeichnen. Deuten Sie darauf und sagen Sie: „Rauchen ist hier nicht erlaubt. Rauchen ist verboten." *Lösung: Was ist hier erlaubt, was ist verboten?*		

3 Leseverstehen 2: Verhaltensregeln im Büro detailliert verstehen

EA/PA ⬌	1. Die TN sehen sich das Bild in 1 noch einmal an und prüfen anhand des Textes, ob die Tätigkeiten A–F erlaubt sind. Geübtere TN lösen die Aufgabe in Stillarbeit. Ungeübtere TN arbeiten paarweise zusammen. Abschlusskontrolle im Plenum. *Lösung: ja C nein B, D, E, F*	Folie/IWB	

MEIN TAG

Folge 5: Von früh bis spät

Einstieg in das Thema „Tagesablauf"

 3:48

Form	Ablauf	Material	Zeit
1	**Vor/Beim ersten Hören: Die Rahmenhandlung und wesentliche Inhalte erkennen**		
PL	1. Kopieren Sie Foto 1 auf Folie oder zeigen Sie nur Foto 1 aus der Slide-Show und fragen Sie: „Wo ist Lara? Was macht sie?". Die TN stellen Vermutungen an.	Folie/IWB	
GA	2. Kopieren Sie die Foto-Hörgeschichte und schneiden Sie die einzelnen Fotos ohne die Nummerierung aus. Die Bücher bleiben geschlossen. Verteilen Sie je ein Foto-Set an die Kleingruppen. Die TN legen die Fotos in eine mögliche Reihenfolge.	Kartensets	
EA	3. Die TN hören nun die Foto-Hörgeschichte mit geschlossenen Büchern und gleichen diese mit der Reihenfolge ihrer Fotos ab. Abschlusskontrolle im Plenum oder anhand der Foto-Hörgeschichte im Buch.	CD 2/1–8, Folie/IWB 4:10	
⚠	Es ist nicht notwendig, dass die TN bereits hier alle Aktivitäten verstehen. Der neue Wortschatz und die trennbaren Verben werden in der Lektion erarbeitet.		
PL	4. Die TN lesen die Aussagen und kreuzen an. Abschlusskontrolle im Plenum. *Lösung: a Sie ist im Kurs. b Sie macht eine Präsentation.*	Folie/IWB	
2	**Beim zweiten Hören: Aktivitäten verstehen**		
PL	1. Lesen Sie mit den TN gemeinsam die Wörter.	Folie/IWB	
PA	2. Die TN schreiben den Wortschatz auf Kärtchen/Zettel.	Kärtchen/Zettel	
PA	3. Die TN hören die Foto-Hörgeschichte noch einmal und ordnen die Kärtchen/Zettel den Fotos im Buch oder dem Foto-Set zu. *Lösung: frühstücken: Foto 3, einkaufen: Foto 5, Musik hören: Foto 7, kochen: Foto 6, spazieren gehen: Foto 5, eine Präsentation machen: Foto 1, aufstehen: Foto 2, Deutschkurs haben: Foto 4*	CD 2/1–8 4:10	
3	**Beim dritten Hören: Aktivitäten im Detail verstehen**		
EA/PA ↔	1. Die TN lesen sich die Satzenden durch und versuchen, sie aus dem Gedächtnis den Personen zuzuordnen. Geübtere TN lösen die Aufgabe in Stillarbeit, ungeübtere TN arbeiten paarweise zusammen. *Hinweis:* An dieser Stelle können durchaus noch einige Sätze offen bleiben. Den einen oder anderen Teilsatz können die TN dann während des Hörens zuordnen.		
PL	2. Die TN hören die Foto-Hörgeschichte noch einmal zur Kontrolle. *Lösung: Lara: steht um Viertel nach sieben auf. / räumt die Küche auf. / geht zum Deutschkurs. / geht am Nachmittag spazieren oder kauft ein. / kocht das Abendessen. / ruft ihre Familie an.; Sofia: arbeitet sehr viel und ist am Abend müde.; Lara, Sofia und Lili: frühstücken zusammen. / essen zusammen.*	CD 2/1–8, Folie/IWB 4:10	
4	**Nach dem Hören: Anwendungsaufgabe**		
PA ↔	1. Fragen Sie: „Was machen Sie auch jeden Tag?". Die TN nehmen die passenden Zettel aus Aufgabe 2 und berichten. Zuerst erzählt Partner A, dann Partner B. Ungeübtere TN beschränken sich auf die vorgegebenen Wörter. Geübtere TN können weitere Aktivitäten benennen, die sie täglich ausführen.	Kärtchen/Zettel aus Aufgabe 2	

⚠	*Hinweis:* Zur Vertiefung des Themas können Sie an dieser Stelle mit „Laras Film" arbeiten. Die TN konzentrieren sich dabei auf die Aktivitäten. Fragen Sie die TN vor dem Sehen: „Was machen Sofia, Lili, Tim und Lara heute?". Wenn Sie viele ungeübte TN im Kurs haben, teilen Sie die TN in vier Gruppen ein. Jede Gruppe achtet auf eine andere Person und macht Notizen. Klären Sie bei Bedarf anschließend den neuen Wortschatz, „Hausaufgaben machen" und „Abendessen".		
	An dieser Stelle sollen die TN noch nicht auf die Uhrzeiten achten! Diese werden erst in Lernschritt B eingeführt. Gehen Sie hier auch noch nicht auf die Verwendung der Präpositionen „zu", „nach", „in" und „von" ein. Die TN wiederholen die Aussagen der Personen hier als feste Wendungen.		
🎬 Laras Film	In „Laras Film" „Dienstagmorgen, Viertel vor acht" dokumentiert Lara, was Sofia, Lili und Tim zu bestimmten Uhrzeiten machen. Sie können den Film am Ende der Foto-Hörgeschichte zur Erweiterung der Aktivitäten, zur Inspiration der TN nach A5, zur Festigung der Uhrzeiten nach B3 oder als Anregung zur Schreibaufgabe in D3 einsetzen.	„Laras Film" Lektion 5 *2:26*	

A ICH RÄUME MEIN ZIMMER AUF.

Trennbare Verben im Satz, Verbkonjugation: *fernsehen, essen, arbeiten*

Lernziel: Die TN können über Aktivitäten und Vorlieben sprechen.

	Form	Ablauf	Material	Zeit
A1		**Präsentation der trennbaren Verben und des Wortfelds „Aktivitäten"**		
↔	EA/PA	1. Deuten Sie auf die Fotos und fragen Sie: „Was macht Lara?". Die TN sehen sich die Fotos an und lesen die Sätze. Dann hören sie und ordnen die Fotos. Geübtere TN lösen die Aufgabe in Stillarbeit. Ungeübtere TN arbeiten paarweise zusammen.	Folie/IWB, CD 2/9 *2:69*	
	PL	2. Schreiben Sie zur Abschlusskontrolle auf Zuruf alle Sätze in der richtigen Reihenfolge an die Tafel. *Lösung: 2 Sie räumt die Küche auf. 3 Sie kauft im Supermarkt ein. 4 Sie ruft ihre Familie an. 5 Sie kocht das Abendessen. 6 Sie sieht fern.*	Folie/IWB	
	PL	3. Lenken Sie die Aufmerksamkeit der TN auf die Sätze 1–4. Satz 6 mit dem Verb „fernsehen" lassen Sie zunächst außer Acht, da hier noch der Vokalwechsel hinzukommt. Fragen Sie: „Wie heißt das Verb?". Die TN antworten mithilfe des linken Grammatik-Kastens und leisten bei Satz 2 und 4 einen Transfer. Erklären Sie dann anhand der Sätze 1–4, dass es im Deutschen Verben gibt, die getrennt werden können. Machen Sie auch deutlich, dass dieses Präfix ans Satzende wandert und das Verb normal konjugiert wird. Dies können Sie besonders anschaulich darstellen, indem Sie „aufstehen", „aufräumen", „einkaufen" und „anrufen" groß auf je ein Kärtchen schreiben und das Präfix abschneiden. Verweisen Sie an dieser Stelle auch auf die Grammatikübersicht 1 (Kursbuch, S. 66).	Folie/IWB	
	TiPP	Die TN lernen hier eine Möglichkeit kennen, sich trennbare Verben zu notieren. Die TN können zu Hause selbstständig die bereits im Unterricht besprochenen trennbaren Verben notieren und jeweils einen Beispielsatz bilden. Diese Liste kann im Laufe der Zeit im Kurs oder auch zu Hause immer weiter ergänzt werden. Fordern Sie die TN dazu auf, selbstständig notierte Verben und Sätze in den Unterricht „mitzubringen" und zu präsentieren. Dadurch profitieren alle vom individuellen Lernfortschritt des Einzelnen.		

Grammatik-Kasten (Satz 3):

aufstehen — Lara steht früh auf.
aufräumen — Sie räumt die Küche auf.
einkaufen — Sie kauft im Supermarkt ein.
anrufen — Sie ruft ihre Familie an.

PL	4. Zeigen Sie dann auf Satz 6 und fragen Sie: „Lara sieht fern. Wie heißt das Verb im Infinitiv?". Fragen Sie dann einen geübteren TN: „Siehst du heute Abend auch fern?". Notieren Sie Ihre Frage und die Antwort des TN an der Tafel. Machen Sie dann auf den Vokalwechsel *e → ie* aufmerksam. Die TN kennen bereits das Verb „sprechen" mit Vokalwechsel *e → i*. Stellen Sie die Konjugation der beiden Verben gegenüber, um zu zeigen, dass der Vokalwechsel immer in der 2. und 3. Person Singular stattfindet. Bei allen anderen Formen bleibt der Stammvokal gleich.	Folie/IWB	
GA ⬌	5. *fakultativ:* Wenn Sie mit Ihren TN die Satzstellung bei trennbaren Verben üben möchten, teilen Sie pro Kleingruppe je ein Kartenset von „Laras Tag" aus. Sie können dabei zwischen Gruppen mit ungeübten TN (Variante A) und Gruppen mit geübteren TN (Variante B) differenzieren. Die Verben sind kursiv gedruckt, sodass die Zusammengehörigkeit der trennbaren Verben visualisiert wird. Die TN bilden passende Sätze zu den Fotos der Foto-Hörgeschichte und ordnen sie zu.	KV L5/A1	

A2	Anwendungsaufgabe: Trennbare/Untrennbare Verben im Satz		
PL	1. Deuten Sie auf die Stichwörter und fragen Sie: „Was macht Sofia?". Ein TN liest das erste Stichwort und die erste Sprechblase vor. Bitten Sie dann einen anderen TN, das zweite Beispiel vorzulesen. Weisen Sie an dieser Stelle auf den Grammatik-Kasten hin: Zeigen Sie, dass beim Verb „arbeiten" in der 2. und 3. Person ein „-e-" hinzukommt, um die Aussprache zu erleichtern. (Die Verbstammendung „-t" und die Verbendung „-st" bzw. „-t" können nicht hintereinander ausgesprochen werden.) Verweisen Sie an dieser Stelle auf die Verben „arbeiten", „finden" und „kosten" in der Grammatikübersicht 4 (Kursbuch, S. 66).	Folie/IWB	
EA/PA	2. Die TN schreiben anhand der Stichwörter vollständige Sätze und vergleichen diese im Anschluss mit den Sätzen ihrer Partnerin / ihres Partners. Gehen Sie herum und helfen Sie bei Schwierigkeiten. *Lösung: Sie frühstückt mit Lara und Lili. Sie geht zur Arbeit. Sie arbeitet lang. Sie spielt mit Lili. Sie kauft im Supermarkt ein. Sie isst mit Lara und Lili. Sie räumt die Wohnung auf. Sie sieht ein bisschen fern. Sie geht ins Bett.*		
EA/HA	Arbeitsbuch 1		
EA Grammatik entdecken ⬌	Arbeitsbuch 2: im Kurs: Die TN markieren die Verben und tragen dann die Sätze in die Tabelle ein. Auf diese Weise machen sie sich noch einmal bewusst, dass das Verb bzw. der Verbstamm trennbarer Verben immer auf Position 2 und das Präfix immer am Satzende steht, egal wie lang der Satz ist. Geübtere TN lösen die Aufgabe in Stillarbeit. Ungeübtere TN arbeiten paarweise zusammen.		
EA/HA	Arbeitsbuch 3		
EA/HA ⬌	Arbeitsbuch 4–5: im Kurs: Alle TN bearbeiten Übung 4. Geübtere TN bearbeiten zusätzlich Übung 5.		
PL 👄	Arbeitsbuch 6: im Kurs: Die TN machen sich noch einmal bewusst, dass der Wortakzent im Deutschen in der Regel auf der ersten Silbe liegt. Dies bedeutet, dass die Betonung bei trennbaren Verben auf dem Präfix liegt.	AB-CD 1/44–46 *2:02*	

A3	Anwendungsaufgabe: Partnerinterview		
a PL/EA	1. Deuten Sie auf das Beispiel und fragen Sie einen TN: „Was machen Sie gern?". Der TN bildet einen Satz mit „arbeiten". Fragen Sie dann einen anderen TN: „Was machen Sie nicht gern?". Der TN bildet einen Satz mit „früh aufstehen". Anschließend notiert jeder TN sechs Aktivitäten, die sie/er (nicht) gern macht, auf einem Zettel. Smileys nicht vergessen!	Folie/IWB	

b	PL	2. Zwei TN lesen das Beispielgespräch. Deuten Sie auf den Grammatik-Kasten und verdeutlichen Sie, dass das Präfix der trennbaren Verben ans Satzende wandert. Zeigen Sie anhand des Beispielsatzes „Nein, ich stehe nicht gern früh auf.", dass auch bei der Verneinung mit „nicht" die Satzstellung erhalten bleibt und das Präfix auch hier am Satzende steht. Machen Sie ggf. zusammen mit den TN ein weiteres Beispiel für einen Fragesatz und eine Verneinung mit dem Verb „einkaufen". Verweisen Sie Ihre TN auch auf die Grammatikübersicht 2 (Kursbuch, S. 66).	Folie/IWB	
	PA	3. Die TN tauschen die Zettel, fragen sich gegenseitig nach dem Muster im Buch und kontrollieren die Antworten anhand der Notizen ihrer Partnerin / ihres Partners. Gehen Sie herum und achten Sie auf den korrekten Gebrauch der trennbaren Verben. *fakultativ:* In Kursen mit ungeübteren TN können Sie als Hilfestellung die Kopiervorlage austeilen. Die TN kreuzen dann zunächst ihre Vorlieben an, bevor sie ihre Partnerin / ihren Partner befragen und die Antworten andersfarbig markieren.	KV L5/A3	
	PL/GA	4. Die TN erzählen über die Vorlieben und Abneigungen ihrer Partner.		
	EA/HA Schreib- training	Arbeitsbuch 7: Die TN beschreiben zunächst die Vorlieben von Omar und Hoa und schreiben dann über sich selbst.		

A4	Vertiefungsaufgabe: Vorlieben und Abneigungen im Kurs erfragen		
PL	1. Deuten Sie auf das Beispiel im Buch und fragen Sie: „Wer kauft gern im Supermarkt ein?". Wer das gern tut, steht auf. Erfragen Sie nach dem gleichen Muster weitere Vorlieben und Abneigungen im Kurs. Achten Sie dabei darauf, vor allem die neuen Verben zu benutzen. *Variante:* Nachdem das Muster klar ist, können auch einige TN eine Frage an alle richten. Auf diese Weise werden die neuen Verben und Strukturen in einer authentischen Situation angewendet, und es kommt Bewegung in den Unterricht.	Folie/IWB	

A5	Aktivität im Kurs: Mein Tag		
EA/PL/ GA	1. Die TN machen Fotos von ihrem Tag und präsentieren diese am nächsten Tag im Plenum oder in Kleingruppen und wenden dabei das Gelernte an. *Hinweis:* Zur Inspiration können Sie an dieser Stelle „Laras Film" zeigen.		

B WIE SPÄT IST ES JETZT?

Lernziel: Die TN können nach der Uhrzeit fragen und die Uhrzeit angeben.

	Form	Ablauf	Material	Zeit
B1		Variation: Präsentation der Uhrzeit		
		1. Basteln Sie vorab eine Pappuhr. *fakultativ:* Hierfür können Sie auch auf die Kopiervorlage im Lehrwerkservice unter www.hueber.de/schritte-international-neu zurückgreifen.	Pappuhr (KV L5/B4 im Lehrwerk- service)	
	PL	2. Fragen und notieren Sie an der Tafel: „Wie spät ist es?". Deuten Sie dabei auf eine Uhr, um die Frage zu verdeutlichen. Die TN hören das kurze Gespräch und lesen im Buch mit. Fragen Sie noch einmal: „Wie spät ist es?" und zeigen Sie auf die Uhr im Buch. Wiederholen Sie laut: „Es ist Viertel vor zwölf.".	CD 2/10 0:15	

PL	3. Stellen Sie die Pappuhr auf „Viertel nach zwölf" und fragen Sie einen geübteren TN: „Wie spät ist es? Ist es schon ein Uhr?". Deuten Sie dann im Info-Kasten auf „Viertel nach ...". Der TN antwortet analog zum Beispielgespräch. Verfahren Sie mit „halb ..." ebenso.	Pappuhr, Folie/IWB	
PA	4. Die TN sehen sich die Varianten an und fragen ihre Partner. Abschlusskontrolle im Plenum. Verweisen Sie dann auf den Info-Kasten und machen Sie deutlich, dass man bei der mündlichen Angabe der Uhrzeit nur von eins bis zwölf zählt und man nicht „Viertel vor drei Uhr" sagt, sondern nur „Viertel vor drei".	Folie/IWB	
PL	5. Die TN fragen sich anschließend mithilfe der Pappuhr, die von TN zu TN wandert, analog zum Beispiel gegenseitig nach unterschiedlichen Uhrzeiten zu voller Stunde, „Viertel nach/vor" und „halb".	Pappuhr	
⚠	Es geht hier ausschließlich um das Erfragen und Angeben der Uhrzeit. Zeitangaben auf die Frage „Wann?" lernen die TN in Lernschritt C kennen.		

B2 Hörverstehen: Erweiterung der Uhrzeiten

a EA	1. Die TN sehen sich die Zeichnungen an, dann hören sie die Gespräche und ordnen die Bilder zu. Abschlusskontrolle im Plenum. *Lösung: 2 D, 3 C, 4 A*	CD 2/11–14 1:49	
b EA/PA ⟷	2. Die TN hören die Gespräche noch einmal, wenn nötig auch zweimal, und notieren die Uhrzeiten wie im Beispiel. Zeichnen Sie zur Abschlusskontrolle die Uhrzeiten und notieren Sie auf Zuruf die Uhrzeit im Wortlaut. Geübtere TN lösen die Aufgabe in Stillarbeit. Ungeübtere TN arbeiten paarweise zusammen. *Lösung: zehn nach eins, fünf vor vier, fünf vor halb drei*	CD 2/11–14, Folie/IWB 1:49	
PL	3. Stellen Sie die Pappuhr und fragen Sie einen geübteren TN: „Wie spät ist es?". Die TN üben mit der Pappuhr und fragen sich reihum nach der Uhrzeit. Dabei können sie alle Angaben aus der in B1 abgebildeten Uhr verwenden.	Pappuhr	
EA/PA	Arbeitsbuch 8: im Kurs: Diese Aufgabe dient zur Bewusstmachung der Systematik, wann man „vor" bzw. „nach" verwendet. Weisen Sie die TN darauf hin, dass man sowohl „zwanzig nach eins" als auch „zehn vor halb zwei" sagen kann.		

B3 Erweiterung: *kurz vor/gleich und nach*

PL	1. Zeigen Sie anhand des Beispiels, dass konkrete Minutenangaben kurz vor oder nach der vollen Stunde im mündlichen Sprachgebrauch selten gemacht werden. Notieren Sie zur Verdeutlichung an der Tafel:	Folie/IWB	
	Es ist ~~vier~~ nach sieben. kurz Es ist ~~drei~~ vor elf. kurz Verweisen Sie auch auf den Info-Kasten.		
EA/PA ⟷	2. Die TN lesen die anderen Uhrzeiten und ergänzen. Geübtere TN lösen die Aufgabe in Stillarbeit. Ungeübtere TN arbeiten paarweise zusammen. Gehen Sie herum und helfen Sie bei Schwierigkeiten. Abschlusskontrolle im Plenum. *Lösung: b kurz vor zehn / gleich zehn, c kurz nach zehn, d kurz vor zwölf / gleich zwölf, e kurz nach zwölf*	Folie/IWB	
⚠	Gehen Sie hier nicht auf die Lesart der offiziellen Uhrzeit (9 Uhr 58) ein. Diese wird in Lernschritt E eingeführt. Die TN sollten zuerst lernen, wie man die Uhrzeit im privaten Kontext bzw. im mündlichen Sprachgebrauch verwendet.		
	Hinweis: An dieser Stelle bietet sich die Arbeit mit „Laras Film" an. Sie können den Film hier zur Festigung der Uhrzeiten einsetzen. Fragen Sie die TN vor dem Sehen: „Was machen Sofia, Lili, Tim und Lara heute?". Die TN sehen „Laras Film" und machen sich Notizen. Rekonstruieren Sie den Tagesablauf der vier Personen abschließend gemeinsam mit den TN in chronologischer Reihenfolge an der Tafel.		
EA/HA ⟷	Arbeitsbuch 9–10: im Kurs: Zur Festigung der Uhrzeit bearbeiten alle die Übung 9. Schnellere TN ergänzen außerdem Übung 10.		

	Form	Ablauf	Material	Zeit
	PL/EA	Arbeitsbuch 11: im Kurs: Hier üben die TN die Bedeutung „schon" und „erst". Die TN sehen sich Bild a an. Ein TN liest das Beispiel laut vor. Fragen Sie: „Was ist das Problem?" und stellen Sie sicher, dass die TN die Situation erfasst haben. Machen Sie ggf. ein weiteres Beispiel, indem Sie auf Ihre Uhr schauen und erschrocken rufen: „Oje! Schon zwölf!" und hektisch ein paar Sachen zusammenpacken. Verfahren Sie mit Beispiel b genauso. Beispiel c und d lösen die TN dann in Stillarbeit.		
B4		**Aktivität im Kurs: Sich gegenseitig nach der Uhrzeit fragen**		
	PA	1. Die TN zeichnen jeweils einige Zifferblätter mit unterschiedlichen Uhrzeiten. Verweisen Sie die TN auch auf die Rubrik „Uhrzeit: Wie spät ist es?" (Kursbuch, S. 67), wo sie die neuen Redemittel im Überblick finden. *fakultativ:* Wenn Ihnen im Kurs nicht ausreichend Zeit zur Verfügung steht, können Sie zur Vereinfachung und Unterstützung der Aktivität auch auf die Kopiervorlage im Lehrwerkservice unter www.hueber.de/schritte-international-neu zurückgreifen.	KV L5/B4 im Lehrwerk- service	
	PA/ WPA	2. Jeder TN zeigt seine Uhren und fragt die Partnerin / den Partner nach der Uhrzeit. Diese/Dieser antwortet entsprechend: „Es ist ... (Uhr)." Gehen Sie herum und korrigieren Sie ggf. vorsichtig die Fehler, indem Sie die korrekte Uhrzeit wiederholen. Die TN können auch herumgehen und mit wechselnden Partnern kommunizieren. *fakultativ:* Wenn Sie im Kurs noch Zeit haben, können die TN ihre eigenen Handy- fotos aus A5 noch einmal heranziehen und einem TN, mit dem sie noch nicht über ihren Tagesablauf gesprochen haben, ihren Tag chronologisch unter Angabe von Uhrzeiten beschreiben. Die Aufgabe eignet sich auch zur Wiederholung der Uhr- zeit zu einem späteren Zeitpunkt.		

C WANN FÄNGT DER DEUTSCHKURS AN?

Präpositionen *am, um, von ... bis*

Lernziel: Die TN können Wochentage benennen und über die eigene Woche sprechen.

	Form	Ablauf	Material	Zeit
C1		**Präsentation der Präpositionen *um, am, von ... bis***		
a	PL/EA	1. Deuten Sie auf das Kursprogramm und fragen Sie: „Welchen Deutschkurs besucht Lara?". Die TN lesen die Daten, hören das Gespräch und markieren. *Lösung: Montag bis Freitag 08.30 Uhr–12.00 Uhr und 12.30–15.00 Uhr (40 Unterrichtsstunden)*	Folie/IWB, CD 2/15	*0:45*
b	EA/PA	2. Die TN lesen und hören die Angaben zu Laras Kurs noch einmal und ergänzen die Tabelle. Geübtere TN lösen die Aufgabe in Stillarbeit. Ungeübtere TN arbeiten paarweise zusammen. Abschlusskontrolle im Plenum. *Lösung: **Um** halb neun. **Von** halb neun **bis** drei. **Von** Montag **bis** Freitag.*	CD 2/15, Folie/IWB	*0:45*
	PL	3. Notieren Sie an der Tafel einige Beispielsätze, um deutlich zu machen, dass man mit „Wann?" sowohl nach einem Zeitpunkt, als auch nach einem Zeitraum fragen kann und *Wann ruft Lara ihre Eltern an? – Am Sonntag.* *Wann ruft Lara ihre Eltern an? – Um acht.* *Wann ist der Kurs? – Von Montag bis Freitag.* für die Angabe eines Zeitpunkts „am" oder „um", aber für die An- gabe eines Zeitraums „von ... bis ..." verwendet.		
	PL	4. Stellen Sie einige Fragen, die sich auf den Kursalltag der TN beziehen, z. B. „Wann endet Ihr Kurs?", „Wann ist der Kurs?" etc. Wenn den TN die Wochentage noch nicht bekannt sind, verweisen Sie auf Tims Wochenplan in C3, wo die Wochentage chronologisch genannt werden.	Folie/IWB	

	EA/HA	Arbeitsbuch 12		

C2		**Anwendungsaufgabe zu temporalen Angaben; Präsentation des trennbaren Verbs** *anfangen*		
	PL	1. Deuten Sie auf das Foto und fragen Sie: „Wann macht er eine Party?". Die TN hören das Gespräch zunächst bei geschlossenen Büchern, wenn nötig mehrmals, und beantworten die Frage.	Folie/IWB, CD 2/16 0:25	
	PL	2. Schreiben Sie „anfangen" im Infinitiv an die Tafel. Markieren Sie wie in A1 durch einen Schrägstrich, dass es sich hier ebenfalls um ein trennbares Verb handelt. Wenn Ihre TN eine Liste mit trennbaren Verben führen, fordern Sie sie auf, „anfangen" zu ergänzen. Deuten Sie dann auf Ihre Armbanduhr oder eine Uhr im Kursraum und fragen Sie: „Wann fängt unser Kurs an?". Schreiben Sie die Antwort an die Tafel und weisen Sie noch einmal explizit auf die Satzendstellung des Präfixes hin, indem Sie den Verbstamm und das Präfix an der Tafel verbinden. Fragen Sie ggf. weiter nach anderen Zeiten, z. B. dem Pausenbeginn, bis die Bedeutung des Verbs „anfangen" allen klar ist. Verweisen Sie hier auch auf die Grammatikübersicht 1 (Kursbuch, S. 66). Die TN können die kleine Übung mit allen bisher gelernten trennbaren Verben lösen. Unser Deutschkurs **fängt** um 9.00 Uhr **an**.		
	EA/PA	3. Gehen Sie dann auf den Vokalwechsel in „anfangen" ein, indem Sie die TN an die unregelmäßigen Verben „sprechen" und „fernsehen" erinnern. Weisen Sie die TN darauf hin, dass der Vokalwechsel hier von *a* → *ä* erfolgt und wie bei den anderen Verben nur die 2. und 3. Person Singular betrifft. Als weiteres Verb mit Vokalwechsel *a* → *ä* wird hier „schlafen" eingeführt. Verweisen Sie zur Verdeutlichung auf die beiden Grammatik-Kästen und auf die Grammatikübersicht 4 (Kursbuch, S. 66).		
	PL	4. Fordern Sie zwei TN auf, das Gespräch im Buch mit verteilten Rollen zu lesen. Die anderen TN lesen im Buch mit. Verweisen Sie auch auf die Grammatikübersicht 3 (Kursbuch, S. 66) sowie auf die Rubrik „Verabredung: Hast du Zeit?" (Kursbuch, S. 67). Die kleine Schreibübung daneben dient der Festigung und kann im Kurs oder zu Hause erledigt werden. ⚠ Gehen Sie hier noch nicht näher auf die Tageszeiten ein. Diese lernen die TN in Lernabschnitt D kennen.		
	PA	5. Die TN variieren weitere Gespräche. Gehen Sie herum und helfen Sie, wenn nötig.		
	EA/HA	Arbeitsbuch 13–14		

C3	**Anwendungsaufgabe: Aktivitäten und temporale Angaben**			
	PA ⟷	1. Die TN sehen sich Tims Wochenplan an und lesen das Beispiel. TN, die lieber sprechen als schreiben, formulieren mündlich abwechselnd einfache Sätze mithilfe der Stichpunkte und ggf. darüber hinaus. Ungeübte TN notieren die ausformulierten Sätze schriftlich. Gehen Sie herum und helfen Sie bei Schwierigkeiten. Mündliche Abschlusskontrolle im Plenum.		
	PL	2. Gehen Sie abschließend kurz darauf ein, dass man mit „Um wie viel Uhr ...?" konkret nach der Uhrzeit fragen kann, während die Frage mit „Wann ...?" auch andere Antworten, wie z. B. mit „von ... bis ..." und Wochentage, offen lässt. Verweisen Sie an dieser Stelle noch einmal auf die Grammatikübersicht 3 in „Grammatik und Kommunikation" (Kursbuch, S. 66) und auf den Info-Kasten zum „Wochenende".		
	EA/HA	Arbeitsbuch 15	AB-CD 1/47	

1:25

EA/HA	**Arbeitsbuch 16:** im Kurs. Die TN ergänzen die Wochentage auf Deutsch. Bei Bedarf können sie diese in Tims Kalender in C3 (Kursbuch, S. 62) ablesen. Fordern Sie dann zwei TN auf, die Wochentage auf Deutsch bzw. Englisch vorzulesen. Einer liest die deutsche Bezeichnung, der andere die englische. Fragen Sie anschließend: „Welche Wochentage klingen im Deutschen und Englischen ähnlich?". Es sollte deutlich werden, dass der ähnliche Klang von z. B. „Montag/Monday" oder „Freitag/Friday" als Gedankenstütze beim Vokabellernen dienen kann. In einem weiteren Schritt ergänzen die TN die Wochentage in ihrer Muttersprache und markieren eventuelle Ähnlichkeiten im Laut- oder Schriftbild.		
Länderinfo	Im Info-Kasten findet sich ein Hinweis zu den regional unterschiedlichen Bezeichnungen für „Samstag" bzw. „Sonnabend".		

C4	**Aktivität im Kurs: Partnerinterview**			
EA	1. Lesen Sie mit den TN die Aufgabe und die Beispiele in den Sprechblasen. Die TN schreiben dann sechs eigene Fragen mit „Wann ...?" auf einen Zettel.	Folie/IWB, Zettel	
PA/ WPA	2. Die TN finden sich paarweise zusammen und stellen sich gegenseitig ihre Fragen. Paare, die schneller fertig sind, lösen die Zusatzaufgabe „Schon fertig?". Sie können diese individuellen Terminkalender einsammeln und korrigieren. *Variante:* Alternativ dazu können die TN sich auch mit ihren Fragen im Raum bewegen und sie wechselnden Partnern stellen. Sie wechseln dabei je nach verfügbarer Zeit entweder nach jeder Frage oder nach jedem Fragenset. *Hinweis:* An dieser Stelle bietet sich die Arbeit mit „Fokus Beruf: Über Studium und Beruf sprechen" (Arbeitsbuch, S. 62) an, um das Gelernte in einem authentischen Kontext anzuwenden.		
PA	3. *fakultativ:* Zur Vereinfachung und Unterstützung der Aktivität können Sie auch auf die Kopiervorlage im Lehrwerkservice unter www.hueber.de/schritte-international-neu zurückgreifen. Mit der Kopiervorlage können Ihre TN die authentische Gesprächssituation „einen gemeinsamen Termin finden / sich verabreden" üben. Kopieren und zerschneiden Sie dazu die Kopiervorlage, sodass TN A Terminkalender A, TN B Terminkalender B erhält. Erklären Sie die Aufgabe, indem Sie sagen: „Sie wollen gemeinsam einkaufen gehen. Sie suchen einen Termin von zwei Stunden, also z. B. von 8.00 – 10.00 Uhr oder von 13.00 – 15.00 Uhr. Ihre Terminkalender sind nicht gleich. Fragen Sie." Lesen Sie dann zusammen mit den TN das Beispiel. Die TN befragen sich gegenseitig und finden einen gemeinsamen Termin zum Einkaufen. Gehen Sie herum und helfen Sie bei Schwierigkeiten. Fragen Sie abschließend exemplarisch einige Paare, wann sie gemeinsam einkaufen gehen.	KV L5/C4 im Lehrwerkservice	
Prüfung	*Hinweis:* Diese Aufgabestellung entspricht „Sprechen – Teil 3" der mündlichen Prüfung *Start Deutsch A2*.		

TiPP	Wenn Sie eine ungerade TN-Zahl haben, üben Sie mit einem TN, der noch viel Hilfestellung benötigt, oder drei TN arbeiten zusammen. In diesem Fall haben die zwei ungeübteren TN die gleichen Terminkalender, sodass sie sich abwechseln können.		

PL/EA/ PA	**Arbeitsbuch 17:** im Kurs: In der Übung werden die neu gelernten Verben und die Negation mit „nicht" und „kein" (L3 und L4) wiederholt. Wenn Sie viele ungeübte TN im Kurs haben, können Sie zunächst gemeinsam die Verben zu Bild 1–7 an der Tafel im Infinitiv sammeln. Verweisen Sie auch noch einmal auf die Grammatikübersicht 4 (Kursbuch, S. 66). Machen Sie das Beispiel, bevor die TN die übrigen Sätze ergänzen. Die TN betrachten nun das Bild in Teil b und lesen zunächst die Aufgabe und das Beispiel. Weisen Sie hier explizit auf die Negation mit „nicht" hin. Fragen Sie dann: Was macht Opa am Samstag?" Die TN negieren Satz 4 aus Teil a. Alle TN negieren die Sätze aus 17a, geübtere TN ergänzen außerdem die zusätzlichen Informationen, z. B. „Frau Reinhardt arbeitet heute nicht am Computer. Sie hat heute frei.".	Folie/IWB	

D TAGESZEITEN

Verbposition im Satz bei temporalen Angaben; *jeden/jede*

Lernziel: Die TN können Angaben zur Tageszeit verstehen und machen sowie über den Tagesablauf berichten.

	Form	Ablauf	Material	Zeit
D1		**Präsentation des Wortfelds „Tageszeiten"**		
	PL	1. Vergrößern Sie die Bilder und schreiben Sie die Tageszeiten auf Wortkarten. Verteilen Sie diese dann in ungeordneter Reihenfolge an die TN. Diese versuchen zunächst, die richtige Entsprechung, wie z. B. aufgehende Sonne = „am Morgen", zu finden, und stellen sich dann mit der passenden Partnerin / dem passenden Partner auf. Wer kein Bild bzw. keine Karte erhalten hat, informiert sich im Buch darüber, was zusammengehört, und korrigiert die Paarbildung, wenn nötig.	Bilder, Wortkarten	
	PL	2. Die TN lesen die Tageszeiten laut von den Kärtchen ab.		
	EA	3. Die TN bearbeiten nun die Aufgabe im Buch. Abschlusskontrolle im Plenum. *Lösung: von links nach rechts: am Morgen, am Nachmittag, am Abend* Weisen Sie darauf hin, dass bei den Tageszeiten genauso wie bei den Wochentagen die Präposition „am" benutzt wird (Ausnahme: „in der Nacht"). Verweisen Sie hier auch auf den Grammatik-Kasten zu den temporalen Präpositionen und auf die Grammatikübersicht 3 (Kursbuch, S. 66).	Folie/IWB	
	EA/HA	Arbeitsbuch 18		
D2		**Erweiterung: Die Verbposition im Satz**		
a	PL	1. Deuten Sie auf das Bild und fragen Sie: „Was machen die Personen? Wo sind sie?". Deuten Sie dann auf die beiden Personen und sagen Sie: „Das sind Robert und sein Kollege. Sie sprechen über das Wochenende. Was sagt Robert? Was macht er am Vormittag, am Nachmittag etc.?".	Folie/IWB	
	EA	2. Die TN lesen die Vorgaben, hören das Gespräch und verbinden die Satzteile. Abschlusskontrolle im Plenum. *Lösung: 2 räumt er auf, kauft ein und kocht. 3 isst er mit Nina. 4 macht er Sport. 5 geht er ins Kino. 6 geht er spazieren.*	CD 2/17, Folie/IWB	
	PL	3. Fragen Sie noch einmal: „Was macht Robert am Vormittag?". Notieren Sie die Antwort an der Tafel und schreiben Sie die Variante ohne Inversion direkt darüber. Es sollte deutlich werden, dass das Verb immer an Position 2 bleibt, die temporale Angabe aber mit dem Subjekt den Platz tauschen kann. Verweisen Sie auch auf den Grammatik-Kasten und die Grammatikübersicht 5 (Kursbuch, S. 66). Die nebenstehende Wäscheleine mit den farbigen Satzteilen veranschaulicht die Satzstellung in Sätzen mit temporalen Angaben.		
b	PL	4. Deuten Sie auf Bild A und fragen Sie: „Was macht Robert am Morgen wirklich?". Die TN lesen das Beispiel vor.	Folie/IWB	
	EA	5. Die TN sehen sich die anderen Bilder an und ordnen die Tätigkeiten zu. *Lösung: B Kaffee trinken, C Pizza essen, D Computerspiele spielen, E fernsehen, F chatten*		

PL ⟷	6. Fragen Sie noch einmal: „Was macht Robert wirklich? Wann macht er das?". Ein TN liest Beispielsatz A vor. Die TN sehen sich die anderen Bilder an und ergänzen die Sätze mithilfe des Grammatik-Kastens. TN, die schneller fertig sind, überlegen sich anschließend nach demselben Muster, wie der Tagesablauf des Kollegen aussehen könnte. Abschlusskontrolle im Plenum. Die TN, die zusätzlich den Tagesablauf des Kollegen geschrieben haben, können diesen ebenfalls vorstellen. *Lösung: B Am Vormittag trinkt Robert Kaffee. C Am Mittag isst Robert Pizza. D Am Nachmittag spielt Robert Computerspiele. E Am Abend sieht Robert fern. F In der Nacht chattet Robert.* Verweisen Sie an dieser Stelle noch einmal auf die Grammatikübersicht 3 (Kursbuch, S. 66) und fordern Sie die TN auf, die zugehörige Schreibaufgabe als Hausaufgabe zu bearbeiten. Die Ergebnisse kann, wer will, in der nächsten Stunde präsentieren. Sammeln Sie alle Texte der TN ein, um sich einen Überblick zu verschaffen, ob alle TN das bisher Gelernte verstanden haben und anwenden können.		
PL	7. Schreiben Sie anschließend mithilfe der TN die Konjugation des Verbs „chatten" an die Tafel und erinnern Sie die TN an das eingeschobene „-e-", das sie schon von „arbeiten" und „kosten" kennen. Verweisen Sie an dieser Stelle noch einmal auf die Grammatikübersicht 4 (Kursbuch, S. 66) und die Grafik daneben hin, die den TN veranschaulicht, dass bei den Verben „arbeiten", „finden" und „kosten" in der 3. Person Singular zur leichteren Aussprache ein „-e-" eingeschoben wird. *Hinweis:* An dieser Stelle bietet sich die Arbeit mit dem Comic „Der kleine Mann: Die Traumfrau" aus „Zwischendurch mal ..." (Kursbuch, S. 68) an.	ZDM	
EA/HA	Arbeitsbuch 19		

D3	**Aktivität im Kurs: Spiel: *Ihr Tag; jeden/jede***			
EA	1. Die TN schreiben vier Informationen zu ihrem Tagesablauf auf. Drei sollen richtig sein, eine falsch.		
PL	2. Deuten Sie auf die Sätze rechts und lesen Sie sie vor. Bitten Sie dann drei TN, das Beispiel mit verteilten Rollen vorzulesen. Zeigen Sie anhand des Beispiels bzw. der Rubrik „Strategien: Ich glaube, ..." (Kursbuch, S. 67), wie man Vermutungen mit „Stimmt" zustimmen und mit „Doch" widersprechen kann. Verweisen Sie auch auf den Info-Kasten und veranschaulichen Sie anhand eines Beispiels die Bedeutung von „jede/n".	Folie/IWB	
GA	3. Die TN lesen sich gegenseitig ihre Sätze vor. Die anderen raten, was nicht stimmt. *Hinweis:* An dieser Stelle bietet sich die Arbeit mit dem Hörtext „Gehen wir joggen?" aus „Zwischendurch mal ..." (Kursbuch, S. 69) an, in dem Lea und Karla von ihrem Wochenablauf erzählen.	ZDM	
PA ⟷	4. *fakultativ:* Wenn ihre TN gern spielen, können Sie hier das Wechselspiel von der Kopiervorlage L5/D3 einschieben. Die TN üben dabei noch einmal die Uhrzeit und die richtige Satzstellung mit/ohne Inversion anhand der Protagonisten aus „Laras Film". Geübtere TN erhalten Variante A, ungeübtere TN Variante B. Die TN befragen sich gegenseitig: „Was macht ... um ...?" und ergänzen die Informationen. Abschließend sehen die TN „Laras Film" und vergleichen mit ihren Lösungen.	Laras Film 2·26 Lektion 5, KV L5/D3	
PA Grammatik entdecken	Arbeitsbuch 20: im Kurs: Die TN machen sich die Satzstellung bei trennbaren Verben bewusst.		
EA/PA ⟷	Arbeitsbuch 21–22: im Kurs: Alle bearbeiten Übung 21. Schnellere TN bearbeiten zusätzlich die Sätze in Übung 22.		

E EIN TAG IN BERLIN

Offizielle Uhrzeit

Lernziel: Die TN können Schilder und Telefonansagen zu Öffnungszeiten verstehen und einer Internetseite Öffnungszeiten entnehmen.

	Form	Ablauf	Material	Zeit
E1		**Lese- und Hörverstehen: Öffnungszeiten; Präsentation der offiziellen Uhrzeit**		
a	PL	1. Die TN sehen sich die Schilder an. Helfen Sie mit unbekannten Wörtern wie „geschlossen", „gesetzliche Feiertage" und „Jugendbibliothek" etc. Deuten Sie dann auf Beispiel C und fragen Sie: „Wann ist die Fahrradstation geöffnet?". Verweisen Sie auf die Markierung.	Folie/IWB	
	EA	2. Die TN lesen die Schilder, hören die Ansagen und ordnen zu. Abschlusskontrolle im Plenum. *Lösung: 2 D, 3 B, 4 A*	CD 2/18–21, Folie/IWB _3 min_	
b	PL	3. Die TN markieren die Öffnungszeiten in a. Anschließend hören sie noch einmal und konzentrieren sich auf die Uhrzeiten. Einige Uhrzeiten auf den Schildern stimmen nicht und sollen korrigiert werden. Die TN hören die Ansagen ggf. ein drittes Mal und achten dabei besonders darauf, wie die Uhrzeit angesagt wird. Abschlusskontrolle im Plenum. *Lösung: 2 Von 13 bis 19.00 Uhr, 3 acht Uhr 30 bis 1 Uhr, 4 Von 9.30 bis 20.00 Uhr*	CD 2/18–21, Folie/IWB _3 min_	
	PL	4. Verweisen Sie dann auf den Info-Kasten und machen Sie deutlich, dass innerhalb der Familie, unter Freunden etc. die inoffizielle Uhrzeit verwendet wird, im Fernsehen oder Radio, am Flughafen oder Bahnhof, aber auch bei Ämtern und bei Ärzten auf dem Anrufbeantworter die offizielle Uhrzeit. Weisen Sie die TN an dieser Stelle auch auf die Rubrik „Öffnungszeiten: (Von wann bis) Wann ist … geöffnet?" (Kursbuch, S. 67) hin und fordern Sie sie auf, die kleine Übung daneben zu lösen. *Lösung: Das Café ist von Montag bis Donnerstag von acht bis neunzehn Uhr geöffnet. Von Freitag bis Sonntag ist es von acht bis zweiundzwanzig Uhr geöffnet. / Die Bibliothek ist von Montag bis Freitag von acht bis achtzehn Uhr geöffnet. / Der Supermarkt ist von Montag bis Samstag von sieben bis zwanzig Uhr geöffnet.* *fakultativ:* Um den Unterschied zwischen offizieller und inoffizieller Uhrzeit zu verdeutlichen, können Sie noch einmal mit der Pappuhr arbeiten. Die TN stellen die Uhr und fragen sich reihum: „Wie spät ist es? Wie sagt man das privat/offiziell?".	Folie/IWB, Pappuhr	
	EA/HA	Arbeitsbuch 23	AB-CD 1/48–53 _1:59_	
	GA	5. *fakultativ:* Wenn die TN noch weiter üben möchten, verteilen Sie die „Dominosteine" der Kopiervorlage.	KV L5/E1	
E2		**Leseverstehen: Selektives Lesen**		
	PL	1. Deuten Sie auf das IMAX-Kino auf S. 65 und sagen Sie: „Herr Tanaka ist heute in Berlin. Am Vormittag geht er ins Kino. Welchen Film sieht er?". Die TN lesen die Aufgabe 1 sowie den Text zum IMAX auf S. 65 und nennen die Lösung.	Folie/IWB	
	PL	2. Fragen Sie weiter: „Was macht Herr Tanaka noch?". Die TN lesen die Aufgaben 2–5 und dann die Texte auf S. 65 und kreuzen an, was zutrifft. Geübtere TN lösen die Aufgabe in Stillarbeit, ungeübtere TN arbeiten paarweise zusammen. Abschlusskontrolle im Plenum. *Lösung: 2 Jeden Tag von 11 bis 17 Uhr. 3 Um drei. 4 Im KaDeWe. 5 Nein. Die Reichstagskuppel ist heute nicht geöffnet.*	Folie/IWB	
	EA/HA	Arbeitsbuch 24		

E3		Anwendungsaufgabe: Einen Tag in Berlin planen		
	PL	1. Deuten Sie auf die Informationen in E1 und E2 und sagen Sie: „Sie sind einen Tag in Berlin. Was machen Sie?". Bitten Sie einen TN, das Beispiel vorzulesen.	Folie/IWB	
	PA	2. Die TN finden sich paarweise zusammen und stellen mithilfe der Informationen aus E1 und E2 einen Tagesplan auf. Gehen Sie herum und helfen Sie bei Schwierigkeiten. Lenken Sie den Fokus auf die korrekte Satzstellung.	Folie/IWB	
	PL	3. Die TN präsentieren ihr Programm im Kurs. *fakultativ:*Damit es für alle spannend bleibt, die unterschiedlichen Programme zu hören, können Sie im Kurs über das beste Programm abstimmen lassen. *Hinweis:* Wenn Sie das Thema Tagesablauf vertiefen wollen, bietet sich die Arbeit mit dem Lesetext „Hallo, ich bin Franziska." und dem Film „So ist mein Tag." aus „Zwischendurch mal ..." (Kursbuch, S. 68–69) an.	ZDM	
	EA Prüfung	Arbeitsbuch 25: im Kurs: In dieser Übung geht es darum, Tageszeiten, Uhrzeiten und Öffnungszeiten richtig zu verstehen. Das Format (Ansagen zweimal hören, Multiple-Choice) entspricht dem des Hörverstehens, Teil 3 von *Start Deutsch 1*.	AB-CD 1/54–56 5 min	✗
	EA/HA	Arbeitsbuch 26: im Kurs: Erinnern Sie die TN ein weiteres Mal an die unterschiedliche Länge der Vokale. Die TN hören und markieren die Vokallänge. Anschließend sortieren sie die Wörter nach Vokallänge. Die Übung eignet sich auch gut als Hausaufgabe.	AB-CD 1/57 2:47	
	GA	*fakultativ:* Wenn Sie noch Zeit haben, können Sie hier die Wiederholung zu Lektion 5 anschließen.	KV L5/Wiederholung	
Lektionstests		Einen Test zu Lektion 5 finden Sie hier im LHB auf den Seiten 184–185. Weisen Sie die TN auf den Selbsttest im Arbeitsbuch auf Seite 61 hin.	KV L5/Test	

AUDIO- UND VIDEOTRAINING

	Form	Ablauf	Material	Zeit
Audiotraining 1: „Aha!"				
	EA/HA	Im ersten Teil hören die TN, was der Sprecher wann macht und antworten in den Sprechpausen mit der Interjektion „Aha!" und wiederholen die Aussage des Sprechers. Dabei wird noch einmal die Inversion geübt. Nach der Sprechpause hören die TN die korrekte Antwort, damit sie ihre Lösung und ihre Aussprache selbst korrigieren können. Im zweiten Teil sollen die TN auf Fragen antworten.	CD 2/22 4:15	
Audiotraining 2: „Das machen Sie nicht gern."				
	EA/HA	Die TN hören „Ich (stehe) gern (auf)?" und sollen in den Sprechpausen mit „Ich (stehe) nicht gern (auf)." bzw. „Nein, ich (stehe) nicht gern (auf)." reagieren. Hier kommt es besonders auf die Betonung von „nicht" und des Präfixes an. Nach der Sprechpause hören die TN die korrekte Antwort, damit sie ihre Lösung und ihre Aussprache selbst korrigieren können. .	CD 2/23 2:55	
Audiotraining 3: „Keine Zeit!"				
	EA/HA	Die TN hören „(Ich mache am Samstag eine Party.) Hast du Zeit?" und sollen in den Sprechpausen mit „Am (Samstag)? – Am (Samstag) gehe ich ins Kino)." antworten. Die Aktivitäten sind vorgegeben. Nach der Sprechpause hören die TN die korrekte Antwort, damit sie ihre Lösung und ihre Aussprache selbst korrigieren können.	CD 2/24 2:54	

Videotraining 1: „Wie spät ist es denn?"

EA/HA	Die TN sehen in dem Film Lara und Tim, die ein Gespräch über Vorlieben und Öffnungszeiten spielen.	Film „Wie spät ist es denn?" 2:05

Videotraining 2: „Wann ist geöffnet?"

EA/HA	Mit diesem Film können die TN das Leseverstehen und die Aussprache von Öffnungszeiten üben. Es werden Angaben zu Öffnungszeiten sowie zwei mögliche Antworten eingeblendet. Eine Antwort ist richtig. In den Sprechpausen lesen die TN die passende Antwort vor. Nach der Sprechpause hören die TN die korrekte Antwort, damit sie ihre Lösung und ihre Aussprache selbst korrigieren können.	Film "Wann ist geöffnet?" 3:17

ZWISCHENDURCH MAL …

Form	Ablauf	Material	Zeit
Comic	**Der kleine Mann: Die Traumfrau (passt z. B. zu D2)**		
PL	1. Erstellen Sie zusammen mit den TN ein Assoziogramm. Malen Sie dazu ein großes Herz an die Tafel und beschriften es mit „meine Traumfrau/mein Traummann". Fragen Sie: „Wo treffen Sie Ihre Traumfrau/Ihren Traummann?". Erklären Sie „treffen", indem Sie mit Ihren Händen zwei Personen darstellen, die aufeinander zugehen. Die TN sammeln Ideen und erschließen sich mithilfe des Wörterbuchs neuen Wortschatz. Notieren Sie mögliche Gelegenheiten (Party, Arbeit, Sport etc.) an der Tafel.		
TIPP	Notieren Sie Nomen immer mit dem zugehörigen Artikel in der passenden Farbe, damit diese immer gleich mitgelernt werden.		
PL	2. Die TN sehen sich den Comic an. Fragen Sie: „Wo trifft der kleine Mann seine Traumfrau?". *Lösung: im Traum*	Folie/IWB	
EA/PA	3. Die TN lesen die Aussagen und ordnen zu. Geübtere TN lösen die Aufgabe in Stillarbeit. Ungeübtere TN arbeiten zu zweit. Abschlusskontrolle im Plenum. *Lösung: von links nach rechts: 3, 1, 4, 5, 6, 2*	Folie/IWB	
Lesen	**Hallo! Ich bin Franziska. (passt z. B. zu E3, empfohlen vor der Rubrik „Film")**		
PL	1. Deuten Sie auf das Foto und fragen Sie: „Wer ist das?", „Was sind die Personen von Beruf?". Führen Sie die Berufsbezeichnungen „Zahnarzt" und „Zahnarzthelferin" ein.	Folie/IWB	
EA/PA	2. Die TN lesen die Stichpunkte und dann den Text, um die gesuchten Informationen herauszufinden. Geübtere TN lösen die Aufgabe in Stillarbeit. Ungeübtere TN arbeiten paarweise zusammen. Abschlusskontrolle im Plenum. *Lösung: aus Bodenheim, lebt in Mainz, Wohnung: ein Zimmer, eine Küche, ein Bad, Arbeit: Zahnarzthelferin, Freund: Nicolas 24, studiert Medizin in Göttingen, Hobbys: Klettern* *Hinweis: Franziskas Porträt wird in der Rubrik „Film" noch erweitert. Deshalb bietet es sich an, zuerst mit dem Lesetext und dann mit dem Film zu arbeiten.*	Folie/IWB	

| | WPA | 3. *fakultativ*: Schreiben Sie „Was sind Sie von Beruf?" – „Ich bin … ." an die Tafel. Die TN schlagen ihren Beruf im Wörterbuch nach und fragen anschließend ihre Partnerin / ihren Partner. Dabei gehen sie herum und befragen wechselnde Partner. *Hinweis*: Der Fokus dieser Aktivität liegt auf dem mündlichen Gebrauch der eigenen Berufsbezeichnung und dem näheren Kennenlernen der TN untereinander. Das Wortfeld „Berufe" wird in Lektion 8 vertieft. | | |

So ist mein Tag. (passt z. B. zu E3, empfohlen nach der Rubrik „Lesen") 2:48

1	EA	1. Die TN sehen die Slide-Show „So ist mein Tag." und achten besonders auf neue Wörter. Gehen Sie bei Bedarf auf unbekannte Wörter ein.		
	EA	2. Die TN lesen Franziskas Aktivitäten und ordnen sie den Uhrzeiten zu. Geübtere TN lösen die Aufgabe in Stillarbeit. Ungeübtere TN arbeiten paarweise zusammen. Abschlusskontrolle im Plenum. *Lösung: bis 7.30 Uhr im Bad sein; 7.30 Uhr schnell frühstücken; 7.45 Uhr losgehen zur Zahnarztpraxis; 8.00 Uhr Arbeit fängt an; 8.00 Uhr – 13.00 Uhr arbeiten; 13.00 Uhr – 15.00 Uhr Mittagspause machen: nach Hause oder ins Fitnessstudio gehen; 15.00 Uhr – 18.00 Uhr wieder in der Praxis sein; 18.15 Uhr nach Hause kommen; 18.15 Uhr – 19.00 Uhr aufräumen, Kleidung waschen oder einkaufen; 19.15 Uhr essen; 19.30 Uhr – 23.00 Uhr telefonieren mit Nicolas, lesen oder fernsehen; manchmal ausgehen und Freundinnen treffen*		
	PL	3. Machen Sie die TN darauf aufmerksam, dass „ausgehen" und „losgehen" trennbare Verben sind, „lesen" und „treffen" einen Vokalwechsel aufweisen. Lassen Sie jeweils einen geübteren TN eines der Verben an der Tafel konjugieren. Verweisen Sie auch nochmal auf die Grammatikübersicht 4 (Kursbuch, S. 66).		
2	PA/HA	1. Die TN formulieren anhand der Stichpunkte in 1 Sätze. Gehen Sie herum und achten Sie darauf, dass die TN die Verben richtig konjugieren und die Satzstellung beachten. Korrigieren Sie ggf. sanft, indem Sie den jeweiligen Satz korrekt wiederholen. *Variante*: Wenn Sie viele ungeübte TN im Kurs haben, können die TN die Sätze auch zuerst aufschreiben, bevor sie sie reihum chronologisch vorlesen. Diese Aufgabe bietet sich auch als Hausaufgabe an.	Folie/IWB	

Hören | **Gehen wir joggen? (passt z. B. zu D3)**

	PL	1. Deuten Sie auf Leas Wochenplan und fragen Sie: „Was wissen Sie über Lea?". Die TN sehen sich Leas Kalenderblatt an und antworten.	Folie/IWB	
	EA	2. Die TN hören, was Lea sagt und ergänzen ihren Wochenplan.	Folie/IWB, CD 2/25	0:58
	EA	3. Dann hören die TN, was Karla diese Woche macht und ergänzen deren Wochenplan. Abschlusskontrolle im Plenum. Tragen Sie die Tätigkeiten auf Zuruf in die beiden Wochenpläne ein.	Folie/IWB, CD 2/26	0:27

	Form	Ablauf	Material	Zeit
	PL	4. Deuten Sie abschließend auf die beiden Wochenpläne und fordern Sie die TN auf, zwei Termine zu finden, an denen Lea und Karla diese Woche zusammen joggen gehen können. Markieren Sie diese auf Zuruf ebenfalls in den beiden Kalenderblättern. *Lösungsvorschlag: Sonntagmorgen oder Mittwochabend*	Folie/IWB	

FOKUS BERUF: ÜBER STUDIUM UND BERUF SPRECHEN

Die TN können über Studium und Beruf sprechen.

	Form	Ablauf	Material	Zeit
1		**Leseverstehen 1: Selektives Lesen**		
	PA	1. Die TN lesen die Texte und markieren in den angegebenen Farben die Tätigkeiten, die Zeitangaben und wie den Personen ihre Arbeit gefällt. Zur Lösung der Aufgabe ist es nicht nötig, dass die TN alle Wörter verstehen. Ziel ist es, ihnen zu zeigen, dass sie Texten, die für sie relevante Informationen enthalten, bereits die wichtigsten Informationen entnehmen können. Klären Sie hier lediglich die Begriffe „Arbeitszeiten" und „Job".	Folie/IWB	
2		**Leseverstehen 2: Wesentliche Informationen verstehen**		
	EA/PA	1. Die TN lesen die Texte noch einmal und ergänzen die Tabelle. Die farbigen Markierungen in 1 helfen ihnen, die passende Information schnell zu finden. Geübtere TN lösen die Aufgabe in Stillarbeit. Ungeübtere TN arbeiten paarweise zusammen. Gehen Sie herum und helfen Sie bei Schwierigkeiten. Abschlusskontrolle im Plenum. Wenn Sie viele ungeübte TN im Kurs haben, können Sie vorab gemeinsam mit den TN die Aussagen analog zu Aufgabe 1 farbig markieren. *Lösung: Luisa Lehner: Studium: Event-Management; Arbeitszeiten: Freitag und Samstag: Bibliothek / Ralf Rollmann: Arbeit: Arzt (Klinik); Arbeitszeit: Montag bis Freitag bis 19.00 Uhr, 1x im Monat: Samstag und Sonntag; Wie findet er die Arbeit?: sehr gut, aber Arbeitszeiten: nicht so gut / Nena Nalde: Arbeit: Malerin; Arbeitszeit: Montag bis Samstag von 10 Uhr bis 19 Uhr; Wie findet sie die Arbeit?: super.*	Folie/IWB	
3		**Sprechen: Über die eigene berufliche Tätigkeit oder das eigene Studium sprechen**		
	EA/HA	1. Fragen Sie: „Was arbeiten oder studieren Sie?". Die TN lesen die Redemittel im Buch und machen Notizen. Ggf. schlagen sie Berufsbezeichnungen oder anderen berufsbezogenen Wortschatz selbstständig im Wörterbuch nach. *Hinweis:* Wenn Sie im Kurs wenig Zeit haben, können die TN diese Aufgabe auch als Hausaufgabe erledigen und sich am darauffolgenden Kurstag mit ihrer Partnerin / ihrem Partner darüber austauschen.		
	PA	2. Die TN erzählen ihrer Partnerin / ihrem Partner von ihrer beruflichen Tätigkeit oder ihrem Studium.		

FREIZEIT

Folge 6: Der Käsemann
Einstieg in das Thema „Freizeit" *4:51*

	Form	Ablauf	Material	Zeit
1		**Vor dem Hören: Schlüsselwörter verstehen**		
a	PL	1. Die Bücher sind geschlossen. Zeigen Sie die Fotos 1–4. Bereiten Sie Folienstreifen bzw. Klebezettel mit den Verben „einen Ausflug machen", „Auto fahren", „Nachrichten schreiben", „Gitarre und Mundharmonika spielen" und „wandern" vor und verteilen Sie sie. Die TN betrachten die Fotos und legen/kleben die Verben zur passenden Situation auf den Fotos. Stellen Sie sicher, dass alle TN die neuen Verben verstehen, indem Sie die Situationen auf jedem Foto noch einmal zeigen.	Folie/IWB, Folienstreifen/ Klebezettel	
	PL	2. Anhand der neuen Verben erzählen die TN, was Lili, Sofia und die anderen auf den Fotos jeweils machen. Fragen Sie: „Wem schreibt Lara Nachrichten? Und was schreibt sie?". Regen Sie die TN an, Vermutungen darüber anzustellen, wie die Geschichte weitergeht.	Folie/IWB, Folienstreifen/ Klebezettel	
	EA	3. *fakultativ*: Um die neuen Wörter für die weiteren Aufgaben zu festigen, können Sie die Kopiervorlage einsetzen. Die TN bearbeiten Übung 1 und ordnen den Nomen das passende Verb zu.	KV L6/FHG, Übung 1	
	PA	4. Die TN öffnen die Bücher, sehen sich die ganze Geschichte an und bearbeiten Aufgabe 1a. Gehen Sie herum und helfen Sie, wenn nötig. In Kursen mit überwiegend ungeübten TN oder wenn Sie den Eindruck haben, dass den TN die Aufgabe schwerfällt, machen Sie eine Abschlussbesprechung im Plenum. *Lösung: Foto 1: Sofia fährt Auto. Foto 3: Lara schreibt Nachrichten. Foto 4: Lara, Lili, Sofia und Walter wandern. Foto 5: Lara, Lili, Sofia und Walter machen ein Picknick. Foto 8: Walter spielt Gitarre und Mundharmonika.*		
b	EA	5. Die TN bearbeiten die Aufgabe. Abschlusskontrolle im Plenum. *Lösung: Es gibt viele Wolken.*		
2		**Das erste Hören: Die Geschichte global verstehen**		
	GA	1. Die TN schließen die Bücher wieder. Sie notieren, was sie an Lebensmitteln zu einem Picknick mitnehmen und vergleichen mit den anderen Gruppen. Lebensmittel kennen die TN bereits aus Lektion 3. *Variante:* Jede Gruppe sucht die Gruppe, mit der sie die meisten Übereinstimmungen hat.		
	TIPP	Verknüpfen Sie die Wortfelder der einzelnen Lektionen, wenn es sich anbietet, um Wortschatz zu wiederholen und zu festigen.		
	PL	2. Die TN vergleichen mit den Lebensmitteln, die auf Foto 5 zu erkennen sind. Deuten Sie dann auf Bild 6 und fragen Sie: „Was meinen Sie? Was ist in der Dose?".	Folie/IWB	
	PL	3. Die TN öffnen die Bücher, hören die Foto-Hörgeschichte und zeigen im Buch mit. Sie achten dabei insbesondere darauf, was in der Dose ist. Abschlusskontrolle im Plenum. *Lösung: Käse*	CD 2/27–34 *5:02*	
3		**Nach dem ersten Hören: Den wesentlichen Inhalt verstehen**		
	EA/PA	1. Die TN lesen die Aufgabe und kreuzen an, was sie behalten haben. Ungeübtere TN können auch zu zweit arbeiten. TN, die schneller fertig sind, notieren zusätzlich, welches Foto zu welchem Satz passt.		

PL	2. Die TN hören die Foto-Hörgeschichte noch einmal und vergleichen mit ihren Antworten. Abschlusskontrolle im Plenum. *Lösung: b Dose. c Hunger. d keine Würstchen e ruft Tim an. | Dose. f schön*	CD 2/27–34 5:02

TiPP	In diesem Lernstadium können Sie die TN zum ersten Mal zu einer schriftlichen Nacherzählung anregen. Deuten Sie noch einmal auf Foto 1 und fragen Sie: „Wann ist das?" und „Was machen die Personen hier?". Finden Sie zusammen mit den TN ein paar Sätze, die das erste Foto beschreiben. Notieren Sie sie an der Tafel. Die TN schreiben die Geschichte selbstständig weiter. Ungeübtere TN können auch zu zweit oder in Kleingruppen arbeiten. Wenn Sie im Kurs keine Zeit haben, schreiben die TN die Geschichte als Hausaufgabe. Auf diese Weise üben die TN, sich schriftlich auszudrücken. Achten Sie bei der Korrektur in erster Linie auf den Inhalt. Der grammatikalisch richtige Ausdruck sollte im Hintergrund stehen. Korrigieren Sie nur das, was die TN schon können.

4	**Nach dem Hören: Über Vorlieben in der Freizeit erzählen**		

| PL/PA/GA | 1. Geben Sie an der Tafel vor:

| ++ | + | - | -- |
sehr gern	gern	nicht so gern	gar nicht gern | Machen Sie ein Beispiel, indem Sie den TN über Ihre Vorlieben erzählen: „Ich wandere sehr gern. Ich koche nicht gern. Ich mache gar nicht gern Picknick. Aber ich höre gern Musik.". Schreiben Sie die Sätze an und erklären Sie, dass bei zweiteiligen Verben wie „Musik hören", „Auto fahren" etc. das Nomen hinter dem Adverb steht: „Ich fahre gern Auto.". Machen Sie den TN auch deutlich, dass „Ich wandere gern." und „Wandern finde ich gut/toll/super." gleichbedeutend sind. Schreiben Sie die Sätze ggf. als Beispiel an die Tafel und weisen Sie die TN auf die Rubrik „Hobbys: Ich tanze gern." in der Übersicht „Grammatik und Kommunikation" (Kursbuch, S. 79) hin. Geben Sie den TN Zeit, anhand des Tafelbildes einen kleinen Text über ihre Vorlieben bzw. Abneigungen vorzubereiten und zu üben. Ungeübtere TN formulieren ihren Text aus, geübtere TN machen sich Stichpunkte; auch als Hausaufgabe geeignet. Die TN berichten dann am nächsten Kurstag über sich. *fakultativ:* Wenn Sie den TN weitere Ideen für Freizeitaktivitäten geben und die Ja-/Nein-Frage wiederholen möchten, kreuzen die TN auf der Kopiervorlage an, was sie gern / nicht gern machen. Anschließend fragen sie ihre Partnerin / ihren Partner. Gehen Sie herum und achten Sie darauf, dass die TN richtige Ja-/Nein-Fragen stellen. Wiederholen Sie diese ggf. anhand einiger Beispiele im Plenum.	KV L6/FHG, Übung 2	
Laras Film	Lara hält mit ihrem Smartphone Eindrücke des Picknicks fest und kommentiert diese. Sie spricht über das Wetter, über die Hinfahrt und über die Wanderung. Geben Sie Fragen vor, die die TN beim oder nach dem Sehen beantworten, z. B. „Wie ist das Wetter am Anfang?", „Was sehen sie auf der Hinfahrt?", „Was gibt es zu essen?", „Wie finden Lara, Sofia, Tim und Lili den Ausflug?". Sie können den Film auch zur Wiederholung nach A2 nutzen und auf das Wetter im Film eingehen. Zu B3 können Sie ihn einsetzen und die Aufmerksamkeit auf die Lebensmittel lenken, die man zu einem Picknick mitnehmen kann. Wenn die TN Lust haben, können sie ihren nächsten Ausflug wie Lara mit dem Smartphone dokumentieren und im Kurs zeigen.	„Laras Film" Lektion 6 2:31	

A DAS WETTER IST NICHT SO SCHÖN.

Lernziel: Die TN können einen Wetterbericht verstehen, nach dem Wetter fragen und darüber sprechen.

	Form	Ablauf	Material	Zeit
A1		**Präsentation des Wortfelds „Wetter"**		
	PL	1. Zeigen Sie noch einmal auf Foto 4 der Foto-Hörgeschichte und fragen Sie: „Wie ist das Wetter?". Die Antwort „Es gibt viele Wolken." kennen die TN schon vom Hören bzw. von Aufgabe 1b der Foto-Hörgeschichte.	Folie/IWB	
	PL	2. Zeigen Sie im Buch auf Bild A und wiederholen Sie die Frage „Wie ist das Wetter?". Verweisen Sie auf die richtige Antwort, um die Aufgabenstellung zu verdeutlichen.	Folie/IWB	
	EA	3. Die TN ordnen die Bilder zu.	Folie/IWB	
	PL	4. Abschlusskontrolle im Plenum. Klären Sie mit den TN, dass „bewölkt" und „viele Wolken" dasselbe bedeuten. *Lösung: von oben nach unten: D, B, F, C, G, E*	Folie/IWB	
	GA/PA ⬅➡ ⬅➡	5. *fakultativ:* Teilen Sie die TN je nach Kenntnisstand in Dreiergruppen ein. Ungeübtere TN erhalten pro Gruppe einen Kärtchensatz der Kopiervorlage mit den Zeichnungen und Wetterangaben und ordnen sie zu. Gehen Sie herum und helfen Sie bei Schwierigkeiten. Geübtere TN-Gruppen bearbeiten die Aufgabe im Buch. Anschließend überlegen sie sich weitere Wetterangaben (Es donnert, blitzt ...), notieren diese ggf. mithilfe des Wörterbuchs auf Kärtchen und malen ein entsprechendes Bild dazu. Diese Wetterkärtchen präsentieren sie im Plenum, sodass auch die übrigen TN die neuen Redemittel notieren können. *Varianten:* Sie können die Kopiervorlage zu Beginn des nächsten Kurstages noch einmal zur Wiederholung für alle einsetzen. Geübtere TN spielen in Kleingruppen mit den Kärtchen das Memo-Spiel. Gewonnen hat, wer die meisten Pärchen hat oder, wenn Sie es einmal anders machen wollen, wer die Sonne bekommen hat. So gewinnt nicht immer der „Beste". Ungeübtere TN spielen zu zweit. Sie mischen die Kärtchen und teilen sie unter sich auf. Dann sucht jeder TN aus seinen Kärtchen bereits passende Paare und legt sie vor sich aus. Die anderen Kärtchen halten die TN auf der Hand. Der erste TN spielt ein Kärtchen aus, egal ob Text oder Bild. Der andere TN muss „bedienen", indem er das passende Text- oder Bildkärtchen dazulegt. Dann spielt der andere TN aus. Bei dieser Variante gibt es keinen Gewinner oder Verlierer.	KV L6/A1, Kärtchen	
	EA/HA	Arbeitsbuch 1		
	EA/PA ⬅➡	Arbeitsbuch 2–3: im Kurs: Alle TN lösen Übung 2. Geübtere TN ergänzen außerdem auch Übung 3. Wenn Sie die Übungen als Hausaufgabe aufgeben, sollten sie von allen bearbeitet werden.		
A2		**Wortschatzerweiterung: Die Himmelsrichtungen**		
	PL	1. Deuten Sie auf die Landkarte auf der Umschlagseite vorn und fragen Sie: „Wo liegt Hamburg?". Warten Sie die Antwort der TN ab. Zeigen Sie dann Hamburg auf der Karte und sagen Sie: „Hamburg liegt im Norden. Hamburg liegt in Norddeutschland.". Bei Bedarf können Sie das Beispiel auch an die Tafel schreiben. Machen Sie weitere Beispiele, um die anderen Himmelsrichtungen einzuführen. Machen Sie die TN darauf aufmerksam, dass man bei Himmelsrichtungen auf die Frage „Wo?" die Präposition „im" benutzt und verweisen Sie dann auf den Info-Kasten. Fragen Sie anschließend, wo der Kursort liegt. *fakultativ:* Wenn Sie die Himmelsrichtungen weiter einüben möchten, fragen sich die TN zu zweit anhand der Landkarte im Umschlag nach Städten: „Wo ist München?". Der andere TN antwortet: „Im Süden.".	Folie/IWB	

	PA	2. Zwei TN lesen das Beispiel vor. Die TN arbeiten paarweise zusammen und fragen sich gegenseitig nach dem Wetter auf der Karte im Buch. Verweisen Sie auf die Redemittel rechts. *Variante:* Bringen Sie eine aktuelle Wetterkarte für den deutschsprachigen Raum aus der Zeitung oder dem Internet mit. Die TN können dann nach dem aktuellen Wetter fragen und können sich gleichzeitig orientieren, welche Städte im Norden, Süden etc. liegen.	Folie/IWB	
	EA/HA	Arbeitsbuch 4–5		

A3		**Anwendungsaufgabe zum Wortfeld „Wetter"**		
a	EA/PA	1. Die TN sehen sich zunächst nur das erste Wettersymbol an. Fragen Sie: „Wie ist das Wetter?". Notieren Sie die Antwort ggf. an der Tafel. Verfahren Sie mit den beiden anderen Symbolen ebenso. Deuten Sie auf Bild 2 mit den fünf Wettersymbolen und fragen Sie: Wie ist das Wetter heute?". Warten Sie die Antwort der TN ab und deuten Sie dann auf die richtige Lösung.	Folie/IWB	
	EA/PA	2. Die TN lesen die Wetterberichte und unterstreichen alle Wörter, die das Wetter beschreiben. Erklären Sie den TN, dass sie die Aufgabe lösen können, wenn sie sich nur darauf konzentrieren. Die TN ordnen die Wetterberichte den Symbolen zu. Ungeübtere TN arbeiten zu zweit. Abschlusskontrolle im Plenum. *Lösung: 1, 2, 3*	Folie/IWB	
	PL	3. Fragen Sie nach dem aktuellen Wetter am Kursort: „Wie ist das Wetter heute?". Weisen Sie die TN auch auf den Info-Kasten zu den Gradangaben hin. Verweisen Sie die TN auch auf die Rubrik „Das Wetter: die Sonne scheint." (Kursbuch, S. 79).		

	TiPP	Sie können diese Frage an den folgenden Kurstagen immer wieder zum Unterrichtsbeginn stellen. So bleibt der Wortschatz präsent und die TN werden dafür sensibilisiert, dass Small Talk über das Wetter in Deutschland üblich ist und man so häufig ein Gespräch beginnt.

b	GA	4. Fragen Sie: „Welches Radio-Wetter passt zu den Texten in a?". Die TN hören den ersten Radio-Wetterbericht so oft wie nötig und ordnen zu. Hierbei helfen den TN die Unterstreichungen (siehe Punkt 2.). Verfahren Sie mit dem zweiten und dritten Hörtext ebenso. Abschlusskontrolle im Plenum. *Lösung: 1 C, 3 B* *Hinweis:* Hier können Sie auch „Laras Film" einsetzen und auf das Wetter im Film eingehen.	CD2/35–37 2:65	

	TiPP	Wenn Sie fragen, ob die TN noch einmal hören möchten, empfiehlt es sich, auf die ungeübten TN zu achten. Oft winken die geübtere TN schnell ab, während ungeübtere TN sich nicht trauen, noch einmal um Wiederholung zu bitten.

	EA/HA	Arbeitsbuch 6		
	EA/HA	Arbeitsbuch 7: im Kurs: Die TN hören die drei Wetterberichte und kreuzen an.	AB-CD 1/58–60 2:12	
	EA/HA Schreib- training	Arbeitsbuch 8: Die TN schreiben eine SMS aus dem Urlaub.		
	EA/HA	Arbeitsbuch 9		

B HAST DU DEN KÄSE?

Akkusativ: *den, einen, keinen*

Lernziel: Die TN können einfache Gespräche beim Einkauf oder am Imbiss führen.

	Form	Ablauf	Material	Zeit
B1		**Präsentation des Akkusativs (definiter, indefiniter Artikel und Negativartikel)**		
a	PL	1. Die Bücher sind geschlossen. Aktivieren Sie den vorhandenen Wortschatz, indem Sie fragen: „Was haben Lara und ihre Freunde zu ihrem Picknick mitgenommen?". Notieren Sie die Vorschläge der TN zunächst ohne Artikel mit. Ergänzen Sie anschließend mit den TN zusammen die definiten Artikel.	Folie/IWB	
	PL	2. Die TN öffnen die Bücher und hören die Gespräche und ergänzen die beiden Grammatik-Kästen. Erklären Sie, dass nach „sein" der Nominativ, nach „haben" aber der Akkusativ folgt. Abschlusskontrolle im Plenum. *Lösung: der, den*	Folie/IWB, CD 2/38 0:40	
	PL	3. Lesen Sie zusammen mit einem TN noch einmal das erste Gespräch vor und betonen Sie dabei übertrieben den definiten Artikel. Hier sehen die TN deutlich, dass sich nur der maskuline definite Artikel in Nominativ und Akkusativ unterscheidet, die anderen Artikel dagegen gleich bleiben. Verfahren Sie mit dem zweiten Gespräch ebenso und machen Sie anhand der Grammatik-Kästen deutlich, dass sich analog zum definiten Artikel auch beim indefiniten Artikel und Negativartikel nur die maskuline Form im Akkusativ von der im Nominativ unterscheidet. Erklären Sie, dass die Endungen der maskulinen Artikel im Akkusativ gleich sind: „den – einen – keinen".	Folie/IWB	
	⚠️	Die Unterscheidung von Nominativ (Subjekt) und Akkusativ (Objekt) kann vor allem jenen TN Schwierigkeiten bereiten, deren Muttersprache diese Unterscheidung formal nicht kennt. Ungeübtere Lerner werden durch zu ausführliche Erläuterungen erfahrungsgemäß eher verwirrt. Es empfiehlt sich daher, den Akkusativ durch ständige Übung und Anwendung zu automatisieren. Sie können auch das Subjekt und das Objekt jeweils andersfarbig markieren und die Fragen „Wer oder was?" für das Subjekt und „Wen oder was?" für das Objekt einführen. Verweisen Sie auch auf die Grammatikübersicht 1–3 (Kursbuch, S. 78). Dort sind die definiten und indefiniten Artikel sowie die Negativartikel im Nominativ und im Akkusativ nochmals dargestellt. Weisen Sie die TN noch einmal auf die Artikelpunkte hin und erklären Sie, dass blau für maskulin, rot für feminin, grün für Neutrum und gelb für den Plural steht. Besprechen Sie mit den TN auch den Lerntipp rechts. Die TN können sich grammatische Strukturen leichter merken, wenn sie diese situativ einbetten und mit Beispielen lernen.		
b	GA	4. Bitten Sie zwei bzw. drei geübtere TN analoge Gespräche mit „Cola" und „Saft" zu spielen. Anschließend arbeiten die TN zu dritt zusammen und variieren die Beispiele in a anhand der vorgegebenen Wörter. Gehen Sie herum und helfen Sie bei Schwierigkeiten.		
	GA	5. *fakultativ:* Die TN spielen in Kleingruppen zur weiteren Übung des Akkusativs das Quartett der Kopiervorlage. Notieren Sie vorab die für das Spiel notwendigen Fragen und Antworten an der Tafel: Machen Sie mit einem TN ein Beispiel, indem Sie fragen: „Hast du den Apfel?". Der TN antwortet und gibt Ihnen ggf. seine Karte. Die TN spielen zu viert und fragen die Mitspieler nach den fehlenden Karten für ihr Quartett.	KV L6/B1	
	PL/PA 👄	**Arbeitsbuch 10:** im Kurs: Üben Sie mit den TN den Satzakzent. Die TN hören Übung a und markieren den Satzakzent. In b sprechen sie das Mini-Gespräch in Partnerarbeit nach. Lassen Sie ein paar TN auch exemplarisch im Plenum nachsprechen. In c können die TN selbst sprechen und hören anschließend zur Kontrolle. Wenn die TN mit dem Erkennen des Satzakzents und des Wortakzents noch Schwierigkeiten haben, sollten Sie sie die Mini-Gespräche zuerst schreiben und die Akzente markieren lassen, bevor die TN sie auch sprechen. Regen Sie die TN dazu an, die Übungen auch zu Hause noch einmal zu wiederholen.	AB-CD 1/61–63 2:07	

PA/EA/HA Grammatik entdecken	Arbeitsbuch 11: im Kurs: Mit dieser Übung können die TN nachprüfen, ob sie den Unterschied zwischen Nominativ (Subjekt) und Akkusativ (Objekt) verstanden haben.	
EA/HA ⟷	Arbeitsbuch 12–14: im Kurs: Alle TN lösen Übung 13. Geübtere TN ergänzen außerdem auch Übung 14. Wenn Sie die Übungen als Hausaufgabe geben, sollten Sie von allen gemacht werden.	
TiPP	Führen Sie feste Farben (Achtung: Artikelpunkte!) oder Unterstreichungen (geringelte Linie, doppelt unterstrichen etc.) für bestimmte Kategorien wie Subjekt, Akkusativ-Objekt, temporale und lokale Angaben ein. Diese sollten Sie in Tafelbildern immer wieder einsetzen und auch die TN daran gewöhnen, sie für ihre Notizen zur Grammatik zu verwenden. Insbesondere wenn in der Muttersprache Ihrer TN keine formalen Unterschiede zwischen Subjekt und Objekten gemacht werden, kann es für die TN hilfreich sein, wenn sie sich durch (farbige) Markierungen die Funktion der Satzglieder immer wieder bewusst machen. Dies gilt z. B. auch für die besondere Verbstellung im Nebensatz.	

B2 Partnergespräch zum Akkusativ

PL	1. Die TN betrachten die Zeichnung und lesen die Speisekarte. Klären Sie, wenn nötig, unbekannte Wörter. Notieren Sie ggf. alle Wörter mit Artikel an der Tafel.	
PL	2. Zwei TN lesen das Gespräch vor. Machen Sie die TN auf die Konjugation von „nehmen" aufmerksam. Die TN kennen den Vokalwechsel e → i bereits von dem Verb „sprechen" in Lektion 1. Verweisen Sie die TN auch auf die Grammatikübersicht 5 (Kursbuch, S. 78).	Folie/IWB
PA	3. Die TN erfinden in Partnerarbeit eigene Gespräche. Gehen Sie herum und helfen Sie bei Schwierigkeiten. *Hinweis:* Hier können Sie das Lied „Wir sind nicht allein" aus „Zwischendurch mal ..." (Kursbuch, S. 80) einflechten. Im Lied kommen verschiedene Lebensmittel mit Negativartikel vor.	ZDM
EA/HA	Arbeitsbuch 15	

B3 Aktivität im Kurs: Ein Picknick planen: Wer macht was?

PL	1. Machen Sie analog zu B1 ein Assoziogramm zu „Ein Picknick mit dem Deutschkurs". Fragen Sie: „Was brauchen wir?". *Hinweis:* Hier können Sie „Laras Film" einsetzen und die Aufmerksamkeit auf die Lebensmittel lenken, die man zu einem Picknick mitnehmen kann.	
GA	2. Die TN schreiben mithilfe der Stichwörter an der Tafel eine Einkaufsliste. Das ist den TN schon aus Lektion 3 bekannt.	
PL	3. Lesen Sie mit den TN die Beispiele im Buch. Die TN entscheiden in ihrer Gruppe, wer was kauft.	
TiPP	Planen Sie ein reales Picknick mit Ihren TN. Die TN könnten die Lebensmittel selbst mitbringen.	
EA/PA/HA Grammatik entdecken ⟷	Arbeitsbuch 16: im Kurs: Geübtere TN arbeiten in Stillarbeit. Ungeübtere TN arbeiten paarweise zusammen. Verdeutlichen Sie den TN in der Abschlusskontrolle, dass die maskulinen Formen der Artikel im Akkusativ Singular immer die Endung „-en" haben.	
EA/PA ⟷	Arbeitsbuch 17: im Kurs: Geübtere TN arbeiten in Stillarbeit. Ungeübtere TN arbeiten zu zweit. Den TN sollte im Abschlussgespräch deutlich werden, dass bei Komposita der Artikel vom zweiten Nomen bestimmt wird.	

	Form	Ablauf	Material	Zeit
	EA/HA Prüfung	**Arbeitsbuch 18**: im Kurs: Wenn Sie die Übung als Aufgabe zur Prüfungsvorbereitung auf *Start Deutsch 1* gestalten möchten, geben Sie den TN eine Zeit vor, z. B. acht Minuten. Die TN arbeiten dann ohne Hilfsmittel.		

C HAST DU KEINEN HUNGER MEHR? – DOCH.

Ja-/Nein-Frage und Antwort: *ja, nein, doch*

Lernziel: Die TN können zustimmen und verneinen.

	Form	Ablauf	Material	Zeit
C1		**Präsentation der Antwort mit *doch***		
	PL/GA/ EA	1. Die TN hören das erste Gespräch und ergänzen.	CD 2/39 *1:16*	
	EA/PA ⟷	2. Die TN lesen das zweite Gespräch und erschließen aus dem Kontext, was passen könnte. Geübtere TN lösen die Aufgabe in Stillarbeit. Ungeübtere TN arbeiten paarweise zusammen. Anschließend hören die TN das Gespräch und überprüfen ihre Lösung. Abschlusskontrolle im Plenum. *Lösung: 1 Ja; 2 Ja, Nein, Doch, Doch*	CD 2/39 *1:16*	
	TiPP	Die TN lesen in Kleingruppen die Gespräche mehrmals mit halblauter Stimme, zunächst ohne auf die Rollen zu achten, um sich die Sätze einzuprägen. Nach einigen Durchgängen liest nur noch ein TN die Fragen, die anderen sprechen aus dem Gedächtnis die Antworten mit. Der TN, der liest, hilft, wenn nötig. Dann wechseln die TN die Rollen und ein anderer TN liest. Auf diese Weise behalten die TN Mustersätze im Kopf, die später die eigene Sprachproduktion unterstützen können. Ein gewisses Repertoire an Mustersätzen ist besonders für ungeübtere TN hilfreich.		
	PL	3. Verweisen Sie auf den Grammatik-Kasten und stellen Sie den TN weitere Fragen, z. B. „Haben Sie das Kursbuch heute nicht dabei?". Betonen Sie dabei besonders die Negation und machen Sie ein verwundertes Gesicht, um zu verdeutlichen, dass negative Fragen häufig mit Erstaunen vorgebracht werden. Machen Sie auch deutlich, dass nicht nur „nicht", sondern auch der Negativartikel „kein" die Frage negativ macht. TN, die dieses Prinzip aus ihrer Sprache kennen (z. B. Französisch), werden damit keine Schwierigkeiten haben. Weisen Sie die TN auch auf die Grammatikübersicht 4 (Kursbuch, Seite 78) hin. Verdeutlichen Sie den TN anhand des Beispiels auf der rechten Seite noch einmal den Unterschied zwischen einer „einfachen" und einer negativen Frage.		
	PL	4. Gehen Sie dann auf die Konjugation von „möchten" ein, indem Sie die TN bitten, alle Formen von „möchten" in den beiden Gesprächen zu markieren. Schreiben Sie dann die Konjugation im Singular auf Zuruf an die Tafel und ergänzen Sie sie um weitere Formen. Machen Sie deutlich, dass das Verb in der 1. und 3. Person die gleiche Endung erhält und dass in der 2. und 3. Person ein „-e" ergänzt wird, um es besser aussprechen zu können. Letzteres kennen die TN bereits von der Konjugation der Verben „arbeiten", „finden" und „kosten" in Lektion 5. Verweisen Sie auch auf den Grammatik-Kasten und die Grammatikübersicht 5 (Kursbuch, S. 78).		
	EA/HA	**Arbeitsbuch 19**		

C2	Anwendungsaufgabe zu negativen Fragen		
EA/PA ⟷	1. Die TN lesen die Aufgabe und ergänzen „ja", „nein" oder „doch". Geübtere TN lösen die Aufgabe in Stillarbeit. Ungeübtere TN arbeiten paarweise zusammen. Abschlusskontrolle im Plenum. *Lösung: b nein, Ja; c Doch, Ja; d Doch* *Hinweis:* Hier können Sie das Lied „Wir sind nicht allein" aus „Zwischendurch mal ..." (Kursbuch, S. 80) einflechten. Die TN hören hier viele negierte Sätze mit dem Negativartikel. Da diese Form der Negation den TN oft nicht so präsent ist, können Sie das Lied zur Bewusstmachung nutzen.	ZDM	
EA/HA	Arbeitsbuch 20		
EA/PA/ HA ⟷	Arbeitsbuch 21–22: im Kurs: Alle TN lösen Übung 21. Geübtere TN ergänzen außerdem auch Übung 22. Wenn Sie die Übungen als Hausaufgabe aufgeben, sollten sie von allen bearbeitet werden.		

C3	Aktivität im Kurs: Partnerspiel		
EA	1. Die TN lesen den „Notizzettel" mit den vier Fragen im Buch und notieren ebenfalls vier Interviewfragen. Achten Sie darauf, dass die TN keine W-Fragen notieren.		
PL	2. Lesen Sie zusammen mit den TN die Beispielgespräche im Buch laut vor. Spielen Sie Erstaunen und zeigen Sie, dass besonders die Rückfrage mit „Wie bitte? ..." und die zweite Antwort betont werden.		
PA/PL	3. Die TN stellen der Partnerin / dem Partner ihre Interviewfragen und tun dabei so, als ob sie nicht alles verstehen würden. Wer möchte, kann das Interview auch im Plenum vortragen.		

D FREIZEIT UND HOBBYS

Konjugation der Verben *treffen, lesen, fahren*

Lernziel: Die TN können über Freizeitaktivitäten sprechen. Sie können ein Personenporträt verstehen.

	Form	Ablauf	Material	Zeit
D1		**Präsentation des Wortfelds „Freizeitaktivitäten und Hobbys"; Leseverstehen: ein Personenprofil verstehen**		
a	PL	1. Die Bücher bleiben geschlossen. Zeigen Sie die Verben aus D1a. Fragen Sie die TN, welche Verben sie kennen. Die TN, die ein Verb kennen, erklären den anderen dieses pantomimisch. Erweitern Sie das Wortfeld mit den TN nach Bedarf.	Folie/IWB	
	PL	2. Die TN öffnen ihr Buch und ordnen die Verben dem jeweils passenden Foto zu. Gehen Sie herum und helfen Sie, wenn nötig. Abschlusskontrolle im Plenum. *Lösung: von oben nach unten: C, G, B, H, E, D, F*	Folie/IWB	
b	EA	3. Die TN lesen das Profil von Adrian Greven in Stillarbeit. Sagen Sie den TN, dass sie sich möglichst viele Informationen merken sollen und geben Sie ihnen dafür zwei Minuten Zeit. Dann schließen die TN die Bücher und notieren alles, was sie über Adrian Greven behalten haben. Die TN öffnen die Bücher und kontrollieren.		
	PL	4. Fragen Sie, welche Art Text das ist und wo man solche Texte findet. Es sollte klar werden, dass es sich um ein Profil in einem sozialen Netzwerk handelt.		
	EA	5. Die TN lesen das Profil noch einmal und unterstreichen alles, was auch auf sie zutrifft.		

WPA	6. Die TN gehen herum und sprechen mit anderen TN über die Gemeinsamkeiten. Dabei suchen sie TN, die möglichst viel mit ihnen selbst gemeinsam haben. *fakultativ*: Wenn Sie genug Zeit haben, machen Sie eine Plenumsrunde. Lesen Sie einen Punkt von Adrians Profil vor, z. B. „Alter: 30". TN, auf die das zutrifft, stehen auf. *Variante*: Wenn Sie mit Ihren TN das Schreiben üben wollen, fordern Sie die TN auf, ihr eigenes Profil zu schreiben. Sammeln Sie die Texte zur Korrektur ein.		

TiPP	Hängen Sie die Profile im Kursraum auf. Dann können die TN die Profile lesen, die anderen besser kennenlernen und ggf. Freunde für die Freizeit finden.		

EA/HA	Arbeitsbuch 23–24		

D2	**Anwendungsaufgabe: über Hobbys sprechen**		
PL	1. Die TN lesen das Beispiel. Verweisen Sie auf die besonderen Formen von „lesen": Vokalwechsel e → ie, „treffen": e → i, „fahren": a → ä. Andere Verben mit Vokalwechsel wie „fernsehen", „essen", „nehmen" oder „schlafen" sind den TN bereits bekannt. Verweisen Sie auch auf die Grammatikübersicht 5 (Kursbuch, S. 78). Auf der rechten Seite finden Sie einen Lerntipp. Die TN können solche Kärtchen zu zweit im Unterricht oder als Hausaufgabe erstellen. Wer früher fertig ist, macht eine Liste mit Aktivitäten, die er nicht gern macht. Die TN können dazu ein Wörterbuch zu Hilfe nehmen. *fakultativ:* In Kursen mit überwiegend ungeübten TN können Sie mit den TN gemeinsam Kärtchen zu den Verben erstellen, die sie bereits kennen. Diese Kärtchen können die TN überallhin mitnehmen und die neuen Verben lernen.		

TiPP	Die TN gehen durch den Raum und sprechen dabei im Chor die Konjugation einiger Verben mit Vokalwechsel. Geben Sie ein Verb vor und sprechen Sie als „Chorleiter" mit. Nennen Sie die neuen Verben dabei ruhig öfter. Bewegung regt den Kreislauf an und unterstützt das Memorieren. Nehmen Sie diese Übung für die weiteren Verben später wieder auf und/oder nutzen Sie sie als Stundeneinstieg oder zwischendurch.		

PL	2. Fragen Sie einige TN exemplarisch nach ihren Hobbys. Die TN antworten mithilfe der Redemittel im Buch. Verweisen Sie die TN auch auf die Rubrik „Hobbys: Ich tanze gern.". (Kursbuch, S. 79) und die nebenstehende Schreibaufgabe.		
PA/PL	3. Die TN befragen sich gegenseitig nach ihren Hobbys. Schnelle TN können zusätzlich die Aufgabe in der Rubrik „Schon fertig?" bearbeiten und sammeln, was sie nicht gern machen. *Hinweis:* Hier können Sie das Projekt „Freizeit in …" aus „Zwischendurch mal …" (Kursbuch, S. 81) einflechten. Die TN recherchieren Informationen über eine Stadt ihrer Wahl in Deutschland, Österreich, Liechtenstein oder der Schweiz sowie über das Wetter und die Freizeitmöglichkeiten dort und präsentieren ihre Ergebnisse im Plenum. So wird das Thema „Freizeit" noch einmal in einem anderen Zusammenhang zum Gesprächsthema. Sie können hier auch das Lied „Wir sind nicht allein" aus „Zwischendurch mal …" (Kursbuch, S. 80) einbringen. Die TN werden durch das Lied an Vereine herangeführt, die in Deutschland bei der Freizeitgestaltung eine große Rolle spielen. Es gibt sehr viele Vereine zu allen möglichen Freizeitaktivitäten. Sehr viele Menschen in Deutschland sind dort aktiv. Hier bietet sich die Arbeit mit dem Film „Almas Hobby: Wolkenfotos" aus der Rubrik „Zwischendurch mal…" (Kursbuch, S. 80) an. Alma erzählt darin, wann und wo sie Wolkenfotos macht. Auf ihrem Computer zeigt sie einige ihrer schönsten Fotos und erklärt, warum Wolkenfotos nicht langweilig sind.	ZDM	

GA	4. *fakultativ*: Zum Abschluss des Themas „Hobby und Freizeit" können Sie mit Ihren TN Pantomime spielen. Verteilen Sie an jede Kleingruppe einen Satz Bildkarten der Kopiervorlage. Machen Sie zunächst selbst ein Beispiel, indem Sie mit den Händen Schwimmbewegungen machen. Die TN raten, um welche Aktivität es sich handelt. Zur Kontrolle zeigen Sie Ihre Bildkarte „schwimmen". Dann spielen die TN selbstständig in Kleingruppen.	KV L6/D2	
	Variante: Wenn Sie die Konjugation der neuen Verben üben möchten, erhalten die TN in Kleingruppen einen Würfel und einen Satz Karten der Kopiervorlage. Der Reihe nach ziehen die TN eine Karte und würfeln. Die Karte zeigt das Verb und der Würfel das Personalpronomen, das benutzt werden soll. Geben Sie dazu an der Tafel vor: 1 = ich, 2 = du, 3 = er oder sie, 4 = wir, 5 = ihr, 6 = sie/Sie. Die TN bilden dann kleine Sätze, z. B. „grillen" und 3: „Er/Sie grillt.". Geübtere TN, die schnell fertig sind, malen eigene Bildkarten und spielen eine weitere Runde.	KV L6/D2, Würfel	
EA/HA	Arbeitsbuch 25		
EA/HA	Arbeitsbuch 26–27: Wenn Sie die beiden Übungen im Kurs durchführen, lösen alle TN Übung 26. Geübtere TN ergänzen außerdem auch Übung 27. Als Hausaufgabe sollten sie von allen bearbeitet werden.		
EA/HA	Arbeitsbuch 28–30	AB-CD 1/64	
PL	Arbeitsbuch 31: im Kurs: Üben Sie mit den TN den Wortakzent. Die TN hören Aufgabe a und markieren die Betonung. In b hören die TN die Wörter noch einmal und haben Zeit, sie nachzusprechen. Anschließend sprechen die TN Mini-Gespräche in Partnerarbeit. Wenn die TN mit dem Erkennen des Wortakzents noch Schwierigkeiten haben, sollten sie in den Mini-Gesprächen vor dem Sprechen die Akzente markieren. Regen Sie die TN dazu an, die Übungen zu Hause noch einmal zu machen.	AB-CD 1/65–66	

E REISELAND D-A-CH

Lernziel: Die TN können eine Reisebroschüre und Interviews über Hobbys verstehen.

	Form	Ablauf	Material	Zeit
E1		**Präsentation des Wortfelds „Jahreszeiten"**		
	PL	1. Deuten Sie auf Foto 3 und Fragen Sie: „Welche Jahreszeit ist das?". Die TN nennen die richtige Lösung und ordnen die übrigen Jahreszeiten zu. Abschlusskontrolle im Plenum. *Lösung: der Winter: 4, der Sommer: 2, der Frühling: 1*	Folie/IWB	
	PL/EA	Arbeitsbuch 32: im Kurs: Die TN ergänzen die Jahreszeiten auf Deutsch und in ihrer Muttersprache. Beim Vergleich mit dem Englischen stellen die TN fest, dass sich „Sommer" und „summer" sowie „Winter" und „winter" gleichen.		
E2		**Leseverstehen 1: Wesentliche Inhalte verstehen**		
	PL/EA	1. Zeigen Sie auf die Überschrift und fragen sie: „Was bedeutet D-A-CH?". Die TN lesen die Einleitung und erklären, was sich hinter der Abkürzung verbirgt.	Folie/IWB	

PL	2. Deuten Sie auf die Fotos in der Reisebroschüre und fragen Sie: „Was kann man in D-A-CH machen?". Sammeln Sie zusammen mit den TN die Freizeitaktivitäten an der Tafel. Hier wird der neu erworbene Wortschatz der TN aktiviert und um neue Wörter wie „Paragliding", „Mountainbike" oder „klettern" erweitert.	Folie/IWB	
EA/PA	3. Deuten Sie auf die Kartenausschnitte und fragen Sie weiter: „Was kann man im Norden, in der Mitte und im Süden machen?". Die TN lesen den Broschürentext und notieren die Freizeitmöglichkeiten. Geübtere TN lösen die Aufgabe in Stillarbeit. Ungeübtere TN arbeiten paarweise zusammen. Abschlusskontrolle im Plenum. Gehen Sie bei Bedarf auf neuen Wortschatz, wie „Wälder", „Skilangläufer", „Alpen" etc. ein. *Lösung: im Norden: segeln, windsurfen, Fahrradfahren, Wandern; in der Mitte und im Süden: wandern, radfahren, skifahren; im Süden: Mountainbikefahren, Bergsteigen, Klettern, Paragliding, Canyoning* *Hinweis: Hier werden einige Hobbys, wie z. B. (das) Fahrradfahren, (das) Wandern substantivisch gebraucht und deshalb groß geschrieben. An anderer Stelle werden sie als Verben gebraucht und bleiben deshalb klein.*	Folie/IWB	

E3 Leseverstehen 2: Details verstehen

EA/PA	1. Die TN lesen den Text noch einmal und korrigieren die Sätze. Geübtere TN lösen die Aufgabe in Stillarbeit. Ungeübtere TN arbeiten paarweise zusammen. Abschlusskontrolle im Plenum. *Lösung: b In der Mitte und in Süddeutschland gibt es viele Angebote für Skifahrer. c Vom Frühling bis zum Herbst ist es ideal für alle Wanderer und Radfahrer. d In „D-A-CH" ist es immer schön.*	Folie/IWB	
PL	2. Gehen Sie anschließend auf die Formulierung „Es gibt …" in Satz b ein. Wenn Ihre TN Englisch sprechen, können Sie die Wendung mit „there is/are …" vergleichen. Verweisen Sie auch auf den Info-Kasten.	Folie/IWB	
EA/HA	Arbeitsbuch 33: im Kurs: Die TN hören verschiedene Interviews. Dabei erfahren sie, welche Jahreszeiten die Personen am liebsten mögen, und was ihre Hobbys sind. Abschließend schreiben die TN einen Text über ihre Lieblingsjahreszeit und was sie gern machen.	AB-CD 1/67–69 *2:55*	

E4 Anwendungsaufgabe: Über D-A-CH als Reiseziel sprechen

PL	1. Deuten Sie noch einmal auf die Kartenausschnitte in E2 und die zugehörigen Freizeitaktivitäten und fragen Sie: „Welche Region(en) finden Sie interessant? Warum?". Ein TN liest das Beispiel vor. Machen Sie bei Bedarf weitere Beispiele im Plenum.	Folie/IWB	
PA	2. Die TN befragen sich gegenseitig. Gehen Sie herum und helfen Sie bei Schwierigkeiten. *Hinweis: An dieser Stelle bietet sich die Arbeit mit dem Projekt „Freizeit in …" aus der Rubrik „Zwischendurch mal …" (Kursbuch, S. 81) an. Die TN recherchieren hier Informationen über Städte in D-A-CH und präsentieren sie anschließend im Kurs. Auf diese Weise erweitern sie ihr eigenes Wissen und das der anderen.*	ZDM	

E5 Schreibaufgabe: Einen freien Text verfassen

EA/HA	1. Die TN lesen das Beispiel und schreiben einen analogen Text über ihr Lieblingsland. Fordern Sie die TN auf, dabei auf die Jahreszeiten, das Klima und die Freizeitmöglichkeiten dort einzugehen, und so möglichst viel neuen Wortschatz zu verwenden. Sammeln Sie die Texte zur Korrektur ein. Fokussieren Sie bei der Korrektur den Wortschatz und die Strukturen aus Lektion 6. Fordern Sie die TN auf, ihren Text noch einmal korrekt abzuschreiben. Wer möchte, kann seinen korrigierten Text auch mit einem Foto versehen und im Kursraum aufhängen.		

TiPP	Wenn Sie viele geübtere TN im Kurs haben bzw. bei der Korrektur binnendifferenzieren wollen, können Sie mit den TN Korrekturzeichen vereinbaren und z. B. Wortfehler einfach unterstreichen, falsche Endungen doppelt unterstreichen, Deklinationsfehler unterringeln etc. oder für jede Fehlerkategorie eine eigene Farbe wählen. Die TN versuchen dann, ihre Fehler selbst zu korrigieren und geben ihren Text erneut zur Korrektur ab. Auf diese Weise setzen sich die TN noch einmal bewusst mit der Grammatik bzw. der genauen Wortbedeutung auseinander.		
PA/GA	2. *Variante:* In einem weiteren Schritt können die TN eine Art Reisemesse veranstalten. TN mit den gleichen Lieblingsländern arbeiten zusammen. Dazu erstellen die TN Werbeplakate. Informationen und Bilder recherchieren sie im Internet. Anschließend richten die TN Infostände ein, an denen sie ihr Lieblingsland anhand der Plakate und ggf. mithilfe mitgebrachter Gegenstände präsentieren. Es sollten immer mindestens zwei TN zusammen einen Infostand vorbereiten, sodass die Hälfte der TN ihr Lieblingsland am Stand präsentiert und die andere Hälfte von Messestand zu Messestand geht. Wenn Sie wollen, können Sie die „Messebesucher" auch den besten Messestand wählen lassen.		
GA	*fakultativ:* Wenn Sie noch Zeit haben, könne Sie hier die Wiederholung zu Lektion 6 anschließen:	KV L6/Wiederholung	
Lektionstests	Einen Test zu Lektion 6 finden Sie hier im LHB auf den Seiten 186 – 187. Weisen Sie die TN auf den Selbsttest im Arbeitsbuch auf Seite 73 hin.	KV L6/Test	

AUDIO- UND VIDEOTRAINING

Form	Ablauf	Material	Zeit
Audiotraining 1: Meine Hobbys			
EA/HA	Die TN hören von einem Sprecher verschiedene Hobbys und sollen in den Sprechpausen zustimmend antworten: „Oh ja, (Lesen), (Lesen) macht Spaß!"	CD 2/40 *0:31*	
Audiotraining 2: Was machst du in der Freizeit?			
EA/HA	Die TN beantworten die Frage, was sie in der Freizeit machen. Es werden Geräusche vorgegeben, die die TN versprachlichen sollen: „Ich (lese) gern."	CD 2/41 *2:45*	
Audiotraining 3: Vorlieben			
EA/HA	Die TN werden vom Sprecher nach verschiedenen Vorlieben (Lieblingsbuch, -farbe etc.) gefragt und antworten nach dem Muster: „Mein(e) Lieblings... ist ..."	CD 2/42 *1:56*	
Videotraining 1: Geht doch			
EA/HA	Die TN sehen in dem Film Lara, die Tim zum Nachmachen einer Koordinationsübung animieren will. Die TN lernen den umgangssprachlichen Wortschatz zur Animation, was sagt man, wenn es nicht klappt und schließlich, wenn es klappt. *Hinweis:* Dieses Bewegungsspiel können Sie auch zur Auflockerung im Kurs einsetzen, wenn die TN eine kleine Pause brauchen.	Film „Geht doch!" *1:36*	
Videotraining 2: Wie ist das Wetter?			
EA/HA	Mit dem Film können die TN die Wendungen zum Wetter wiederholen. Lara stellt in dem Film pantomimisch das Wetter dar. Unten sind als Hilfe noch einmal die Wendungen als Schüttelkasten vorgegeben. Die TN überlegen, welches Wetter gemeint ist. Dann gibt Tim die Lösung. Empfehlen Sie besonders ungeübteren TN diesen Film, den Sie auch später immer mal wieder zur Wiederholung und Festigung ansehen können.	Film „Wie ist das Wetter?" *2:37*	

ZWISCHENDURCH MAL ...

	Form	Ablauf	Material	Zeit
	Lied	**Wir sind nicht allein** (passt z. B. zu B2, C2 oder D2)		
1	PL	1. Zeigen Sie das Foto und fragen Sie: „Was machen die Leute?" Das Wort „singen" ist aus Lektion 4 schon bekannt.	Folie/IWB	
	PL	2. Die TN hören das Lied mit geschlossenen Büchern, damit sie sich ganz auf das Zuhören und Verstehen konzentrieren können. Fragen Sie, welche Wörter die TN gehört haben, und sammeln sie.	CD 2/43 *1:17*	
	⟷	*fakultativ:* In Kursen mit überwiegend ungeübten TN bereiten Sie große Zettel vor, auf denen Sie einige Wörter, die im Lied vorkommen (z. B. „Kaffee", „Milch", „Tomatensaft", „singen", „Verein") und ein paar andere (z. B. „Wasser", „trinken", „treffen") notieren. Es gibt ein Wort pro Zettel. Für jeden TN sollte es ein Wort geben. Beim Hören stellen sich alle TN, deren Wort vorkommt, auf die linke Seite. Wenn Sie genug Zeit haben, hören die TN das Lied ein zweites Mal und stellen sich in der Reihenfolge des Vorkommens ihrer Wörter auf. Die TN, die kein passendes Wort hatten, helfen dabei. So hören die TN das Lied mehrmals, ohne dass es langweilig wird.		
2	PL	1. Klären Sie mit den TN, was ein „Verein" ist. Fragen Sie: „Ist man im Verein allein?". Erklären Sie, dass man im Verein sein Hobby zusammen mit anderen ausübt.		
	PL	2. Fragen Sie die TN: „Was meinen Sie? Für welche Hobbys gibt es noch Vereine?". Es genügt, wenn die TN ihnen bekannte Aktivitäten nennen. Helfen Sie mit den Namen für die Vereine, z. B. „schwimmen" = Schwimmverein, „lesen" = Bücherclub etc. In manchen Kulturen wird der individuellen Freizeitgestaltung aus verschiedensten Gründen eine geringere Bedeutung beigemessen als z. B. in Deutschland. Auch kann es große Unterschiede zwischen Männern und Frauen geben. Fragen Sie die TN nach ihren Vorlieben und Wünschen. Manche können z. B. nicht schwimmen oder Radfahren, möchten es aber lernen. Manchmal stehen dem aber gesellschaftliche Tabus entgegen. Entscheiden Sie je nach Gruppenzusammensetzung und Gruppenatmosphäre, inwiefern Sie das Thema vertiefen können. In manchen Ländern spielt die Vereinskultur eine große Rolle. Dann können die TN ihre Vereinserfahrungen in den Kurs einbringen.		
	PL	3. Die TN hören das Lied noch einmal und lesen mit. Wer Lust hat, singt mit.	CD 2/43 *1:17*	
TiPP		In vielen Kulturen „ziert" man sich nicht so wie bei uns, wenn es um das Singen vor Publikum geht. Im Gegenteil: Singen gehört für viele – wie auch Tanzen – dazu. Bitten Sie die TN doch einmal, ihre Lieblingslieder aus ihrer Heimat vorzusingen oder etwas vorzutanzen. Einige sind sicher bereit dazu und die anderen lassen sich zum Mitklatschen oder Mittanzen animieren.		
	🎬	**Almas Hobby: Wolkenfotos** (passt z. B. zu D2) **Alma erzählt, wann und wo sie Wolkenfotos macht. Sie zeigt einige ihrer schönsten Fotos und erklärt, warum Wolkenfotos nicht langweilig sind.** *2:16*		
	EA/PL	1. Die Bücher sind geschlossen. Fragen Sie vor dem ersten Sehen: „Was ist Almas Hobby? Wie finden Sie das?". Die TN sehen den Film und kommentieren Almas Hobby.		
	EA/PA ⟷	2. Die TN schlagen die Bücher auf. Sie sehen den Film noch einmal und markieren, was Alma gefällt. Ungeübtere TN arbeiten zu zweit. Anschließend Kontrolle im Plenum. *Lösung: fotografieren, Wolken, Farben*	Folie/IWB	

	Form	Ablauf	Material	Zeit
	EA ⟷	3. *fakultativ:* Verteilen Sie die Kopiervorlage. Die TN sehen den Film ohne Ton und bearbeiten Übung 1. Besprechen sie die Ergebnisse im Plenum. Die TN lesen die Sätze aus Übung 2 der Kopiervorlage. Dann sehen sie den Film mit Ton so oft wie nötig und markieren. Abschlusskontrolle im Plenum. Geübtere TN korrigieren zusätzlich die „falschen" Sätze und ergänzen die richtigen Informationen.	KV L6/ZDM	
	WPA	4. Die TN lesen das Beispiel. Fragen Sie dann einen geübteren TN: „Haben Sie ein besonderes Hobby?". Die TN bewegen sich anschließend im Raum und befragen wechselnde Partner.		
Projekt		**Freizeit in … (passt z. B. zu D2 und E4)**		
1	EA/PA	1. Die TN arbeiten allein oder paarweise zusammen. Sie wählen eine Stadt in Deutschland, Österreich, Liechtenstein oder der Schweiz und recherchieren zunächst nur die Antworten zu den Fragen in Aufgabe 1. Gehen Sie herum und helfen Sie, wenn nötig.		
2	GA/EA	1. Die TN ergänzen ihre Ergebnisse aus Aufgabe 1 und markieren die Informationen.		
	PL	2. Die TN erzählen im Plenum über die Stadt ihrer Wahl. *fakultativ:* Wenn Sie mit einem IWB arbeiten oder über einen Internetanschluss und einen Beamer verfügen, können die TN zusätzlich passende Fotos suchen und diese in die Präsentation miteinbeziehen.		

FOKUS BERUF: ARBEITSAUFTRÄGE VERSTEHEN

Die TN können das Wesentliche ganz einfacher schriftlicher Arbeitsaufträge verstehen (z. B. auf Tourenplänen).

	Form	Ablauf	Material	Zeit
		Da dieser Fokus möglicherweise nur für einen Teil der TN von Interesse ist, können die Übungen auch als Hausaufgabe gegeben werden.		
1		**Leseverstehen 1: Einen Tourenplan verstehen**		
	EA/PL ⟷	1. Geben Sie den TN ein bisschen Zeit, damit sie sich den Tourenplan zunächst einmal ansehen und sich orientieren können. Das Foto und die Zeichnung helfen dabei. Die TN lesen dann die Fragen. Machen Sie den TN deutlich, dass es zunächst nur um diese Informationen geht, die sie dem Plan entnehmen und ergänzen müssen. Ungeübtere TN unterstreichen die Informationen zuerst und ergänzen dann danach. Abschlusskontrolle im Plenum. *Lösung: b Dienstag, c von 6.15 bis 11.15 Uhr, d 6*		
2		**Leseverstehen 2: Einen Tourenplan verstehen**		
	EA/PA	1. Die TN sehen sich die Bilder an und ordnen die Aufgaben aus dem Tourenplan zu. Wenn nötig, nehmen sie das Wörterbuch zu Hilfe. Abschlusskontrolle im Plenum *Lösung: C, A, D, E*		
Projekt		Bitten Sie berufstätige TN, schriftliche Arbeitsaufträge aus ihrer Firma mitzubringen, sofern vorhanden. Oder organisieren Sie selbst von Bekannten, die z. B. in einem Krankenhaus oder Pflegeheim arbeiten, solche Pläne oder Laufzettel. Die TN stellen in Gruppen ihre Arbeitsaufträge vor und erklären, was genau sie machen müssen. Gehen Sie herum und helfen Sie mit Vokabeln aus. Wenn die TN keine eigenen Arbeitsaufträge mitbringen konnten, lesen sie gemeinsam die von Ihnen mitgebrachten Vorlagen, indem Sie sie auf die Folie/das IWB zeigen. Stellen Sie mündlich Verständnisfragen dazu, so wie in Übung 1.	Folie/IWB	

LERNEN – EIN LEBEN LANG

Folge 7: Fernunterricht   4:04

Einstieg in das Thema „Freizeit und Bildung"

	Form	Ablauf	Material	Zeit
1		**Vor dem Hören: Ein Sportgerät kennenlernen**		
	PL	1. Die Bücher sind geschlossen. Fragen Sie die TN: „Kennen Sie Hula-Hoop?". Die TN berichten in ihrer Muttersprache darüber. Fragen Sie auch: „Haben Sie einen Hula-Hoop-Reifen?". Wenn die TN mit dem Begriff „Hula-Hoop-Reifen" nichts anfangen können, zeigen Sie auf die Zeichnung und das erste Foto der Foto-Hörgeschichte.	Folie/IWB	
2		**Vor dem Hören: Vermutungen über die Geschichte äußern**		
	PA	1. Die Bücher sind geschlossen. Kopieren Sie die Bilder der Foto-Hörgeschichte und schneiden Sie die Fotos auseinander. Vergessen Sie nicht, die Nummerierung der Fotos zu entfernen, lassen Sie aber den Titel „Folge 7: Fernunterricht" dabei. Jedes TN-Paar erhält einen Satz Fotos. Die TN bringen die Fotos in eine sinnvolle Reihenfolge und versuchen, die Geschichte zu erzählen. Ungeübte TN erzählen nur, was auf den Fotos passiert, was die Personen machen und wo sie sind.	Fotos der Foto-Hörgeschichte	
	PA	2. Die TN überlegen, was Walter lernen möchte und wer ihm hilft. Weisen Sie die TN dabei kurz darauf hin, dass Vermutungen mit „Ich glaube, ..." eingeleitet werden. Es folgt dann ein Hauptsatz wie im Beispiel.		
	PL	3. Die TN spekulieren: Was ist „Fernunterricht"?		
3		**Beim ersten Hören**		
	PL	1. Die TN hören so oft wie nötig und vergleichen während des Hörens mit ihren Vermutungen aus Aufgabe 2. Abschlusskontrolle im Plenum. Sprechen Sie auch darüber, was hier mit „Fernunterricht" gemeint ist. *Lösung: Hula-Hoop, Lara; Fernunterricht bedeutet hier: Walter schickt Lara ein Foto und Lara gibt Walter Tipps am Telefon. Sie treffen sich nicht.*	CD 2/44–51 4:14	
4		**Nach dem ersten Hören: Den wesentlichen Inhalt verstehen**		
	PL	1. Die TN öffnen die Bücher. Ein TN liest den Satz mit der Nummer eins vor. Fragen Sie: „Wie geht die Geschichte weiter?" oder „Was passiert dann?".		
	PL	2. Lösen Sie zusammen mit den TN das nächste Beispiel. Verweisen Sie auf die Fotos, die den TN dabei helfen, die richtige Reihenfolge zu finden.		
	EA/PA	3. Die TN nummerieren die übrigen Sätze. Wer fertig ist, vergleicht sein Ergebnis mit der Partnerin / dem Partner. Geübtere TN können zusätzlich notieren, welches Foto zu welchem Satz passt.		
	PL	4. Die TN hören noch einmal, wenn nötig auch mehrfach, und korrigieren sich selbstständig. Abschlusskontrolle im Plenum. *Lösung: von oben nach unten: 5, 3, 2, 4*	CD 2/44–51 4:14	
5		**Nach dem Hören: Erzählen, was man gern macht/spielt**		
	PL	1. Ein TN liest das Beispiel. Anschließend sprechen die TN darüber, was sie gern machen bzw. spielen.		
	Laras Film	Lara bringt Lili den Kinder-Hula-Hoop-Reifen mit. Tim probiert ihn aus, kann es aber nicht. Lara macht sich über ihn lustig und verrät ihm erst am Schluss, warum es nicht funktioniert. Sie können den Film zur Wiederholung nach A3 nutzen, um den TN zu zeigen, wie man reagiert, wenn jemand etwas versucht und es nicht kann.	„Laras Film" Lektion 7 1:51	

A ICH KANN DEN REIFEN NICHT RICHTIG SCHWINGEN.

Das Modalverb *können*

Lernziel: Die TN können über ihre Möglichkeiten und Fähigkeiten sprechen.

	Form	Ablauf	Material	Zeit
A1		**Präsentation des Modalverbs *können***		
a	PL/EA	1. Zeigen Sie die Kommentare auf Folie / am IWB. Machen Sie die TN auf die markierten Verben im ersten Kommentar aufmerksam. Die TN lesen anschließend die anderen Kommentare und markieren ebenfalls die Verben. Abschlusskontrolle im Plenum.	Folie/IWB	
b	EA	2. Die TN ergänzen mithilfe der Markierungen aus a die Tabelle. Anschließend Kontrolle im Plenum. *Lösung: kann, kannst, kann*		
	PL	3. Weisen Sie insbesondere auf den Vokalwechsel in den Singularformen sowie auf die fehlende Personalendung in der 1. und 3. Person Singular – einem Charakteristikum der Modalverben – hin.		
	PL/GA	4. *fakultativ:* Bereiten Sie Kärtchen mit den Personalpronomen und einigen Namen aus dem Kurs vor. Üben Sie mit den TN die Formen von „können", indem Sie in willkürlicher Reihenfolge die Kärtchen zeigen. Die TN bilden jeweils die dazugehörige Form von „können". Wenn die TN den Ablauf der Übung verstanden haben, können sie auch in Kleingruppen weiterarbeiten.	Kärtchen	
	TiPP	Diese Übung kann später mit den anderen Modalverben wiederholt werden und eignet sich auch gut als Warming-up zu Beginn einer Stunde. Ungeübtere TN können so auch die Konjugation anderer Verben festigen, denn gerade die Verbendungen stellen für viele TN eine besondere Schwierigkeit dar. Nennen Sie ein Verb und zeigen Sie ein Kärtchen. Die TN schreiben oder nennen die konjugierte Verbform.		
	EA/HA	Arbeitsbuch 1		
	EA/PA Grammatik entdecken ◄──►	Arbeitsbuch 2: im Kurs: Die Übung kann von geübteren TN in Stillarbeit gelöst werden. Ungeübtere TN arbeiten paarweise zusammen.		
A2		**Anwendungsaufgabe zum Modalverb *können*; Erweiterung: Die Satzklammer beim Modalverb**		
	PL	1. Zeigen Sie die Zeichnung auf Folie / am IWB. Fragen Sie die TN: „Wer sind die Personen?", „Wo sind sie?", „Was ist die Situation?".	Folie/IWB	
	TiPP	Verbessern Sie in solchen freien Äußerungen nicht jeden Fehler, sondern lassen Sie den TN die Freiheit, ihre Ideen und Meinungen zum Ausdruck zu bringen. Das ist schwierig und natürlich mit Fehlern behaftet, aber für die TN ein gutes Training für authentische Redesituationen.		
	PA	2. Die TN lesen das Gespräch und die Verben. Anschließend spielen sie zu zweit ähnliche Gespräche.		
	PL	3. Verweisen Sie die TN auf den Grammatik-Kasten. Fragen Sie: „Wo steht ‚können' im Satz?", „Wo steht ‚geben'?". Notieren Sie an der Tafel:		

	Position 2		Ende	Position 1		Ende
Ich	kann	gute Tipps	geben.	Kann	ich das auch	lernen?
Walter	kann	wirklich gut Gitarre	spielen.	Kannst	du auch Gitarre	spielen?

PL ◀▬▬▶	4. Machen Sie die TN auf die Satzklammer im Aussagesatz und in der Ja-/Nein-Frage aufmerksam. Verdeutlichen Sie anhand eines Beispiels an der Tafel, dass die Verbklammer beliebig erweitert werden kann, sich die Position von Modalverb und Infinitiv aber nicht ändert. Ergänzen Sie z. B. den Satz „Ich kann gute Tipps geben." schrittweise, bis Sie den komplexen Satz „Ich kann Walter heute wirklich gute Tipps geben." erhalten. Verweisen Sie auch auf die Grammatikübersicht 1 und 2 (Kursbuch, S. 90). Weisen Sie die TN besonders auf die rechte Seite hin, wo noch einmal grafisch verdeutlicht wird, dass die 1. und 3. Person Singular von „können" keine Endungen haben. Die TN können außerdem noch die kleine Übung rechts machen.			
	fakultativ: Um den TN die Struktur bildhaft zu verdeutlichen, stellen Sie zwei Stühle vor die Tafel. Schreiben Sie einen der Beispielsätze (inkl. Satzzeichen) aus A2 auf Kärtchen, z. B. „Ich kann nicht gut kochen.". Verteilen Sie die Kärtchen. Die TN stellen sich dem Satz entsprechend vor der Tafel auf. Die TN, die „kann" und „kochen" haben, setzen sich entsprechend auf die Stühle, um zu zeigen, dass diese beiden sich nicht bewegen können. Bereiten Sie weitere Sätze vor und üben Sie mit den TN, bis Sie das Gefühl haben, dass sie das Prinzip verstanden haben.			

TiPP	Sie können die TN durchaus immer mal wieder auffordern, einige Sätze in ihre Muttersprache zu übersetzen. Dieser kontrastive Vergleich hilft insbesondere kognitiven Lernern, sich neue Strukturen im Deutschen bewusst zu machen und dadurch besser einzuprägen. Dies gilt nicht nur für Gemeinsamkeiten mit der Muttersprache, sondern auch für Unterschiede.			

EA/PA Grammatik entdecken ◀▬▬▶	Arbeitsbuch 3: im Kurs: Die Übung kann von geübteren TN in Stillarbeit gelöst werden. Ungeübtere TN arbeiten paarweise zusammen.			

A3	**Aktivität im Kurs: Über persönliche Fähigkeiten sprechen und andere danach fragen**			
PL	1. Zeigen Sie im Bingo-Spiel auf das Feld „Ski fahren" und auf „gut" und fragen Sie einen TN wie im Beispiel: „Kannst du gut Ski fahren?". Erklären Sie den TN, dass sie nur dann den Namen des Gefragten notieren dürfen, wenn er mit „Ja." antwortet. Machen Sie einige weitere Beispiele, indem Sie auf die Verben und auf das Adjektiv der Spalte zeigen, bis die TN das Prinzip verstanden haben. Zeigen Sie auf die rechte Seite, um zu verdeutlichen, wie die TN „sammeln" müssen. Wer zuerst vier Personen vertikal, diagonal oder waagerecht hat, ruft „Stopp!".	Folie/IWB	
WPA	2. Die TN befragen sich gegenseitig, bis einer „Stopp!" ruft. Zur Kontrolle versprachlicht dieser TN seine vier Felder: „Arne kann gut Kuchen backen." etc.			
	fakultativ: Um die Übung zu erweitern, bilden die TN einen Kreis. Nennen Sie den Namen eines TN und fragen Sie: „Was wissen wir über Nino?". Die anderen TN schauen in ihrem Spielplan nach, was sie über diesen TN wissen und machen entsprechende Sätze. Dann nennen Sie einen anderen Namen.			
	Hinweis: Hier können Sie den Film „Ui!" aus „Zwischendurch mal …" (Kursbuch, S. 92) einflechten. Die TN lernen landesübliche Ausrufe im Kontext kennen, die zum Teil auch als Reaktion auf eigene Fähigkeiten oder auf die Fähigkeiten anderer benutzt werden, z. B. „Ui!" als Ausdruck des Staunens, wenn jemand etwas sehr gut kann.	**ZDM**	
	Hinweis: Sie können auch „Laras Film" einbauen, in dem Tim den Kinder-Hula-Hoop-Reifen ausprobiert. Tim kann es aber nicht. Lara macht sich über ihn lustig und verrät ihm erst am Schluss, warum es nicht funktioniert. Sie können den Film hier zur Wiederholung nutzen, um den TN zu zeigen, wie man reagiert, wenn jemand etwas versucht und es nicht kann.			

	Form	Ablauf	Material	
	PA	3. *fakultativ:* Um die Formen von „können" in der 3. Person Singular und Plural zu trainieren, verteilen Sie die Kopiervorlage so an die Paare, dass ein TN A und der andere B bekommt. Die TN befragen sich gegenseitig nach den fehlenden Informationen und notieren sie. Machen Sie einige Beispiele, damit die TN das Prinzip verstehen. Gehen Sie herum und helfen Sie. Zur Kontrolle befragen die TN sich anschließend im Plenum.	KV L7/A3	
	PL	Arbeitsbuch 4: im Kurs: Die TN hören Geräusche zu Tätigkeiten und markieren die passenden Verben.	AB-CD 1/70 *2:25*	
	EA/HA	Arbeitsbuch 5		
⟷	EA/HA	Arbeitsbuch 6–7: im Kurs: Alle TN machen Übung 6. Geübtere TN ergänzen außerdem auch Übung 7. Als Hausaufgabe sollten sie von allen bearbeitet werden.		
👄	PL	Arbeitsbuch 8: im Kurs: Der Laut [ʃ] wird im Deutschen stimmlos gesprochen, im Gegensatz zu einigen anderen Sprachen, die auch oder nur die stimmhafte Variante kennen. Der Laut wird als „sch" verschriftlicht. Die TN kennen schon viele Wörter mit „sch", sammeln Sie mit ihnen einige an der Tafel (z. B. Waschmaschine, Fisch, Schule). Spielen Sie mit den TN Dampflokomotive: „Sch, sch, sch ..." Der Laut muss hart und mit Druck kommen. Die TN lesen auch ihre Wörter an der Tafel. Sie öffnen ihr Buch, hören und sprechen nach. Dann markieren sie, wo sie überall „sch" hören. Kontrollieren Sie im Plenum und machen Sie die TN darauf aufmerksam, dass die Buchstabenkombinationen „sp" und „st" am Wort- oder Silbenanfang „schp" und „scht" ausgesprochen werden. Die TN hören Übung c und ergänzen „sch" bzw. „s". Regen Sie die TN dazu an, die Übungen auch zu Hause noch einmal selbstständig zu üben.	AB-CD 1/71–73 *2:22*	

B ICH WILL DAS SO GERN WIEDER LERNEN!

Das Modalverb *wollen*

Lernziel: Die TN können Absichten ausdrücken und ihren Willen äußern.

	Form	Ablauf	Material	Zeit
B1		**Präsentation des Modalverbs *wollen***		
a	PL	1. Die TN hören die Gespräche und ordnen zu. Da sie das Modalverb „können" und die Struktur bereits kennengelernt haben, wird das den TN keine großen Schwierigkeiten bereiten. Abschlusskontrolle im Plenum. *Lösung: A Willst; B wollen, wollt*	CD 2/52 *0:25*	
b	EA/PA	2. Die TN ergänzen die Tabelle mithilfe der Sätze aus a. Anschließend Kontrolle im Plenum. *Lösung: will, willst, wollen, wollt* *fakultativ:* Analog zu Aufgabe A2 können Sie auch wieder „anschaulicher" vorgehen. Bereiten Sie die Zitate in B1a auf Kärtchen vor und stellen Sie zwei Stühle vor die Tafel. Die Bücher sind geschlossen. Zeigen Sie Foto 1, 3 und 5 der Foto-Hörgeschichte aus der Slide-Show oder auf Folie. Verteilen Sie die Kärtchen des ersten Satzes an einige TN. Die TN stellen/setzen sich entsprechend. Erinnern Sie die TN daran, dass sie diese Struktur bereits von „können" kennen. Verfahren Sie mit dem anderen Satz ebenso. Erst danach bearbeiten die TN die Aufgabe im Buch.	Kärtchen	

PL	3. Verweisen Sie auf den Grammatik-Kasten und auf die Grammatikübersicht 1 und 2 auf Seite 90, insbesondere wieder auf den Vokalwechsel in den Singularformen sowie auf die fehlende Personalendung in der 1. und 3. Person Singular. Üben Sie dann die Formen von „wollen" mit Kärtchen wie bei „können" (siehe Tipp zu A1). Nehmen Sie nach einiger Zeit „können" zur Wiederholung dazu, indem Sie das Modalverb nennen und dann ein Kärtchen zeigen. Wenn die TN einige Sicherheit mit den Formen haben, erweitern Sie die Übung und gehen Sie dazu über, Sätze auf Kärtchen zu verteilen, um auch die Struktur weiter einzuüben.	Kärtchen	
EA/PA Grammatik entdecken ⟷	Arbeitsbuch 9: im Kurs: Geübtere TN machen die Übung in Stillarbeit. Ungeübtere TN arbeiten paarweise zusammen.		

B2	Anwendungsaufgabe zum Modalverb *wollen*		
a PL/PA ⟷	1. Die TN sehen sich die Zeichnungen an und äußern Vermutungen über die Personen: „Wo sind die Personen?", „Wie geht es ihnen?", „Was haben sie für ein Problem?". Notieren Sie die Vermutungen in Stichworten. In Kursen mit überwiegend geübten TN geben Sie die Fragen an der Tafel vor. In Partnerarbeit notieren die TN ihre Vermutungen in Stichworten. Anschließend Austausch im Plenum.		
PA/PL	2. Die TN lesen das Kursangebot und das Beispiel. Dann sprechen sie zu zweit darüber, was die Personen auf den Zeichnungen machen wollen. Gehen Sie herum und helfen Sie bei Schwierigkeiten. Wenn nötig, machen Sie ein Abschlussgespräch im Plenum. Verweisen Sie die TN auch auf die Rubrik „Starker Wunsch: Was willst du lernen?" (Kursbuch, S. 91). Hier können die TN auch die kleine Übung machen und fünf eigene Wünsche notieren.		
b GA ⟷	3. Die TN sprechen in Kleingruppen darüber, welchen Kurs sie machen wollen.

fakultativ: Verteilen Sie an die Kleingruppen je einen Satz Karten der Kopiervorlage. Die TN ergänzen auf den drei grauen Karten eigene Namen. Die Karten werden nach Farben getrennt gemischt. Der erste TN zieht jeweils eine graue Personenkarte und eine weiße Karte mit einer Aktivität. Er bildet den Karten entsprechend einen Satz mit „wollen". Für geübtere TN können Sie auf den Karten mit den Aktivitäten die Verbvorgabe löschen, sodass die TN freie Sätze nach den Bildern bilden.

Hinweis: Sie können das Thema auch anhand von „Fokus Beruf: Small Talk im Büro" vertiefen.

Hinweis: Zum Einprägen der neuen Formen können Sie auch das Lied „Der App-Depp" aus „Zwischendurch mal …" (Kursbuch, S. 93) einflechten. | Kopiervorlage L7/B2

ZDM | |
| EA/HA | Arbeitsbuch 10–11 | | |

B3	Aktivität im Kurs: Über die eigenen Freizeitwünsche sprechen		
EA	1. Die TN lesen die Aufgabe im Buch. Sie notieren, was sie gern / nicht gern machen wollen. Die Beispiele im Buch helfen ihnen dabei. Geben Sie eine Anzahl vor, die jeder notieren soll, z. B. jeder mindestens drei Punkte. Wenn Sie merken, dass sich die TN schwertun, geben Sie weitere Zeiten vor: „morgen", „im Deutschkurs", „nach dem Deutschkurs", „20??" (Jahreszahl des nächsten Jahres) etc.		
WPA	2. Die TN gehen herum und sprechen über ihre Wünsche.

Variante: Die TN suchen andere TN, mit denen sie möglichst viele Wünsche teilen. | | |

EA	Arbeitsbuch 12: im Kurs		AB-CD 1/74–77
EA/HA	Arbeitsbuch 13–14		2:36

TiPP	Regen Sie die TN möglichst früh und möglichst oft dazu an, eigenständig kleine Sätze, Geschichten und Gespräche zu schreiben. Mit dieser Fertigkeit, die auch für die Prüfungen *Start Deutsch* und *Zertifikat Deutsch* (Goethe-Institut) wichtig ist, haben viele TN erfahrungsgemäß Schwierigkeiten oder sie haben Hemmungen und fühlen sich unsicher. Mit den Übungen des Arbeitsbuchs (z. B. 14) können Sie die TN allmählich heranführen. Wenn Sie besonders gute TN haben, die Sie fördern möchten, tilgen Sie bei Übung 14 den Text in den Sprechblasen.

C DAS HAT RICHTIG SPASS GEMACHT.

Das Perfekt mit *haben*

Lernziel: Die TN können von Ereignissen und Tagesabläufen in der Vergangenheit berichten.

	Form	Ablauf	Material	Zeit
C1		**Präsentation und Systematisierung des Perfekts mit *haben***		
a	PL	1. Zeigen Sie die E-Mail auf Folie/IWB. Da die TN die Satzklammer bei den Modalverben bereits kennengelernt haben, werden sie die Struktur hier wiedererkennen. Lesen Sie den ersten Beispielsatz, indem Sie „habe" und „geschrieben" besonders betonen.	Folie/IWB, Karten	
		Erklären Sie anhand der aktuellen Wochentage die Bedeutung von „heute" und „gestern". Verdeutlichen Sie dann anhand des Tafelbilds, dass Ereignisse in der Gegenwart und der Vergangenheit durch verschiedene Verbformen ausgedrückt werden. Auch das Wort „früher" zeigt Vergangenes an. Erweitern Sie das Tafelbild entsprechend (hier kursiv).		
		heute ⟶ *gestern, früher* Ich <u>finde</u> ein Foto. → Ich <u>habe</u> ein Foto <u>gefunden</u>. Ich <u>übe</u> oft Hula-Hoop. → Ich <u>habe</u> oft Hula-Hoop <u>geübt</u>.		
	⟷	*fakultativ:* In Kursen mit überwiegend ungeübten TN bereiten Sie die ersten drei Beispielsätze im Perfekt auf Karten vor und verfahren wie in A2. Die TN vergleichen den Satz mit den Markierungen im Buch. Die TN sollten erkennen, dass die unterstrichenen Wörter denen der „sitzenden" TN entsprechen.		
	EA/PA	2. Die TN lesen die E-Mail weiter und markieren. Anschließend vergleichen sie mit einem anderen TN. Abschlusskontrolle im Plenum. *Lösung: hat gemacht, hast geliebt, habe gekauft, habe geübt, habe gemacht, habe gesprochen*	Folie/IWB	
	PL	3. Notieren Sie das Beispiel des Grammatik-Kastens an der Tafel und erklären Sie, dass man, um über Vergangenes sprechen zu können, zwei „Teile" braucht: eine Form von „haben" und das sogenannte Partizip Perfekt des Verbs. Präsentieren Sie das Präfix „ge-" als typisches Signal für die Vergangenheit. Ergänzen Sie das Tafelbild entsprechend. Erinnern Sie die TN an die Satzklammer.		

b	PL/EA/PA ⟷	4. Zeigen Sie den TN die Tabelle. Sicher ist den TN bereits in a aufgefallen, dass „geübt" und „geschrieben" unterschiedliche Endungen haben. Fragen Sie, wo „geübt" und wo „geschrieben" eingetragen werden muss. In Kursen mit überwiegend ungeübten TN verfahren Sie mit den restlichen Partizipien aus dem Buch ebenso. In Kursen mit überwiegend geübten TN tragen die TN die Partizipien in Einzel- oder Partnerarbeit in die Tabelle ein. Abschlusskontrolle im Plenum. *Lösung: -(e)t: gemacht, geliebt, gekauft; -en: gefunden, gesprochen*	Folie/IWB	
	PL	5. Fragen Sie die TN nach den jeweiligen Infinitiven und ergänzen Sie sie an der Tafel. -(e)t -en üben geübt geschrieben schreiben machen gemacht gefunden finden		
	PL ⚠	6. Verdecken Sie die Partizipien. Die TN wiederholen mündlich das Partizip Perfekt zu den Infinitiven. Weisen Sie sie darauf hin, dass die regelmäßigen Verben das Partizip auf „-(e)t" bilden, unregelmäßige Verben in der Regel auf „-en". Machen Sie den TN deutlich, dass sie diese Formen mit den neuen Verben mitlernen müssen. Verweisen Sie auch auf die Grammatikübersicht 3 und 5 (Kursbuch, S. 90), wo die TN noch einmal eine Übersicht über die Bildung des Perfekts und über die Satzklammer finden. Gehen Sie auf dieser Stufe noch nicht zu genau auf die Bildung des Perfekts ein. Es genügt, wenn sich die TN zunächst einige wichtige Verben als feste Form merken. Als Hilfestellung dient die kleine Merkhilfe mit der Zeichnung rechts. Die Vergangenheitsformen werden in *Schritte international Neu 2* und 3 vertieft.		
	PL	7. Fragen Sie die TN, ob sie noch weitere Verben im Perfekt kennen und ergänzen Sie sie an der Tafel. Verben, die das Perfekt mit „sein" bilden, nehmen Sie noch nicht auf. Sie werden im D-Teil thematisiert.		
	(TiPP)	Bringen Sie zwei leere Pappkartons oder Papiertüten mit in den Unterricht und beschriften Sie sie mit den Endungen „-en" bzw. „-(e)t". Schreiben Sie die im Buch angegebenen Partizipien sowie einige weitere Partizipien zu Verben, die den TN bereits bekannt sind, auf Kärtchen. Jeder TN ordnet das Kärtchen dem richtigen Karton zu. Diese Übung können Sie an den folgenden Kurstagen wiederholen, nach und nach um weitere Verben ergänzen und die Partizipien durch die Infinitive ersetzen.		
	EA/PA ⟷	**Arbeitsbuch 15**: im Kurs: Geübtere TN lösen die Übung in Stillarbeit. Ungeübtere TN arbeiten paarweise zusammen. *Hinweis:* Hier wird auch die Ja-/Nein-Frage im Perfekt geübt, die den TN im Prinzip von den Modalverben bekannt ist. Gehen Sie herum und helfen Sie. Wenn Sie merken, dass die TN damit nicht zurechtkommen, erläutern Sie die Struktur noch einmal an der Tafel.		
C2		**Anwendungsaufgabe zum Perfekt mit *haben***		
a	EA/PA	1. Die TN sehen sich die Bilder an und ordnen zu. Anschließend Kontrolle im Plenum. Fragen Sie die TN auch nach den Infinitiven und halten Sie ggf. Partizip Perfekt und Infinitiv analog zur Übung 15 im Arbeitsbuch an der Tafel fest. *Lösung: A gefrühstückt, B Nachricht geschrieben, C Evi getroffen, E Picknick gemacht, F einen Hula-Hoop-Reifen gekauft, G mit Evi im Restaurant gegessen, H geschlafen*	Folie/IWB	
b	PL	2. Fragen Sie einen TN: „Wann hat Walter gefrühstückt?". Machen Sie eine weitere Frage und fordern Sie einen geübteren TN auf zu antworten.		
	PA	3. Die TN befragen sich gegenseitig: „Was hat Walter am … / in der Nacht gemacht?".		

EA	4. *fakultativ:* Die TN verschriftlichen Walters gestrigen Tag. Sammeln Sie die Texte zur Korrektur ein oder schreiben Sie mit den TN eine Musterlösung an die Tafel. Die TN vergleichen und korrigieren selbstständig. *Hinweis:* Hier können Sie den Film „Ui!" aus „Zwischendurch mal ..." (Kursbuch, S. 92) einflechten. Die TN können z. B. passende Ausrufe zu Walters Tag suchen.	ZDM	
EA/HA	Arbeitsbuch 16		
EA/PA Grammatik entdecken ⟷	Arbeitsbuch 17: im Kurs: Die TN sollten sich angewöhnen, analog zu dieser Übung unregelmäßige Verben nicht nur im Infinitiv, sondern auch in der 3. Person Singular Präsens und mit dem Partizip Perfekt und dem Hilfsverb zu notieren. Dadurch stehen ihnen immer alle notwendigen Sonderformen zur Verfügung und können mitgelernt werden. Beginnen Sie die Listen mit den TN zusammen, geübtere TN setzen sie dann in Stillarbeit, ungeübtere in Partnerarbeit fort. Abschlusskontrolle im Plenum.		
EA/HA	Arbeitsbuch 18		

TiPP	Fordern Sie die TN auf, ab und zu solche kleinen Gespräche auswendig zu lernen. Damit haben die TN zum einen Muster im Kopf, an denen sie sich bei der Bildung eigener Sätze orientieren können; zum anderen enthalten diese Gespräche Versatzstücke, die sich im Alltag verwenden lassen, und die die TN dann automatisch parat haben. Dazu eignet sich auch das gemeinsame Sprechen im Chor.

C3	Anwendungsaufgabe: Partnergespräch über Aktivitäten und Zeiten		
a PA	1. Die Paare erhalten je sieben Kärtchen in einer Farbe und notieren auf den einen Kärtchen die sieben Wochentage und auf den anderen verschiedene Uhrzeiten.	Kärtchen in zwei Farben	
b PL ⟷	2. Zwei TN lesen den Beispieldialog. Dann mischen die Paare ihre Karten und legen sie in zwei Stapel nebeneinander. Ein TN zieht einen Tag und eine Uhrzeit und befragt den anderen. Weisen Sie die TN noch einmal auf die Satzstellung in W-Fragen und Ja-/Nein-Fragen hin (Grammatik-Kasten und Grammatikübersicht 5, S. 90). Danach zieht der andere etc. Schnellere TN, die schon fertig sind, schreiben einen kleinen Text über ihr Wochenende.	Kärtchen in zwei Farben	
GA	3. *fakultativ:* Wenn Sie das Partizip Perfekt weiter üben möchten, verteilen Sie je einen Spielplan der Kopiervorlage, einen Würfel und Spielfiguren an die Kleingruppen. Die TN stellen ihre Figuren auf „Start". Der erste TN zieht seine Figur entsprechend der gewürfelten Zahl und nennt das Partizip Perfekt des Verbs auf dem Feld, auf das er gezogen hat. Gewonnen hat, wer zuerst das Ziel erreicht. Die anderen spielen weiter. In der zweiten Runde bilden die TN einen Satz im Perfekt mit dem entsprechenden Verb auf ihrem Feld. In der dritten Runde ordnen Sie den Würfelzahlen Tageszeiten zu (1 = am Morgen, 2 = am Wochenende, 3 = am Abend etc.) und schreiben sie an die Tafel. Die TN bilden nun mit der Zeit und dem Verb einen Satz.	Kopiervorlage L7/C3, Würfel, Spielfiguren	
EA/PA Grammatik entdecken ⟷	Arbeitsbuch 19: im Kurs: Die Übung kann von geübteren TN in Stillarbeit gelöst werden. Ungeübtere TN arbeiten paarweise zusammen. Die Abschlusskontrolle kann wieder über die „Stuhlübung" (siehe C1a) erfolgen.		
EA/HA ⟷	Arbeitsbuch 20–21: im Kurs: Alle TN lösen Übung 20. Geübtere TN können außerdem Übung 21 bearbeiten. Bei der Abschlusskontrolle im Plenum können die TN, wenn sie möchten, ihre Texte vorlesen.		
EA/HA Schreib-training ⟷	Arbeitsbuch 22: im Kurs: Helfen Sie den TN, ihre Schreibfertigkeiten aufzubauen. Ungeübtere TN erhalten die Sätze der E-Mail und ordnen sie zu einem sinnvollen Brief. Dann schreiben sie die E-Mail als Muster ins Heft, die sie dann selbstständig variieren können. Geübtere TN bearbeiten die Übung wie im Buch angegeben. TN mit guten Vorkenntnissen können auch eine ganz freie Antwort ohne die Hilfevorgaben schreiben.		

C4	Aktivität im Kurs: Lebende Sätze		
a GA	1. Die TN sehen sich die Beispiele im Buch an und schreiben anschließend eigene Sätze auf Kärtchen. Korrigieren Sie die Sätze, bevor die TN die Karten mischen. Erinnern Sie die TN daran, auch Satzzeichen zu notieren. *fakultativ:* Wenn Ihnen im Kurs nicht ausreichend Zeit zur Verfügung steht, können Sie zur Vereinfachung und Unterstützung der Aktivität auch auf die Kopiervorlage im Lehrwerkservice unter www.hueber.de/schritte-international-neu zurückgreifen.	Kärtchen, KV L7/C4 im Lehrwerkservice	
b PL	2. Mischen Sie alle Kärtchen und verteilen Sie an jeden TN eins. Die TN versuchen, ihre Partner zu finden und mit diesen den Satz wieder zusammenzusetzen. Sie stellen sich dann in der richtigen Reihenfolge und mit dem korrekten Satzzeichen auf. Die entstandene Gruppe bildet einen „lebenden Satz". Haben Sie mehr TN als Wortkarten, können die übrigen TN die „lebenden Sätze" ggf. korrigieren und die korrekten Sätze abschließend an die Tafel schreiben.		
PL	3. *fakultativ:* Bitten Sie die TN anschließend, ihre Position so zu verändern, dass aus den Fragen Aussagesätze werden und umgekehrt. Durch dieses Umstellen wird noch einmal deutlich, dass sich zwar die Position von „haben" verändert, die des Partizip Perfekt jedoch gleich bleibt. Die TN versuchen, aus den Kärtchen noch weitere neue Sätze zu bilden.		

D ICH BIN HEUTE IN DIE STADT GEGANGEN.

Das Perfekt mit *sein*

Lernziel: Die TN können über Aktivitäten in der Vergangenheit erzählen und ihre Häufigkeit ausdrücken.

	Form	Ablauf	Material	Zeit
D1		Präsentation und Systematisierung des Perfekts mit *sein*		
	PL	1. Die TN sehen sich die Zeichnungen an, lesen und ordnen zu. Kontrolle im Plenum. *Lösung: ... bin ... gekommen, ... bin ... gefahren*		
	PL	2. Fragen Sie die TN: „Was hat Walter gemacht?". Da den TN die Konjugation von „sein" bereits bekannt ist, werden sie die Sätze umformen können. Bei Schwierigkeiten, verweisen Sie auf den Grammatik-Kasten.		
	PL	3. Verweisen Sie auf die kleine Zeichnung über dem Grammatik-Kasten, in der die wichtigsten Verben, die das Perfekt mit „sein" bilden, symbolisiert sind. Stellen Sie sich für alle sichtbar hin, markieren Sie Ihren Standort und sagen Sie: „Jetzt bin ich hier.". Gehen Sie dann ein paar Schritte durch den Raum und fragen Sie die TN dabei: „Was mache ich jetzt?". Die TN werden voraussichtlich sagen: „Sie gehen/ laufen.". Bleiben Sie dann an einer anderen Stelle stehen, markieren Sie Ihren Standort erneut und fragen Sie: „Jetzt bin ich hier. Was habe ich gemacht?". Geben Sie selbst ganz betont die Antwort: „Ich bin gegangen.". Abschließend deuten Sie auf die zwei markierten Standorte. Wenn nötig, wiederholen Sie die Demonstration mit dem Verb „fahren". Den TN sollte klar werden, dass Verben, die mit einer Ortsveränderung verbunden sind, das Perfekt mit „sein" bilden. Weisen Sie auf den Grammatik-Kasten im Buch und die Grammatik-Übersicht 4 (Kursbuch, S. 90) hin. Verweisen Sie auch noch einmal auf die Satzklammer.		
	⟷	Es genügt, wenn sich die TN vorerst die Verben „gehen", „fahren" und „kommen" mit „sein" als feste Formel merken. Geübtere TN können überlegen, welche anderen Verben noch zu der Zeichnung passen, z. B. „laufen", „rennen", „Auto fahren" etc. Halten Sie diese mit dem Partizip an der Tafel fest.		

TiPP		Da die Bildung des Perfekts mit „haben" oder „sein" den meisten TN große Schwierigkeiten macht, können Sie mit den TN zwei Plakate erstellen, auf denen an den folgenden Kurstagen die neuen Verben mit „sein" und mit „haben" gesammelt werden. Malfreudige TN können die Zeichnung aus dem Buch auf das „Sein"-Plakat übertragen. So können die TN immer wieder nachsehen und sich die Verben einprägen.		
	EA/HA	Arbeitsbuch 23		
	EA/PA Grammatik entdecken	Arbeitsbuch 24: im Kurs: Die TN notieren sich auch hier die Verben auf die im Lernschritt C eingeführte Weise (vgl. Übung 17). Beginnen Sie die Listen mit den TN zusammen, geübtere TN setzen sie dann in Stillarbeit, ungeübtere in Partnerarbeit fort. Abschlusskontrolle im Plenum.		
	EA/HA	Arbeitsbuch 25		

D2 Lese- und Hörverstehen: Gespräche Anzeigen zuordnen

	PL	1. Die TN lesen die Anzeigen. Fragen Sie: „Was ist das Thema?" (Ferien und Lernen).		
	EA/PL	2. Die TN lesen die Anzeigen noch einmal und markieren, was man lernen kann. Dann hören sie die Gespräche und ordnen zu. Anschließend Kontrolle im Plenum. *Lösung: 1 B, 2 C*	CD 2/53–54 2:58	

D3 Hörverstehen: Details in Gesprächen verstehen

a	PL	1. Die TN lesen die Aufgabe, hören dann noch einmal und kreuzen an. Anschließend Kontrolle im Plenum. *Herr Janz: 3, 4; Frau Albers: 2, 5, 6*	CD 2/53–54 2:58	
b	PA	2. Die TN sprechen über die Urlaube von Herrn Janz und Frau Albers, indem sie die Beispiele aus a in komplette Perfekt-Sätze umformen. Jeder TN spricht über eine Person.		
	EA/PA Grammatik entdecken	Arbeitsbuch 26: im Kurs: Geübtere TN arbeiten in Stillarbeit, ungeübtere TN arbeiten paarweise zusammen. Die TN machen sich noch einmal die Satzklammer bewusst. Üben Sie auch die Satzstellung beim Perfekt mit „sein" in lebenden Sätzen wie in C4.		
	EA/HA	Arbeitsbuch 27–28: im Kurs: Alle TN lösen Übung 25. Geübtere TN ergänzen außerdem auch Übung 26. Wenn Sie die Übungen als Hausaufgabe aufgeben, sollten sie von allen bearbeitet werden.		
	PL	Arbeitsbuch 29: im Kurs	AB-CD 1/78 1:56	

D4 Aktivität im Kurs: Teilnehmerbefragung

a	PA	1. Die TN lesen die Beispiele, um Anregungen für Fragen zu bekommen. Sie schreiben sechs eigene Fragen. Gehen Sie herum und helfen Sie bei Grammatik- und Wortschatzfragen.		
b	WPA	2. Die TN stellen ihre Fragen verschiedenen anderen TN und schreiben die Namen mit. Weisen Sie die TN auch auf die Rubrik „Häufigkeit: Ja, schon öfter." (Kursbuch, S. 91) hin. *fakultativ:* Wenn Sie das Perfekt weiter üben möchten, verteilen Sie je einen Satz Karten der Kopiervorlage an die Kleingruppen. Ein TN in der Gruppe zieht eine Karte und spielt das Verb pantomimisch vor. Die anderen raten: „Was hat der TN gemacht?" und antworten im Perfekt. Wenn nötig, machen Sie einige Beispiele im Plenum vor, damit die TN das Prinzip verstehen. In Kursen mit ungeübteren TN können Sie auch nur im Plenum spielen.	KV L7/D4	
TiPP		Setzen Sie das Pantomime-Spiel zur Festigung mehrfach ein. Sie können es später durch weitere Verben erweitern.		

E EINE SPRACHE LERNEN

Lernziel: Die TN können Tipps fürs Sprachenlernen geben und Wichtigkeit ausdrücken.

	Form	Ablauf	Material	Zeit
E1		**Leseverstehen: Tipps fürs Sprachenlernen aus dem Internet verstehen**		
a	PL	1. Die Bücher sind geschlossen. Fragen Sie die TN: „Welche Sprachen sprechen Sie?", „Wo und wie haben Sie die Sprache gelernt?". Die TN geben kurze Statements dazu ab. Die TN können sich zum Zeichen, wer dran ist, einen Ball zuwerfen.	Ball	
	EA/PA ⬌	2. Die TN öffnen die Bücher und lesen zuerst die Frage von Elano. Fragen Sie: „Was ist das Problem von Elano?", „Was braucht er?". Dann lesen die TN die anderen Texte und ordnen die Tipps zu. Ungeübtere TN arbeiten zu zweit. Anschließend Kontrolle im Plenum. *Lösung: Vendetta99: 1; Maxi: 2, 6, 3; Felipa-Fee: 2, 3, 5*		
b	EA	3. Die TN lesen die Texte noch einmal. Geben Sie Gelegenheit zu Wortschatzfragen. Dann markieren die TN mit drei Farben, welche Tipps sie gut/wichtig finden, was sie schon einmal gemacht haben und was sie gern machen wollen.		
	GA	4. Die TN lesen die Beispiele. Weisen Sie sie auch auf die Rubrik „Wichtigkeit: Ich finde den Tipp wichtig." (Kursbuch, S. 91) hin. Dann sprechen die TN in Kleingruppen über die Tipps. Gehen Sie herum, hören Sie in die Gruppen hinein und helfen Sie bei einer stockenden Unterhaltung ggf. durch gezielte Fragen wie: „Wer von euch hat einen Tandem-Partner?", „Wer hat schon mal eine DVD auf Deutsch angesehen?" etc.		
E2		**Aktivität im Kurs: Tipps fürs Deutschlernen geben**		
a	GA	1. Die TN arbeiten in den Kleingruppen von E1b weiter. Die Gruppen überlegen sich weitere Tipps fürs Deutschlernen und erstellen Plakate. Erweiternd können die TN in Stichworten dazuschreiben, wie genau sie Vokabeln lernen oder welche Comics sie lesen.	Plakate, Stifte	
b	PL	2. Die Gruppen stellen ihre Plakate im Plenum vor. Als Kick-off können Sie sich an dem Beispiel orientieren.	Plakate	
	PL	3. *fakultativ:* Verteilen Sie an jeden TN drei Klebepunkte. Die TN kleben Sie auf die Plakate an die Punkte, die sie am interessantesten / am hilfreichsten finden. *Hinweis:* Lassen Sie die Plakate mehrere Wochen hängen oder hängen Sie sie bei Platzmangel nach zwei Wochen noch einmal auf. Sprechen Sie nach dieser Zeit mit den TN darüber, was sie ausprobiert haben. Hat es geholfen? Gibt es neue Ideen? *Hinweis:* Hier können Sie zur Auflockerung das Lied „Der App-Depp" aus „Zwischendurch mal ..." (Kursbuch, S. 93) einflechten. Auch hier geht es in witziger Weise ums Lernen mit modernen Apps.	Plakate, Klebepunkte ZDM	
	TIPP	Holen auch Sie sich von den Plakaten Ideen. Bauen Sie einen Comic, einen Film in den Unterricht ein. Besonders erfolgreich wird der Kurs für die TN, wenn sie möglichst so lernen können, wie es ihnen besonders liegt und gefällt. Dieses Gefühl des Erfolgserlebnisses fällt auch auf Sie als Kursleiterin/Kursleiter zurück.		
	EA/HA	Arbeitsbuch 30		
	EA/PL 🌐	Arbeitsbuch 31: im Kurs: Die TN setzen sich mit internationalen Wörtern auseinander. Suchen Sie mit den TN ggf. weitere Wörter.		

EA Prüfung	**Arbeitsbuch 32:** Die TN markieren in a die passende Anrede und Grußformel, bevor sie in b die E-Mail an die Surfschule schreiben. *Variante:* Wenn Sie die Übung als Aufgabe zur Prüfungsvorbereitung auf *Start Deutsch 1* gestalten möchten, geben Sie den TN insgesamt zehn Minuten Zeit zum Schreiben. Korrigieren Sie die E-Mails. *Hinweis:* Pro Frage sollten im zweiten Teil „Schreiben" der Prüfung *Start Deutsch 1* ein bis zwei Sätze geschrieben werden.			
GA	*fakultativ:* Wenn Sie noch Zeit haben, können Sie hier die Wiederholung zu Lektion 7 anschließen.	KV L7/Wiederholung	
Lektionstests	Einen Test zu Lektion 7 finden Sie hier im LHB auf den Seiten 188–189. Weisen Sie die TN auf den Selbsttest im Arbeitsbuch auf Seite 84 hin.	KV L7/Test	

AUDIO- UND VIDEOTRAINING

Form	Ablauf	Material	Zeit
Audiotraining 1: Was können Sie sehr gut? Was können Sie gar nicht?			
EA/HA	Die TN werden von einem Sprecher gefragt, ob sie bestimmte Fähigkeiten haben und sollen in den Sprechpausen bejahend („Ja, ich kann sehr gut …") oder verneinend („Nein, ich kann gar nicht …") antworten.	CD 2/55	3:21
Audiotraining 2: Ich will …			
EA/HA	Die TN trainieren in einer Echo-Übung die Konjugation von „wollen". Der Sprecher gibt einen Satz vor: „Ich will…" / „Wir wollen …", der als Echo mit dem gespiegelten Personalpronomen wiederholt werden soll: „Ah, du willst …" / „Ah, ihr wollt …".	CD 2/56	1:36
Audiotraining 3: Was machen wir am Wochenende?			
EA/HA	Der Sprecher gibt eine Aktivität vor, die die TN in eine Frage umformulieren sollen: „Wollen wir vielleicht …?".	CD 2/57	2:37
Videotraining 1: Wollen wir tanzen gehen?			
EA/HA	Die TN sehen in dem Film vier kleine Gespräche zwischen Lara und Tim, in denen sie sich verabreden. Die TN lernen den Wortschatz für verschiedene Reaktionen kennen: ablehnen, annehmen, etwas aushandeln. *fakultativ:* Wenn Sie das Videotraining im Kurs machen wollen, können geübtere TN weitere ähnliche Gespräche schreiben und sie im Kurs vorspielen. Ungeübtere TN spielen die Gespräche wie im Film nach.	Film „Wollen wir tanzen gehen?"	2:48
Videotraining 2: Ich kann nicht tanzen.			
EA/HA	Mit dem Film können die TN wiederholen, wie sie ihre Fähigkeiten ausdrücken können. Tim zeigt ein Bild mit einer Aktivität und Lara zeigt gestisch den Grad des Könnens an. Die TN haben Zeit, entsprechend zu antworten. Dann geben Tim oder Lara die Lösung. Empfehlen Sie besonders den ungeübteren TN diesen Film, den Sie auch später immer mal wieder zur Wiederholung und Festigung benutzen können.	Film „Ich kann nicht tanzen."	2:03

ZWISCHENDURCH MAL …

Form	Ablauf	Material	Zeit
	Ui! (passt z. B. zu A3 und C2) *3:05* In kleinen Szenen spielen Lara und Tim die Interjektionen im Kontext vor.		
PL	1. Die TN sehen sich den Film an. Stoppen Sie nach jeder Sequenz und besprechen Sie mit den TN die Situation, in die die jeweilige Interjektion eingebettet ist. *fakultativ:* Verteilen Sie die Kopiervorlage. Die TN sehen sich die Fotos und die Interjektionen im Buch an und beraten mit dem Partner, welches Foto zu den Sätzen in Übung 1 passt. Anschließend sehen die TN den Film und vergleichen, ob ihre Vermutungen auf der Kopiervorlage passen. Abschlusskontrolle im Plenum. *Hinweis:* Interjektionen sind kurze Ausrufe. Meistens drücken sie eine Emotion (Freude, Wut, Überraschung, Erstaunen, Zweifel etc.) aus und werden auch sehr emotional vorgebracht. Mimik, Gestik und Intonation sind deshalb sehr wichtig. Sie machen ein Gespräch lebendig und sind oft stark automatisiert, sodass man sie auch in der Fremdsprache nicht leicht ablegt. Dabei sind sie keineswegs international: Für „Igitt" wird z. B. im Englischen „Ugh" verwendet. Bei Schmerzen rufen Deutsche „Au", „Aua" oder „Autsch", Finnen dagegen „Ai" etc.	KV L7/ZDM	
PL	2. *fakultativ:* Die TN vergleichen die Interjektionen mit denen ihrer Muttersprache. Welche sind gleich? Welche sind anders?		
PL	3. Die TN sehen den Film noch einmal und konzentrieren sich nun auf die Gestik, Mimik und Intonation.		
PL	4. Die TN sehen den Film ohne Ton und sprechen im Chor die Interjektionen. Anschließend üben sie mithilfe der Fotos im Buch zu zweit.		
EA/PL	5. *fakultativ:* Die TN bearbeiten Übung 2 der Kopiervorlage. Anschließend Kontrolle im Plenum, indem je zwei TN die Gespräche mit guter Intonation lesen.	KV L7/ZDM	
PA	6. Die TN suchen sich zu zweit drei Ausrufe aus und überlegen sich kleine Szenen. Sie können pantomimisch wie im Film oder dialogisch sein.		
PL	7. Die TN spielen die Szenen im Plenum vor.		

TiPP	Es sollten immer alle TN die Möglichkeit bekommen, ihre Gespräche im Kurs vorzuspielen. Oft ist dafür in großen Gruppen keine Zeit oder es würde für alle zu langweilig, immer ähnlichen Vorträgen zuzuhören. Verteilen Sie daher die Präsentationen auf mehrere Unterrichtstage, z. B. indem Sie immer die letzten zehn Minuten einer Stunde für Rollenspiele und freie Aktivitäten reservieren. Diese zehn Minuten sind zugleich eine ideale Wiederholung der letzten Unterrichtseinheiten bzw. eine gute Möglichkeit für eine Rückblende.

Form	Ablauf		
PL ←→	8. *fakultativ:* Fragen Sie die TN: „Kennen Sie noch andere Ausrufe?" Halten Sie sie an der Tafel fest und klären Sie mithilfe der TN die Bedeutung. In Kursen mit ungeübteren TN suchen die TN in den Gesprächen im Buch nach weiteren Ausrufen, z. B. Lektion 6/ B2 und C2. Klären Sie mit den TN die Bedeutung. In Kursen mit überwiegend geübten TN schreiben Sie einige der unten angegebenen Interjektionen auf Kärtchen. Die TN überlegen in Kleingruppen, was sie bedeuten könnten. Dann verteilen Sie Karten mit den Erklärungen. Die TN ordnen zu. Anschließend Kontrolle im Plenum. Als Hausaufgabe können die TN zu zweit passende Szenen schreiben und sie in den folgenden Kurstagen vorspielen.		

Ach ja?	„Das glaube ich nicht." / „Stimmt das wirklich?" / „Bist du sicher? Ich nicht."	
Ach so. / Aha.	„Jetzt habe ich verstanden." / „Jetzt ist (mir) das klar."	
Äh(m)	(Beim Sprechen eine Pause füllen) „Was will ich sagen?" / „Moment, ich weiß gerade nicht weiter."	
Ah! / Mmmh!	„Das tut gut."	
Hoppla	(Wenn man selbst / jemand anders oder etwas – fast – gefallen wäre oder ist) „Vorsicht, du fällst!" / „Ich bin erschrocken."	
Hurra!	„Ich freue mich so." / „Das ist super."	
Husch!	„Geh weg (, aber leise)!"	
Oh!	„Das habe ich nicht gewusst." / „Das überrascht mich jetzt."	
Na bitte. / Na also.	(Triumph) „Warum nicht gleich so!" / „Ich hab´s ja gewusst!" / „Siehst du!"	
Na gut. / Na schön.	„Ich habe keine Lust, aber ich mache es." / „Ich möchte nicht, aber okay."	
Na ja.	„Ich weiß nicht so richtig." / „Das gefällt mir nicht so gut."	
Na, na, na.	„Das tut/sagt man nicht!"	

Lied		Der App-Depp (passt z. B. zu B2 und E2)	
1	GA	1. Teilen Sie den Kurs in Gruppen zu je vier TN. Erstellen Sie für jede Gruppe einen Satz Karten. Auf jeder Karte steht ein Wort: „Gitarre", „spielen", „Fußball", „spielen", „Opern", „singen", „richtig", „lachen". Die Gruppen ordnen die Karten so, dass immer zwei zusammenpassen. Anschließend Kontrolle im Kurs. *Lösung: Gitarre spielen, Fußball spielen, Opern singen, richtig lachen* *fakultativ:* Wenn Sie die Übung erschweren wollen, nehmen Sie noch „Ski", „fahren", „tanzen", „gehen" hinzu. Die Verben können dann später für die neuen Strophen verwendet werden.	Karten
	GA	2. Die Bücher sind geschlossen. Die TN bleiben in den Gruppen und hören das Lied. Die Gruppen ordnen die Karten nach ihrem Vorkommen im Lied.	CD 2/58 2:33
	PL	3. Die TN öffnen die Bücher, hören das Lied noch einmal und lesen den Text mit. Sie ordnen die Bilder zu. Anschließend Kontrolle im Plenum. *Lösung: A 4, C 2, D 1*	CD 2/58 2:33
2/3		1. Die TN hören das Lied noch einmal und singen in zwei Gruppen mit, die erste Gruppe singt die Strophen, die zweite den Refrain, danach können die Gruppen tauschen.	
	PL	2. *fakultativ:* Ein TN liest das Lied satzweise vor. Überlegen Sie mit den TN zusammen, welche Geste man zu diesem Satz machen könnte, z. B. „Gitarre spielen": alle spielen Luftgitarre, „Ich kann nicht …": den Kopf schütteln und mit der Hand eine abwehrende Bewegung machen etc. Die TN hören das Lied noch einmal und singen mit, indem sie die entsprechenden Gesten machen.	CD 2/58 2:33
	PA	3. Die TN sammeln zu zweit weitere App-Ideen und schreiben neue Strophen für das Lied. Anschließend lesen einige TN ihre Strophen vor, die anderen sprechen den Refrain im Chor. In Kursen, die gern singen, können die TN ihre Strophen auch singen, der ganze Kurs singt dann den Refrain.	

FOKUS BERUF: SMALL TALK IM BÜRO

Die TN können im Büro mit anderen Small Talk machen und kennen die Regeln.

	Form	Ablauf	Material	Zeit
1		**Einstieg in das Thema: Small-Talk-Themen sammeln**		
a/b/c	PA/GA	1. In Kursen mit TN aus demselben Heimatland sammeln Sie mit den TN Small-Talk-Themen im Plenum und halten Sie sie an der Tafel fest. Die TN nehmen ggf. ihre Wörterbücher zuhilfe. In Kursen mit TN aus verschiedenen Ländern können Sie Ländergruppen bilden. Die TN sammeln dann in Gruppen und halten ihre Themen auf Plakaten fest. In diesem Fall stellen die Ländergruppen ihre Themen anschließend im Plenum vor.	Plakate	
	PL	2. Sammeln Sie mit den TN, welche Themen sich nicht für Small Talk eignen.		
	PL	3. Sammeln Sie mit den TN, welche Themen in Deutschland passen.		
	Länderinfo	Es ist in Deutschland unmöglich, über Einkommen und die persönliche finanzielle Situation zu sprechen. Auch politische Themen eignen sich nicht für den Small Talk. Das Wetter, Urlaub, Essen, Musik, Filme, Sport, sonstige Gemeinsamkeiten, Gebäude oder die Stadt, in der man sich gerade befindet, eignen sich meistens. Allerdings sollte man immer die Gefühle des Hörers berücksichtigen, falls man Kritik üben möchte. Ein wichtiger Aspekt beim Small Talk ist, dass sich die Gesprächspartner wohlfühlen.		
2		**Hörverstehen: Private Gespräche in der Firma**		
a	EA	1. Die TN hören die Gespräche so oft wie nötig und notieren die Themen, über die die Leute sprechen. Sie vergleichen ihre Lösungen mit einem anderen TN. Anschließend Kontrolle im Plenum. *Lösung: 2 Wetter, 3 Reisen, Urlaub*	AB-CD 1/79–81 *2:52*	
b	EA ⟷	2. Die TN hören die Gespräche noch einmal und kreuzen an, welche Sätze sie hören. Dabei können ungeübtere TN zu zweit arbeiten. Anschließend Kontrolle im Plenum. *Lösung: 1 Oh, ganz gut.; … nicht so gern …; Ja, sehr gern.; Gute Idee! 2 Wie geht es Ihnen?; Danke gut, und Ihnen?; Schönen Tag noch! 3 Ja, das stimmt!; Ah, sehr schön!; Also, …*	AB-CD 1/79–81 *2:52*	
3		**Ein Gespräch schreiben und führen**		
	PA	1. Die TN wählen zu zweit ein Thema aus 1a und schreiben zu zweit ein Small-Talk-Gespräch dazu. Hilfe finden die TN in den Sätzen aus 2b. *Hinweis:* Achten Sie darauf, dass nicht alle ein Gespräch in der Du-Form schreiben, sondern dass auch einige Beispiele in der Sie-Form geschrieben werden.		
	PL	2. Die TN spielen die Gespräche im Plenum vor.		
	TiPP	Gelungene Gespräche übertragen die TN auf Plakate, die sie im Kursraum aufhängen. Dann können die TN immer mal wieder nachschauen. Denn die meisten Small-Talk-Gespräche setzen sich aus Floskeln zusammen, die die TN auswendig lernen können.		
	WPA	3. *fakultativ:* Wenn Sie Small Talk weiter üben möchten, bereiten Sie Zettel mit häufigen Small-Talk-Themen aus 1a vor und verteilen Sie sie im Raum. Die TN gehen herum, dazu können Sie Musik spielen. Wenn die Musik stoppt, führen die TN mit dem TN, der am nächsten steht, ein Small-Talk-Gespräch zu dem Thema, das am nächsten liegt/hängt. Dann beginnt die Musik wieder.	Musik	
	TiPP	Sie können diese Übung auch an mehreren Tagen zum Einstieg am Anfang des Kurstages durchführen.		

1 🔊 1–8   **Was passt? Hören Sie und kreuzen Sie an.**

- ☒ Polen
- ○ Deutschland
- ○ Polnisch
- ☒ Deutsch
- ○ Englisch
- ○ Spanisch

- ○ Polen
- ○ Deutschland
- ○ Polnisch
- ○ Deutsch
- ○ Englisch
- ○ Spanisch

- ○ Polen
- ○ Deutschland
- ○ Polnisch
- ○ Deutsch
- ○ Englisch
- ○ Spanisch

- ○ Polen
- ○ Deutschland
- ○ Polnisch
- ○ Deutsch
- ○ Englisch
- ○ Spanisch

Lösung: Lara: Polnisch; Walter: Deutschland, Deutsch, Englisch, Spanisch; Sofia: Deutschland, Deutsch, Englisch;
Lili: Deutschland, Deutsch, Englisch

Schritte international Neu 1, Lehrerhandbuch, 978-3-19-311082-4, © Hueber Verlag 2016

Das ich/du/Sie-Spiel

ich　　　du　　　Sie

Ziel

sein
sagen
schreiben
kommen
hören
fragen
sagen
heißen
schreiben

kommen
hören
sein
schreiben
sagen
hören
kommen
sprechen

sprechen
sagen
heißen
kommen
schreiben
fragen
hören
sein
sprechen
schreiben
kommen

heißen
kommen
fragen
sprechen
sein
heißen
fragen

fragen
heißen
hören
kommen
sein
schreiben
sprechen
fragen
heißen

Start

Schritte international Neu 1, Lehrerhandbuch, 978-3-19-311082-4, © Hueber Verlag 2016
Schritte © Thinkstock/iStock/tereez

Alphabet-Bingo

Kontrollblatt

a	b	c	d	e	f	g	h	i	j
k	l	m	n	o	p	q	r	s	t
u	v	w	x	y	z	ä	ö	ü	ß

Bingo-Blätter

Schritte international Neu 1, Lehrerhandbuch, 978-3-19-311082-4, © Hueber Verlag 2016

Hallo und guten Tag!

1 a Was sagen Sie zur Begrüßung? Sprechen Sie und ergänzen Sie.

 Hallo.

b Was sagen Sie zum Abschied? Sprechen Sie und ergänzen Sie.

 Auf ...

2 Sehen Sie den Film an und ergänzen Sie.

■ ...., Claudia! (a)
● Hallo, Peter.
■ Na, wie geht's?
● ...., ... Und wie geht's dir? (b)

■ Machen Sie es gut, ...Müller. (f)
● Sie auch, ...Schneider. (g)
■ Also, ... (h)
● .... (i)

■ Hi,
● Ach, ... (c)
■ ...., wie geht's euch? (d)
◆ Ganz gut.

■ ...., ..., Frau Pohl. (j)
● Ah, Frau Schneider. Guten Tag. Bitte kommen Sie doch rein.
■ .... Na, wie geht's? (k)
● ...., ..., und Ihnen? (l)

■ Hey, Carina. Was machst du hier?
● Laura! Ja, ...! (e)

___

Lösung: 1a: (Lösungsvorschlag) Guten Tag. Guten Morgen. Hi.
1b: (Lösungsvorschlag) Auf Wiedersehen. Tschüs. Servus. Gute Nacht.
2: a Hallo; b Danke, gut; c hallo; d Hi; e hallo; f Herr; g Frau; h auf Wiedersehen; i Tschüs; j Guten Tag; k Danke schön; l Danke, gut

Familien-Domino

✂

Schwester	mein	Sohn	mein
Bruder	meine	Tochter	mein
Vater	meine	Eltern	meine
Mutter	mein	Bruder	meine
Schwester	meine	Kinder	mein
Sohn	meine	Tochter	mein
Kind	meine	Eltern	meine

Schritte international Neu 1, Lehrerhandbuch, 978-3-19-311082-4, © Hueber Verlag 2016

Zahlen-Bingo

Kontrollblatt

0	1	2	3	4	5	6	7	8	9
10	11	12	13	14	15	16	17	18	19

Bingo-Blätter

Schritte international Neu 1, Lehrerhandbuch, 978-3-19-311082-4, © Hueber Verlag 2016

Wer sagt was? Ordnen Sie zu.

Ich habe Hunger.

Wir haben aber nicht sehr viel.

Möchtest du Pfannkuchen?

Hey, Pfannkuchen, lecker.

Nein, wir haben kein Ei.

Das ist ein Schokoladenei.

Kaufst du bitte zehn Eier?

Ja, natürlich haben wir Eier.

Ja, gut, mache ich.

Das macht dann zusammen 3 Euro 87.

Und die zwei Bananen, bitte.

Kann ich dir helfen?

Hm, naja, vielleicht.

Pfannkuchen sind lecker.

Danke für die Eier, Herr Meier.

Lösung: Foto 1: Ich habe Hunger. – Wir haben aber nicht sehr viel. (Lara)/ Foto 2: Möchtest du Pfannkuchen? (Sofia) – Hey, Pfannkuchen, lecker. (Lara)/ Foto 3: Nein, wir haben kein Ei. (Sofia) – Foto 4: Kaufst du bitte zehn Eier? (Sofia) – Ja, gut, mache ich. (Lili)/ Foto 5: Das ist ein Schokoladenei. – Ja, natürlich haben wir Eier. (Verkäuferin)/ Foto 6: Das macht dann zusammen 3 Euro 87. (Kassierer) – Und die zwei Bananen, bitte. (Lili)/ Foto 7: Kann ich dir helfen? (Herr Meier) – Hm, naja, vielleicht. (Lili)/ Foto 8: Pfannkuchen sind lecker. (Lara) – Danke für die Eier, Herr Meier. (Sofia)

Schritte international Neu 1, Lehrerhandbuch, 978-3-19-311082-4, © Hueber Verlag 2016

Lebensmittel-Domino

	Das ist eine ...		Das ist ein ...
	Das ist ein ...		Das ist eine ...
	Das ist eine ...		Das ist ein ...
	Das ist ein ...		Das ist eine ...
	Das ist ein ...		Das ist eine ...
	Das ist ein ...		Das ist ein ...

Schritte international Neu 1, Lehrerhandbuch, 978-3-19-511082-4, © Hueber Verlag 2016

Ergänzen Sie.

Kartoffel viele *Kartoffeln*

die Kar|tof|fel
[kar'tɔfl]; -, -n:
*außen braunes, innen
gelbes Gemüse, das
unter der Erde wächst*

Joghurt viele _____

der *oder* das Jo|ghurt
['jo:gʊrt]; -[s]: *Lebensmittel, das aus Milch
hergestellt wird und
leicht säuerlich schmeckt*

Zwiebel viele _____

die Zwiebel ['tsvi:bl]; -, -n:
*als Gewürz oder Gemüse
verwendete Knolle mit
dünner Schale, die intensiv
riecht und scharf schmeckt*

Fisch viele _____

der Fisch [fiʃ]; -[e]s, -e:
*im Wasse lebendes Tier,
das sich mithilfe von
Flossen schwimmend
fortbewegt*

Brötchen viele _____

das Bröt|chen
['brøtçən]; -s, -:
*rundes oder längliches
Gebäck aus Mehl, Hefe
und Milch oder Wasser*

Ei viele _____

das Ei ['ai]; -[e]s, -er:
*(meist von einem
Huhn gelegtes) Ei als
Nahrungsmittel*

Pfannkuchen viele _____

der Pfann|ku|chen
['pfanku:xŋ]; -s, -: *in
der Pfanne gebackener,
dünner Teig aus Eiern,
Mehl und Milch*

Kiwi viele _____

die Ki|wi ['ki:vi]; -, -s:
*ovale Frucht mit safti-
gem grünen Fleisch
und brauner behaarter
Schale*

Schritte international Neu 1, Lehrerhandbuch, 978-3-19-311082-4, © Hueber Verlag 2016

1 Was meinen Sie? Was ist in Opas Kartoffelsalat? Kreuzen Sie an.

○ Kartoffeln

○ Würstchen

○ Becher Joghurt

○ Eier

○ Glas Wasser

○ Salatgurke

○ Mayonnaise

○ Essig

○ Knoblauchzehe

○ Apfel

○ Glas Gurken

○ Pfeffer   ○ Salz

○ Bund Frühlingszwiebeln

○ Käse

○ Zwiebeln

○ Speck

○ Spinat

○ Lauch

 2 Sehen Sie nun den Film und vergleichen Sie.

Kartoffeln © fotolia/Denis Dryashkin; Würstchen © fotolia/rdnzl; Joghurt © fotolia/rinzi; Eier © Thinkstock/iStock/EdnaM; Eier © Thinkstock/iStock/Mimadeo; Wasser © Thinkstock/iStock/ratchanida thippayos; Salatgurke © Thinkstock/ iStock/Andrii Goruiko; Mayonnaise © iStock/Kesu; Essig © fotolia/stefanoventuri; Knoblauch © Thinkstock/iStock/Luis Carlos Jiménez del Rio; Apfel © fotolia/Aleksejs Pivnenko; Glas Gurken © iStock/Lee Rogers; Salz, Pfeffer © MEV; Frühlingszwiebeln © Thinkstock/iStock/xtrekx; Käse © Thinkstock/iStock/Jultud; Zwiebeln © iStock/Olivier Blondeau; Speck © Thinkstock/iStock/sonsam; Spinat © Thinkstock/iStock/dionisvero; Lauch © fotolia/Erich Muecke; Klappe © Thinkstock/iStock/popcic

Ergänzen Sie.

Der kleine Mann: Kiosk

1

● Na, Lara? Wie gefällt dir die Lampe? Sie ist nicht neu, aber sie ist ganz schön, oder?

■ Die Lampe ist sehr schön.

2

● Walter, das ist Tim. Tim, das ist Herr Baumann.

■ Hallo Tim.

◆ Hallo, Herr Baumann.

● Tim kommt aus Ottawa.

■ Oh, aus Kanada?

● Ja, richtig.

◆ Tim ist auch im Deutschkurs, Walter.

3

● Sag mal, wo ist denn hier das Bad?

■ Das Bad ist dort.

● Ah, danke.

■ Aber Vorsicht!

● Hm?

■ Es ist nicht groß.

4

● Das Bad ist nicht groß ... Oh nein, es ist klein ...
Hmm? „Lara" – blau, „Sofia" – gelb, „Lili"–rot.
Ja, und Walter? Wohnt Walter nicht hier?

5

◆ Tatata-taaa: Das ist mein Zimmer. Hier wohne ich.

● Hey!

◆ Und? Wie findest du das Zimmer?

● Das Zimmer gefällt mir sehr gut. Es ist groß und hell. Und die Möbel sind sehr schön.

6

● Das Zimmer gefällt mir sehr gut. Aber es ist teuer, oder?

◆ Nein. Das Zimmer ist nicht teuer. Es kostet 150 Euro.

● 150 Euro! In München! Du, das ist aber sehr billig.

◆ Ja?

● Mein Zimmer kostet 350 Euro im Monat.

◆ Was?! 350 Euro?

● Ja!

◆ Boah!

● Und es ist klein und hässlich und dunkel.

7

◆ Das ist die Küche.

● Toll. Sie ist sehr groß.

◆ Ja, stimmt. Ich finde das auch schön.

8

◆ So, was siehst du, Tim?

● Das ist Walter.

◆ Moment. Guck mal hier: eine Mutter und eine Tochter.

● Ja ... und?

◆ Und hier rechts ein Vater und hier links eine Tochter.

● Was? Ach so!

Ergänzen Sie.

groß | billig | neu | teuer | breit | klein | schön | schmal | hell | alt | hässlich | dunkel

Das Haus ist *billig.*

Das Haus ist _____.

Das Auto ist _____.

Das Auto ist _____.

Das Zimmer ist _____.

Das Zimmer ist _____.

Die Straße ist _____.

Die Straße ist _____.

Das Zimmer ist _____.

Das Zimmer ist _____.

Der Tag ist _____.

Die Nacht ist _____.

Lösung: billig – teuer, alt – neu, groß – klein, breit – schmal, schön – hässlich, hell – dunkel

Vier gewinnt

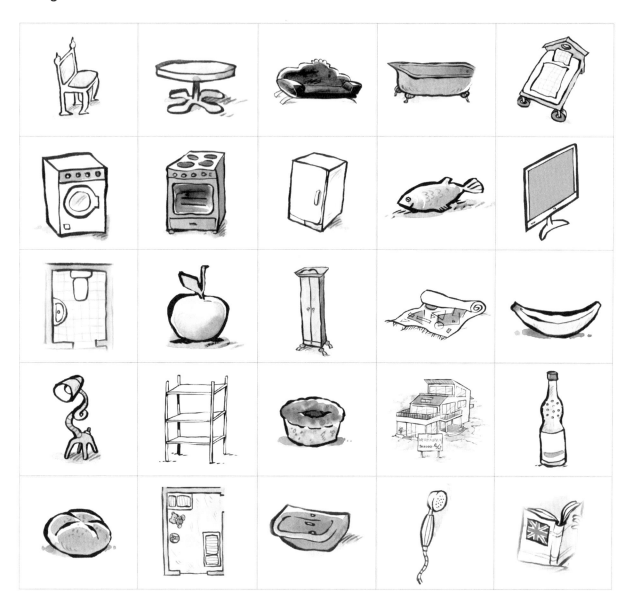

A

Spiel 1 Sie suchen eine 3-Zimmer-Wohnung, ca. 75 Quadratmeter groß, aber nur bis 800 € pro Monat. Sie hätten gerne Balkon und Garage. Informieren Sie sich.

▶ *Ich suche ...*
Ich hätte gerne ...
Wie groß ist die Wohnung?
Ich möchte nur bis ... Euro Miete bezahlen.
Die Wohnung ist zu groß/klein.
Die Wohnung gefällt mir (nicht). ◢

Spiel 2 Sie vermieten Wohnungen. Eine Kundin / Ein Kunde kommt und möchte Informationen:
Sie/Er sucht eine 2-Zimmer-Wohnung mit ca. 50 m². Sie/Er möchte ca. 550 € bezahlen.
Sie/Er braucht eine große Küche, Garage und Balkon. Sie haben diese Wohnungsangebote:

▶ *Ich habe hier eine Wohnung mit Balkon.*
Wie viele Zimmer möchten/brauchen Sie?
Die Wohnung hat ... Quadratmeter.
Die Wohnung kostet ...
Die Wohnung hat eine große Küche ... ◢

2-Zi-Wohnung: ruhige Lage, 55 qm, Balkon, Garage; Wohnküche, 560 €, Nebenkosten 40 €, 2 Monatsmieten Kaution, ab 1.12.	**Ferienwohnung** mit 2 Zimmern, 50 qm, Balkon, Angebot für 14 Tage: 500 Euro
2-Zi-Wohnung im Stadtzentrum, 49 qm, kl. Küche, große Garage, Preis: 520 € plus Nebenkosten, frei ab sofort	**Günstig!** Kleine 3-Zi-Wohnung mit Balkon, großer Küche, eigener Garage für nur 550 Euro plus Nebenkosten 50 Euro!

....

▶

Die Wohnung gefällt mir (nicht).
Die Wohnung ist zu groß/klein.
Ich möchte nur bis ... Euro Miete bezahlen.
Wie groß ist die Wohnung?
Ich hätte gerne ...
Ich suche ... ◢

Sie brauchen eine große Küche, Garage und Balkon. Informieren Sie sich.

Spiel 2 Sie suchen eine 2-Zimmer-Wohnung mit ca. 50 m². Kosten: ca. 500 € + Nebenkosten.

Südpark, **3-ZW**, kl. Balk, gr. TG, 70 qm, 800 € KM, Nebenkosten 160 €
Helle **3-Zimmer-Wohnung**, 74 qm, zentral, EBK, kl. Balkon, Garage, 750 € + NK/KT
3-Zi-Wohnung, 85 qm, zentral, Küche, Bad, WC extra, 850 € Warmmiete

▶

Die Wohnung kostet ...
Die Wohnung hat eine Einbauküche ...
Der Balkon ist ...
Die Wohnung hat ... Quadratmeter.
Wie viele Zimmer möchten/brauchen Sie?
Ich habe hier eine Wohnung mit Balkon. ◢

bezahlen. Sie/Er hätte gerne Balkon und Garage. Sie haben diese Wohnungsangebote:
Sie/Er sucht eine 3-Zimmer-Wohnung mit ca. 75 Quadratmeter. Sie/Er möchte bis 800 €

Spiel 1 Sie vermieten Wohnungen. Eine Kundin / Ein Kunde kommt und möchte Informationen:

B

Laras Tag

Variante A:

Lara *kocht*	das Abendessen.	Sie *ruft*	ihre Familie
an.	Lara *steht*	früh *auf.*	Sie *räumt*
die Küche	*auf.*	Sie *kauft*	im Supermarkt
ein.	Lara *sieht*	*fern.*	Sie *geht*
spazieren.	Lara *räumt*	ihr Zimmer	*auf.*
Sie *hört*	Musik.		

Variante B:

Lara	*kocht*	das	Abendessen.	Sie
ruft	ihre	Familie	*an.*	Lara
steht	früh	*auf.*	Sie	*räumt*
die	Küche	*auf.*	Sie	*kauft*
im	Supermarkt	*ein.*	Lara	*sieht*
fern.	Sie	*geht*	*spazieren.*	Lara
räumt	ihr	Zimmer	*auf.*	Sie
hört	Musik.			

Aktivitäten	Was machst du ...?			
	sehr gern	gern	nicht gern	gar nicht gern
früh aufstehen				
die Wohnung aufräumen				
fernsehen				
kochen				
Fußball spielen				
arbeiten				
meine Eltern anrufen				
Freunde anrufen				
(im Supermarkt) einkaufen				
in den Deutschkurs gehen				
Deutsch sprechen				
die Hausaufgaben machen				

Was macht Lili um ...?

Variante A, Partner A

Wer?	Wann?	Was?
Sofia	7:45	
Lili	7:50	in die Schule gehen
Tim	8:27	zum Deutschkurs gehen
Lili	15:45	
Sofia	18:35	von der Arbeit kommen
Lara	19:15	

Variante A, Partner B

Wer?	Wann?	Was?
Sofia	7:45	zur Arbeit gehen
Lili	7:50	
Tim	8:27	
Lili	15:45	Hausaufgaben machen
Sofia	18:35	
Lara	19:15	das Abendessen kochen

Variante B, Partner A

Wer?	Wann?	Was?
Sofia	7:45 (Viertel vor acht)	
Lili	7:50 (zehn vor acht)	geht in die Schule
Tim	8:27 (kurz vor halb neun)	geht zum Deutschkurs
Lili	15:45 (Viertel vor vier)	
Sofia	18:35 (fünf nach halb sieben)	kommt von der Arbeit
Lara	19:15 (Viertel nach sieben)	

Variante B, Partner B

Wer?	Wann?	Was?
Sofia	7:45 (Viertel vor acht)	geht zur Arbeit
Lili	7:50 (zehn vor acht)	
Tim	8:27 (kurz vor halb neun)	
Lili	15:45 (Viertel vor vier)	macht Hausaufgaben
Sofia	18:35 (fünf nach halb sieben)	
Lara	19:15 (Viertel nach sieben)	kocht das Abendessen

Kopiervorlage L5 / E1

Uhrzeit-Domino

zehn nach zwölf	7.04	kurz nach sieben	10.13
zehn Uhr dreizehn	10.30	zehn Uhr dreißig	17.20
zwanzig nach fünf	22.15	Viertel nach zehn	23.57
kurz vor zwölf	12.02	kurz nach zwölf	16.10
sechzehn Uhr zehn	3.45	Viertel vor vier	11.13
elf Uhr dreizehn	14.30	halb drei	9.35
fünf nach halb zehn	8.59	acht Uhr neunundfünfzig	6.43
sechs Uhr dreiundvierzig	15.15	Viertel nach drei	4.27
kurz vor halb fünf	18.33	achtzehn Uhr dreiunddreißig	0.45
Viertel vor eins	21.29	einundzwanzig Uhr neunundzwanzig	13.48
dreizehn Uhr achtundvierzig	19.30	halb acht	11.02
kurz nach elf	8.30	halb neun	0.10

1 Was passt zusammen? Verbinden Sie. Einige Verben passen zweimal!

einen Ausflug	fahren
Gitarre	schreiben
Musik	machen
Auto	spielen
Würstchen	hören
Nachrichten	essen

2 a Was machen Sie gern? Kreuzen Sie an.

Aktivitäten	ich		meine Partnerin / mein Partner	
	gern	nicht gern	gern	nicht gern
wandern				
kochen				
fernsehen				
ein Picknick machen				
mit der Familie telefonieren				
spazieren gehen				
Würstchen essen				
Nachrichten schreiben				
Musik hören				
einen Ausflug machen				
Musik machen				
Auto fahren				

2 b Fragen Sie dann Ihre Partnerin / Ihren Partner und kreuzen Sie an.

- ● Wandern Sie gern? / Wanderst du gern?
- ■ Ja, ich wandere gern. / Nein, ich wandere nicht gern.

_____

Lösung: 1 einen Ausflug – machen, Gitarre – spielen, Musik – hören/machen, Auto – fahren, Würstchen – essen, Nachrichten – schreiben/ hören

Wetter-Memo-Spiel

Es schneit.

Es sind 25 Grad.
Es ist warm.

Es regnet.

Die Sonne scheint.

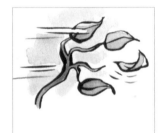

Es ist windig.

Es ist bewölkt / Es
gibt viele Wolken.

Es sind nur 7 Grad.
Es ist kalt.

Quartett

der Apfel

die Banane
die Orange
die Tomate

die Banane

die Orange
die Tomate
der Apfel

die Orange

die Tomate
der Apfel
die Banane

die Tomate

der Apfel
die Banane
die Orange

die Cola

das Mineralwasser
der Apfelsaft
der Wein

das Mineral-wasser

der Apfelsaft
der Wein
die Cola

der Apfelsaft

der Wein
die Cola
das Mineralwasser

der Wein

die Cola
das Mineralwasser
der Apfelsaft

der Herd

die Waschmaschine
der Fernseher
der Kühlschrank

die Waschmaschine

der Fernseher
der Kühlschrank
der Herd

der Fernseher

der Kühlschrank
der Herd
die Waschmaschine

der Kühlschrank

der Herd
die Waschmaschine
der Fernseher

der Schrank

das Sofa
der Tisch
das Bett

das Sofa

der Tisch
das Bett
der Schrank

der Tisch

das Bett
der Schrank
das Sofa

das Bett

der Schrank
das Sofa
der Tisch

Aktivitäten

schwimmen	wandern	Fußball spielen	grillen
Gitarre spielen	tanzen	spazieren gehen	Zeitung lesen
Fahrrad fahren	Musik hören	Auto fahren	ein Picknick machen
kochen	fernsehen	Freunde treffen	Computer spielen

Almas Hobby: Wolkenfotos

1 a Sehen Sie den Film ohne Ton an. Was macht Alma? Kreuzen Sie an.

○ fotografieren
○ im Internet surfen
⊗ spazieren gehen
○ am Computer Fotos ansehen
○ Fahrrad fahren
○ wandern
○ Freunde treffen

1 b Schreiben Sie Sätze. Was macht Alma?

Alma geht spazieren. Sie ...

2 Was ist richtig? Kreuzen Sie an.

a ○ Alma ist 43 Jahre alt.
b ○ Sie wohnt im Süden von Deutschland.
c ⊗ Ihre Lieblingshobbys sind Spazierengehen und Fahrradfahren.
d ○ Alma fotografiert nie den Himmel.

e ○ Alma findet Wolken interessant.
f ○ Almas Wolken haben viele Farben.
g ○ Wolken sind wie Bananen: ganz verschieden.

h ○ Alma arbeitet nur am Wochenende.
i ○ Alma hat am Wochenende immer ihr Handy dabei.

Lösung: 1 a fotografieren, am Computer Fotos ansehen, Fahrrad fahren; 1 b Sie fotografiert Wolken. Sie sieht am Computer Fotos an. Sie fährt Fahrrad. 2 e, f, i

Frage und Antwort

A

Fragen Sie Ihre Partnerin / Ihren Partner. Notieren Sie die Antwort.

A: Kann Petra singen?
B: Nein, sie kann gar nicht singen.

B: Kann Petra fotografieren?
A: Ja, sie kann toll fotografieren.

 Bei „nicht so gut" antwortet man: „Nein, Petra kann nicht so gut singen."

	Petra	Bärbel und Rainer	Niko	Petras Eltern
fotografieren	toll			gut
singen		nicht so gut		
Auto fahren	sehr gut		gut	gar nicht
Gitarre spielen		leider nicht	ein bisschen	
schwimmen				sehr gut
tanzen	nicht so gut	gar nicht	sehr gut	

 -

B

Fragen Sie Ihre Partnerin / Ihren Partner. Notieren Sie die Antwort.

A: Kann Petra singen?
B: Nein, sie kann gar nicht singen.

B: Kann Petra fotografieren?
A: Ja, sie kann toll fotografieren.

 Bei „nicht so gut" antwortet man: „Nein, Petra kann nicht so gut singen."

	Petra	Bärbel und Rainer	Niko	Petras Eltern
fotografieren		gut	nicht so gut	
singen	gar nicht		toll	nicht so gut
Auto fahren		sehr gut		
Gitarre spielen	super			gut
schwimmen	nicht so gut	leider nicht	gut	
tanzen				nicht gut

Das will ich am Wochenende machen!

Die Perfektschlange

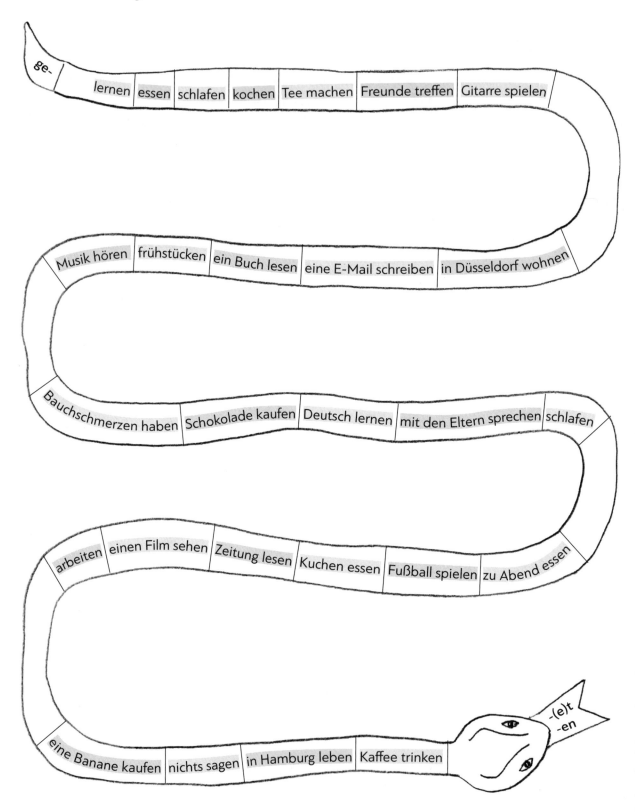

Perfekt-Pantomime

tanzen	eine Nachricht schreiben	spazieren gehen	Mundharmonika spielen
sprechen	Fahrrad fahren	kochen	eine Banane essen
nach Hause kommen	ein Spiel spielen	lernen	gehen
Bauchschmerzen haben	fotografieren	Auto fahren	ein Buch lesen
Pizza essen	Musik hören	etwas trinken	Freunde treffen

Kopiervorlage L7 / Zwischendurch mal ...

1 Was passt zu welchem Foto im Kursbuch? Ergänzen Sie.

„Kann ich das jetzt mal haben?" „Gibst du mir das jetzt?" Foto ___	„Das geht nicht gut!" „Da hast du / habe ich was falsch gemacht!" Foto ___	„Das tut mir leid!" „Das ist gar nicht schön!" „So ein Pech!" Foto ___
„Das mag ich gar nicht!" „Das schmeckt/riecht gar nicht gut!" Foto ___	„Was ist das denn?" „Das habe ich noch nie gesehen/gehört!" Foto ___	„Mir ist kalt!" „Hier ist es kalt!" Foto ___
„Das kann man nicht essen!" „Das schmeckt furchtbar!" Foto ___	„Super!" „Das ist toll!" Foto ___	„Was ist denn jetzt los?" „Moment mal!" „Gib das zurück!" Foto ___

2 Was passt? Ergänzen Sie die Ausrufe aus dem Kursbuch.

a ■ Schau mal, das habe ich heute gekauft.
○ _____ Das ist aber schön.

b ■ _____ Der Käse riecht aber sehr. Den kann ich nicht essen.
○ Findest du?

c ■ _____ Ich glaube es wird Winter. Es sind nur 5° Grad.
○ Stimmt, es ist kalt.

d ■ Hier, Schokolade mit Chili. Willst du ein Stück?
○ _____ Schokolade mit Chili? Das habe ich noch nie gehört.

e ■ Kann ich mein Wörterbuch bitte haben?
○ Gleich.
■ Bitte, ich will ein Wort nachsehen
○ Ja, gleich.
■ _____

f ■ Willst du einen Joghurt?
○ Ja, gerne.
■ Hier, bitte.
■ _____ wie alt ist der denn? Der schmeckt aber schlecht.

g ■ _____, geh lieber zweimal. 20 Eier – das geht nicht gut.
○ Das geht schon. – Mist, es geht doch nicht.
■ _____

Lösung:
1

C	E	B
G	F	I
H	A	D

2 a Ui! b Igitt! / Bäh! c Brr! d Hä?! e Na!? f Igitt! / Bäh! g Oh-oh! Oje!

LEKTION 7   162

Lektion 1, Wiederholung: Lückenspiel

	Form	Ablauf	Material	Zeit
	PA	Die TN erhalten zu zweit je einen Satz Kärtchen mit Sätzen/Fragen und einen Satz Kärtchen mit Verben der Kopiervorlage. Die Kärtchen mit den Sätzen werden verdeckt zwischen den beiden TN ausgelegt. Die Kärtchen mit den Verben werden gemischt und gleichmäßig unter den beiden TN aufgeteilt. Beide TN decken ihre Verben auf und schirmen sie mit der Hand ab, sodass der andere TN sie nicht sehen kann. Dann deckt der erste TN einen Satz aus der Mitte auf. Beide TN sehen nach, ob sie eine passende Verbkarte haben. Der TN mit der passenden Karte legt sie in die Lücke im Satz. Dann wird ein weiterer Satz / eine weitere Frage aufgedeckt etc. Gewonnen hat, wer zuerst keine Verben mehr hat. Anschließend überlegen die beiden TN gemeinsam, zu welcher Frage welche Antwort passt. Gehen Sie herum und helfen Sie bei Fragen.	KV L1/Wiederholung	
	TiPP	Achten Sie darauf, dass die TN ihre Verben mit dem Arm oder Buch schützen, damit jede/r TN wirklich versucht, für sich zu arbeiten und nicht der schnellere TN das passende Verb bei der Partnerin/beim Partner herausfischt.		
	PA ⟷	*Variante 1:* Die TN antworten abwechselnd selbst auf die Fragen. *Variante 2:* Die TN teilen die Sätze unter sich auf und diktieren sie sich gegenseitig. Die Lücken ergänzt der schreibende TN selbstständig. Zur Kontrolle können Sie die Diktate einsammeln oder Sie bereiten zu Hause ein Kontrollblatt vor, mit dem die TN selbstständig kontrollieren und korrigieren. Letzteres empfiehlt sich für Kurse mit überwiegend geübten TN.		
	TiPP	Sammeln Sie die zerschnittenen Kopiervorlagen jeweils in Umschlägen und beschriften Sie diese mit „Wiederholung Lektion 1". Dazu können Sie einen Schuhkarton besorgen, der immer im Kursraum für die TN zum Üben bereitsteht. Die TN können dann auch allein in den Pausen oder vor dem Unterricht damit üben. Sie können aber auch später, wenn die Wiederholungen mehrerer Lektionen im Karton sind, den TN regelmäßig etwas Zeit einräumen, in der die TN die Wiederholungen „alter" Lektionen noch einmal bearbeiten.		

Lektion 2, Wiederholung: Rollenspiel

	Form	Ablauf	Material	Zeit
	GA	Bilden Sie zwei Gruppen. Jede Gruppe bekommt ein Set Karten und spielt völlig autonom dieses Spiel. Verteilen Sie eine Karte pro TN, evtl. auch Klebeband und Stift, sodass die TN sich als Hilfestellung Namensschilder machen können. Die TN sollen sich in ihren Familien zusammenfinden. Sie fragen: „Wie heißt du?", „Wer bist du?", „Hast du Kinder?" etc. Später stellen sie sich und ihre Familie der anderen Gruppe vor. Jeder TN sagt: „Ich bin …", „Das sind …", „Das ist mein Bruder …" . Sollte das zu lange dauern, dann kann ein ausgewählter TN „seine Familie" vorstellen.	KV L2/Wiederholung	

Lektion 3, Wiederholung: Spiel

	Form	Ablauf	Material	Zeit
	GA	Die TN sitzen in Kleingruppen zusammen. Jede Kleingruppe erhält je einen Satz Kärtchen der Kopiervorlage. Die Kärtchen werden gemischt und verdeckt ausgelegt. Der erste TN zieht ein Kärtchen und liest dem TN rechts von sich TN die Aufgabe vor. Dieser TN antwortet / löst die Aufgabe. Ist seine Lösung richtig, bekommt er die Karte, ist sie falsch, wird die Karte zurückgelegt. Dann zieht der nächste TN ein Kärtchen und fragt den TN rechts von sich etc.	KV L3/Wiederholung	

> **TiPP** Achten Sie darauf, dass die TN sich die Aufgaben tatsächlich vorlesen und dem gefragten TN die Karte nicht zeigen. So trainieren die TN zugleich ihre Aussprache und bekommen sofort ein Feedback, da der andere versteht oder nachfragt. Die gefragten TN trainieren ihr Hörverstehen. Außerdem erhöht das Zuhören die Konzentration innerhalb der gesamten Gruppe, denn keiner außer dem vorlesenden TN darf in die Karte sehen (außer, wenn nach einer Abbildung gefragt wird oder etwas vorgelesen werden soll).

Lektion 4, Wiederholung: Wimmeln

	Form	Ablauf	Material	Zeit
	WPA	Schneiden Sie die Fragekärtchen der Kopiervorlage mit den Lösungen aus. Jeder TN erhält ein Kärtchen. Die TN stehen auf und finden sich paarweise zusammen. Die TN befragen sich gegenseitig und korrigieren ggf. die Antworten. Dann tauschen sie die Kärtchen und suchen sich neue Partner. Auf diese Weise werden die Inhalte der Lektion spielerisch wiederholt.	KV L4/Wiederholung	

Lektion 5, Wiederholung: Würfelschlange „Laras Tagesablauf"

	Form	Ablauf	Material	Zeit
	GA	Jede Gruppe bekommt einen Spielplan und einen Würfel, jeder Spieler bekommt außerdem eine Spielfigur. Die Augenzahl bestimmt, wie viele Felder der TN auf dem Spielbrett vorrücken darf. Der TN formuliert einen Satz mit der Uhrzeit und der Tätigkeit von Lara. Ist die Verbform bzw. der Satz korrekt, darf der Spieler auf dem Feld stehenbleiben, hat er einen Fehler gemacht, muss er drei Felder zurück. Wurde die Spielfigur gesetzt, ist der nächste Spieler an der Reihe. Gewonnen hat, wer als Erster das Ziel erreicht. Die anderen Spieler würfeln weiter, bis alle die gesamte Strecke zurückgelegt haben oder die Spielzeit um ist. Der Gewinner jeder Gruppe erhält ggf. einen kleinen Preis. Gehen Sie herum und helfen Sie bei Schwierigkeiten. *Variante:* Wenn Sie viele ungeübte TN im Kurs haben, können auch jeweils Dreiergruppen gegeneinander spielen.	KV L5/Wiederholung, Spielfiguren, Würfel	

Lektion 6, Wiederholung: Verbspirale

Form	Ablauf	Material	Zeit
GA	Jede Gruppe bekommt einen Spielplan und einen Würfel, jeder Spieler bekommt außerdem eine Spielfigur. Die Augenzahl bestimmt, wie viele Felder der TN auf dem Spielbrett vorrücken darf und welches Personalpronomen benutzt werden soll. Geben Sie dazu an der Tafel vor: „1 = ich, 2 = du, 3 = er/sie/es, 4 = wir, 5 = ihr, 6 = Sie/sie". Wenn Sie den Eindruck haben, dass die TN mit der Konjugation gut zurechtkommen, können Sie an der Tafel die Vorgaben ändern, z. B. „5 = Meine Eltern, 3 = Evi, 1 = Marjena und Piotr" etc. Noch nicht so geübte TN konzentrieren sich auf die Konjugation der Verben, geübtere TN bilden kurze Sätze mit der jeweiligen Verbform. Während des Spiels korrigieren sich die TN in der Gruppe gegenseitig. Ist die Verbform bzw. der Satz korrekt, darf der Spieler auf dem Feld stehenbleiben, hat er einen Fehler gemacht, muss er drei Felder zurück. Wurde die Spielfigur gesetzt, ist der nächste Spieler an der Reihe. Gewonnen hat, wer als Erster das Ziel erreicht. Die anderen Spieler würfeln weiter, bis alle die gesamte Strecke zurückgelegt haben oder die Spielzeit um ist. Der Gewinner jeder Gruppe erhält ggf. einen kleinen Preis. Gehen Sie herum und helfen Sie bei Schwierigkeiten oder bei Fragen.	KV L6/Wiederholung, Spielfiguren, Würfel	

TiPP Sind die Spielregeln einmal klar, können Sie das Spiel in angemessenen Abständen für neue Verbformen (z. B. Perfekt, Passiv) einsetzen.

Lektion 7, Wiederholung: Frage und Antwort

Form	Ablauf	Material	Zeit
GA	Die TN erhalten in Kleingruppen je einen Satz Karten der Kopiervorlage. Reihum ziehen sie Karten und fragen die anderen TN aus der Gruppe. Die TN antworten frei und in ganzen Sätzen. Hilfe finden die TN unter der Rubrik „Kommunikation" (Kursbuch, Seite 91).	KV L7/Wiederholung	

TiPP Sie können das Spiel in angemessenen Abständen immer wieder einsetzen. Die Kärtchen können z. B. auch zur Anregung von Gesprächen genutzt werden. Dann antworten die TN ausführlicher, z. B. wann sie kochen gelernt haben und von wem etc. Hier ist es wichtig, den TN die Gelegenheit zu geben, frei zu antworten, damit sie den Ausdruck eigener Gedanken üben können. Fehlerkorrekturen sollten daher, wenn überhaupt, nur sehr sanft und zur Unterstützung des Verständnisses erfolgen.

Ich _____ aus Spanien.

Wer _____ das?

Ich _____ Sofia.

_____ Sie Herr Bär?

Ich _____ Französisch und ein bisschen Deutsch.

Mein Name _____ Lara Nowak.

_____ Frau Nowak da, bitte?

Woher _____ du?

Nein, _____ mir leid.

Wie _____ Sie?

Nein, ich _____ Herr Bärenkamp.

Und wie _____ du?

Das _____ Walter.

Was _____ du?

tut	Ist	ist	heiße	spreche
komme	ist	bin	kommst	ist
heißt	sprichst	heißen	Sind	

Set I

Ich bin **Berta**.
Meine Tochter ist Erika,
mein Mann ist Peter.
Mein Sohn heißt Egon.
Er lebt in Italien.

Ich bin **Erika**.
Meine Mutter ist Berta,
mein Vater ist Peter.
Ich habe zwei Kinder,
einen Sohn und eine Tochter.

Ich heiße **Peter**.
Meine Frau heißt Berta.
Meine Kinder sind Erika
und Egon. Egon lebt in Italien.

Ich bin **Egon**.
Ich lebe in Italien.
Meine Eltern sind Berta
und Peter.

Ich heiße **Ruth**.
Ich bin Bertas Schwester.
Ich habe keine Kinder.

Ich bin **Fabian**.
Meine Mutter ist Erika.
Mein Vater heißt Martin.
Ich komme aus München.

Ich bin **Sabine**.
Ich bin Erikas Tochter.
Ich habe keine Kinder.

Mein Name ist **Martin**.
Ich bin Erikas Mann.
Ich habe eine Schwester.

Ich bin **Adam**.
Ich komme aus Polen.
Meine Frau heißt Ilka.

Mein Name ist **Ilka**.
Mein Bruder ist Martin.
Mein Mann heißt Adam.

$\longrightarrow$

Set II

Ich bin **Anna**. Mein Mann ist Alexander, meine Tochter heißt Natascha. Mein Sohn heißt Julian. Er lebt in Australien.	Ich bin **Natascha**. Meine Mutter ist Anna, mein Vater ist Alexander. Ich habe drei Kinder: Georg, Greta und Daniela.
Ich heiße **Alexander**. Meine Frau heißt Anna. Meine Kinder sind Natascha und Julian. Julian lebt in Australien.	Ich bin **Julian**. Ich lebe in Australien. Meine Eltern sind Anna und Alexander.
Ich heiße **Daniela**. Mein Bruder ist Georg, meine Schwester ist Greta. Ich habe keine Kinder.	Ich bin **Georg**. Meine Mutter ist Natascha. Mein Vater heißt Peter. Ich komme aus München.
Ich bin **Greta**. Ich bin Nataschas Tochter. Ich habe keine Kinder.	Mein Name ist **Peter**. Ich bin Nataschas Mann. Ich habe eine Schwester, Gunda.
Ich bin **Luis**. Ich komme aus Kolumbien. Meine Frau heißt Gunda.	Mein Name ist **Gunda**. Mein Bruder ist Peter. Mein Mann heißt Luis und kommt aus Kolumbien.

Wie heißt die Frage: Brot – wir – brauchen	Ergänzen Sie *ein* oder *eine*: ... Birne ... Würstchen ... Ei	Antworten Sie: Haben Sie Tomaten?	Wie heißt der Plural? ein Apfel – 10 ... eine Kiwi – 5 ... ein Fisch – 2 ...
Zählen Sie von 25 bis 37.	Antworten Sie: Sonst noch etwas?	Ergänzen Sie: Eine ... Tomaten, bitte, und 300 ... Fleisch, bitte.	Ergänzen Sie *kein* oder *keine*: ... Milch ... Kaffee ... Orangen
Antworten Sie: Wie heißt das auf Deutsch?	Ergänzen Sie *ist* oder *sind*: Im Einkaufswagen ... Tomaten.	Wie heißt die Frage: kommst – du – woher	Ergänzen Sie: Drei ... Mineral-wasser, bitte. Und eine ... Kaffee.
Wie heißt der Singular? 3 Eier – ... 4 Pfannkuchen – ... 7 Brötchen – ...	Wie heißt die Frage: Lara – Vorname – ist – Ihr	Ergänzen Sie *ein* oder *eine*: ... Würstchen ... Joghurt ... Kuchen	Antworten Sie: Was essen Sie gern?
Lesen Sie die Preise. 4,32 Euro 0,79 Euro 1,44 Euro	Ergänzen Sie: ein Liter ... ein Kilo ... ein Becher ...	Ergänzen Sie *ein* oder *eine*: ... Kilo ... Packung ... Dose	Zählen Sie von 84 bis 70.

✂

Zählen Sie von 50 bis 60.

→ …

50 (fünfzig), 51 (einundfünfzig), 52 (zweiund-
fünfzig), … neunundfünfzig, 60 (sechzig)

✂

der Tisch, die Tische

→ der Stuhl, die …

Stühle

Zählen Sie: 605, 610, 615,

→ … 650.

620 (Sechshundertzwanzig), 625 (sechshun-
dertfünfundzwanzig), 630 (sechshundert-
dreißig), 635, 640, 645,650

das Bett, die Betten

→ das Zimmer, die …

Zimmer

groß – klein

→ breit – …

schmal

Wie ist Ihre Telefonnummer?

→ …

alt – neu

→ teuer – …

billig

✂

neu – alt

→ hässlich – …

schön

✂

Nennen Sie drei Zimmer.

→ …

das Schlafzimmer, das Wohnzimmer, das Kinderzimmer, das Arbeitszimmer, die Küche, das
Bad, der Flur …

Was ist im Kursraum?
Nennen Sie zwei Möbel.

→ …

der Tisch / die Tische, der Stuhl / die Stühle …

Zählen Sie: 111, 222, 333,

→ … 999.

444 (vierhundertvierundvierzig), 555 (fünf-
hundertfünfundfünfzig), 666, 777, 888

Nennen Sie drei Elektro-
geräte.

→ …

die Waschmaschine, der Kühlschrank, der
Herd, die Lampe …

Zählen Sie von 130 – 140.

→ …

130 (hundertdreißig), 131 (hunderteinund-
dreißig), … 140 (hundertvierzig)

das Haus, die Häuser,

→ der Schrank, die …

Schränke

ein Zimmer, das Zimmer
→ ein Balkon, …

der Balkon

Wie gefällt Ihnen der Kursraum?
→ …

Welche Farbe hat Ihr Küchen-
tisch?
→ …

Nennen Sie zwei Möbel
(Schlafzimmer)
→ …

der Schrank, das Bett, das Regal …

Wie groß ist Ihre Wohnung?
→ Sie hat …

… Quadratmeter / … Zimmer

Wie groß ist der Kursraum?
Was meinen Sie?
→ …

(ungefähr) … Quadratmeter

Flur – der Flur
→ Bad – …

das Bad

Das Bad hat kein Fenster.
→ Es ist sehr …

dunkel

Ist Ihr Handy neu?
→ …

Bad – das Bad
Flur → …

der Flur

Wie ist Ihre Küche?
→ …

Welche Farbe hat Ihr Sofa?
→ …

klein – groß
→ schmal – …

breit

Nennen Sie drei Farben
→ …

rot, gelb, grün, blau, schwarz, weiß, grau, braun …

Nennen Sie zwei Möbel
(Arbeitszimmer)
→ …

der Schreibtisch, der Stuhl, das Regal …

Wohnung – die Wohnung
→ Apartment - …

das Apartment

Wie ist Ihr Wohnzimmer?
→ …

START

aufstehen

Kaffee kochen

spazieren gehen

im Supermarkt einkaufen

Hausaufgaben machen

Abendessen kochen

mit Lili und Sofia essen

Familie anrufen

ZIEL

schlafen

mit Lili und Sofia
frühstücken

die Küche
aufräumen

zum Deutsch-
kurs gehen

mit der Lehrerin
sprechen

mit Tim Pause
machen

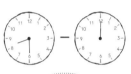 

Deutsch lernen

mit Freunden
chatten

ein Buch lesen

ins Bett gehen

fernsehen

Schritte plus Neu 1, Lehrerhandbuch, 978-3-19-311081-7, © Hueber Verlag 2016

Kopiervorlage L6 / Wiederholung

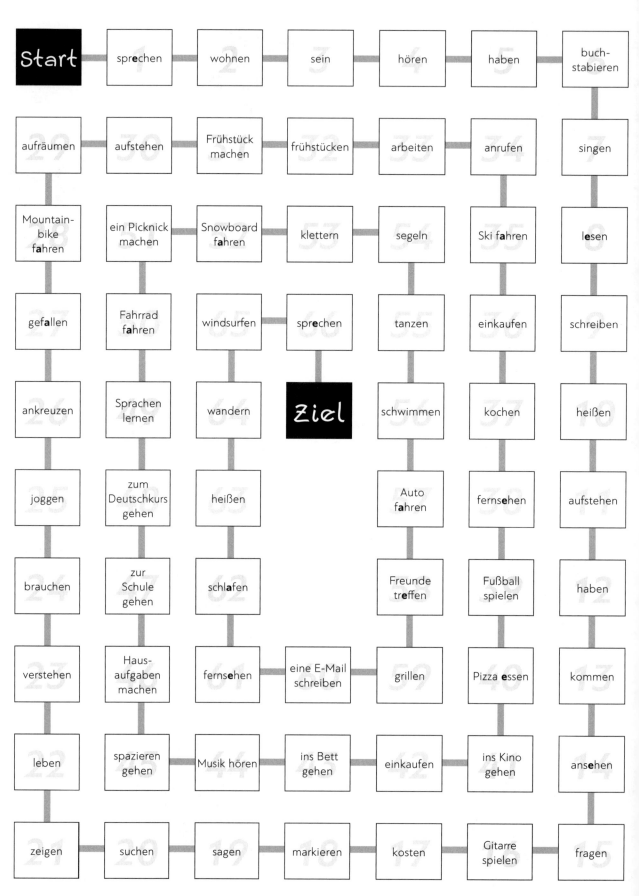

Start	sprechen	wohnen	sein	hören	haben	buch-stabieren

aufräumen	aufstehen	Frühstück machen	frühstücken	arbeiten	anrufen	singen

| Mountain-bike fahren | ein Picknick machen | Snowboard fahren | klettern | segeln | Ski fahren | lesen |

| gefallen | Fahrrad fahren | windsurfen | sprechen | tanzen | einkaufen | schreiben |

| ankreuzen | Sprachen lernen | wandern | **Ziel** | schwimmen | kochen | heißen |

| joggen | zum Deutschkurs gehen | heißen | | Auto fahren | fernsehen | aufstehen |

| brauchen | zur Schule gehen | schlafen | | Freunde treffen | Fußball spielen | haben |

| verstehen | Haus-aufgaben machen | fernsehen | eine E-Mail schreiben | grillen | Pizza essen | kommen |

| leben | spazieren gehen | Musik hören | ins Bett gehen | einkaufen | ins Kino gehen | ansehen |

| zeigen | suchen | sagen | markieren | kosten | Gitarre spielen | fragen |

Willst du am Wochenende grillen?	Kannst du Fahrrad fahren?	Was hast du gestern Abend um 8 Uhr gemacht?	Wann hast du heute gefrühstückt?
Was hast du gestern Mittag gegessen?	Wann bist du gestern nach Hause gekommen?	Kannst du gut Englisch sprechen?	Hast du gut geschlafen?
Hast du heute schon einen Kaffee getrunken?	Bist du mit dem Bus zum Kurs gekommen?	Wollen wir heute Abend ins Kino gehen?	Kannst du Auto fahren?
Hast du heute viel gelernt?	Willst du noch ein Stück Kuchen?	Kannst du kochen?	Ich will am Wochenende einen Ausflug machen. Kommst du mit?
Was hast du gestern um 15 Uhr gemacht?	Kannst du gut tanzen?	Was hast du gerade gemacht?	Willst du tanzen lernen?

WORTSCHATZ

1 Ordnen Sie zu.

| Guten Morgen. | ~~Guten Tag.~~ | Hallo. | Tschüs. | Auf Wiedersehen. | Guten Abend. | Gute Nacht. |

a _Guten Tag_ _____

d _____

b _____

e _____

c _____

Punkte _____ /6

2 Ergänzen Sie die Wörter.

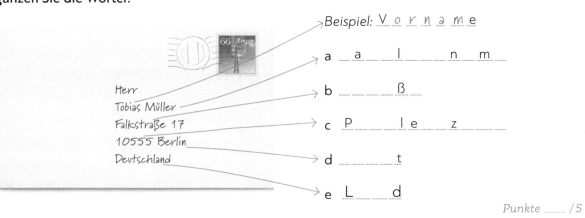

Beispiel: V o r n a m e

a _a_ _l_ _n_ _m_

b ____ ß ____

c P ____ le ____ z ____

d ____ t

e L ____ d

Punkte _____ /5

GRAMMATIK

3 Was ist richtig? Markieren Sie.

Beispiel: Wer   bist   das?
                    ~~ist~~
                    bin

a Ich   ist   Lara.
         bist
         bin

b Wie   heiße   du?
         heißt
         heißen

c Was   sprechen   du?
         sprichst
         spreche

d Ich   sprichst   Spanisch.
         sprechen
         spreche

e Du   kommen   aus Schweden.
         kommst
         komme

f Woher kommst   Sie?
         kommen
         kommst

g Mein Name   bist   Frank.
               ist
               sind

h Wer   ist   du?
         sind
         bist

Punkte _____ /8

4 Schreiben Sie die Fragen.

Beispiel: Woher kommst du? _____ (du) – Ich komme aus Griechenland.

a _____ (Sie) – Ich spreche Französisch.

b _____ (du) – Ich bin Sara.

c _____ (Sie) – Ich heiße Maria Torres.

d _____ (Sie) – Ich komme aus Österreich.

Punkte ___ / 4

5 Verbinden Sie.

a Woher kommst du?   1 Ich heiße Tim Wilson.
b Wer ist das?   2 Ich spreche Polnisch.
c Wie heißen Sie?   3 Ich bin Klaus.
d Wer bist du?   4 Ich komme aus Peru.
e Woher kommen Sie?   5 Das ist Lara.
f Was sprichst du?   6 Ich komme aus der Schweiz.

Punkte ___ / 5

6 Was sagen die Personen? Ergänzen Sie das Gespräch.

■ Firma CompuDesign, Annette Huber, _____. (a)

○ Guten Tag. _____ Marteleira. Ist Herr Hofer da? (b)

■ Entschuldigung, Frau … _____? (c)

○ Marteleira. _____: M-A-R-T-E-L-E-I-R-A. (d)

■ Ach ja. Ja, Frau Marteleira. Es tut mir leid, Herr Hofer ist nicht da.

○ Ja, gut. Danke. _____. (e)

■ Auf Wiederhören.

Punkte ___ / 5

7 Wer sind Sie? Ergänzen Sie das Formular.

Anmeldung zum Deutschkurs
Familienname
Vorname
Adresse

Punkte ___ / 3

8 Das bin ich. Schreiben Sie einen Text mit *heißen*, *kommen* und *sprechen*.

Forum international

Punkte ___ / 4

Gesamt ___ / 40

Test zu Lektion 2

Name: _____

WORTSCHATZ

1 Wer ist das? Ordnen Sie zu.

| Vater | Schwester | ~~Familie~~ | Oma | Bruder | Eltern | Großeltern | Kinder | Geschwister | Tochter | Opa |

Beispiel: Das ist meine *Familie*

a Das sind meine _____. Meine *Mutter* heißt Ina und mein _____ heißt Rolf.

b Das sind meine _____: meine Söhne Jonas und Patrick und meine _____ Sandra.

c Das sind meine _____: mein _____ Karl und meine _____ Ulla.

d Das sind meine _____. Mein _____ Jonas ist drei Jahre alt. Meine _____ Sandra ist schon sechs.

Punkte _____ / 10

2 Was passt? Kreuzen Sie an.

Beispiel: 1 ○ elf ⊠ eins

a 12 ○ zwölf ○ zwanzig **b** 13 ○ dreizehn ○ drei **c** 7 ○ siebzehn ○ sieben

Punkte _____ / 3

GRAMMATIK

3 *Sie* oder *Er*? Markieren Sie.

Beispiel: Das ist Vanessa. <u>Sie</u>/Er kommt aus Frankreich.
a Das ist Tim. Sie/Er wohnt in München.
b Das sind Kevin und Susanne. Sie/Er leben in der Schweiz.
c Das sind meine Eltern. Sie/Er kommen aus Spanien.
d Das ist Anna. Sie/Er wohnt in Österreich.
e Das ist mein Mann. Sie/Er kommt aus Brasilien.
f Das ist meine Familie. Sie/Er wohnt in Kanada.

Punkte _____ / 3

4 Ergänzen Sie *mein – meine, dein – deine, Ihr – Ihre*.

Beispiel: Das ist *mein* Sohn Michael.
a Ich heiße Anna und das sind _____ Enkelin Miriam und _____ Enkel Ulf.
b Wie heißt _____ Bruder? – Er heißt Aron.
c Frau Becker, wie alt ist _____ Tochter? – Sie ist acht. Und wie alt ist _____ Sohn, Herr Brand? – Er ist 15.
d Tim, wo wohnen _____ Eltern? – _____ Eltern wohnen in Ottawa.
e Lara, sind _____ Eltern verheiratet? – Nein, sie sind geschieden.

Punkte _____ / 4

LEKTION 2 **178**

5 Wie heißt die richtige Form? Ergänzen Sie.

Beispiel: Hallo, wie _heißt_ (heißen) du? – Ich _heiße_ (heißen) Julien.

a Woher kommst du? – Ich _____ (kommen) aus Schottland.

b Welche Sprachen _____ (sprechen) du? – Meine Familie und ich _____ (sprechen) Englisch.

c Bist du verheiratet? – Ja, ich _____ (sein) verheiratet und _____ (haben) zwei Kinder. Sie _____ (heißen) Sara und Bahar.

d Wo _____ (wohnen) ihr? – Wir _____ (wohnen) in Frankfurt.

e Wie alt _____ (sein) du? – Ich _____ (sein) 27 Jahre alt.

Punkte _____ /5

KOMMUNIKATION

6 Ordnen Sie zu.

| Aus Bolivien | bin Maria Mendoza | ~~Guten Tag.~~ | ledig | wie ist Ihre Telefonnummer | verheiratet |

◆ Guten Tag ■ _Guten Tag_.

◆ Mein Name ist Hartmann. Wie heißen Sie? ■ Ich _____. (a)

◆ Woher kommen Sie? ■ _____, aus Santa Cruz. (b)

◆ Sind Sie _____? (c) ■ Nein, ich bin _____. (d)

◆ Und _____? (e) ■ 0173/346734.

◆ Vielen Dank. Auf Wiedersehen. ■ Tschüs.

Punkte _____ /5

SCHREIBEN

7 Schreiben Sie Sätze. Achtung: Es gibt mehrere Lösungen!

~~Ich~~	Sie	~~lebe~~	seid
	Du	wohnt	haben
Er	Ihr Wir	kommt	sprichst
~~in~~	aus	Berlin.	Türkisch.
drei Kinder.		~~Deutschland.~~	
geschieden.		Frankreich.	

Beispiel: _Ich lebe in Deutschland._

a _____

b _____

c _____

d _____

e _____

Punkte _____ /10

Gesamt _____ /40

Test zu Lektion 3

WORTSCHATZ

1 Was ist das? Ergänzen Sie.

Beispiel: Das ist *ein Mann.*

a  Das ist _____.

b Das ist _____.

c Das ist _____.

d Das ist _____.

e Das ist _____.

Punkte _____ /5

2 Was passt nicht? Streichen Sie.

Beispiel: Fleisch, Wurst, Reis, Fisch

a Banane, Kartoffel, Apfel, Orange

b Joghurt, Milch, Butter, Salz

c Kaffee, Brot, Kuchen, Brötchen

d Käse, Fisch, Schokolade, Wein

e Pfund, Liter, Dose, Gramm

Punkte _____ /5

GRAMMATIK

3 Ergänzen Sie.

Beispiel: eine Banane   viele *Bananen*

a ein Apfel   viele _____

b ein Saft   viele _____

c ein Ei   viele _____

d ein Brötchen   viele _____

e ein Foto   viele _____

f eine Frage   viele _____

g ein Mann   viele _____

h eine Schwester   viele _____

i ein Kind   viele _____

j eine Großmutter   viele _____

Punkte _____ /5

4 Ergänzen Sie.

Beispiel: Das ist *kein* Würstchen. Das ist eine Banane.

a Das ist _____ Ei. Das ist eine Kiwi.

b Das sind _____ Brötchen. Das sind Kuchen.

c Das ist _____ Apfel. Das ist eine Tomate.

d Das sind _____ Eier. Das sind Birnen.

e Das ist _____ Schokolade. Das ist ein Kuchen.

Punkte _____ /5

KOMMUNIKATION

5 Schreiben Sie die Fragen.

Beispiel:

● Özdemir? *Ist das ein Vorname* ?

■ Nein, das ist ein Familienname.

a

● _____ ?
■ Ein Apfel.

b

● _____ Hans?
■ Nein. Er ist Boris.

c

● Guten Tag, Herr Müller.
_____ ?
■ Nicht so gut.

d

● Ich heiße Antonia.
Und _____?
■ Margit.

e

● _____ Englisch?
■ Nein. Nur Chinesisch und ein
bisschen Deutsch.

Punkte _____ / 5

6 Schreiben Sie die Antworten.

Was trinkst du gern? _____
Was ist dein Lieblingsessen? _____
Was isst du nicht gern? _____

Punkte _____ / 6

7 Wie sagt man das?

Beispiel: 1,15 € *ein Euro fünfzehn.*

a 0,50 € _____
b 3,00 € _____

c 1,27 € _____
d 0,79 € _____

Punkte _____ / 4

8 Was passt? Ergänzen Sie den Einkaufszettel.

Liter Packung ~~Kilo~~ Gramm Flaschen Becher

1 Kilo Kartoffeln
a 2 _____ Joghurt
b 200 _____ Käse
c 1 _____ Salz
d 3 _____ Mineralwasser
e 1 _____ Milch

Wir brauchen ein Kilo Kartoffeln.

Punkte _____ / 5
Gesamt _____ / 40

Test zu Lektion 4

Name: _____

WORTSCHATZ

1 Was passt? Ergänzen Sie.

| der Balkon | ~~die Wohnung~~ | das Wohnzimmer | das Bad | die Küche | das Schlafzimmer |

Beispiel: Hier sind Zimmer: *die Wohnung*

a Dort ist mein Bett: *das* _____

b Dort sind eine Dusche und eine Badewanne: _____

c Es ist kein Zimmer, aber dort sind ein Tisch und zwei Stühle: _____

d Dort sind der Kühlschrank und der Herd: _____

e Dort sind der Fernseher, das Sofa, ein Sessel und ein Tisch: _____

Punkte _____ /5

2 Wie heißt das Gegenteil? Kreuzen Sie an.

Beispiel: Das Haus ist neu. Das Haus ist ○ teuer. ⊠ alt. ○ dunkel.

a Das Haus ist billig. Das Haus ist ○ schmal. ○ alt. ○ teuer.

b Die Wohnung ist groß. Die Wohnung ist ○ breit. ○ schmal. ○ klein.

c Das Kinderzimmer ist schön. Das Kinderzimmer ist ○ hässlich. ○ klein. ○ hell.

d Der Balkon ist hell. Der Balkon ist ○ neu. ○ dunkel. ○ schön.

e Der Flur ist breit. Der Flur ist ○ schmal. ○ alt. ○ klein.

Punkte _____ /5

GRAMMATIK

3 *Er, Sie* oder *Es*? Ergänzen Sie.

Beispiel: Das ist ein Fernseher. *Er* ist klein.

c Das ist eine Waschmaschine. _____ ist neu.

a Das ist ein Schrank. _____ ist groß.

d Das sind Stühle. _____ sind alt.

b Das ist ein Sofa. _____ ist schön.

e Das ist eine Lampe. _____ ist hässlich.

Punkte _____ /5

4 *Nicht* oder *kein*? Ergänzen Sie.

Beispiel: Hast du eine Schwester? – Nein, ich habe *keine* Schwester. Ich habe einen Bruder.

a Sind Sie verheiratet? – Nein, ich bin _____ verheiratet. Ich bin ledig.

b Wohnst du in Berlin? – Nein, ich wohne _____ in Berlin. Ich wohne in Köln.

c Haben Sie Kinder? – Nein, ich habe _____ Kinder.

d Kommst du aus Ungarn? – Nein, ich komme _____ aus Ungarn. Ich komme aus Polen.

e Möchtest du ein Mineralwasser? – Nein, ich möchte _____ Wasser. Ich trinke Saft.

Punkte _____ /5

5 Schreiben Sie Fragen:

Beispiel: Wie groß ist die Wohnung? – Die Wohnung hat 85 m².

a ....? – Sie hat 3 Zimmer, Küche, Bad.

b ....? – 1075,– € kalt.

c ....? – Nein, es gibt (keine Badewanne, es gibt)
nur eine Dusche.

d ....? – Ja, sie ist sehr hell.

e ....? – In der Weinmüllerstraße 15.

Punkte .... / 5

6 Ordnen Sie zu.

| eine Wohnungsanzeige | im Monat | eine Telefonnummer | Nebenkosten | wie hoch ist die Miete |

◼ Drei Zimmer, 60 m² ... Hmmm, du hör mal, Sabine. Hier ist ....
in der Zeitung: drei Zimmer, 60 m², 13. Stock. (a)

● Aha. Und ....? (b)

◼ Die Wohnung kostet 950 € .... (c)

● Inklusive ....? 950 € Kaltmiete ist sehr teuer. (d)

◼ Gute Frage! Das weiß ich nicht. Hier steht nur 950 €.

● Hm, gibt es da ....? (e)

◼ Ja, hier.

> **Super:** 3-Zimmer-Wohnung, 13. Stock, ca. 60 m², Küche, Bad, **von privat**, 950 Euro, Tel. 08161/88 75 80, ab 19 Uhr

Punkte .... / 5

7 Was ist richtig? Kreuzen Sie an.

> **Zimmer frei!**
> Suchst du ein Zimmer? Ich habe ab August ein Zimmer frei! Es ist 24 Quadratmeter groß und hell. Meine Straße ist ruhig und es gibt nicht viele Autos. Das Zimmer ist möbliert: ein Bett, ein Schrank, ein Schreibtisch mit Computer und ein Stuhl. Das Zimmer ist mit Balkon. Er ist zwei Quadratmeter groß, dort stehen ein Tisch und zwei Stühle. Ideal zum Frühstücken. 😊
> Im Wohnzimmer gibt es Internet, einen Fernseher und Telefon. Das Zimmer kostet 350,-€/Monat Warmmiete. Interessiert? Dann ruf einfach an: 0951/54416, Lene Jensen

Beispiel: Das Zimmer ist ○ jetzt frei. ☒ ab August frei. ○ bis August frei.

a Es ist ○ groß und ruhig. ○ groß, aber dunkel. ○ klein, aber hell.

b Im Zimmer sind auch ○ ein Tisch und zwei Stühle ○ ein Sessel und
○ ein Schreibtisch und ein Bett.
ein Stuhl.

c Das Zimmer hat ○ keinen Balkon. ○ einen Balkon. ○ ein Bad.

d Im Zimmer gibt es ○ Internet. ○ einen Fernseher. ○ einen Computer.

e Das Zimmer kostet 350 € ○ warm. ○ pro Jahr. ○ Kaltmiete.

Punkte .... / 10

Gesamt .... / 40

Test zu Lektion 5

Name: _____

1 Wie spät ist es? Ergänzen Sie.

Beispiel:
Es ist <u>zehn nach neun.</u>

a
Es ist _____.

c
Es ist _____.

d
Es ist _____.

b
Es ist _____.

e
Es ist _____.

Punkte ____ / 5

2 Was machen die Personen? Ergänzen Sie.

Beispiel: Jan <u>steht</u> um 7.20 Uhr
<u>auf</u>.

a Anna _____ die
Küche _____.

b Vera _____ Timo
_____.

c Marco _____ am
Abend _____.

d Anna _____ im
Supermarkt _____.

e Jan und Karin _____
_____.

Punkte ____ / 5

3 Ergänzen Sie *um, von ... bis, am* und *in der*.

Beispiel: <u>Am</u> Wochenende schläft Lara lang.

a _____ Sonntag frühstückt sie erst _____ halb elf.

b Dann macht sie _____ elf _____ eins Hausaufgaben.

c _____ Nacht sieht Lara lang fern.

Punkte ____ / 4

4 Schreiben Sie Sätze in der richtigen Form.

Beispiel: Wochenende – Jan – am – lange – schlafen. <u>Am Wochenende schläft Jan lange.</u>

a frühstücken – ~~um~~ – Jan – 7.00 Uhr.
Um _____.

b Sport – ~~von~~ – machen – 16.00 Uhr – Jan – 18.00 Uhr – bis
Von _____.

c Jan – ~~am~~ – anrufen – seine Freundin Anne – Abend.
Am _____.

Punkte ____ / 6

5 Ergänzen Sie in der richtigen Form.

Beispiel: Wann _sieht_ Lara _fern_? (fernsehen)

a Am Samstag _____ (schlafen) Lara lange. Sie _____ erst um 10.00 Uhr _____ (aufstehen).

b Am Nachmittag _____ sie mit Tim _____ (spazieren gehen).

c Abends _____ sie ihre Eltern oder Freunde _____ (anrufen) oder sie _____ (lesen) ein Buch.

d Manchmal _____ Lara auch _____ (fernsehen) und _____ (essen) Pizza.

e Am Sonntag _____ (helfen) sie Lili bei den Hausaufgaben.

f Lara und Lili _____ (sprechen) zusammen Deutsch.

g Lara _____ (sprechen) jetzt schon gut Deutsch.

Punkte _____ /5

KOMMUNIKATION

6 Welche Antwort passt? Kreuzen Sie an.

Beispiel: ■ Wann ist der Kindergarten geöffnet?
　　　　　▲ ○ Es ist neun Uhr　　☒ Von Montag bis Freitag　　○ Um 18.00 Uhr

a ■ Wie spät ist es jetzt?
　　▲ ○ Um halb drei.　　　○ Halb drei.　　　○ Von halb drei bis Viertel nach vier.

b ■ Ich mache am Samstag eine Party. Hast du Zeit?
　　▲ ○ Das passt mir nicht.　○ Ich komme gern.　○ Es ist schon spät. Ich gehe jetzt nach Hause.

c ■ Wie lange ist der Supermarkt geöffnet?
　　▲ ○ Jedes Wochenende.　○ Um 8.00 Uhr.　　○ Von 8.00 bis 20.00 Uhr.

d ■ Kommst du morgen mit ins Kino?
　　▲ ○ Das passt mir gut. Wann ist das Kino geöffnet?　○ Das passt mir gut. Wann fängt der Film an?
　　○ Das passt mir nicht. Ich mache heute Abend Sport.

e ■ Um wie viel Uhr fängt der Film an?
　　▲ ○ Am Wochenende.　　○ Von 19.00–20.30 Uhr.　　○ Um 19.00 Uhr.

Punkte _____ /5

SCHREIBEN

7 Was macht Ayla am Wochenende? Schreiben Sie Aylas E-Mail an Dorte fertig. Benutzen Sie die Wörter im Kasten. Schreiben Sie auf ein separates Blatt.

Samstag:　die Wohnung aufräumen　mit dem Hund spazieren gehen
　　　　　mit den Kindern Hausaufgaben machen

Sonntag:　lange schlafen　ins Kino gehen　zusammen ein Eis essen

E-Mail senden
Liebe Ayla, wie geht´s? Was machst du am Wochenende? Hast du am Samstag oder Sonntag Zeit? Gehen wir zusammen ins Kino? Liebe Grüße, Dorte

E-Mail senden
Liebe Dorte, danke für deine E-Mail! Kino ist eine gute Idee! Am Samstag habe ich keine Zeit. Am Vormittag räume ich die Wohnung auf. Dann ...

Punkte _____ /10

Gesamt _____ /40

Test zu Lektion 6

1 Wie ist das Wetter? Ergänzen Sie.

Beispiel: Es sind 25 Grad.
Es ist warm.

a _____.

c _____.

b _____.

d _____.

Punkte _____ /4

2 Wie heißen die Verben richtig? Ergänzen Sie.

Beispiel: Klaus und Gabi *grillen* (lirgeln) heute.

a Sara _____ (friftt) heute Freunde.

b Lin _____ (ztnat) mit Peter Salsa.

c Meine Kinder gehen heute _____ (mischewmn).

d Heute _____ (furse) ich im Internet.

e Klaus _____ (dnwatre) gern mit Freunden.

Punkte _____ /5

3 Ergänzen Sie.

der Frühling, der Sommer, _____, _____

Punkte _____ /2

4 Ergänzen Sie.

der   den   ~~der~~   der   einen   ~~den~~   den

Beispiel: ■ Wo ist denn *der* Käse? ◆ Ich glaube, wir haben *den* Käse nicht dabei.

a ■ Ich möchte gern _____ Saft. Hast du _____ Saft dabei?

b ◆ Oh, ich glaube, _____ Saft ist zu Hause.

c ■ Und wo ist _____ Kaffee?

d ◆ Hier, _____ Kaffe habe ich hier.

Punkte _____ /5

5 Ergänzen Sie.

a

Ja, richtig, ich verkaufe *meinen* Computer, _____ Waschmaschine, _____ Kühlschrank, _____ Auto, _____ Smartphone und _____ Gitarre.

b

Ich möchte *ein* Würstchen, bitte, _____ Portion Pommes, _____ Salat mit Ei und _____ Cola.

Punkte _____ /8

KOMMUNIKATION

6 Was passt? Verbinden Sie.

a Trinken Sie keinen Tee?   1 Nein, ich möchte keinen Tee.
b Möchten Sie ein Glas Wein?   2 Doch, ich esse gern Kuchen.
c Essen Sie gern Kuchen?   3 Nein, ich trinke keinen Tee.
d Trinken Sie keinen Wein?   4 Ja, ich esse gern Kuchen.
e Essen Sie keinen Kuchen?   5 Doch, ich trinke gern Wein.
f Möchten Sie einen Tee?   6 Ja, ich möchte einen Wein.

Punkte ____ / 5

7 Was ist Ihr/Ihre Lieblings...? Schreiben Sie.

Beispiel: Was ist Ihr Lieblingsbuch? *Mein Lieblingsbuch ist Harry Potter.*
a Was ist Ihr Lieblingsfilm? ____
b Was ist Ihr Lieblingsspiel? ____
c Was ist Ihre Lieblingsmusik? ____

Punkte ____ / 3

8 Was machen Sie gern in der Freizeit? Schreiben Sie drei Sätze.

Beispiel: *Ich spiele gern Fußball.*
a ____
b ____
c ____

Punkte ____ / 3

LESEN

9 Was ist richtig? Kreuzen Sie an.

Wetter

Deutschland: In der Mitte Deutschlands und im Süden scheint heute noch die Sonne. Die Temperatur steigt auf bis zu 28 Grad. Im Norden ist es windig und bewölkt. An der Küste steigen die Temperaturen nur bis 24 Grad. Morgen regnet es in ganz Deutschland, aber im Süden bleibt es noch warm. In der Mitte und im Norden werden es maximal 20 Grad.

               richtig
Beispiel: Im Süden scheint die Sonne.   ☒
a Im Süden ist es heute warm. ○
b An der Küste scheint heute die Sonne. ○
c Im Norden sind es heute nur 28 Grad. ○
d Morgen regnet es im Norden. ○
e Morgen ist es im Norden und in der Mitte nicht mehr so warm. ○

Punkte ____ / 5

Gesamt ____ / 40

WORTSCHATZ

1 Was passt nicht? Streichen Sie.

Beispiel: Musik: hören – machen – ~~singen~~

a   ein Diktat: schreiben – spielen – lesen

b   ein Lied: sagen – singen – spielen

c   nach Hause: malen – laufen – fahren

d   Tennis: mögen – spielen – reiten

e   Kuchen: essen – wandern – backen

f   eine Übung: machen – schreiben – treffen

g   das Frühstück: wecken – machen – essen

Punkte ____ /7

2 Was machen die Leute? Ergänzen Sie.

 Beispiel: Rad fahren

 a   _____

 b   _____

 c   _____

 d   _____

 e   _____

 f   _____

g   _____

 h   _____

Punkte ____ /8

GRAMMATIK

3 Ergänzen Sie *können* oder *wollen* in der richtigen Form.

Beispiel: Paul ist krank. Er kann nicht zur Schule gehen.

a   Thomas und Vera haben gestern viel gearbeitet. Heute arbeiten sie nicht. Sie _____ lange schlafen.

b   Ich gehe jetzt einkaufen. Was _____ du heute abend essen?

c   Du lernst schon lange Spanisch. _____ du schon spanische Bücher lesen?

d   _____ wir heute Abend ins Kino gehen?

e   Mira ist krank. Sie _____ heute nicht arbeiten.

Punkte ____ /5

4 Ergänzen Sie in der richtigen Form.

Beispiel: Gestern habe ich nicht gearbeitet.

a   Letztes Wochenende _____ wir nach Paris gefahren.

b   Barbara _____ gestern ihre Freundin getroffen.

c   Meine Kinder _____ gestern sehr viel Schokolade gegessen.

d   Ich _____ am Sonntag spazieren gegangen.

Punkte ____ /4

5 Ordnen Sie zu und ergänzen Sie in der richtigen Form.

fahren ~~kaufen~~ essen schlafen

Beispiel: ■ Ich gehe einkaufen. Wir brauchen Salz und Butter.
▲ Nein, ich *habe* schon alles *gekauft* .

a ■ Was hast du? ▲ Ich _____ heute nicht gut _____ . Ich bin sehr müde.

b ■ Bist du gelaufen? ▲ Nein, ich _____ mit dem Bus _____ .

c ■ Möchtest du ein Brötchen? ▲ Nein, danke. Ich _____ schon zwei _____ .

Punkte _____ /3

6 Antworten Sie.

Beispiel: Kannst du Klavier spielen? – *Ja, ich kann sehr gut Klavier spielen.* (sehr gut)

a Kannst du Auto fahren? – _____ (gut)

b Könnt ihr Ski fahren? – _____ (gar nicht)

c Können Sie kochen? – _____ (nicht so gut)

Punkte _____ /3

7 Wie finden Sie die Lerntipps? Ergänzen Sie die Antworten.

◆ Filme auf Deutsch anschauen – was meinst du? Ist der Tipp wichtig?

○ Ja, _____ (a)

◆ Und im Bus Vokabeln lernen? Ist das wichtig?

○ Nein, _____ (b)

◆ Hast du schon einmal mit einem Tandem-Partner gelernt?

○ Ja, _____ (c)

◆ Hast du schon mal einen Comic auf Deutsch gelesen?

○ Nein, _____ (d)

Punkte _____ /4

8 Schreiben Sie Gabis E-Mail an Petra fertig. Schreiben Sie drei Sätze auf ein separates Blatt.

a ▬ E-Mail senden

Hallo Gabi, ich habe Dir heute schon drei SMS geschrieben. Aber Du hast nicht geantwortet. Was hast du heute gemacht? Petra

| heute Morgen, lange schlafen | dann, kochen | am Nachmittag, ins Café gehen | dann, einkaufen | am Abend, Musik hören |

▬ E-Mail senden

Hi Petra,
also, heute Morgen habe ich lange geschlafen. Dann habe ich gekocht. ...

Punkte _____ /6

Gesamt _____ /40

Lektion 1   Guten Tag. Mein Name ist ...

Folge 1: Das bin ich.

Bild 1
Lara: Das ist doch ganz einfach: „Hallo" oder „Guten Tag", dann: „Wie heiße ich?", dann: „Woher komme ich?", dann: „Was spreche ich?" und dann: „Tschüs!" oder „Auf Wiedersehen."
Lili: Hihi super. Du zuerst, Lara!
Lara: Ja, okay.

Bild 2
Lara: Hallo. Ich heiße Lara Nowak. Ich komme aus Polen. Ich spreche Polnisch und ein bisschen Englisch und Deutsch. Auf Wiedersehen. So und jetzt du, Walter.
Walter: Oh nein!
Lara: Oh ja!
Lili: Hihihi!

Bild 3
Lara: Walter?
Walter: Nein, tut mir leid.
Lara: Bitte!
Walter: Also ... ich ...
Lili: Na los, Opa!
Walter: Na gut, ... okay.

Bild 4
Walter: Ähm ... Mein Name ist Walter Baumann.
Lili: Hey, Opa! Du hast „Hallo!" vergessen!
Walter: Also nochmal: Guten Tag. Mein Name ist Walter Baumann. Ähm ... ich komme aus Deutschland. Ich ... Ich spreche Deutsch, Englisch, ähm, und ein bisschen Spanisch. Auf Wiedersehen. Puh. So Lili, hier.
Lili: Nein. Tut mir leid. Keine Zeit.
Walter: Na, dann du, Sofia.

Bild 5
Sofia: Hallo.
Ich bin Sofia Baumann. Ich komme aus Deutschland. Ich spreche Deutsch und Englisch. Tschüs. So. Jetzt aber du, Lili!
Lili: Okay, Mama.

Bild 6
Lili: Das ist Lili Baumann.
Sofia: Ach komm, Lili. Mach's richtig.
Lili: Mama!
Sofia: Bitte, Lili.
Lili: Na gut, Mama.

Bild 7
Lili: Halli hallo! Ich bin Lili. Ich komme aus Deutschland. Ich spreche Deutsch und ein bisschen Englisch. Tschüs!

Bild 8
Lili: So, und jetzt noch ein Foto. Wartet, so, jetzt : Drei ... zwei ... eins ... Hey! ...

Schritt A, A1
A
Walter: Guten Tag.

B
Walter: Auf Wiedersehen.

C
Lara: Hallo.

D
Lili: Tschüs.

Schritt A, A2a
Gespräch 1
Studenten: Tschüs, Heike.
Heike: Bis später.

Gespräch 2
Moderator: Guten Abend, meine Damen und Herren. Willkommen bei „Musik international".

Gespräch 3
Paketzusteller: Guten Morgen, Frau Fleckenstein.
Frau Fleckenstein: Guten Morgen. Oh, danke. Auf Wiedersehen.

Gespräch 4
Herr Schröder: Gute Nacht.
Portier: Gute Nacht, Herr Schröder.

Schritt B, B2
Gespräch A
Herr Yulu: Guten Tag. Mein Name ist Richard Yulu.
Frau Weber: Guten Tag, Herr ... Entschuldigung, wie heißen Sie?
Herr Yulu: Richard Yulu.
Frau Weber: Ah ja. Guten Tag, Herr Yulu. Ich bin Helga Weber.
Herr Yulu: Guten Tag, Frau Weber.

Gespräch B
Frau Weber: Das ist Herr Yulu.
Frau Deiser: Guten Tag, Herr Yulu. Ich bin Magdalena Deiser.
Herr Yulu: Guten Tag, Frau Deiser, freut mich.
Frau Deiser: Herzlich willkommen im Park-Klinikum.

Schritt C, C1a
Gespräch A
Eduardo: Hallo, ich heiße Eduardo. Und wie heißt du?
Lara: Hallo. Ich bin Lara.
Eduardo: Woher kommst du?

Transkriptionen zum Kursbuch

Lara: Aus Polen.
Eduardo: Und du? Wer bist du?
Sara: Ich bin Sara. Ich komme aus Portugal.

Gespräch B
Professor: Guten Tag, wie heißen Sie?
Herr Jalonen: Guten Tag, ich bin Juhani Jalonen.
Professor: Freut mich. Woher kommen Sie, Herr Jalonen?
Herr Jalonen: Aus Finnland, aus Helsinki.

Gespräch C
Herr Schmidt: Guten Tag, ich heiße Herbert Schmidt. Herr Lutz?
Herr Lutz: Ja, guten Tag. Gustav Lutz. Ich bin von der Firma Teletec.

Schritt C, C2a
Gespräch 1
Herr Mayer: Guten Tag, ich bin Hans Mayer. Wie heißen Sie?
Herr Marini: Riccardo Marini.
Herr Mayer: Woher kommen Sie, Herr Marini?
Herr Marini: Aus der Schweiz.
Herr Mayer: Aha! Und Sie? Wer sind Sie?
Frau Costa: Ich bin Teresa Costa. Ich komme aus Portugal.

Gespräch 2
Anna: Hallo, ich bin Anna. Und wie heißt du?
Sadie: Ich heiße Sadie.
Anna: Und du? Wer bist du?
Rabia: Ich heiße Rabia.
Anna: Woher kommst du?
Rabia: Aus Marokko.

Schritt C, C3b
Umut: Hallo! Ich bin Umut. Und wer bist du?
Amir: Ich heiße Amir.
Umut: Woher kommst du, Amir?
Amir: Aus dem Jemen.
Umut: Aha. Ich komme aus Istanbul.
Amir: Du sprichst gut Deutsch.
Umut: Nein, nein. Nur ein bisschen.
Amir: Und Sie, wie heißen Sie?
Frau Tufan: Tufan, Mona Tufan.
Umut: Ah, schön. Was sprechen Sie, Frau Tufan?
Frau Tufan: Ich spreche Deutsch und Türkisch.
Umut: Aha, auch Türkisch.

Schritt D, D1

a	be	ce	de	e	ef	ge
ha	i	jot	ka	el	em	en
o	pe	ku	er	es	te	u
vau	we	ix	ypsilon	tsett		
ä	ö	ü	eszett			

Schritt D, D3
Sekretärin: Firma Microlab, Tina Schwarz, guten Tag.
Herr Takishima: Guten Tag. Mein Name ist Takishima. Ist Frau Beck da, bitte?

Sekretärin: Guten Tag, Herr Taki...
Herr Takishima: Takishima.
Sekretärin: Entschuldigung, wie ist Ihr Name?
Herr Takishima: Takishima. Ich buchstabiere: T-A-K-I-S-H-I-M-A.
Sekretärin: Ah ja, Herr Takishima. Einen Moment, bitte ... Herr Takishima? Tut mir leid, Frau Beck ist nicht da.
Herr Takishima: Ja, gut. Vielen Dank! Auf Wiederhören.
Sekretärin: Auf Wiederhören, Herr Takishima.

Schritt E, E2
Rezeptionistin: So, bitte ergänzen Sie Familien- und Vorname, Ihre Adresse, also Land, Stadt und Straße.
Frau Wegner: Ja, hier bitte ...
Rezeptionistin: Vielen Dank Frau ... Frau Wagner.
Frau Wegner: Wegner!
Rezeptionistin: Wie bitte?
Frau Wegner: Ich heiße Wegner.
Rezeptionistin: Ach so, Wegner. Mit „e"?
Frau Wegner: Ja, mit „e".
Rezeptionistin: Ich buchstabiere: W E G N E R.
Frau Wegner: Richtig.
Rezeptionistin: Und Ihr Vorname? ... Maria?
Frau Wegner: Nein.
Rezeptionistin: Nein?
Frau Wegner: Marie.
Rezeptionistin: Mary?
Frau Wegner: Nein, ich heiße Marie mit „i" „e".
Rezeptionistin: Ach so ja. Marie Wegner.
Frau Wegner: Ja. Richtig.
Rezeptionistin: Und Sie kommen aus der Schweiz?
Frau Wegner: Ja.
Rezeptionistin: Aus Freiburg?
Frau Wegner: Ja, Freiburg in der Schweiz. Das heißt Fribourg. Ich buchstabiere: F R I B O U R G. Die Postleitzahl ist 1700.
Rezeptionistin: Danke. Gut. Das habe ich. Und die Adresse ist Rue de la Sarine 6, ja?
Frau Wegner: Ja.
Rezeptionistin: Vielen Dank Frau Wagner.
Frau Wegner: ...
Rezeptionistin: Schönen Tag, Frau Wagner ... ach ... Wegner.

Lektion 1, Audiotraining 1
Begrüßung und Abschied. Wiederholen Sie.
Hören Sie zuerst ein Beispiel:
Sprecherin: Hallo.
Sprecher: Hallo.

Und jetzt Sie:
Sprecherin: Hallo.
Sprecherin: Guten Tag.
Sprecherin: Guten Morgen.
Sprecherin: Guten Abend.
Sprecherin: Auf Wiedersehen.
Sprecherin: Tschüs.
Sprecherin: Gute Nacht.

Transkriptionen zum Kursbuch

Lektion 1, Audiotraining 2
Wie bitte? Fragen Sie nach. Hören Sie zuerst ein Beispiel:
Sprecherin: Mein Name ist Anita Zappel.
Sprecher: Wie bitte? Wie ist Ihr Name?
Sprecherin: Anita Zappel.

Und jetzt Sie:
Sprecherin: Mein Name ist Anita Zappel.
Sprecher: Wie bitte? Wie ist Ihr Name?
Sprecherin: Anita Zappel.
Sprecherin: Ich komme aus Österreich.
Sprecher: Wie bitte? Woher kommen Sie?
Sprecherin: Aus Österreich.
Sprecherin: Ich spreche Deutsch und Französisch.
Sprecher: Wie bitte? Was sprechen Sie?
Sprecherin: Deutsch und Französisch.
Sprecherin: Ich bin Anne.
Sprecher: Wie bitte? Wer bist du?
Sprecherin: Anne.
Sprecherin: Ich komme aus Deutschland.
Sprecher: Wie bitte? Woher kommst du?
Sprecherin: Aus Deutschland.
Sprecherin: Ich spreche Deutsch und ein bisschen Englisch.
Sprecher: Wie bitte? Was sprichst du?
Sprecherin: Deutsch und ein bisschen Englisch.

Lektion 1, Audiotraining 3
Buchstabieren Sie, bitte! Buchstabieren Sie die Namen.
Hören Sie zuerst ein Beispiel:
Sprecherin: Mein Name ist Weber.
Sprecher: Ah! Buchstabieren Sie, bitte.
Sprecherin: W – E – B – E – R.
Sprecher: Vielen Dank.

Und jetzt Sie:
Sprecherin: Mein Name ist Weber.
Sprecher: Ah! Buchstabieren Sie, bitte.
Sprecherin: W – E – B – E – R.
Sprecher: Vielen Dank.
Sprecherin: Mein Name ist Baumann.
Sprecher: Ah! Buchstabieren Sie, bitte.
Sprecherin: B – A – U – M – A – N – N.
Sprecher: Vielen Dank.
Sprecherin: Mein Name ist Deiser.
Sprecher: Ah! Buchstabieren Sie, bitte.
Sprecherin: D – E – I – S – E – R.
Sprecher: Vielen Dank.
Sprecherin: Mein Name ist Menardi.
Sprecher: Ah! Buchstabieren Sie, bitte.
Sprecherin: M – E – N – A – R – D – I.
Sprecher: Vielen Dank.
Sprecherin: Mein Name ist Nowak.
Sprecher: Ah! Buchstabieren Sie, bitte.
Sprecherin: N – O – W – A – K.
Sprecher: Vielen Dank.

Zwischendurch mal ... Lied
Das Alphabet
A – B – C – Okay!
A wie Akkordeon
B wie Baby
C wie Cent
D wie Dynamit
E wie Elefant
F wie Flöte
G wie Gitarre
H wie Hallo
I wie Insekt
J wie Jaguar
K wie Kamera
L wie Lokomotive
M wie Mikrofon
N wie Natur
O wie Ozean
P wie Polizei
Q wie Quartett
R wie Radio
S wie Saxophon
T wie Telefon
U wie Uhu
V wie Volksmusik
W wie Wolfgang Amadeus
X wie Xylophon
und ... jetzt ... Ypsilon
Z wie Zirkus
Meine Damen und Herren, das war das ABC.

Zwischendurch mal ... Landeskunde
Begrüßung und Abschied regional
Aufgabe 1
A
Begrüßung und Verabschiedung formell, neutral und überall:
„Guten Tag!" ... „Auf Wiedersehen!"
oder:
„Tag!" ... „Wiedersehen!"

B
Begrüßung und Verabschiedung informell und überall:
„Hallo!" ... „Tschüs!"

C
Begrüßung und Verabschiedung regional:
„Moin!" oder „Moin moin!" ... „Tschüs!"
„Tach!" ... "Tschüs!"
„Servus!" ... „Servus!"
„Grüezi mitenand!" ... „Uf Widerluege!"

Lektion 2   Meine Familie

Folge 2: Pause ist super.

Bild 1
Tim: Hey! Hallo, Lara.
Lara: Hallo, Tim. Na, wie geht's?
Tim: Danke, gut. Und wie geht es dir?
Lara: Sehr gut, danke. Hast du jetzt Pause?
Tim: Ja. Du auch?
Lara: H-hm.
Tim: Pause ist gut, oder?
Lara: Mmm ... Nein. Pause ist SEHR gut.

Bild 2
Lara: Ähm, Tim?
Tim: Ja?
Lara: Woher kommst du? Du kommst aus Kanada, oder?
Tim: Ja, genau.
Lara: Und wo lebst du in Kanada? Also: Wo lebt deine Familie?
Tim: Wir leben in Ottawa.
Lara: Ottawa? Das ist die Hauptstadt von Kanada, oder?
Tim: Ja, das ist richtig.

Bild 3
Tim: Und wo lebt deine Familie, Lara? In Warschau?
Lara: Nein, nein. Meine Familie lebt in Lublin.
Tim: Lublin? Hm ... Wo ist Lublin?
Lara: Lublin ist auch in Polen, in Ostpolen.
Tim: Aha. Hier, bitte.
Lara: Oh, super! Vielen Dank! Hmm.

Bild 4
Tim: Hier, das sind meine Eltern.
Lara: M-hm. Wie heißt dein Vater? Auch Tim?
Tim: Nein. Er heißt Richard.
Lara: Aha. Und deine Mutter? Wie heißt sie?
Tim: Meine Mutter heißt Amy.
Lara: Hast du Geschwister?
Tim: Moment mal.

Bild 5
Tim: Wo ist es, wo ist es? Ah, hier: Das ist mein Bruder.
Lara: Hey! Wie heißt er denn?
Tim: Er heißt Ben. Er ist sechzehn. Und du? ... Ähm ...
Lara: Ich bin zwanzig.
Tim: Nein, Entschuldigung. Ich meine: Hast du auch Geschwister?
Lara: Ach so. Nein, ich habe keine Geschwister.

Bild 6
Lara: Hier. Das ist meine Mutter. Sie heißt Anna. Und das sind meine Großeltern.
Tim: Aha. Und dein Vater?
Lara: Meine Eltern sind geschieden, verstehst du?

Tim: Aha. Lebt dein Vater auch in Lublin?
Lara: Nein. Er lebt in Poznań. Das ist in Westpolen.
Tim: M-hm, ich verstehe.

Bild 7
Lara: Hhh!
Tim: Was ist?
Lara: Oje.
Tim: Ja, was ist denn, Lara?
Lara: Mein Deutschkurs geht jetzt gleich weiter.
Tim: Oh-oh! Mein Deutschkurs auch! Komm!
Lara: Los, los los!

Bild 8
Enten: Qua-qua-quaak!

Schritt A, A1
Walter: Wie geht's?
Lara: Super.
Walter: Wie geht's?
Lara: Danke, sehr gut.
Walter: Wie geht's?
Lara: Gut, danke.
Walter: Wie geht's?
Lara: Na ja, es geht.
Walter: Wie geht's?
Lara: Ach, nicht so gut.

Schritt A, A2a und b
Gespräch 1
Tim: Hallo, Lara.
Lara: Hallo, Tim. Wie geht's?
Tim: Danke, gut. Und wie geht es dir?
Lara: Auch gut, danke.

Gespräch 2
Walter: Guten Morgen, Frau Jansen.
Bäckerin: Guten Morgen, Herr Baumann. Wie geht es Ihnen?
Walter: Danke, sehr gut. Und Ihnen?
Bäckerin: Ach, nicht so gut. Wissen Sie, das Wetter ...

Schritt B, B1a
Lili: Tschüs, Opa, ich geh jetzt.
Frau: Sie haben eine nette Enkelin, Herr Baumann. Das da auf dem Foto, das ist auch Ihre Enkelin Lili, oder?
Walter: Nein, nein. Das ist meine Tochter Sofia. Als Kind.
Frau: Ach so. Und die junge Frau da ist dann auch Sofia?!
Walter: Nein. Das ist – war – meine Frau. Sie wissen ja, ich bin verwitwet.
Frau: Nun, Sie haben ja Ihre Enkelin und Ihre Kinder. Das ist doch sicher Ihr Sohn, oder?
Walter: Ja, das ist mein Sohn Tobias. Sie haben recht, auf meine Kinder und Lili bin ich wirklich stolz.

Schritt B, B2a
Gespräch 1
Lara: Wer ist das? Dein Bruder?
Tim: Nein, das ist mein Vater.

Gespräch 2
Frau: Wer ist das? Ihre Tochter?
Walter: Nein, das ist meine Enkelin Lili.

Schritt C, C1
A
Tim: Das ist Lara. Sie kommt aus Polen. Aus Lublin.
Laras Eltern leben nicht zusammen. Sie sind geschieden.
Laras Vater lebt in Poznań.

B
Lara: Das ist Tim. Er kommt aus Kanada. Er spricht ein bisschen Deutsch.

C
Ioanna: Lara und Tim wohnen jetzt in München.

Schritt C, C3a
Leonie: Hallo. Ist hier noch frei?
Stéphane: Klar. Komm rein.
Leonie: Uff. ... Ähm, hi. Ich bin Leonie. Und wer seid ihr?
Stéphane: Ich bin Stéphane und das ist Pierre.
Leonie: Ah, ihr kommt aus Frankreich, stimmt's?
Stéphane: Nein. Wir kommen aus der Schweiz. Aus Genf. Aber wir wohnen im Moment in Köln. Wir studieren dort.
Leonie: Ach so. Und wohin fahrt ihr ...

Schritt D, D1
null

eins	zwei	drei	vier	fünf
sechs	sieben	acht	neun	zehn
elf	zwölf	dreizehn	vierzehn	fünfzehn
sechzehn	siebzehn	achtzehn	neunzehn	zwanzig

Schritt D, D2
1
Frau: So, und dann brauche ich noch Ihre Telefonnummer, Herr Skulić.
Mann: 11 12 20.
Frau: 1-1-1-2-2-0.

2
Andy? Hm, nicht da. Andy, hier ist Britta. Ruf mich doch zurück. Meine Nummer: 19 16 10. Tschüs.
3
Frau: Hast du die Telefonnummer von Lukas?
Mann: Ja, warte. Das ist die 16 17 03. Warum brauchst du die Nummer denn?

Schritt D, D3
Sachbearbeiterin: Wie heißen Sie?
Frau Ventura: Veronica Ventura.
Sachbearbeiterin: Wo sind Sie geboren?
Frau Ventura: In Biasca. Das liegt in der Schweiz.
Sachbearbeiterin: Wie ist Ihre Adresse?
Frau Ventura: Marktstraße 1, 20249 Hamburg.
Sachbearbeiterin: Wie ist Ihre Telefonnummer?
Frau Ventura: 7 8 8 6 3 9.
Sachbearbeiterin: Sind Sie verheiratet?
Frau Ventura: Nein, ich bin geschieden.
Sachbearbeiterin: Haben Sie Kinder?
Frau Ventura: Ja, ein Kind.
Sachbearbeiterin: Wie alt ist Ihr Kind?
Frau Ventura: Drei.

Lektion 2, Audiotraining 1
Wie geht's? Wiederholen Sie.
Hören Sie zuerst ein Beispiel:
Sprecherin: Wie geht's?
Sprecher: Wie geht's?

Und jetzt Sie:
Sprecherin: Wie geht's?
Sprecher: Danke, sehr gut.
Sprecherin: Wie geht es dir?
Sprecher: Danke, gut.
Und wie geht es dir?
Sprecherin: Auch gut, danke.
Sprecherin: Wie geht es Ihnen?
Sprecher: Na ja, es geht.
Sprecherin: Wie geht es dir?
Sprecher: Nicht so gut.

Lektion 2, Audiotraining 2
Angaben zur Person. Antworten Sie auf die Fragen.
Hören Sie zuerst ein Beispiel:
Sprecherin: Wo sind Sie geboren? *Salzburg*
Sprecher: Ich bin in Salzburg geboren.

Und jetzt Sie:
Sprecherin: Wo sind Sie geboren? *Salzburg*
Sprecher: Ich bin in Salzburg geboren.
Sprecherin: Wo wohnen Sie? *Bremen*
Sprecher: Ich wohne in Bremen.
Sprecherin: Wie ist Ihre Adresse? *Waldstraße 1, Bremen*
Sprecher: Meine Adresse ist Waldstraße 1, Bremen.
Sprecherin: Wie ist Ihre Telefonnummer? *1 2 3 4 5 6*
Sprecher: Meine Telefonnummer ist 123456.
Sprecherin: Sind Sie verheiratet? *geschieden*
Sprecher: Nein, ich bin geschieden.

Und jetzt noch einmal Sie: Antworten Sie mit Ihren Informationen.
Sprecherin: Wo sind Sie geboren?
Sprecherin: Wo wohnen Sie?
Sprecherin: Wie ist Ihre Adresse?

Sprecherin: Wie ist Ihre Telefonnummer?
Sprecherin: Sind Sie verheiratet?

Lektion 2, Audiotraining 3
Das ist doch deine Mutter. Antworten Sie mit „Ja, genau."
Hören Sie zuerst ein Beispiel:
Sprecherin: Das ist doch deine Mutter, oder?
Sprecher: Ja, genau. Das ist meine Mutter.

Und jetzt Sie:
Sprecherin: Das ist doch deine Mutter, oder?
Sprecher: Ja, genau. Das ist meine Mutter.
Sprecherin: Das ist doch dein Vater, oder?
Sprecher: Ja, genau. Das ist mein Vater.
Sprecherin: Das ist doch dein Bruder, oder?
Sprecher: Ja, genau. Das ist mein Bruder.
Sprecherin: Das ist doch deine Schwester, oder?
Sprecher: Ja, genau. Das ist meine Schwester.
Sprecherin: Das ist doch deine Oma, oder?
Sprecher: Ja, genau. Das ist meine Oma.
Sprecherin: Das ist doch dein Opa, oder?
Sprecher: Ja, genau. Das ist mein Opa.
Sprecherin: Das sind doch deine Kinder, oder?
Sprecher: Ja, genau. Das sind meine Kinder.

Lektion 3   Essen und Trinken

Folge 3: Bananenpfannkuchen

Bild 1
Lara: Sofia?
Sofia: Hm?
Lara: Du, ich habe Hunger.
Sofia: Ich auch, Lara.
Lara: Was haben wir? Mal sehen.
Oh-oh! Wir haben aber nicht sehr viel.
Sofia: Nicht? Oh! Wir haben wirklich nicht viel.

Bild 2
Lara: Naja, wir haben Milch. Und wir haben Butter.
Sofia: Milch, Butter, hmm. Haben wir Zucker? Und Mehl?
Lara: Ja, Zucker und Mehl haben wir auch. Hier, bitte.
Sofia: Milch, Butter, Zucker, Mehl – Möchtest du Pfannkuchen?
Lara: Hey, Pfannkuchen! Lecker!

Bild 3
Sofia: Moment mal, Eier. Haben wir Eier?
Lara: Wir haben ein Ei.
Sofia: Ein Ei?
Lara: Ein Ei. Hier, siehst du?
Sofia und Lara: HHhh! Oohh nein!
Sofia: Wir haben kein Ei.
Lara: Kein Ei ...
Sofia und Lara: Hach!

Bild 4
Sofia: Lili?
Lili: Ja?
Sofia: Lara und ich möchten Pfannkuchen backen.
Lili: Pfannkuchen? Lecker!
Sofia: Möchtest du auch Pfannkuchen?
Lili: Jajaja!
Sofia: Wir brauchen aber Eier. Kaufst du bitte zehn Eier?
Lili: Ja, gut. Mache ich.

Bild 5
Lili: Hm. Wo sind denn hier die Eier? Entschuldigung?
Mitarbeiterin: Ja?
Lili: Haben Sie Eier?
Mitarbeiterin: Ja, natürlich haben wir Eier. Hier, bitte.
Lili: Nein. Das ist doch kein Ei. Das ist Schokolade.
Mitarbeiterin: Nein. Das ist keine Schokolade. Das ist ein Schokoladenei.
Lili: Ja, aber ich brauche Eier. Eier, verstehen Sie?

Bild 6
Kassierer: So, eine Packung Eier. Das macht 2 Euro 49.
Lili: Äh, Moment! Und die zwei Bananen, bitte.
Kassierer: Okay. Das macht dann zusammen 3 Euro 87.
Lili: Hier, bitte.
Kassierer: Fünf Euro ... 1 Euro und 13 Cent zurück. Vielen Dank!
Lili: Bitte schön. Auf Wiedersehen.
Kassierer: Schönen Tag noch!

Bild 7
Lili: Hmm-mm-mm- ... Waaahhh! Nein! Mist! Mist! Mist!
Herr Meier: Hallo, Lili. Ja, was ist denn hier los?
Lili: Hallo, Herr Eier ähh, ich meine Herr Meier.
Herr Meier: Oh je, oh je! Die Eier. Kann ich dir helfen?
Lili: Helfen? Na ja, vielleicht?

Bild 8
Lara: Hmm! Pfannkuchen sind lecker!
Herr Meier: Ja, die schmecken!
Sofia: Sehr lecker. Danke für die Eier, Herr Meier!
Herr Meier: Kein Problem.
Lili: Hm, superlecker ... Bananenpfannkuchen.

Schritt A, A1a
Lili: Entschuldigung?
Mitarbeiterin: Ja?
Lili: Haben Sie Eier?
Mitarbeiterin: Ja, natürlich haben wir Eier. Hier, bitte.
Lili: Nein. Das ist doch kein Ei. Das ist Schokolade.
Mitarbeiterin: Nein. Das ist keine Schokolade. Das ist ein Schokoladenei.

Schritt B, B1
Sofia: Lili?
Lili: Ja?
Sofia: Lara und ich möchten Pfannkuchen backen.
Lili: Pfannkuchen? Lecker!

Transkriptionen zum Kursbuch

Sofia: Möchtest du auch Pfannkuchen?
Lili: Jajaja!
Sofia: Wir brauchen aber Eier. Kaufst du bitte zehn Eier?
Lili: Ja, gut. Mache ich.
Kassierer: So, eine Packung Eier.
Das macht 2 Euro 49
Lili: Äh, Moment! Und die zwei Bananen, bitte.
Kassierer: Okay. Das macht dann zusammen 3 Euro 87.
Lili: Hier, bitte.
Kassierer: Fünf Euro. 1 Euro und 13 Cent zurück.
Vielen Dank.
Lili: Bitte schön. Auf Wiedersehen.
Kassierer: Schönen Tag noch.

Schritt C, C2
Sofia: Haben wir Zucker?
Lara: Ja.
Sofia: Haben wir Brot?
Lara: Nein.

Schritt C, C3
Lili: Entschuldigung. Haben Sie Eier?
Verkäuferin: Eier? Ja, natürlich. Hier, bitte.
Sonst noch etwas?
Lili: Und haben Sie auch Milch?
Verkäuferin: Nein, tut mir leid.

Schritt D, D1

zwanzig Cent	dreißig Cent	vierzig Cent
fünfzig Cent	sechzig Cent	siebzig Cent
achtzig Cent	neunzig Cent	hundert Cent / ein Euro

Schritt D, D2
Gespräch A
Kunde: Grüß Gott!
Verkäuferin: Guten Tag! Bitte schön?
Kunde: Eine Semmel.
Verkäuferin: Wie bitte?
Kunde: Eine Semmel möcht' ich.
Verkäuferin: Sie meinen: ein Brötchen?
Kunde: Jaja.
Verkäuferin: Hier bitte.
Kunde: Danke
Verkäuferin: Sonst noch etwas?
Kunde: Nein. Nur eine Semmel.
Verkäuferin: 35 Cent, bitte. Danke schön!
Kunde: Auf Wiederschauen.
Verkäuferin: Auf Wiedersehen.

Gespräch B
Kunde: Na, was ist? Haben wir jetzt alles?
Kundin: Nein. Wir brauchen noch Eier.
Kunde: Eier? Hm. Hier bitte! Hier hast du Eier!
Kundin: Nee, nee! Das sind ja Bio-Eier!
Kunde: Na und? Eier sind Eier.
Kundin: Nee, die sind zu teuer!
Kunde: Zu teuer?
Kundin: Was kosten die denn?

Kunde: Zwei Euro zwanzig.
Kundin: Na ja, das geht.
Kunde: Na? Haben wir jetzt alles?
Kundin: Ja, ja, ja.

Gespräch C
Mann: Fisch! Frischer Fisch! Hier! Kommen Sie,
Herrschaften! Heute Sonderpreis! 100 Gramm nur
Zwei neunundneunzig! Fisch!
Frau: Hallo?
Mann: Kann ich Ihnen helfen, junge Frau?
Frau: Haben Sie Eier?
Mann: Eier? Ich hab' doch keine Eier! Ich hab' nur Fisch!
Frau: Schade!
Mann: Frischer Fisch! Heute Sonderpreis! 100 Gramm für
nur zwei Euro neunundneunzig! Fisch! Ganz frisch!

Schritt E, E2
Gespräch 1
Sabine: Mmmh, Olaf! Spaghetti mit Tomatensoße!
Olaf: Sabine, ich ...
Sabine: Ja ja, du magst lieber Fleischsoße ...
Olaf: Nein, Sabine, ich ...
Sabine: ... aber du weißt ja: Fleisch esse ich nicht ...
Olaf: Ich, Sabine, ich ...
Sabine: ... ich bin doch Vegetarierin!
Olaf: Sabine, ich liebe dich!
Sabine: Was?

Gespräch 2
Paul: Na, schmeckt's, Carlo?
Carlo: H-hm ...
Paul: Hähnchen mit Pommes, was?
Carlo: H-hm ...
Paul: Sieht lecker aus ...
Carlo: H-hm ...
Paul: Ist das dein Lieblingsessen?
Carlo: H-hm ...
Paul: Gibst du mir 'n Pomme frite?
Carlo: Nein!
Paul: Na, dann eben nicht ...

Gespräch 3
Leonie: Du, Mama?
Mama: Hm?
Leonie: Ich hab' Durst ...
Mama: Na, dann trink doch!
Leonie: Nein, ... ich möcht' aber kein Wasser.
Ich möcht' Cola!
Mama: Leonie, du weißt genau ...
Papa: Ach, lass sie doch! Warte, mein Schätzchen!
Papa holt dir 'ne Cola!
Leonie: Danke, Papa!

Gespräch 4
Ober: Haben Sie schon gewählt?
Herr Gärtner: Ja, also, Marianne? Weißt du schon ...?
Frau Gärtner: Nein, Heiner, mach' du zuerst!

Herr Gärtner: Tja, ich nehme den Fisch!
Ober: Einmal Forelle mit Salzkartoffeln?
Herr Gärtner: Genau!
Ober: Sehr gerne. Und Sie?
Frau Gärtner: Ach, ich, ich hab' eigentlich gar keinen Hunger!
Herr Gärtner: Nimm doch was Kleines!
Frau Gärtner: Aber was?
Ober: Möchten Sie vielleicht einen Salat?
Frau Gärtner: Salat? Nein, nicht so gern.
Ober: Oder eine Gemüsesuppe?
Frau Gärtner: Eine Gemüsesuppe? Na schön!
Ober: Eine Gemüsesuppe. Sehr gerne.

Lektion 3, Audiotraining 1
Was ist das? Antworten Sie mit „Nein".
Hören Sie zuerst ein Beispiel:
Sprecherin: Das ist eine Orange.
Sprecher: Nein! Das ist doch keine Orange.

Und jetzt Sie:
Sprecherin: Das ist eine Orange.
Sprecher: Nein! Das ist doch keine Orange.

Sprecherin: Ist das eine Tomate?
Sprecher: Nein! Das ist doch keine Tomate.

Sprecherin: Das ist ein Apfel.
Sprecher: Nein! Das ist doch kein Apfel.

Sprecherin: Ist das eine Kartoffel?
Sprecher: Nein. Das ist doch keine Kartoffel.

Sprecherin: Das ist ein Brötchen.
Sprecher: Nein. Das ist doch kein Brötchen.

Sprecherin: Ist das ein Kuchen?
Sprecher: Nein. Das ist doch kein Kuchen.

Lektion 3, Audiotraining 2
Plus 10 Cent! Sagen Sie den Preis.
Hören Sie zuerst ein Beispiel:
Sprecherin: Was kostet das?
Sprecher: 50 Cent. – Ach nein: 60 Cent.

Und jetzt Sie:
Sprecherin: Was kostet das?
Sprecher: 50 Cent. – Ach nein: 60 Cent.

Sprecherin: Was kostet das?
Sprecher: 75 Cent. – Ach nein: 85 Cent.

Sprecherin: Was kostet das?
Sprecher: 89 Cent. – Ach nein: 99 Cent.

Sprecherin: Was kostet das?
Sprecher: 2 Euro 10. – Ach nein: 2 Euro 20.

Sprecherin: Was kostet das?
Sprecher: 3 Euro 40. – Ach nein: 3 Euro 50 Cent.

Sprecherin: Was kostet das?

Sprecher: 3 Euro 49. – Ach nein: 3 Euro 59.
Lektion 3, Audiotraining 3
Das brauchen Sie auch! Wiederholen Sie mit „auch".
Hören Sie zuerst ein Beispiel:
Sprecherin: Also: Ich brauche ein Pfund Hackfleisch.
Sprecher: Ich brauche auch ein Pfund Hackfleisch!

Und jetzt Sie:
Sprecherin: Also: Ich brauche ein Pfund Hackfleisch.
Sprecher: Ich brauche auch ein Pfund Hackfleisch!

Sprecherin: Also: Ich brauche zwei Liter Milch.
Sprecher: Ich brauche auch zwei Liter Milch!

Sprecherin: Also: Ich brauche eine Packung Kaffee.
Sprecher: Ich brauche auch eine Packung Kaffee!

Sprecherin: Also: Ich brauche ein Kilo Tomaten.
Sprecher: Ich brauche auch ein Kilo Tomaten!

Sprecherin: Also: Ich brauche 100 Gramm Käse.
Sprecher: Ich brauche auch 100 Gramm Käse!

Sprecherin: Also: Ich brauche sechs Flaschen Wasser.
Sprecher: Ich brauche auch sechs Flaschen Wasser!

Lektion 4   Meine Wohnung

Folge 4: Ach so!

Bild 1
Walter: Na, Lara? Wie gefällt dir die Schreibtischlampe? Sie ist nicht neu. Aber sie ist ganz schön, oder?
Lara: Die Lampe ist sehr schön.
Walter: Also, möchtest du sie haben?
Lara: Ja, natürlich. Sehr gern. Vielen Dank, Walter.
Walter: Kein Problem. Ich brauche sie ja nicht.
Lara: Oh, ich glaube, das ist Tim.
Walter: Tim? Wer ist denn Tim?

Bild 2
Lara: Walter, das ist Tim. Tim, das ist Herr Baumann.
Walter: Hallo, Tim.
Tim: Hallo, Herr Baumann.
Lara: Tim kommt aus Ottawa.
Walter: Oh, aus Kanada?
Tim: Ja, richtig.
Lara: Tim ist auch im Deutschkurs, Walter.
Walter: Aaah, jetzt verstehe ich. Gut, ich gehe dann mal, Lara.
Lara: Okay. Tschüs, Walter und nochmal: Vielen Dank.
Walter: Tschüs, Lara. Tschüs, Tim. Und viel Erfolg beim Deutschlernen.
Tim: Danke, Herr Baumann. Tschüs!

Bild 3
Tim: Ähm, du, Lara?
Lara: Ja?
Tim: Sag mal, wo ist denn hier das Bad?

197 ANHANG

Lara: Das Bad ist dort.
Tim: Ah, danke.
Lara: Aber Vorsicht!
Tim: Hm?
Lara: Es ist nicht groß.
Tim: Ach so. Okay.

Bild 4
Tim: Oh-oh!
Das Bad ist nicht groß ... Oh nein, es ist klein ...
Das Bad ist nicht groß ... Oh nein, es ist klein ...
H-hm-hm-hm-hmmm ... H-hm-hm-hm-...
Hmm? „Lara" – blau, „Sofia" – gelb, „Lili" – rot.
Ja, und Walter? Wohnt Walter nicht hier? ...

Bild 5
Tim: Lara? Lara?
Lara: Hier bin ich. Komm rein.
Tim: Du Lara, ich habe eine Frage. Sag mal, ...
Lara: Tatata-taaa: Das ist mein Zimmer. Hier wohne ich.
Tim: Hey!
Lara: Und? Wie findest du das Zimmer?
Tim: Das Zimmer gefällt mir sehr gut. Es ist groß und hell. Und die Möbel sind sehr schön.
Lara: Das stimmt.

Bild 6
Tim: Das Zimmer gefällt mir sehr gut. Aber es ist teuer, oder?
Lara: Nein. Das Zimmer ist nicht teuer. Es kostet 150 Euro.
Tim: 150 Euro! In München! Du, das ist aber sehr billig.
Lara: Ja?
Tim: Mein Zimmer kostet 350 Euro im Monat.
Lara: Was?! 350 Euro?
Tim: Ja!
Lara: Boah!
Tim: Und es ist klein und hässlich und dunkel.
Lara: Oje. Sag mal, möchtest du etwas trinken?
Tim: Oh ja. Sehr gern.

Bild 7
Lara: Das ist die Küche.
Tim: Toll. Sie ist sehr groß.
Lara: Ja, stimmt. Ich finde das auch schön. Möchtest du Orangensaft oder Wasser?
Tim: Orangensaft, bitte. Du, sag mal, Lara ...
Lara: Ja? Was ist?
Tim: Sind Walter und Sofia geschieden?
Lara: Was!? Aber nein, Tim. Walter und Sofia sind nicht geschieden.
Tim: Ja, aber, er wohnt nicht hier.
Lara: Richtig. Hier wohnen nur Sofia und Lili.
Tim: Und du.
Lara: Ja, genau. Wir haben drei Zimmer.
Tim: Und das Bad.
Lara: Ja. Und die Küche.
Tim: Ja, aber ...

Lara: Moment mal, warte.
Bild 8
Lara: So, was siehst du, Tim?
Tim: Das ist Walter.
Lara: Richtig.
Tim: Und das sind Sofia und Lili, oder?
Lara: Auch richtig.
Tim: Ja gut, aber dann ...
Lara: Moment. Guck mal hier: eine Mutter und eine Tochter.
Tim: Ja ... und?
Lara: Und hier rechts ein Vater und hier links eine Tochter.
Tim: Was? Achso!

Schritt A, A2a
Makler: Das ist das Haus. Schön, nicht?
Mann: Na ja. Schön und teuer. Sagen Sie mal, ist hier auch ein Arbeitszimmer?
Makler: Ja, natürlich! Das Arbeitszimmer ist dort.
Frau: Und ist hier auch eine Küche?
Makler: Natürlich. Hier ist der Flur und dort ist die Küche.

Schritt B, B1
Tim: Ja wirklich. Das Zimmer ist sehr schön. Aber es ist teuer, oder?
Lara: Nein. Das Zimmer ist nicht teuer. Es kostet 150 Euro.
Tim: 150 Euro? Du, das ist aber sehr billig. Mein Zimmer kostet 350 Euro im Monat.

Schritt C, C2a
Verkäufer: Hier sind Stühle und Tische. Wie gefallen Ihnen denn die Stühle?
Frau: Sehr gut. Die Farbe ist sehr schön.
Mann: Das finde ich auch. Und hier – wie gefällt dir der Tisch?
Frau: Nicht so gut. Er ist sehr groß.
Frau: Aber hier ... Wie gefällt dir der Teppich?
Mann: Gut! Er ist sehr schön.
Frau: Schau mal! Wie gefällt dir die Lampe dort?
Mann: Ganz gut. Sie ist sehr modern!
Mann: Sagen Sie, wo sind denn die Betten?
Verkäufer: Sie sind dort.
Mann: Ah ja, danke
Verkäufer: Schauen Sie, hier. Wie gefällt Ihnen das Bett hier?
Frau: Es geht. Aber hier, wie gefällt dir ...

Schritt D, D1
hundert   zweihundert   dreihundert   vierhundert
fünfhundert   sechshundert   siebenhundert   achthundert
neunhundert   tausend   zehntausend   hunderttausend
eine Million

Schritt D, D2
Gespräch 1
Kunde: Entschuldigung, was kostet das Sofa hier?
Verkäuferin: Einen Moment bitte ... 299,–.

Kunde: 92 Euro?
Verkäuferin: Nein, 299 natürlich. Das ist sehr billig.
Es ist ein sehr gutes Sofa.
Kunde: Ach so, ja. Danke.

Gespräch 2
Hallo Elena. Moritz hier. Kannst du schnell mal rüber kommen? Mein Herd ist kaputt. Ich kann nichts mehr zu essen machen. Ruf bitte gleich an, wenn du nach Hause kommst. 701 108.

Gespräch 3
Anruferin: Ich lese gerade Ihre Anzeige für ein Kinderbett.
Verkäufer: Ja?
Anruferin: Ich habe eine Frage. Wie groß ist das Bett?
Verkäufer: Sechzig mal hundertzwanzig. Also ein Kinderbett, ganz normal.
Anruferin: Ah ja. Also 120 Zentimeter lang?
Verkäufer: Ja, sechzig mal ein Meter zwanzig.
Anruferin: Gut, das passt dann. Wann kann ich das Bett denn mal anschauen?

Lektion 4, Audiotraining 1
Wo ist …? Antworten Sie mit „Ah, schön!" und fragen Sie dann. Hören Sie zuerst ein Beispiel:
Sprecherin: Das ist meine Wohnung. Bad
Sprecher: Ah, schön! Und wo ist das Bad?
Sprecherin: Hier.

Und jetzt Sie:
Sprecherin: Das ist meine Wohnung. *Bad*
Sprecher: Ah, schön! Und wo ist das Bad?
Sprecherin: Hier.

Sprecherin: Das ist meine Wohnung. *Wohnzimmer*
Sprecher: Ah, schön! Und wo ist das Wohnzimmer?
Sprecherin: Hier.

Sprecherin: Das ist meine Wohnung. *Toilette*
Sprecher: Ah, schön! Und wo ist die Toilette?
Sprecherin: Hier.

Sprecherin: Das ist meine Wohnung. *Küche*
Sprecher: Ah, schön! Und wo ist die Küche?
Sprecherin: Hier.

Sprecherin: Das ist meine Wohnung. *Kinderzimmer*
Sprecher: Ah, schön! Und wo ist das Kinderzimmer?
Sprecherin: Hier.

Sprecherin: Das ist meine Wohnung. *Balkon*
Sprecher: Ah, schön! Und wo ist der Balkon?
Sprecherin: Balkon? Hier ist kein Balkon!

Lektion 4, Audiotraining 2
Ist das hier die Küche? Antworten Sie mit „Nein".
Hören Sie zuerst ein Beispiel:
Sprecherin: Ist das hier die Küche?
Sprecher: Nein, das ist nicht die Küche. Das hier ist die Küche.

Und jetzt Sie.
Sprecherin: Ist das hier die Küche?
Sprecher: Nein, das ist nicht die Küche.
Das hier ist die Küche.

Sprecherin: Ist das hier das Arbeitszimmer?
Sprecher: Nein, das ist nicht das Arbeitszimmer.
Das hier ist das Arbeitszimmer.

Sprecherin: Ist das hier das Schlafzimmer?
Sprecher: Nein, das ist nicht das Schlafzimmer.
Das hier ist das Schlafzimmer.

Sprecherin: Ist das hier die Toilette?
Sprecher: Nein, das ist nicht die Toilette.
Das hier ist die Toilette.

Sprecherin: Ist das hier das Bad?
Sprecher: Nein, das ist nicht das Bad.
Das hier ist das Bad.

Sprecherin: Ist das hier das Wohnzimmer?
Sprecher: Nein, das ist nicht das Wohnzimmer.
Das hier ist das Wohnzimmer.

Lektion 4, Audiotraining 3
Wie gefällt dir das? Antworten Sie mit „Es geht" und fragen Sie dann. Hören Sie zuerst ein Beispiel:
Sprecherin: Wie gefällt dir das Bett? *der Schrank*
Sprecher: Es geht … Aber hier: Wie gefällt dir der Schrank?
Sprecherin: Gut.

Und jetzt Sie:
Sprecherin: Wie gefällt dir das Bett? *der Schrank*
Sprecher: Es geht … Aber hier: Wie gefällt dir der Schrank?
Sprecherin: Gut.

Sprecherin: Wie gefallen dir die Sessel? *die Stühle*
Sprecher: Es geht … Aber hier: Wie gefallen dir die Stühle?
Sprecherin: Sehr gut!

Sprecherin: Wie gefällt dir das Bett? *das Sofa*
Sprecher: Es geht … Aber hier: Wie gefällt dir das Sofa?
Sprecherin: Ganz gut.

Sprecherin: Wie gefällt dir die Badewanne? *die Dusche*
Sprecher: Es geht … Aber hier: Wie gefällt dir die Dusche?
Sprecherin: Sehr gut.

Sprecherin: Wie gefallen dir die Lampen? *die Teppiche*
Sprecher: Es geht … Aber hier: Wie gefallen dir die Teppiche?
Sprecherin: Nicht so gut.

Sprecherin: Wie gefällt dir der Schrank? *die Regale*
Sprecher: Es geht … Aber hier: Wie gefallen dir die Regale?
Sprecherin: Gut.

Sprecherin: Wie gefallen dir die Tische? *der Schreibtisch*
Sprecher: Es geht … Aber hier: Wie gefällt dir der Schreibtisch?
Sprecherin: Nicht so gut. Er ist klein.

Lektion 5 Mein Tag

Folge 5: Von früh bis spät

Bild 1
Lehrerin: Sehr schön, Eduardo! Vielen Dank! Und jetzt kommt Lara. Lara erzählt und zeigt uns jetzt: „So ist mein Tag". Bitte schön, Lara.
Lara: Danke, Frau Reimann. Also, Moment ... Wo ist denn das Foto?

Bild 2
Lara: Aah, da ist es ja. Ja, ihr seht: Um Viertel nach sieben bin ich noch ein bisschen müde. Gut, also: Ich stehe am Morgen um Viertel nach sieben auf.
Mitschüler: Auch am Samstag und am Sonntag?
Lara: Nein, natürlich nicht. Also nochmal: Ich stehe von Montag bis Freitag um Viertel nach sieben auf.

Bild 3
Lara: So. Jetzt ist es halb acht.
Lara: Das ist Sofia und das ist Lili.
Mitschülerin: Süüüß!
Lara: Wir wohnen zusammen. Wir frühstücken auch immer zusammen. Um Viertel vor acht sind wir fertig. Lili geht dann zur Schule und Sofia geht zur Arbeit.
Mitschüler: Und du?
Lara: Ich räume die Küche auf und dann? Na, was mach ich dann, hmm?
Mitschüler: Ich denke, dann gehst du zum Deutschkurs, oder?
Lara: Bingo!

Bild 4
Mitschülerin: Hey, das sind ja wir!
Lara: Genau. Der Deutschkurs fängt um ... naa? Wann fängt der Deutschkurs an?
Mitschüler: Er fängt um halb neun an, Frau Lehrerin.
Lara: Gut! Und bis wann haben wir Unterricht?
Mitschülerin: Bis drei Uhr.
Lara: Richtig. Der Deutschkurs geht von halb neun bis drei Uhr.
Mitschüler: Und um zwölf Uhr haben wir Mittagspause, Lara.
Lara: Oh! Wie spät ist es jetzt? Ist es schon zwölf?
Mitschüler: Es ist kurz vor zwölf.
Lara: Okay, okay, ich bin gleich fertig.

Bild 5
Lara: Am Nachmittag gehe ich spazieren oder ich kaufe ein oder ich räume mein Zimmer auf.
Mitschüler: Aufräumen? Oh nein!

Bild 6
Lara: Am Abend koche ich. Ich koche sehr gern.
Mitschülerin: Kochst du jeden Tag?
Lara: Nein, nur von Montag bis Freitag. Um achtzehn Uhr dreißig kommt Sofia nach Hause. Sie arbeitet wirklich sehr viel und ist dann am Abend sehr müde. Na ja, und dann essen wir drei zusammen: Sofia, Lili und ich. Das finde ich immer sehr schön.
Mitschüler: Hmm, lecker! Ich habe Hunger.
Lara: Gleich ist Pause, Pawel. Ein Bild noch, okay?

Bild 7
Lara: Am Abend höre ich Musik oder ich sehe fern oder ich rufe auch mal meine Familie zu Hause an. Naja, Leute, jetzt wisst ihr es: Das ist mein Tag.

Bild 8
Lehrerin: Danke, Lara! So, und jetzt ist endlich Mittagspause. Also dann, bis gleich, um halb eins. Sehr schön, Lara. Wirklich super!
Lara: Oh, danke Frau Reimann. Also dann, tschüs, bis gleich.
Lehrerin: Tschüs, Lara.

Schritt A, A1
1 Geräusch: Aufstehen
2 Geräusch: Aufräumen
3 Geräusch: Supermarkt
4 Geräusch: Telefonieren
5 Geräusch: Kochen
6 Geräusch: Fernsehen

Schritt B, B1
Sprecher A: Wie spät ist es jetzt? Ist es schon zwölf?
Sprecher B: Nein. Es ist erst Viertel vor zwölf.

Schritt B, B2
Gespräch 1
Chef: Ich bin dann im Konferenzraum, Frau Maus. Sie wissen, der Termin mit Frau Dr. Müller.
Sekretärin: Ja, aber es ist doch erst zwanzig vor neun. Frau Dr. Müller kommt erst um 10 Uhr!
Chef: Ach so? Ja dann ... dann habe ich ja noch Zeit fürs Frühstück! Bis später, Frau Maus!

Gespräch 2
Mann1: Was machst du am Wochenende?
Mann 2: Ach, ich weiß noch nicht. Ein bisschen fernsehen vielleicht. Okay. Schon zehn nach eins. Machen wir weiter.

Gespräch 3
Mann 1: Los, Amir, komm. Es ist fünf vor vier. Das Spiel beginnt gleich!
Mann 2: Ja, ja, ich komme ja schon!

Gespräch 4
Studentin 1: Und? Nervös?
Studentin 2: Total nervös. Ich hasse Tests! Wo bleibt denn der Prof? Es ist schon fünf vor halb drei.
Studentin 1: Hey, keine Angst. Der Test wird gut. Ah, er kommt!

Transkriptionen zum Kursbuch

Schritt C, C1
Mitschülerin: Hey, das sind ja wir!
Lara: Genau. Der Deutschkurs fängt um … naa?
Wann fängt der Deutschkurs an?
Mitschüler: Er fängt um halb neun an, Frau Lehrerin.
Lara: Gut! Und bis wann haben wir Unterricht?
Mitschülerin: Bis drei Uhr.
Lara: Richtig. Der Deutschkurs geht von halb neun
bis drei Uhr.
Mitschüler: Und um zwölf Uhr haben wir Mittagspause, Lara.
Lara: Oh! Wie spät ist es jetzt? Ist es schon zwölf?
Mitschüler: Es ist kurz vor zwölf.
Lara: Okay, okay, ich bin gleich fertig.

Schritt C, C2
Mann 1: Du, ich mache am Freitag eine Party. Hast du Zeit?
Mann 2: Am Freitag? Ich spiele von fünf bis sechs Fußball.
Da habe ich keine Zeit. Wann fängt die Party denn an?
Mann 1: Um sieben Uhr.
Mann 2: Das passt gut. Ich komme gern.

Schritt D, D2a
Kollege: Boah! Noch zwei Stunden, dann ist Feierabend!
Endlich! Was machst du am Wochenende?
Robert: Du, am Wochenende ist bei mir immer total viel los.
Besonders am Samstag:
Am Morgen stehe ich früh auf und frühstücke schnell. Am
Vormittag räume ich auf, kaufe ein und koche ein leckeres
Mittagessen. Denn am Mittag kommt meine neue Freundin
Nina und wir essen zusammen. Am Nachmittag mache ich
Sport im Fitnessstudio! Du weißt ja: Fitness und gesundes
Essen – das ist mir sehr wichtig. Am Abend gehen Nina
und ich ins Kino oder so – nur vor dem Fernseher sitzen,
das ist doch langweilig. Nach dem Kino gehen wir noch
spazieren. In der Nacht ist das richtig schön romantisch.
Das gefällt Nina sicher. Ja, und am Sonntag ist dann
Familientag. Meine Eltern kommen dann und wir gehen
dann spazieren…

Schritt E, E1
Ansage 1
Liebe Kunden. Hier ist die Fahrradstation Mitte. Leider
rufen Sie außerhalb unserer Bürozeiten an. Die Fahrradstation Mitte ist von Montag bis Freitag von 10 Uhr bis 19 Uhr
30 geöffnet und am Samstag von 10 bis 19 Uhr. In dieser
Zeit erreichen Sie uns auch telefonisch. Natürlich können
Sie uns auch eine Nachricht auf Band hinterlassen, sprechen Sie dazu bitte nach dem Signalton.

Ansage 2
Liebe Anrufer, dies ist die Nummer der Kinder- und
Jugendbibliothek Berlin. Die Bibliothek ist von Montag bis
Freitag von 13 bis 19 Uhr und am Samstag von 10 bis 19
Uhr geöffnet. Haben Sie Fragen zur Ausleihe, dann drücken
Sie die 1. Möchten Sie Informationen zu unseren Veranstal-
tungen, drücken Sie die 2. Wir danken für Ihren Anruf.

Ansage 3
Liebe Gäste, das Café Einstein ist vom 20. Januar bis zum
6. Februar wegen Urlaub geschlossen. Ab dem 7. Februar
begrüßen wir Sie gern wieder bei uns: Von 8 Uhr 30 bis
1 Uhr nachts sind für wir für Sie da. Ihr Café-Einstein-Team.

Ansage 4
Berlin Tourist Info – im Moment sind leider alle Leitungen
belegt. Bitte rufen Sie später wieder an oder besuchen Sie
uns im Internet unter www.visitberlin.de. Informationen
erhalten Sie auch bei allen unseren Tourist Infozentren in
Berlin. Die Berlin Tourist Infozentren sind an Werktagen von
9 Uhr 30 bis 20 Uhr geöffnet und am Sonntag von 10 bis
18 Uhr.
Berlin Tourist Info – im Moment sind leider …

Lektion 5, Audiotraining 1
Aha! Wiederholen Sie mit „Aha".
Hören Sie zuerst ein Beispiel:
Sprecherin: Um sieben Uhr stehe ich auf.
Sprecher: Aha! Um sieben Uhr stehst du auf.

Und jetzt Sie:
Sprecherin: Um sieben Uhr stehe ich auf.
Sprecher: Aha! Um sieben Uhr stehst du auf.

Sprecherin: Um halb acht frühstücke ich.
Sprecher: Aha! Um halb acht frühstückst du!

Sprecherin: Um acht Uhr gehe ich zum Deutschkurs.
Sprecher: Aha! Um acht Uhr gehst du zum Deutschkurs.

Sprecherin: Von neun bis halb eins lerne ich Deutsch.
Sprecher: Aha! Von neun bis halb eins lernst du Deutsch.

Sprecherin: Am Nachmittag gehe ich spazieren.
Sprecher: Aha! Am Nachmittag gehst du spazieren.

Sprecherin: Um halb sieben koche ich das Abendessen.
Sprecher: Aha! Um halb sieben kochst du das Abendessen.

Sprecherin: Am Abend sehe ich fern oder ich chatte.
Sprecher: Aha! Am Abend siehst du fern oder du chattest.

Sprecherin: Um halb elf gehe ich ins Bett.
Sprecher: Aha! Um halb elf gehst du ins Bett.

Und jetzt noch einmal Sie: Antworten Sie mit Ihren
Informationen.
Sprecherin: Um wie viel Uhr stehst du auf?
Sprecherin: Wann frühstückst du?
Sprecherin: Wann gehst du zum Deutschkurs?
Sprecherin: Wann lernst du Deutsch?
Sprecherin: Was machst du am Nachmittag?
Sprecherin: Wann kochst du das Abendessen?
Sprecherin: Was machst du am Abend?
Sprecherin: Um wie viel Uhr gehst du ins Bett?

Lektion 5, Audiotraining 2
Das machen Sie nicht gern. Antworten Sie mit „nicht".
Hören Sie zuerst ein Beispiel:
Sprecherin: Ich stehe gern auf.
Sprecher: Ich stehe nicht gern auf.
Sprecherin: Ach? Du stehst nicht gern auf.
Sprecher: Nein. Ich stehe nicht gern auf.

Und jetzt Sie:
Sprecherin: Ich stehe gern auf.
Sprecher: Ich stehe nicht gern auf.
Sprecherin: Ach? Du stehst nicht gern auf.
Sprecher: Nein. Ich stehe nicht gern auf.

Sprecherin: Ich sehe gern fern.
Sprecher: Ich sehe nicht gern fern.
Sprecherin: Ach? Du siehst nicht gern fern.
Sprecher: Nein. Ich sehe nicht gern fern.

Sprecherin: Ich mache gern Sport.
Sprecher: Ich mache nicht gern Sport.
Sprecherin: Ach? Du machst nicht gern Sport.
Sprecher: Nein. Ich mache nicht gern Sport.

Sprecherin: Ich kaufe gern ein.
Sprecher: Ich kaufe nicht gern ein.
Sprecherin: Ach? Du kaufst nicht gern ein.
Sprecher: Nein. Ich kaufe nicht gern ein.

Sprecherin: Ich räume gern auf.
Sprecher: Ich räume nicht gern auf.
Sprecherin: Ach? Du räumst nicht gern auf.
Sprecher: Nein. Ich räume nicht gern auf.

Sprecherin: Ich trinke gern Tee.
Sprecher: Ich trinke nicht gern Tee.
Sprecherin: Ach? Du trinkst nicht gern Tee.
Sprecher: Nein. Ich trinke nicht gern Tee.

Lektion 5, Audiotraining 3
Keine Zeit! Antworten Sie auf die Fragen.
Hören Sie zuerst ein Beispiel:
Sprecher: Ich mache am Samstag eine Party.
Hast du Zeit? *ins Kino gehen*
Sprecherin: Am Samstag? – Am Samstag gehe ich ins Kino.

Und jetzt Sie:
Sprecher: Ich mache am Samstag eine Party. Hast du Zeit?
ins Kino gehen
Sprecherin: Am Samstag? – Am Samstag gehe ich ins Kino.

Sprecher: Wir spielen am Dienstag Fußball. Hast du Zeit?
arbeiten
Sprecherin: Am Dienstag? – Am Dienstag arbeite ich.

Sprecher: Chatten wir am Mittwoch? Hast du Zeit?
Deutschkurs haben
Sprecherin: Am Mittwoch? – Am Mittwoch habe ich
Deutschkurs.

Sprecher: Ich gehe am Freitag ins Kino. Hast du Zeit?
fernsehen
Sprecherin: Am Freitag? – Am Freitag sehe ich fern.

Sprecher: Wir spielen am Montag Computerspiele. Hast du
Zeit? *mit Lara spazieren gehen*
Sprecherin: Am Montag? – Am Montag gehe ich mit Lara
spazieren.

Sprecher: Lernen wir am Dienstag zusammen Deutsch?
Hast du Zeit? *einkaufen*
Sprecherin: Am Dienstag? – Am Dienstag kaufe ich ein.

Sprecher: Ich mache am Sonntag Sport? Hast du Zeit?
lange schlafen
Sprecherin: Am Sonntag? – Am Sonntag schlafe ich lange.

Zwischendurch mal ... Hören
Gehen wir joggen?
Lea: Von Montag bis Mittwoch arbeite ich von acht bis siebzehn Uhr im Büro. Am Dienstagabend gehe ich mit meinem Freund ins Kino. Der Film fängt um Viertel nach acht an und geht bis halb elf. Am Donnerstag besuche ich meine Oma in Wiesbaden. Ich fahre am Vormittag um elf hin und komme am Abend um acht zurück. Am Freitag, Samstag und Sonntag arbeite ich am Abend von sechs bis zwölf in einer Bar. Am Freitagvormittag habe ich von neun bis halb elf einen Termin bei meiner Friseurin.
Karla: Ich arbeite von Montag bis Samstag von viertel vor sieben bis um zwölf Uhr. Am Montagabend und am Donnerstagabend bin ich von zwanzig Uhr dreißig bis zweiundzwanzig Uhr im Tango-Kurs. Am Sonntagnachmittag besuche ich meine Eltern. Ich fahre um dreizehn Uhr hin und bin dann so um achtzehn Uhr wieder zu Hause.

Lektion 6   Freizeit

Folge 6: Der Käsemann

Bild 1
Sofia: Das Wetter ist nicht so schön heute. Überall Wolken. Und die Sonne scheint auch nicht. Aber es regnet nicht mehr. Das ist doch super, oder? Was meint ihr?
Walter: Stimmt. Das ist super.
Lili: Lalala!

Bild 2
Walter: Sag mal, Sofia: Hast du den Käse?
Sofia: Den Käse? Moment mal, wo ist denn der Käse? Ach ...
Walter: Was? Haben wir den Käse nicht dabei?
Sofia: Doch! Hier, Papa! Ich hab den Käse. Hier ist er, siehst du?
Walter: Ja! Juhu!
Sofia: Papa!

Bild 3
Walter: Aaah! Wunderbar! Gehen wir?
Sofia: Lara? Lara? Kommst du? Wir gehen jetzt los.
Lara: Jaja, Sofia, ich komme ja schon.

Bild 4
Lili: Wann essen wir endlich?
Walter: Bald.
Lili: Mama?
Sofia: Hm?
Lili: Wann essen wir endlich?
Sofia: Bald, Lili.
Lili: Aber wann denn? Mann! Ich habe so einen Hunger. Hast du denn keinen Hunger, Lara? Lara? Hmm ... Mann!

Bild 5
Lara: Haach! Hier ist es wunderschön!
Sofia: Hast du denn keinen Hunger, Lara?
Lara: Doch. Und wie!
Sofia: Hier! Möchtest du ein Würstchen?
Lara: Oh ja, gern. Danke, Sofia. Hm, lecker! Lili? Möchtest du auch ein Würstchen?
Lili: Nein, danke.
Walter: Was? Hast du keinen Hunger mehr?
Lili: Doch. Aber ich möchte lieber Käse. Haben wir keinen Käse?
Sofia: Doch. Wo ist denn der Käse, Papa?
Walter: Hhhh! Der Käse!

Bild 6
Tim: Ja, Lara, ich bin jetzt da. Ja, auf dem Parkplatz. Was? Eine Dose? Und wo ist die Dose? Auf dem Auto? Aah! Da! Ja ja, ich sehe die Dose. Okay! Ja, mache ich. Also, tschüs dann, bis gleich!

Bild 7
Tim: Hi! Hallo! Hier kommt der Käse!
Walter: Hey toll! Unser Käse!
Lara: Sofia und Lili, das ist Tim. Tim ist auch in der Sprachschule.
Lili: Hey, du bist ja der Käsemann.
Tim: Genau, Lili: Ich bin der Käsemann.
Walter: Hallo, Tim. Wir kennen uns ja schon.
Tim: Ja, Herr Baumann.
Walter: Ach was! Ich heiße Walter.
Tim: Okay. Also: Hallo, Walter!

Bild 8
Lara: Ach, es ist so super hier!
Tim: Genau. Die Berge und die Wolken. Das ist so toll!
Lili: Hallo, ihr zwei! Cheese!

Schritt A, A3b
Radiowetter A
Es ist 7 Uhr 30. Schauen wir, was das Wetter macht. Heute bleibt es beim kalt-grauen Wetter mit Wolken und Regen. Temperaturen zwischen 2 und 8 Grad. Auch morgen und am Donnerstag ist es meist bewölkt und am Freitag schneit es bei Temperaturen um 0 Grad. Aber am Wochenende gibt es bestes Wintersportwetter mit viel Sonne in den Bergen und Temperaturen von -2 bis +4 Grad. Das war's vom Wetter ...

Radiowetter B
Moderatorin: ... Und jetzt der Wetterbericht mit Florian Wiesenthal:
Mann: Guten Tag. Auch heute ist es wieder überall sonnig bei Temperaturen bis – Achtung – 27 Grad im Breisgau und am Bodensee. Die Aussichten: Auch morgen und am Mittwoch scheint die Sonne, es wird aber nicht mehr ganz so warm. Maximal 20 bis 22 Grad.
Moderatorin: Vielen Dank, Florian. Also, liebe Hörerinnen und Hörer, spazieren gehen ist angesagt.

Radiowetter C
Das waren die Nachrichten. Und nun das Wetter: Am Bodensee und im Mittelland viele Wolken. Sonst sonnig. Im Süden bis maximal 9 Grad. Die Aussichten für die kommenden Tage: Die Temperaturen steigen und der Frühling kommt zurück ...

Schritt B, B1a
1
Walter: Sag mal, Sofia: Hast du den Käse?
Sofia: Moment mal, wo ist denn der Käse? Hier, Papa. Ich habe den Käse, siehst du?

2
Lara: Lili? ein Würstchen?
Lili: Nein, danke. Haben wir keinen Käse?
Sofia: Wo ist denn der Käse?

Schritt C, C1
1
Walter: Sag mal, Sofia: Hast du den Käse?
Sofia: Den Käse? Moment mal, wo ist denn der Käse? Ach ...
Walter: Was? Haben wir den Käse nicht dabei?
Sofia: Doch! Hier, Papa! Ich hab den Käse. Hier ist er, siehst du?
Walter: Ja! Juhu!

2
Sofia: Hast du denn keinen Hunger, Lara?
Lara: Doch. Und wie!
Sofia: Hier! Möchtest du ein Würstchen?
Lara: Oh ja, gern. Danke, Sofia. Hm, lecker! Lili? Möchtest du auch ein Würstchen?
Lili: Nein, danke.
Walter: Was? Hast du keinen Hunger mehr?
Lili: Doch. Aber ich möchte lieber Käse. Haben wir keinen Käse?
Sofia: Doch. Wo ist denn der Käse, Papa?

Lektion 6, Audiotraining 1
Meine Hobbys! Antworten Sie mit „Oh ja".
Hören Sie zuerst ein Beispiel.
Sprecherin: Sag mal, was sind deine Hobbys?
Sprecher: Meine Hobbys? ... Lesen ...
Sprecherin: Oh ja! Lesen! Lesen macht Spaß.

Und jetzt Sie:
Sprecherin: Sag mal, was sind deine Hobbys?
Sprecher: Meine Hobbys? ... Lesen ...
Sprecherin: Oh ja! Lesen! Lesen macht Spaß.

Sprecher: ... und Gitarre spielen ...
Sprecherin: Oh ja! Gitarre spielen! Gitarre spielen
macht Spaß!

Sprecher: ... und Fahrrad fahren ...
Sprecherin: Oh ja! Fahrrad fahren! Fahrrad fahren
macht Spaß!

Sprecher: ... kochen ...
Sprecherin: Oh ja! Kochen! Kochen macht Spaß!

Sprecher: ... und spazieren gehen ...
Sprecherin: Oh ja! Spazieren gehen! Spazieren gehen
macht Spaß!

Sprecher: ... und schwimmen!
Sprecherin: Oh ja! Schwimmen! Schwimmen macht Spaß!

Und jetzt noch einmal Sie: Antworten Sie mit Ihren
Informationen.
Sprecher: Sag mal, was sind deine Hobbys?

Lektion 6, Audiotraining 2
Was machst du in der Freizeit? Antworten Sie
auf die Fragen. Hören Sie zuerst ein Beispiel:
Sprecher: Was machst du in der Freizeit?
Sprecherin: Ich lese gern.

Und jetzt Sie:
Sprecher: Was machst du in der Freizeit?
Sprecherin: Ich lese gern.

Sprecher: Was machst du in der Freizeit?
Sprecherin: Ich koche gern.

Sprecher: Was machst du in der Freizeit?
Sprecherin: Ich fahre gern Fahrrad.

Sprecher: Was machst du in der Freizeit?
Sprecherin: Ich schwimme gern.

Sprecher: Was machst du in der Freizeit?
Sprecherin: Ich spiele gern Gitarre.

Sprecher: Was machst du in der Freizeit?
Sprecherin: Ich wandere gern.

Lektion 6, Audiotraining 3
Vorlieben. Antworten Sie auf die Fragen.
Hören Sie zuerst ein Beispiel:
Sprecher: Mein Lieblingsbuch ist „Momo" Was ist dein
Lieblingsbuch?
Sprecherin: Mein Lieblingsbuch ist „Harry Potter".

Und jetzt Sie: Antworten Sie mit Ihren Informationen.
Sprecherin: Mein Lieblingsbuch ist „Momo". Was ist dein
Lieblingsbuch?
Sprecherin: Meine Lieblingsfarbe ist Rot. Und was ist deine
Lieblingsfarbe?
Sprecherin: Mein Lieblingsfilm ist „Ice Age 1". Was ist dein
Lieblingsfilm?
Sprecherin: Mein Lieblingsessen ist „Pizza". Was ist dein
Lieblingsessen?
Sprecherin: Meine Lieblingsstadt ist London. Was ist deine
Lieblingsstadt?

Zwischendurch mal ... Lied
Wir sind nicht allein
Du möchtest keinen Kaffee? – Nein.
Du möchtest keine Milch? O Mann!
Ich möchte auch keinen Tomatensaft.
Ja, was möchtest du denn dann?
Ich möchte singen.
Du bist nicht allein.
Wir alle singen gern
im Verein.
Wir machen keine Pizza. Nein.
Wir kochen auch kein Ei. O Mann!
Wir backen keinen Kuchen.
Ja, was machen wir denn dann?
Wir singen ein Lied.
Wir sind nicht allein.
Wir alle singen gern.
im Verein.

Lektion 7   Lernen – ein Leben lang

Folge 7: Fernunterricht

Bild 1
Walter: Hah! Das ist ja lustig! Wo war ich denn da?
Hmm. Keine Ahnung. Aber ich weiß noch ganz genau:
Das hat richtig Spaß gemacht!

Bild 2
Walter: Und das Ding da. Wie heißt das? Irgendwas mit „H",
oder? Ha ... Hi ... Ho ... Hu ... Hupp ... Hula Hoop. Ja, genau:
ein Hula Hoop-Reifen ist das. Kann ich das noch? Hmm.

Bild 3
Walter: Mist! Das gibt's doch nicht! Was mache ich denn
falsch? Ich habe das früher so gut gemacht. Ach Mann! Ich
kann den Reifen nicht richtig schwingen.

Bild 4
Walter: So. Nochmal ... Ja? Jetzt? Ohhhh! Nein!
Jetzt habe ich auch noch die Vase kaputt gemacht. Himmel nochmal!
Ja, Baumann? Aah, hallo Lara!

Bild 5
Walter: Aha, das ist interessant! Was ich gemacht habe?
Du, ich bin heute in die Stadt gegangen und habe einen Hula Hoop-Reifen gekauft. ... Hula Hoop, das kennst du, oder? Genau. Als Kind habe ich das so gern gemacht. Aber jetzt ... Na, es geht nicht. Ich kann den Reifen nicht schwingen. Hach, ich will das so gern wieder lernen. Kannst du das? Wirklich? Willst du mir vielleicht helfen? Was? Ein Foto? Ja, okay, das mache ich.

Bild 6
Lara: Walter? Hallo! Ja, ich habe dein Foto jetzt hier ... Du, dein Hula Hoop-Reifen ist ja viel zu klein! Das ist ein Kinderreifen. Du brauchst einen Reifen für Erwachsene. Aber ja, Walter! Natürlich! Man kann das wieder lernen.

Bild 7
Walter: Meinst du? Was? Noch was? Was habe ich noch falsch gemacht? Ich stehe nicht richtig? Aha. Nicht zur Seite? Ein Fuß vor, ein Fuß zurück. Ah, jetzt verstehe ich: DAS habe ich falsch gemacht. Super, Lara! Du hast mir sehr geholfen. Vielen Dank! Ja, tschüs!

Bild 8
Walter: Jaa! Ich kann es wieder! He, Sie! Sehen Sie mal! Lara hat recht: Man kann das ganz neu lernen. Ist das nicht toll?
Frau: Pscht, Harro! Komm jetzt!

Schritt B, B1a
A
Walter: Ich will das so gern wieder lernen.
Willst du mir vielleicht helfen?

B
junge Frau: Lisa kommt gleich. Wir wollen im Park jonglieren.
ältere Frau: Was? Ihr wollt im Park jonglieren?

Schritt D, D2, D3
1
Radiomoderatorin: Lange schlafen und einfach mal nichts machen: Das sind Ferien. Das ist Urlaub. Aber manche Leute lernen auch im Urlaub – und haben richtig viel Spaß dabei. Unser Reporter Jonathan Dauber hat zwei Leute gefragt.
Jonathan Dauber: Hallo, Herr Janz, Sie haben gerade Urlaub gemacht und – wie ich weiß – im Urlaub viel gelernt. Macht Urlaub so wirklich Spaß?

Herr Janz: Ja, auf jeden Fall! Ich hatte einen tollen Urlaub! Ich war in Italien und habe einen Gitarrenkurs gemacht – eine Woche lang. Ich habe im Kurs nette Leute getroffen. Wir haben zusammen in einem schönen Haus gewohnt und wir haben sechs Stunden am Tag – vier Stunden am Vormittag und zwei Stunden am Nachmittag – zusammen Gitarrenunterricht gehabt und Musik gemacht – super! Und jetzt kann ich richtig gut Gitarre spielen.
Jonathan Dauber: Vielen Dank, Herr Janz, das klingt ja wirklich gut!

2
Jonathan Dauber: Guten Tag, Frau Albers, Sie kommen gerade aus dem Urlaub. Hat der Urlaub Spaß gemacht?
Frau Albers: Ja, sehr viel Spaß!
Jonathan Dauber: Aber jeden Tag Unterricht – das ist doch nicht schön, oder?
Frau Albers: Doch! Ich habe Musikunterricht gehabt und ich liebe Musik! Ich habe einen Saxophonkurs gemacht! Ich habe sehr nette Leute in dem Kurs getroffen und ich habe auch nicht nur gelernt: Ich habe jeden Tag vier Stunden am Vormittag Saxophonunterricht gehabt und am Nachmittag bin ich dann viel spazieren gegangen. Wir haben dort auch sehr schön gewohnt und das Essen hat prima geschmeckt. Ich habe auch viel gesehen, z. B. Salzburg.
Radiomoderatorin: Ja, Sie haben es gehört: Lernen und einen tollen Urlaub machen ist also möglich! Auf unserer Internetseite haben wir viele tolle Angebote für Sie gesammelt. Gehen Sie einfach auf www.radio-go.de und klicken Sie sich durch...

Lektion 7, Audiotraining 1
Was können Sie sehr gut? Was können Sie gar nicht? Antworten Sie auf die Fragen. Hören Sie zuerst zwei Beispiele:
Sprecher: Kannst du Fahrrad fahren? Ja
Sprecherin: Ja, ich kann sehr gut Fahrrad fahren.
Sprecher: Kannst du Skateboard fahren? Nein
Sprecherin: Nein, ich kann gar nicht Skateboard fahren.

Und jetzt Sie:
Sprecher: Kannst du Fahrrad fahren? *Ja*
Sprecherin: Ja, ich kann sehr gut Fahrrad fahren.

Sprecher: Kannst du Skateboard fahren? *Nein*
Sprecherin: Nein, ich kann gar nicht Skateboard fahren.

Sprecher: Kannst du Kuchen backen? *Ja*
Sprecherin: Ja, ich kann sehr gut Kuchen backen.

Sprecher: Kannst du schwimmen? *Nein*
Sprecherin: Nein, ich kann gar nicht schwimmen.

Sprecher: Kannst du Französisch sprechen? *Ja*
Sprecherin: Ja, ich kann sehr gut Französisch sprechen.

Sprecher: Kannst du jonglieren? *Nein*
Sprecherin: Nein, ich kann gar nicht jonglieren.

Und jetzt noch einmal Sie: Antworten Sie mit Ihren Informationen.
Sprecher: Kannst du Fahrrad fahren?
Sprecher: Kannst du Skateboard fahren?
Sprecher: Kannst du Kuchen backen?
Sprecher: Kannst du schwimmen?
Sprecher: Kannst du Französisch sprechen?
Sprecher: Kannst du jonglieren?

Lektion 7, Audiotraining 2
Ich will ... Antworten Sie mit „Ah!".
Hören Sie zuerst ein Beispiel:
Sprecherin: Ich will Lieder singen.
Sprecher: Ah! Du willst Lieder singen.

Und jetzt Sie:
Sprecherin: Ich will Lieder singen.
Sprecher: Ah! Du willst Lieder singen.

Sprecherin: Wir wollen Spiele machen.
Sprecher: Ah! Ihr wollt Spiele machen.

Sprecherin: Ich will viel sprechen.
Sprecher: Ah! Du willst viel sprechen.

Sprecherin: Wir wollen Filme sehen.
Sprecher: Ah. Ihr wollt Filme sehen.

Sprecherin: Ich will Texte lesen.
Sprecher: Ah. Du willst Texte lesen.

Sprecherin: Wir wollen viele Übungen machen.
Sprecher: Ah. Ihr wollt viele Übungen machen.

Lektion 7, Audiotraining 3
Was machen wir am Wochenende? Antworten Sie auf die Fragen. Hören Sie zuerst ein Beispiel:
Sprecher: Was machen wir am Wochenende?
wandern gehen
Sprecherin: Wollen wir vielleicht wandern gehen?
Sprecher: Ja, super! Das machen wir.

Und jetzt Sie:
Sprecher: Was machen wir am Wochenende?
wandern gehen
Sprecherin: Wollen wir vielleicht wandern gehen?
Sprecher: Ja, super! Das machen wir.

Sprecher: Was machen wir am Wochenende?
schwimmen gehen
Sprecherin: Wollen wir vielleicht schwimmen gehen?
Sprecher: Ja, super! Das machen wir.

Sprecher: Was machen wir am Wochenende?
Skateboard fahren
Sprecherin: Wollen wir vielleicht Skateboard fahren?
Sprecher: Ja, super! Das machen wir.

Sprecher: Was machen wir am Wochenende?
zusammen kochen
Sprecherin: Wollen wir vielleicht zusammen kochen?
Sprecher: Ja, super! Das machen wir.
Sprecher: Was machen wir am Wochenende?
Fahrrad fahren
Sprecherin: Wollen wir vielleicht Fahrrad fahren?
Sprecher: Ja, super! Das machen wir.

Sprecher: Was machen wir am Wochenende?
zusammen Deutsch lernen
Sprecherin: Wollen wir vielleicht zusammen Deutsch lernen?
Sprecher: Ja, super! Das machen wir.

Sprecher: Was machen wir am Wochenende? *tanzen gehen*
Sprecherin: Wollen wir vielleicht tanzen gehen?
Sprecher: Ja, super! Das machen wir.

Zwischendurch mal ... Lied
Der App-Depp
1
Ich will gern Gitarre spielen.
Ich kann nicht Gitarre spielen.
Sag, kannst du Gitarre spielen?
Gitarre spielen? Ich? Nein!
Meinst du denn, ich bin ein Depp?
Ich habe die Gitarren-App!
2
Ich will so gern mal Fußball spielen.
Ich kann nicht Fußball spielen.
Sag, kannst du denn Fußball spielen?
Fußball spielen? Ich? Nein!
Meinst du denn, ich bin ein Depp?
Ich habe doch die Fußball-App!
3
Ich will so gern mal Opern singen.
Ich kann keine Opern singen.
Sag, kannst du denn Opern singen?
Opern singen? Ich? Nein!
Meinst du denn, ich bin ein Depp?
Ich hab' doch schon die Opern-App!
4
Ich will gern mal richtig lachen.
Ich kann nicht so richtig lachen.
Sag, kannst du denn richtig lachen?
Lachen? Ich? Nein!
Meinst du denn, ich bin ein Depp?
Ich hab' doch schon die Lach-App!

Transkriptionen zum Arbeitsbuch

Lektion 1 Guten Tag. Mein Name ist …

Schritt A Übung 1
Mädchen: Guten Morgen, Frau Schröder.
Frau Schröder: Hallo, Anna!
Mädchen und Junge: Auf Wiedersehen, Frau Pohlmann.
Frau Pohlmann: Tschüs, Kinder.
Steffen: Nacht, Maria.
Maria: Gute Nacht, Steffen.

Schritt A Übung 2
vgl. Seite AB 10

Schritt B Übung 5
vgl. Seite AB 11

Schritt B Übung 6
vgl. Seite AB 11

Schritt C Übung 18
Bernardo: Guten Tag, mein Name ist Bernardo Da Silva. Ich komme aus Brasilien. Jetzt bin ich in Österreich, in Wien. Wien ist schön! Ich spreche gut Deutsch, Spanisch und Portugiesisch natürlich.
Sara: Hallo, ich heiße Sara. Ich komme aus Udine. Das ist in Italien. Jetzt bin ich ein Jahr in Hamburg. Ich spreche Italienisch, Englisch und Französisch. Ah, und ein bisschen Deutsch.
Max: Und ich bin Max aus Berlin. Eigentlich komme ich aus Hamburg. Aber jetzt bin ich schon acht Jahre in Berlin. Ah ja, ich spreche gut Englisch und ein bisschen Russisch.

Schritt D Übung 20
vgl. Seite AB 15

Schritt D Übung 21
a
Frau: Ich heiße Ewa Kowalski.
Mann: Entschuldigung, wie heißen Sie? Buchstabieren Sie, bitte.
Frau: E – W – A   K – O – W – A – L – S – K – I.
b
Mann: Mein Name ist Jannick Peters.
Frau: Wie bitte?
Mann: Ich heiße Jannick Peters. J – A – N – N – I – C – K P – E – T – E – R – S.
c
Mann 1: Ich bin Moritz Seifert.
Mann 2: Wie ist Ihr Name? Buchstabieren Sie, bitte.
Mann 1: M – O – R – I – T – Z S – E – I – F – E – R – T.
d
Mann: Guten Morgen. Mein Name ist Simon Pfaff.
Frau: Guten Morgen Herr … Entschuldigung, wie heißen Sie?
Mann: Simon Pfaff. Ich buchstabiere: S – I – M – O – N P – F – A – F – F.
Frau: Ah ja, danke.

e
Frau 1: Wie ist Ihr Name?
Frau 2: Ich heiße Ruth Kröger.
Frau 1: Wie bitte? Buchstabieren Sie, bitte.
Frau 2: R – U – T – H   K – R – Ö – G – E – R.
Frau 1: Danke.
f
Frau: Wie heißt du?
Mann: Ich heiße Jürgen Groß. Groß mit Eszett.
Frau: Wie bitte?
Mann: J – Ü – R – G – E – N   G – R – O – ß.

Lektion 2 Meine Familie

Schritt A Übung 2
vgl. Seite AB 19

Schritt B Übung 9
vgl. Seite AB 21

Schritt D Übung 23
dreizehn – sechs – elf – fünf – vierzehn – siebzehn – acht – neunzehn – drei – zwanzig

Schritt E Übung 31
1
Hanne Winkler:
Hallo. Mein Name ist Hanne Winkler. Ich bin 20 und komme aus Stuttgart. Stuttgart liegt in Süddeutschland. Aber jetzt lebe ich in Hamburg. Das ist in Norddeutschland. Mein Partner heißt Sven. Wir sind noch nicht verheiratet. Und wir haben keine Kinder.
2
Ashraf Shabaro:
Guten Tag. Ich bin Ashraf Shabaro. Ich komme aus Syrien. Aber ich lebe schon 20 Jahre in Berlin. Meine Eltern leben in Syrien. Meine Frau kommt aus Deutschland. Sie heißt Karin. Wir haben drei Kinder. Sie sind 17, 13 und zehn Jahre alt und sie sprechen Deutsch und Arabisch.
3
Thomas Gierl:
Servus! Ich heiße Thomas. Thomas Gierl. Ich bin ledig. Na ja, ich bin ja auch erst 19. Ich komme aus Innsbruck, aber ich wohne zurzeit in Wien. Wien ist die Hauptstadt von Österreich. Die Stadt ist super. Dort ist immer etwas los.
4
Margrit Ehrler:
Grüezi! Ich heiße Margrit Ehrler und lebe in der Schweiz. Mein Mann und ich, wir sind beide in Zürich geboren und wohnen auch hier. Wir haben einen Sohn. Er heißt Jakob und ist 12 Jahre alt. Und wir haben eine Tochter, Lisa. Sie ist noch ein Baby.

Fokus Beruf: *Du, Sie* oder *ihr?*
Übung 1b
A
Susana: Guten Morgen, ich heiße Susana Salazar. Ich bin neu hier.

Martin: Herzlich willkommen. Ich bin Martin Kalteis.
Susana: Guten Tag, Herr Kalteis. Und wer sind Sie?
Irina: Ich heiße Irina Bergmann.
Susana: Ah. Guten Tag, Frau Bergmann.
Martin: Wir Kollegen sagen hier alle „du". Ich bin Martin und das ist Irina.
Susana: Ah, schön, also dann: Hallo Irina, hallo Martin. Arbeitet ihr beide hier?
Irina: Ja, wir sind oft hier zusammen an der Rezeption.

B
Susana: Guten Tag!
Herr Czettritz: Guten Tag, mein Name ist Czettritz, Ilja Czettritz und das ist Frau Meininger, Anne Meininger.
Susana: Herzlich willkommen im Hotel „Seeblick"! Einen Moment bitte. Hm ... ich finde Ihren Namen nicht im Computer.
Herr Czettritz: Czettritz mit C nicht mit T.
Susana: Buchstabieren Sie bitte?
Herr Czettritz: C – Z – E – T – T – R – I – T – Z.
Susana: Ja, genau, vielen Dank, Herr Czettritz. ... Und Sie sind Frau Meiniger?
Frau Meininger: Nein, Meininger. Ich buchstabiere: M – E – I – N – I – N – G – E – R.
Susana: Ah ja, Frau Meininger. Danke. Darf ich bitte Ihren Ausweis sehen?

C
Herr Berger: Guten Tag. Äh, wer sind Sie denn, bitte?
Susana: Guten Tag. Mein Name ist Susana Salazar. Ich bin neu hier. Ich arbeite an der Rezeption.
Herr Berger: Ah! Freut mich. Ich bin Johannes Berger, der Hoteldirektor. ... Ja, dann: willkommen im Team, Frau Salazar.
Susana: Danke, Herr Berger.

D
Susana: Also, tschüs, Martin.
Martin: Tschüs, Susana. Schönen Feierabend.
Susana: Danke, gleichfalls.

Lektion 3   Essen und Trinken

Schritt A Übung 7
vgl. Seite AB 31

Schritt B Übung 8
Frau: Sag mal, Johannes, haben wir noch Äpfel?
Mann: Hm, ich weiß es nicht, ich glaube nicht.
Frau: Gut, dann ... zwei Äpfel bitte.
Verkäufer: Sehr gern. ... Darf es noch etwas sein?
Frau: Ja, einen Moment, bitte. Wir brauchen noch ... Was brauchen wir denn noch?
Mann: Ja also ... ich weiß nicht ... Wir brauchen Tomaten.
Frau: Dann bitte noch sechs Tomaten.
Verkäufer: Möchten Sie Tomaten aus Italien oder Tomaten aus Spanien?
Frau: Aus Spanien, bitte.

Verkäufer: Gern.
Mann: Schau mal, die Birnen da sehen gut aus.
Frau: Ja stimmt. ... Dann bitte noch drei Birnen.
Verkäufer: Gern ...
Frau: Ach ja und vier Bananen bitte. Das ist dann alles.
Verkäufer: Das macht zusammen bitte ... Sechs Euro sechzig.
Mann: Bitte sehr.
Verkäufer: Vielen Dank. Auf Wiedersehen.
Frau: Auf Wiedersehen.
Mann: Wiedersehen.

Schritt B Übung 14
Frau Wagner:
Okay, was brauche ich ... Äpfel? Nein, Äpfel sind noch da, aber keine Bananen. Also, ich brauche drei Bananen. ... Es sind keine Eier mehr da, also, sechs Eier ... Brot habe ich. Kartoffeln? Sind auch noch da. Und Tomaten brauche ich auch nicht. Also kein Brot ... keine Kartoffeln ... keine Tomaten. Aber Milch und Butter brauche ich. ... Ah, und Würstchen, vier Würstchen. ... So, dann kann's ja losgehen.

Schritt C Übung 18
vgl. Seite AB 34

Schritt D Übung 23 b
3 Euro 49, 8 Euro 90, 11 Euro 65, 77 Cent, 50 Cent

Schritt D Übung 24
21, 45, 84, 63, 72, 67, 83, 36, 48, 75, 70, 54, 38, 20, 30, 42, 33, 48

Schritt E Übung 32 b
Niklas: Was isst du gern, Lena?
Lena: Ich esse gern Fisch und Salat. Und du, Niklas?
Niklas: Mein Lieblingsessen ist Hähnchen mit Pommes. Und ich esse sehr gern Suppen. Isst du gern Suppen?
Lena: Na ja, Suppen esse ich nicht so gern. Was trinkst du gern?
Niklas: Ich trinke gern Wein. Aber jetzt habe ich Durst.
Lena: Hier: eine Flasche Mineralwasser.
Niklas: Danke!

Lektion 4   Meine Wohnung

Schritt C Übung 16 a und b
vgl. Seite AB 45

Schritt C Übung 25
1
junge Frau: Entschuldigung?
älterer Mann: Ja? Wie kann ich Ihnen helfen?
junge Frau: Wo sind die Sessel?
älterer Mann: Sehen Sie die Stühle dort?
junge Frau: Ja.
älterer Mann: Dort finden Sie auch die Sessel.
junge Frau: Vielen Dank!

2
junge Frau: Ach, hier sind die Sessel. Wie gefallen Sie dir?
junger Mann: Nicht so gut, sie sind sehr dunkel.
junge Frau: Ja. Sie sind nicht so schön. Aber schau mal die Lampe dort. Wie gefällt dir die Lampe?
junger Mann: Sie ist toll. Sie kommt aus Dänemark, oder?
junge Frau: Ja, die Lampe ist von einem dänischen Designer.

3
ältere Frau: Kann ich Ihnen helfen?
junger Mann: Ja. Die Lampe ist schön. Was kostet sie?
ältere Frau: Sie kostet 95,- Euro.
junger Mann: Oh, sie ist sehr teuer.
ältere Frau: Ja, Designer-Lampen sind nicht billig. Aber sie ist sehr schön und modern.

Schritt D Übung 27
943 – 187 – 76 – 934 – 67 – 27

Schritt D Übung 28 c
Frau: Drei Zimmer, 80 Quadratmeter … Du, hör mal, Tom. Hier ist eine Wohnungsanzeige in der Zeitung: drei Zimmer, 80 Quadratmeter.
Mann: Aha. Und wie hoch ist die Miete?
Frau: Die Wohnung kostet nur 550 Euro im Monat.
Mann: Inklusive Nebenkosten?
Frau: Nein, nein. Das ist nur die Kaltmiete. Die Nebenkosten sind 140 Euro. Aber 690 Euro ist auch nicht teuer.
Mann: Ja, das ist richtig.
Frau: Die Wohnung hat auch zwei Balkone und eine Garage. Ich rufe gleich mal dort an.

Schritt E Übung 30 a
Cristina: Cristina Renger.
Matilda: Hallo, Cristina. Hier ist Matilda. Wie geht's dir?
Cristina: Ah, hallo Matilda. Danke gut und dir?
Matilda: Super! Ich habe endlich eine Wohnung! Sie ist nicht groß, aber sehr schön! Ich bin so froh!
Cristina: Das ist ja super! Wie viele Zimmer hat sie denn?
Matilda: Nur zwei Zimmer, also ein Schlafzimmer und ein Wohnzimmer. Das Schlafzimmer ist sehr klein. Aber die Küche ist groß und hell und sie hat einen Balkon. Also, die Küche gefällt mir besonders gut. Das Bad ist klein und schmal, aber das ist egal.
Cristina: Das klingt ja sehr gut. Wie viele Quadratmeter hat die Wohnung denn?
Matilda: Das weiß ich nicht genau. Also, ich glaube, so ungefähr 50.
Cristina: Und was kostet die Wohnung?
Matilda: 450 Euro pro Monat.
Cristina: Das ist nicht teuer, oder?
Matilda: Nein, ich finde das sogar ziemlich billig. Jetzt brauche ich natürlich noch ein paar Möbel …
Cristina: Dann gehen wir doch zusammen zu MÖBEL ILLER. Dort haben sie schöne Möbel und sie sind nicht teuer.
Matilda: Das ist sehr nett von dir! Gehen wir doch am Samstagvormittag …

b
Matilda: Gut, dann schauen wir mal.
Cristina: Was brauchst du denn?
Matilda: Ein Bett zum Beispiel.
Cristina: Aber du hast doch ein Bett, oder? Mir gefällt dein Bett sehr gut.
Matilda: Ja, aber es ist nur 90 Zentimeter breit. Ich brauche Platz, ich will ein großes Bett: mindestens ein Meter 40 mal zwei Meter.
Cristina: Ah ja, das verstehe ich. Was brauchst du noch?
Matilda: Hm … viel. Einen Schrank habe ich, einen Tisch auch. Aber ich habe keine Lampe und keine Stühle. Und ein Regal brauche ich. Mein Regal ist nur circa einen Meter hoch und sehr schmal.
Cristina: Hast du eigentlich einen Teppich?
Matilda: Ja, der Teppich ist von meiner Oma. Er ist sehr alt und gefällt mir nicht so gut. Aber er ist okay.
Cristina: Wie ist denn die Küche?
Matilda: Super! Ein Herd ist schon da, aber ich brauche noch einen Kühlschrank.
Cristina: Hm, ich glaube, „Möbel Iller" hat keine Elektrogeräte.
Matilda: Das macht nichts. Ich fahre nächste Woche mit meinem Bruder nach Neustadt.

Schritt E Übung 31
vgl. Seite AB 49

Schritt E Übung 32
vgl. Seite AB 49

Lektion 5   Mein Tag

Schritt A Übung 6
vgl. Seite AB 53

Schritt C Übung 15
Daniel: Hey Anna, hallo.
Anna: Hallo Daniel, wie geht's?
Daniel: Danke, mir geht's gut! Und dir?
Anna: Auch gut. Du, sag mal, Diego, Sara und ich gehen nächste Woche Pizza essen. Möchtest du mitkommen?
Daniel: Hm, warte …. ich schaue mal in meinen Termin-kalender. Wann geht ihr denn?
Anna: Am Montagabend.
Daniel: Also, am Montag arbeite ich von zwölf bis halb sieben. Und dann gehe ich immer zum Sport. Das passt nicht so gut.
Anna: Na schön, wir haben auch am Dienstag Zeit. Passt das?
Daniel: Ja, am Dienstag habe ich Zeit. Da arbeite ich nur von zwei bis fünf Uhr.
Anna: Das ist ja schön. Endlich sehen wir uns mal wieder. Gut, dann bis Dienstag um acht Uhr in der Pizzeria „Da Mario", wie immer. Tschüs, Daniel!
Daniel: Ciao, Anna. Bis Dienstag.

Schritt E Übung 23
Gespräch 1
Frau 1: Sag mal, wie spät ist es jetzt?
Frau 2: Schon Viertel nach drei.
Frau 1: Was? Aber wo bleibt denn Thorsten? Er wollte doch schon vor einer halben Stunde da sein.

Gespräch 2
Radiosprecher: Es ist 21 Uhr. Sie hören die Nachrichten des norddeutschen Rundfunks. Berlin: Die Minister der Europäischen Union ...

Gespräch 3
Frau: Gut, das ist dann alles, Herr Stavros. Oder möchten Sie noch etwas wissen? Haben Sie noch eine Frage?
Mann: Ja, bitte, um wie viel Uhr fängt denn mein Deutschkurs an?
Frau: Immer um 8.30 Uhr.
Mann: Aha. Das passt gut. Vielen Dank.

Gespräch 4
Mann 1: Du, sag mal, Felix! Wann fängt das Champions League Spiel an?
Mann 2: Na wann wohl! Wie immer, um Viertel vor neun!
Mann 1: Ach so.

Gespräch 5
Sprecherin: ... das waren die Nachrichten und wie immer am Samstag um 18.15 Uhr folgt nun „Sport am Samstag" mit Thomas Mittermeier. Heute zu Gaste: der Trainer von Hertha BSC ...

Gespräch 6
Mann: Wann kommt denn Marvin?
Frau: Um halb acht.
Mann: Gut, dann kochen wir schon mal die Suppe ...

Schritt E Übung 25
1
Michael: Hier ist Michael – leider nicht zu Hause. Nachrichten bitte nach dem Signalton.
Felix: Hallo, Michael. Hier ist Felix. Du, hast du am Samstag Zeit? Wir spielen Fußball. Nico und Bülent kommen auch. Wir fangen um zwei an – äh, nein, Entschuldigung: um halb drei. Bülent arbeitet bis zwei. Also: Samstag um halb drei. Ruf mich doch bitte an: Ich bin am Abend zu Hause.

2
Ansage: Kino X-Film, guten Tag. Das Programm für die Woche 30 ist:
„Das magische Haus" jeden Tag um 15 Uhr 30 und um 18 Uhr.
„Geliebte Schwestern" täglich um 18 Uhr 30 und um 20 Uhr 30, am Freitag und Samstag auch um 22 Uhr 15.
„Wir sind die Neuen" jeden Tag um 18 Uhr 15 und um 20 Uhr, Reservierungen unter 33 44 81.

3
Ansage: Herzlich willkommen bei Harris Obst- und Gemüse-Spezialitäten. Leider sind wir im Moment nicht im Büro.
Unsere Bürozeiten sind von Montag bis Freitag von 8 Uhr bis 17 Uhr 30.
Rufen Sie gern wieder an oder kommen Sie in unserem Ladengeschäft vorbei. Die Öffnungszeiten sind von Montag bis Samstag von acht bis 13 Uhr.
Vielen Dank für Ihren Anruf und auf Wiederhören.

Schritt E Übung 26 a
vgl. Seite AB 60

Lektion 6   Freizeit

Schritt A Übung 7
a
Moderator: Es ist sechs Uhr vier. Und nun zum Wetter, heute mit Christina Werner.
Christina: Guten Morgen. Auch heute Morgen ist es herbstlich kalt und bis zum Mittag auch ziemlich windig. Aber am Nachmittag kommt die Sonne heraus und es wird richtig schön mit Temperaturen bis 18 Grad. Auch in den kommenden Tagen ist das Wetter schön und es wird warm: Temperaturen bis 22 Grad. Genießen Sie die sommerlichen Temperaturen im Herbst und ...

b
Frau: Radio Süd aktuell – Wetter: Heute bleibt es im Süden kühl mit vielen Wolken und es regnet immer wieder. Im Norden freundlicher und Sonnenschein. Temperaturen von 12 bis 16 Grad. Die Aussichten: In den nächsten Tagen überall ein Mix aus Sonne, Wind und Wolken ...

c
Moderator: ... Und wie das Wetter wird, das fragen wir jetzt unseren Wettermann Karsten Juhnke: Karsten, wie sieht es aus? Kommt der Winter endlich?
Karsten: Ja, Thomas, möglich. In den kommenden Tagen haben wir in der Nacht Temperaturen unter null Grad. Auch am Tag sind es nur noch maximal vier Grad. Am Wochenende ist es dann so weit: Es gibt Schnee! Bitte Vorsicht auf den Straßen, es kann glatt werden ...

Schritt B Übung 10 a und b
vgl. Seite AB 65

Schritt B Übung 10 c
Frau 1: Hast du das Brot?
Frau 2: Nein, das Brot habe ich nicht, aber die Brötchen.
Frau 1: Hast du den Saft?
Frau 2: Nein, den Saft habe ich nicht, aber den Wein.
Frau 1: Hast du das Obst?
Frau 2: Nein, das Obst habe ich nicht, aber den Kuchen.
Frau 1: Hast du den Tee?
Frau 2: Nein, den Tee habe ich nicht, aber den Kaffee.
Frau 1: Hast du die Milch?

Frau 2: Nein, die Milch habe ich nicht, aber den Zucker.
Frau 1: Hast du die Wurst?
Frau 2: Nein, die Wurst habe ich nicht, aber den Käse.

Schritt D Übung 29 b

1
Frau: Machen wir morgen einen Ausflug?
Mann: Ich weiß nicht. Das Wetter ist nicht so schön.
Es ist kalt.

2
Frau 1: Ich vergesse immer meine Stifte.
Frau 2: Kein Problem! Hier sind meine Stifte.
Ich brauche sie jetzt nicht.

3
Mann: Kommst du auch zu Ninas Geburtstagsparty?
Frau: Ja klar. Nina ist doch meine Freundin.
Mann: Na prima! Das freut mich!

4
Frau: Gehen wir ins Kino?
Mann: Ach nein, ich möchte nicht.
Frau: Bitte, der Film ist ganz toll!
Mann: Na gut. Gehen wir.

5
Mann 1: Fahren wir am Samstag zusammen Ski?
Mann 2: Gute Idee! Ich fahre so gern Ski und der
Schnee ist zurzeit sehr gut.

Schritt D Übung 31 a und b
vgl. Seite AB 71

Schritt E Übung 33 a und c
Gespräch 1
Interviewerin: Hallo, Sie da, Entschuldigung, darf ich
Sie mal kurz stören? Ich möchte Sie gern etwas fragen.
Frau: Ja, was wollen Sie denn wissen?
Interviewerin: Was ist denn Ihre Lieblingsjahreszeit?
Frau: Na, das ist doch klar: der Sommer. Ich mag keine Kälte,
keinen Schnee ... brrrr. Das ist nichts für mich. Aber den
Sommer, den liebe ich!
Interviewerin: Was gefällt Ihnen denn besonders gut im
Sommer?
Frau: Da gibt es so viele Möglichkeiten und Angebote in der
Stadt. Zum Beispiel gehe ich mit meinen Freunden schwim-
men oder wir grillen draußen. Oder ich wandere am
Wochenende mit meiner Familie. Im Sommer ist es heiß
und da kann man so viel Schönes machen. Das ist
wunderbar!
Interviewerin: Ja, das stimmt! Danke. Einen schönen Tag
noch!

Gespräch 2
Interviewerin: Entschuldigen Sie, darf ich Sie auch mal
etwas fragen, bitte?
Mann: Na gut.

Interviewerin: Was ist Ihre Lieblingsjahreszeit und was
machen Sie da gern?
Mann: Meine Lieblingsjahreszeit? Hm ... Ja, ich finde ... hm,
ja, das ist der Herbst. Da fahre ich immer gern an die Nord-
see, auf die Insel Sylt. Dort ist im Herbst fast immer viel
Wind und man kann super surfen. Und das mache ich sehr
gern! Oder ich fahre mit meiner Freundin in die Berge mit
den Mountainbikes. Sie ist gern in der Natur. Auf alle Fälle
mache ich im Herbst immer eine Reise.
Interviewerin: Der Herbst also. Vielen Dank fürs Mitmachen.
Mann: Gern, tschüs.

Gespräch 3
Interviewerin: Hallo, du, ich möchte gern wissen: Was ist
deine Lieblingsjahreszeit?
Junge: Meine Lieblingsjahreszeit? Hm, ich weiß nicht ...
oder doch ... ich glaube, das ist der Winter.
Interviewerin: Ah, ja?
Junge: Ich mag Schnee und hier in Kempten haben wir im
Winter viel Schnee. Ich mache dann mit meinen Freunden
gern Schneemänner und so. Aber vor allem fahre ich sehr
gern Ski. Besonders mit Papa. Er fährt sehr gut Ski. Wir
machen viel Sport zusammen ... zum Beispiel klettern wir
auch. Aber im Winter fahren wir am Wochenende mit dem
Auto in die Berge. Nur Papa und ich – das ist super!
Interviewerin: Ah ja, danke. Tschüs.
Junge: Tschüs.

Lektion 7 Lernen – ein Leben lang

Schritt A Übung 4
1 Klavierspiel
2 Tennisspiel
3 Reiten; Sprecherin: Juhu!
4 Sängerin: no – no – no – no – no –no –no – no –nooo
5 Kuchen backen;
Sprecherin: Oh, der Kuchen ist schon fertig.
6 Sprecherin 1: Guckt mal her! Ja, so ist gut. Und jetzt sagt
doch bitte mal: „Cheese".
Sprecher 1 und Sprecherin 2: Cheese.
7 Junge: Brrr, ist das kalt!
Mädchen: Ja, aber toll!
8 Schwimmbad

Schritt A Übung 8 a und b
vgl. Seite AB 76

Schritt A Übung 8 c
1 Gehen wir spazieren?
2 Wie spät ist es?
3 Buchstabieren Sie, bitte.
4 Das schmeckt gut.
5 Er ist Fußballspieler.
6 Sprichst du Spanisch?

Schritt B Übung 12

A

Anna:

Also, ich habe eine Au-Pair-Stelle in Paris. Im Sommer will ich für ein Jahr nach Frankreich gehen. Ich kann überhaupt noch kein Französisch. Englisch und Spanisch kann ich schon. Jetzt mach ich hier einen Französisch-Kurs. Ich will die Sprache jetzt schon lernen. Und dann nach einem Jahr ist mein Französisch sicher perfekt.

B

Miguel:

Also, wir reisen gern und oft. Und unser nächster Urlaub ist schon geplant! Vietnam! Dieses Jahr – 4 Wochen Vietnam! Endlich! Das ist schon immer unser Traum. Wir wollen ein bisschen Vietnamesisch lernen. Die Sprache ist sicher nicht einfach. Aber wir wollen nur ein paar Wörter und Sätze lernen ... „Guten Tag", „Wie geht's?" und so auf Vietnamesisch.

C

Hassan:

Ich arbeite seit 3 Jahren bei einer englischen Firma hier in Dortmund. Aber im Herbst arbeite ich drei Monate in London. Ich kann natürlich schon Englisch, aber mein Englisch ist nicht gut genug. Ich mache hier in der Sprachenschule einen Intensivkurs.

D

Hella: Kostas hat bald eine Arbeit in der Schweiz. Im März geht's los. Bei der Arbeit kann Kostas Griechisch und Englisch sprechen, aber ...

Kostas: Hella geht ja auch mit in die Schweiz. Und wir wollen in der Schweiz leben. Deshalb! Jeden Tag Schule und fleißig Deutsch lernen. Puh! Deutsch ist nicht leicht. Aber, wir können zusammen lernen. Das macht total Spaß!

Schritt D Übung 29 a und b

Herr Bah: Guten Tag, Frau Wenzel. Wir haben uns ja lange nicht gesehen.

Frau Wenzel: Guten Tag, Herr Bah. Ja, stimmt. Wie geht es Ihnen?

Herr Bah: Sehr gut. Wir sind zwei Wochen in Polen gewandert.

Frau Wenzel: Toll! Und wie war das Wetter?

Herr Bah: Sehr gut, jeden Tag Sonne und kein Regen. Und es war nicht zu warm, so um die 20 Grad. Genau richtig.

Frau Wenzel: Super. Wir sind auch einmal nach Polen gefahren. Wir haben Danzig angesehen. Das ist wirklich eine schöne Stadt. Aber das Wetter war leider nicht so gut. Es hat geregnet und gar nicht mehr aufgehört. Wir sind dann in ein Restaurant gegangen und haben nicht mehr viel von der Stadt gesehen.

Herr Bah: Ach, das ist ja schade. Polen hat mir wirklich gut gefallen, aber Danzig haben wir leider nicht gesehen. Aber da will ich auch auf jeden Fall noch mal hin. Oh, es ist schon spät und ich will pünktlich zur Arbeit kommen. Einen schönen Tag, wünsche ich Ihnen.

Frau Wenzel: Danke, das wünsche ich Ihnen auch. Auf Wiedersehen.

Herr Bah: Auf Wiedersehen

Fokus Beruf: Small Talk im Büro Übung 2 a und b

Gespräch 1

Frau 1: Sag mal, wie schmeckt denn dein Salat?

Frau 2: Oh, ganz gut! Weißt du, am Mittag esse ich nicht so gern viel. Ein Salat reicht mir und am Abend kochen wir zu Hause.

Frau 1: Ja, ich koche auch meistens am Abend und dann esse ich am Mittag nur ein Sandwich. Aber heute gibt es Hamburger und das ist mein Lieblingsessen. So, jetzt brauche ich noch einen Kaffee. Du auch?

Frau 2: Ja, sehr gern. Gute Idee!

Gespräch 2

Herr Sasse: Ah, guten Morgen, Frau Linares. Wie geht es Ihnen?

Frau Linares: Guten Morgen, Herr Sasse. Danke gut und Ihnen?

Herr Sasse: Auch gut. Aber puh, was für ein Wetter. Dieser Regen!

Herr Sasse: Fahren Sie auch in die 4?

Frau Linares: Ja, richtig. ... Jetzt regnet es schon vier Tage, oder? Ich finde, das reicht!

Herr Sasse: Ich auch! Aber am Sonntag scheint wieder die Sonne und es ist warm, sagt der Wetterbericht.

Frau Linares: Oh, das ist schön. Na dann, schönen Tag noch, Herr Sasse.

Herr Sasse: Danke, Ihnen auch, Frau Linares.

Gespräch 3

Julius: Hallo, Nina!

Nina: Hallo Julius! Findest du nicht auch, mit der neuen Kaffeemaschine schmeckt der Kaffee richtig gut.

Julius: Ja, das stimmt. Wie geht's dir?

Nina: Sehr gut. Johannes und ich fahren ja morgen in Urlaub.

Julius: Schön, wohin fahrt ihr denn?

Nina: Wir fliegen nach San Francisco, bleiben dort paar Tage und dann fahren wir zwei Wochen durch Kalifornien.

Julius: Ah, sehr schön! Ich war letztes Jahr auch dort.

Nina: Und wie gefällt dir San Francisco?

Julius: Also, ich finde die Stadt super. Wir haben dort bei Freunden von meiner Frau gewohnt. Sie haben uns die Stadt gezeigt. Das war natürlich toll ...

Transkriptionen der Filme

Lektion 1   Guten Tag. Mein Name ist ...

Foto-Hörgeschichte

vgl. Transkriptionen zum Kursbuch, Seite 190

Laras Film

1 Ich heiße Lara Nowak.
Lara: Hallo. Ich heiße Lara Nowak. Ich komme aus Polen. Ich spreche Polnisch und ein bisschen Englisch und Deutsch. Auf Wiedersehen.

2 Mein Name ist Walter Baumann.
Walter: Guten Tag. Mein Name ist Walter Baumann. Ähm, ich komme aus Deutschland. Ich, ich spreche Deutsch, Englisch, ähm, und ein bisschen Spanisch. Auf Wiedersehen.

3 Ich bin Sofia Baumann.
Sofia: Hallo. Ich bin Sofia Baumann. Ich komme aus Deutschland. Ich spreche Deutsch und Englisch. Tschüs.

4 Ich bin Lili.
Lili: Das ist Lili Baumann.
Sofia: Ach komm, Lili. Mach's richtig.
Lili: Na gut. Halli hallo! Ich bin Lili. Ich komme aus Deutschland. Ich spreche Deutsch und ein bisschen Englisch. Tschüs.

Videotraining

Film 1 Ich bin K-2-F-2-G.
K-2-F-2-G: Guten Tag.
Tim: Huch!
Lara: Oh!
K-2-F-2-G: Wer sind Sie?
Lara: Ich heiße Lara Nowak.
K-2-F-2-G: Und Sie? Wer sind Sie?
Tim: Ich bin Tim Wilson.
K-2-F-2-G: Noch einmal, bitte?
Tim: Ich heiße Tim Wilson.
K-2-F-2-G: Wilsen? Wilsen? Wilsen? Buchstabieren Sie, bitte.
Tim: Ja, gut. Also: W – I – L – S – O – N.
K-2-F-2-G: Vielen Dank.
Lara: Und wer sind Sie?
K-2-F-2-G: Ich bin K-2-F-2-G.
Lara: Aha!
K-2-F-2-G: Ich komme aus chhrfzz.
Tim: Wie bitte? Woher kommen Sie?
K-2-F-2-G: Entschuldigung. Einen Moment, bitte. Ich komme aus Berlin.
Lara: Ah, ja.
Tim: Berlin? Ah, schön.
K-2-F-2-G: Ich spreche Deutsch.
Tim: Ja, stimmt.
Lara: Super! Ist K-2-F-2-G Ihr Familienname?

K-2-F-2-G: Familienname? Familie? Oh-oh-oh! Ich weiß es nicht. Oh- oh-oh! Ich weiß es nicht. Oh-oh-oh! Ich weiß es nicht.

Film 2 Das ist super.
Lara: Hallo! Ich bin Lara.
Tim: Und ich bin Tim. Sie brauchen jetzt einen Stift.
Lara: Und ein Blatt Papier.
Tim: Hören Sie und schreiben Sie.
Lara: Wir buchstabieren.
Tim: H – E – R – Z – L – I – C – H
Lara: W – I – L – L – K – O – M – M – E – N!
Tim: S – I – E
Lara: L – E – R – N – E – N
Tim: D – E – U – T – S – C – H?
Lara: D – A – S
Tim: I – S – T
Lara: S – U – P – E – R!
Tim: So, fertig!
Beide: Herzlich willkommen! Sie lernen Deutsch? Das ist super!
Lara: Tschüs!
Tim: Bis bald!

Zwischendurch mal Film

Buchstabenspiel
Frau: Anna.
Mann: Buchstabieren Sie, bitte.
Frau: A – N – N – A.
Mann: Danke!
Frau: Anna. A – N – N – A.

Frau: Max.
Mann: Buchstabieren Sie, bitte.
Frau: M – A – X.
Mann: Danke!
Frau: Max. M – A – X.

Frau: Julia.
Mann: Buchstabieren Sie, bitte.
Frau: J – U – L – I – A.
Mann: Danke!
Frau: Julia. J – U – L – I – A.

Frau: Daniel.
Mann: Buchstabieren Sie, bitte.
Frau: D – A – N – I – E – L.
Mann: Danke!
Frau: Daniel. D – A – N – I – E – L.

Frau: Felix.
Mann: Buchstabieren Sie, bitte.
Frau: F – E – L – I – X.
Mann: Danke!
Frau: Felix. F – E – L – I – X.

Hallo und guten Tag!
Mann: Ah! Hallo, Claudia.
Frau: Hallo, Peter
Mann: Na, wie geht's?
Frau: Danke, gut. Und wie geht's dir?
Mann: Auch gut.

Mann 1: Hi.
Mann 2: Ach, hallo.
Mann 3: Hi.
Mann 2: Wie geht's euch?
Mann 3: Ganz gut.

Frau 1: Hey, Carina! Was machst du hier?
Frau 2: Laura! Ja, hallo!

Frau: Oh, es ist schon drei. Machen Sie's gut, Herr Müller.
Mann: Sie auch, Frau Schneider!
Frau: Also, auf Wiedersehen.
Mann: Tschüs!

Frau 1: Guten Tag, Frau Pohl.
Frau 2: Ah, Frau Schneider! Guten Tag. Bitte, kommen Sie doch rein.
Frau 1: Danke schön. Na, wie geht's?
Frau 2: Danke, gut. Und Ihnen?

Frau 1: Hallo.
Frau 2: Guten Tag.
Mann: Grüß Gott.

Frau 1: Tschüs.
Frau 2: Auf Wiedersehen.
Mann: Auf Wiederschauen.

Frau: Guten Morgen. Guten Tag. Guten Abend.

Lektion 2   Meine Familie

Foto-Hörgeschichte

vgl. Transkriptionen zum Kursbuch, Seite 193

Laras und Tims Film

1 Das ist Tim Wilson.
Lara: Jetzt! Tim!
Tim: Huu!
Lara: Das ist Tim Wilson. Tim kommt aus Kanada.
Tims Eltern heißen Amy und Richard. Tims Bruder heißt Ben. Die Familie wohnt in Ottawa. Tim spricht Englisch als Muttersprache und er spricht sehr gut Französisch.
Tim ist auch im Deutschkurs. Er spricht schon ganz gut Deutsch. Du sprichst doch Deutsch, oder? Komm, sag mal was, Tim! Tim! Bitte! Deutsch!
Tim: Deutsch! Deutsch! Deutsch! Deutsch! Deutsch!

Lara: Hey! Tim! Bitte!
Tim: Deutsch! Deutsch! Deutsch! Deutsch! ...

2 Das ist Lara Nowak.
Tim: Das ist Lara Nowak. Lara ist 20 und kommt aus Polen.
Lara ist in Lublin geboren.
Sie hat keine Geschwister. Laras Eltern sind geschieden.
Laras Muttersprache ist Polnisch. Sie spricht aber auch ein bisschen Englisch und Deutsch.
Lara: Ich spreche Deutsch. Wie geht's?
Tim: Sehr gut, danke. Und wie geht es dir?
Lara: Auch sehr gut. Tschüs!

Videotraining

Film 1 Hallo Olga!
Tim: Ja, hallo, Olga! Na, wie geht's?
Lara: Na ja, es geht. Und wie geht es dir?
Tim: Ach, nicht so gut.
Lara: Oje.

Tim: Guten Tag, Frau Hansen!
Lara: Hallo, Herr Reich.
Tim: Wie geht es Ihnen?
Lara: Gut, danke. Und wie geht es Ihnen?
Tim: Auch gut, danke.

Lara: Hey! Na, wie geht's?
Tim: Danke, sehr gut. Und wie geht es dir?
Lara: Auch sehr gut, danke.

Lara: Guten Tag, Herr Gregorjev.
Tim: Oh! Guten Tag, Frau, äh ...
Lara: Schmid.
Tim: Ja, genau: Frau Schmitt.
Lara: Nein, falsch: Schmid.
Tim: Ach, tut mir leid.
Lara: Kein Problem.
Tim: Schmid.
Lara: Ja, genau.

Film 2 Wer ist das?
Tim: Hallo! Ich habe ein paar Fragen.
Wer ist das?
Lara: Das ist Lissandra de Assis.
Tim: Wo ist sie geboren?
Lara: Sie ist in Porto Alegre geboren.
Tim: Wo wohnt sie?
Lara: Sie wohnt in Stuttgart.
Tim: Wie ist die Adresse?
Lara: Die Adresse ist Uhlandstraße 19 in 70182 Stuttgart.
Tim: Ist sie verheiratet?
Lara: Ja. Sie ist verheiratet.

Transkriptionen der Filme

Lara: Hallo! Können Sie mir bitte helfen? Wer ist das?
Tim: Das ist Erkut Vuran.
Lara: Wo ist er geboren?
Tim: Er ist in Hamburg geboren.
Lara: Wo wohnt er?
Tim: Er wohnt in Hamburg.
Lara: Wie ist die Adresse?
Tim: Die Adresse ist Stiefmütterchenweg 7 in 22607 Hamburg.
Lara: Ist er verheiratet?
Tim: Nein. Er ist ledig.

Lektion 3   Essen und Trinken

Foto-Hörgeschichte

vgl. Transkriptionen zum Kursbuch, Seite 195

Laras Film

Brauchen wir Käse?
Lara: Hallo! Ich gehe gerade einkaufen. Komm doch mit! Das ist meine Einkaufsstraße. Hier gehe ich immer einkaufen. Hier gibt es einfach alles. Ein Beispiel? Okay, was möchtest du? Ein Brot? Kein Problem.
Wir haben hier ja eine Bäckerei. Nein, zwei Bäckereien. Nein, drei Bäckereien! Na komm, wir gehen rein. Was möchtest du? Ein Brot vielleicht? Oder möchtest du Brötchen? Hier bitte: Vollkornbrötchen, Brezeln, Brötchen mit mit Kürbiskernen, mit Mohn und mit Sesam. Hmmmm und alles riecht so gut!
So! Wir haben Brot, wir haben Brötchen. Was brauchen wir noch? Brauchen wir Wurst? Brauchen wir Käse? Brauchen wir Obst und Gemüse?
Also: sag ich doch! Hier gibt es wirklich alles. Hmm, lecker!

Videotraining

Film 1 Ich hätte gern Reis.
Tim: Kann ich Ihnen helfen?
Lara: Ja, bitte. Ich hätte gern Reis. Haben Sie Reis?
Tim: Ja, natürlich. Wie viel möchten Sie?
Lara: Ich brauche ein Kilo.
Tim: Sehr gern. Hier, bitte. Zwei Pfund sind ein Kilo. Noch etwas?
Lara: Ja. Eine Flasche Milch, bitte.
Tim: Gern. Hier, bitte.
Lara: Danke.
Tim: Sonst noch etwas?
Lara: Ähm, sagen Sie, wie viel kosten 100 Gramm Käse?
Tim: 100 Gramm Käse kosten 2,45 Euro.
Lara: Gut. Ich möchte bitte 200 Gramm Käse.
Tim: Hier, probieren Sie mal.
Lara: Oh! Danke. Hmmm! Ich hätte gern 400 Gramm Käse.
Tim: 400 Gramm? Sehr gern!

Film 2 Eine Flasche Wasser
Beide: Hallo!
Tim: So, jetzt machen wir was zusammen.
Lara: Aber zuerst ein Beispiel, okay?
Tim: Eine Flasche.
Lara Saft.
Tim: Eine Flasche Saft.
Lara: Und jetzt Sie!
Tim: Eine Flasche Wasser.
Lara: Ein Becher Sahne.
Tim: Eine Dose Tomaten.
Lara: Eine Packung Salz.
Tim: Eine Flasche Milch.
Lara: Eine Packung Reis.
Tim: Eine Dose Fisch.

Zwischendurch mal Film

Opas Kartoffelsalat
Frau: Heute machen wir Kartoffelsalat. Opas Kartoffelsalat! Das ist Opas Rezept und das ist Opa. Also, für Opas Kartoffelsalat brauchen wir: zwei Kilo Salatkartoffeln, eine Salatgurke, ein Glas saure Gurken, ein Bund Frühlingszwiebeln, eine Knoblauchzehe, ein Glas Mayonnaise, ein Becher Joghurt, Wasser und Essig, Salz und Pfeffer.
Hmm! Lecker! Opas Kartoffelsalat!
Opa: Richtig! Das ist Opas Kartoffelsalat! Hihihi!
Frau: Hey! Opa! Opa!

Lektion 4   Meine Wohnung

Foto-Hörgeschichte
vgl. Transkriptionen zum Kursbuch, Seite 197–198

Laras und Tims Film

1 Mein Zimmer ist schön.
Lara: Hallo, hallo! Ich bin Lara Nowak, das ist Lili, meine Kamerafrau.
Lili: Huhu!
Lara: Und das ist mein Zimmer! Es ist groß. Es ist hell. Die Möbel sind sehr schön. Und es kostet nur 150 Euro im Monat. Das ist mein Schreibtisch. Hier lerne ich. Und das ist mein Bett. Es ist sehr, sehr bequem.
Lili: Und wo ist das Bad?
Lara: Ach ja, das Bad. Das Bad ist hier. Das Bad ist nicht sehr groß. Nein, wirklich nicht. Es ist sehr klein. Und jetzt: die Küche. Die Küche ist nicht klein. Sie ist groß. Möchtest du Pudding, Lili?
Lili: Pudding? Oh ja! Lecker! Hmmm!
Lara: Du, sag mal, Lili? Läuft die Kamera noch?
Lili: Ups!

2 Mein Zimmer ist nicht schön.
Tim: Hallo! Ich bin Tim Wilson. Und das ist mein Zimmer. Ihr seht: Mein Zimmer ist nicht sehr groß. Es ist nicht sehr hell und es ist auch nicht sehr schön. Oder sagen wir so: Das Zimmer ist klein und dunkel und hässlich.

Stopp! Vielleicht denkt ihr jetzt: Es ist sicher sehr billig. Ha, ha, ha! Das ist leider nicht richtig. Oh nein! Das ist total falsch. 350 Euro! Das Zimmer kostet 350 Euro im Monat. Aah! Ich brauche ein anderes Zimmer. Bitte!

Videotraining

Film 1 Schauen Sie mal!
Durchsage: Herzlich willkommen bei Möbel Röhn. Auch heute wieder viele Sonderangebote.
Tim: Entschuldigung?
Lara: Ah! Herzlich willkommen bei Möbel Röhn! Sagen Sie mal, wie gefällt Ihnen denn der Tisch? Er ist super, oder? Schauen Sie mal! Die Farbe! Gelb! Ist das nicht schön?
Tim: Nein, äh …
Lara: Sie finden gelb hässlich? Ja, richtig. Das ist doch sehr hell Sehen Sie mal, der Tisch hier ist dunkelblau.
Tim: Nein.
Lara: Dunkelblau!
Tim: Ich möchte …
Lara: Der Tisch gefällt Ihnen nicht. Ah, gut! Also, wir haben auch Stühle.
Tim: Aber nein! Ich möchte …
Lara: Ah! Sie möchten eine Lampe, richtig?
Tim: Nein! Bitte!
Lara: Ja?
Tim: Entschuldigen Sie! Ist hier auch eine Toilette?
Lara: Ja natürlich. Die Toilette ist dort.
Tim: Ah, ja. Danke.
Durchsage: Möbel Röhn! Wohnung schön!

Film 2 Wie ist das Regal?
Tim: Sie verkaufen ein Regal, richtig?
Lara: Ja, genau.
Tim: Und wie ist das Regal?
Lara: Das Regal ist grau.
Tim: Und wie alt ist es?
Lara: Es ist zehn Jahre alt.
Tim: Wie groß ist es?
Lara: Es ist 140 Zentimeter breit und 220 Zentimeter hoch.
Tim: Was kostet es denn?
Lara: Es kostet 90 Euro.
Tim: Aha, vielen Dank! Ich wiederhole:
Das Regal ist grau. Es ist zehn Jahre alt. Er ist 140 Zenti-meter breit und 220 Zentimeter hoch. Es kostet 90 Euro.

Lara: Sie verkaufen doch eine Lampe, richtig?
Tim: Welche Farbe hat die Lampe?
Lara: Und wie alt ist sie?
Tim: Wie groß ist sie?
Lara: Was kostet sie?
Tim: Die Lampe ist grau und grün. Sie ist ein Jahr alt. Sie ist 150 Zentimeter hoch. Sie kostet 75 Euro.

Lara: Sie verkaufen doch ein Bett, oder?
Tim: Welche Farbe hat das Bett?
Lara: Wie alt ist es?
Tim: Und wie groß ist es?
Lara: Ja, und was kostet es?

Tim: Und jetzt noch mal: Das Bett ist braun. Es ist neu. Es ist 210 Zentimeter lang und 130 Zentimeter breit. Es kostet 200 Euro.

Zwischendurch mal Film

Das ist die Küche.
Frau: Ah, hallo.
Mann: Hallo. Guten Tag.
Frau: Kommen Sie.
Mann: Bitte, kommen Sie.
Frau: So, sehen Sie mal: Hier ist die Küche.
Beide: Das ist die Küche. Die Küche ist sehr klein.
Die Küche ist sehr klein und leider ziemlich dunkel.
Mann: So, und jetzt hier: das Wohnzimmer.
Beide: Das ist das Wohnzimmer.
Das Wohnzimmer ist groß. Das Wohnzimmer ist groß und es ist sehr hell.
Frau: So, kommen Sie. Sehen Sie mal: Hier ist das Schlafzimmer.
Beide: Das ist das Schlafzimmer. Das Schlafzimmer ist schön. Das Schlafzimmer ist schön und es ist sehr ruhig.
Mann: Die Wohnung ist doch schön, nicht? Kommen Sie. Sehen Sie mal.
Beide: Das ist das Haus. Das Haus ist sehr groß.
Das Haus ist sehr groß, aber es ist teuer.
Frau: So. Na, was sagen Sie?
Mann: Das ist doch alles sehr, sehr schön, nicht?

Lektion 5　Mein Tag

Foto-Hörgeschichte

vgl. Transkriptionen zum Kursbuch, Seite 200

Laras Film
Dienstagmorgen, Viertel vor acht

Sofia: Es ist Dienstagmorgen, Viertel vor acht und ich gehe jetzt zur Arbeit. Tschüs!
Lili: Huhu, Lara! Es ist Dienstag, zehn vor acht und ich gehe jetzt in die Schule. Tschüs!
Lara: Lili! Lili! Dein Pausenbrot!
Lili: Oh, danke! Bis später!

Lara: Ja, okay, jetzt!
Tim: Hallo Lara, ähm, es ist Dienstag und gleich halb neun und ich gehe jetzt zum Deutschkurs, okay?
Lara: Warte, Tim! Ich komme mit.

Lili: Nein.
Lara: Ach komm, Lili!
Lili: Nein!
Lara: Bitte!
Lili: Ach Mann! Es ist Dienstagnachmittag, es ist Viertel vor vier und ich mache hier Hausaufgaben. Mathehausauf-gaben und jetzt ist Schluss!

Sofia: Hallo Lara! Uff! Es ist Dienstag, fünf nach halb sieben und ich komme von der Arbeit.
Lili: Hallo Mama!
Sofia: Hallo, mein Schatz! Na, alles okay bei euch?
Lili: Ja.
Sofia: Oh, das riecht aber gut! Ich habe so einen Hunger!

Lili: Okay!
Lara: Es ist Dienstagabend, viertel nach sieben und ich koche das Abendessen. Es gibt Frikadellen mit Kartoffeln.
Lili: Mh, lecker!

Videotraining

Film 1 Wie spät ist es denn?

Lara: Du sag mal …
Tim: Ja?
Lara: Kaufst du jetzt noch etwas ein oder nicht?
Tim: Hm. Wie spät ist es denn?
Lara: Es ist jetzt kurz vor acht.
Tim: Und bis wann ist der Supermarkt geöffnet? Bis 22 Uhr, oder?
Lara: Falsch. Der Supermarkt ist nur bis 20 Uhr geöffnet.
Tim: Aber 20 Uhr, das ist doch acht Uhr.
Lara: Stimmt. Nein, warte. Jetzt ist es schon acht.
Tim: Hm. Na, dann …

Lara: Du?
Tim: Ja?
Lara: Isst du gern Schokolade?
Tim: Ja. Ich esse sehr gern Schokolade.
Lara: Du?
Tim: Ja?
Lara: Trinkst du gern Cola?
Tim: Ja. Das weißt du doch.
Lara: Ich trinke auch gern Cola. Du?
Tim: Hm?
Lara: Die Tankstelle hat von null bis 24 Uhr geöffnet.
Tim: Ja, okay! Ich gehe ja schon!
Lara: Danke! Das ist lieb!

Film 2 Wann ist geöffnet?
Lara: Hallo! Jetzt sind wieder Sie dran.
Tim: Bitte beantworten Sie die Fragen.

Tim: Wann ist die Tankstelle geöffnet?
Lara: Die Tankstelle ist jeden Tag geöffnet.

Lara: Wann ist der Friseursalon geöffnet?
Tim: Der Friseursalon ist von Dienstag bis Samstag geöffnet.

Tim: Wann ist das Fitness-Studio geöffnet?
Lara: Das Fitness-Studio ist jeden Tag geöffnet.

Lara: Wann ist der Friseursalon am Donnerstag geöffnet?
Tim: Am Donnerstag ist der Friseursalon von neun bis 19 Uhr geöffnet.

Tim: Wann ist die Tankstelle geöffnet?
Lara: Sie ist Tag und Nacht geöffnet.

Lara: Wann ist das Fitness-Studio am Mittwoch geöffnet?
Tim: Am Mittwoch ist das Fitness-Studio von sieben bis 23 Uhr geöffnet.

Tim: Letzte Frage: Wann ist der Friseursalon nicht geöffnet?
Lara: Der Friseursalon ist am Sonntag und am Montag nicht geöffnet.

Lara: Vielen Dank! Das hat Spaß gemacht.
Tim: Ja, finde ich auch.
Beide: Tschüs!

Zwischendurch mal Film

So ist mein Tag.
Franziska: Um sieben stehe ich auf. Bis halb acht bin ich im Bad. Um halb acht frühstücke ich schnell. Um Viertel vor acht gehe ich los zur Zahnarztpraxis. Um acht fängt meine Arbeit an. Von acht bis eins arbeite ich. Von eins bis drei mache ich Mittagspause. In der Mittagspause gehe ich nach Hause oder ins Fitness-Studio. Von drei bis sechs bin ich wieder in der Praxis. Um Viertel nach sechs komme ich nach Hause. Von Viertel nach sechs bis sieben räume ich auf, wasche meine Kleidung oder gehe einkaufen. Um Viertel nach sieben gibt es Abendessen. Von halb acht bis elf telefoniere ich mit Nicolas oder lese oder sehe fern. Manchmal gehe ich auch noch aus und treffe Freundinnen. Dann gehen wir ins Kino oder wir trinken was zusammen und reden. Am Dienstag und am Freitag bin ich von acht bis halb zehn beim Klettern in der Kletterhalle.

Lektion 6   Freizeit

Foto-Hörgeschichte
vgl. Transkriptionen zum Kursbuch, Seite 202–203

Laras Film
Muuuh!
Lara: Also, heute ist Samstag. Es ist Wochenende, ich habe keinen Unterricht wir machen einen Ausflug. Wir, das sind Sofia, Walter, Lili und ich. Wir möchten ein bisschen wandern. Und wir möchten ein Picknick machen. Leider regnet es gerade. Wir hoffen, das Wetter wird bald wieder besser. Das hier ist noch in München.
So, jetzt fahren wir ein Stück auf der Autobahn nach Westen und dann auf der Landstraße weiter nach Süden. Da im Süden sehen wir schon die Alpen.
Jetzt sind wir am Parkplatz angekommen und gehen gleich los. Puh! Das ist aber anstrengend! Oh! Hallo Kuh! Muuuh! Muuh!
 So! Jetzt gibt's gleich Picknick. Ja, wer kommt denn da? Ein Typ mit Motorroller. Hey, das ist ja Tim! Na so was! Hey, hast du den Käse dabei, Tim?
Tim: Ja, klar.

Lara: Also liebe Leute, dieser Ausflug heute, der ist einfach:
Sofia: Wunderschön!
Lili: Sehr schön!
Tim: Fantastisch!
Lara: Super!
Kuh: Muuuh!

Videotraining

Film 1 Geht doch!

Lara: Sag mal, kennst du das?
Tim: Ich weiß nicht. Warte mal. Hm, wie geht das?
Lara: Hier, guck mal! Es ist ganz einfach.
Tim: Moment mal, ist es so richtig? Es geht eben nicht.
Lara: Na klar, und wie das geht! Hier, guck mal: So und so und so und so und so. Es ist ganz einfach. Siehst du?
Tim: Wie? Oh, Mann! Oh, tut mir leid.
Lara: Kein Problem! Na, siehst du? Geht doch!

Film 2 Wie ist das Wetter?

Beide: Hallo!
Lara: Jetzt brauchen wir:
Beide: Sie!
Lara: Bitte sagen Sie uns:
Tim: Wie ist das Wetter?
 Na? Es ist warm. Und? Es schneit.
Lara: Brrr.
Tim: Na? Es ist kalt. Und? Es ist windig. Na? Die Sonne scheint. Na? Es ist heiß. Na? Es ist bewölkt.
Lara: Na, das ist ja jetzt einfach.
Tim: Es regnet.

Zwischendurch mal Film

Almas Hobby: Wolkenfotos

Mann: Das ist Alma Schneider. Alma ist 34 und lebt in Süddeutschland. Sie geht gern spazieren und sie fährt oft Fahrrad. Aber Spazierengehen und Fahrradfahren sind nicht Almas Lieblingshobbys. Ihr Lieblingshobby ist Fotografieren. Alma fotografiert nur den Himmel und die Wolken. Warum denn? Ist das nicht total langweilig?
Alma: Nein, das ist gar nicht langweilig. Im Gegenteil: Wolken sind einfach toll! Sie sind wunderschön. Und auch der Himmel ist schön. Hier, guck doch mal: die Farben! Rot, gelb, orange, rosa, blau und grün. Ist das nicht super? Die Wolken hier sind hell und dunkel, das finde ich besonders interessant. Wolken sind wie Menschen: Sie sind nie genau gleich. Jede Wolke ist anders. Hier, guck mal: Die Wolke hier sieht doch aus wie eine Banane, oder?
Mann: Von Montag bis Freitag geht Alma zur Arbeit. Da hat sie nur morgens und abends ein bisschen Zeit. Aber am Samstag und Sonntag, also am Wochenende, da hat sie viel Zeit für ihr Hobby. Und ihr Handy hat sie immer dabei.

Lektion 7   Lernen – ein Leben lang

Foto-Hörgeschichte

vgl. Transkriptionen zum Kursbuch, Seite 204–205

Laras Film

Du, Walter kann das!
Lara : Jetzt will ich mal was testen.
Tim: Hey! Da bist du ja endlich!
Lara: Hallo! Tut mir leid, ich habe nur noch schnell Walter besucht.
Tim: Ach so? Was hast du denn da? Das ist ja ... wie heißt das ... ein Hula-Hoop-Reifen, oder?
Lara: Ja, genau.
Tim: Lustig!
Lara: Kannst du das? Hula Hoop?
Tim: Ja, sicher kann ich das.
Lara: Dann mach doch mal! ... Oohh! Schade.
Tim: Jetzt aber! ... Mist!
Lara: Walter kann Hula-Hoop-Reifen schwingen.
Tim: Wirklich? ... So! Jetzt klappt es. Das gibt's doch nicht, oder?
Lara: Hm, komisch! Walter kann das.
Tim: Ja ja ja! Jetzt! Nein! Das verstehe ich nicht!!
Lara: Tja, Walter kann das super!
Tim: Warum kann Walter das machen und ich kann es nicht?!
Lara: Na ja, ganz einfach: Walters Hula-Hoop-Reifen ist für Erwachsene, also groß ...
Tim: Und der hier?
Lara: Der ist für Lili. ... Warte, Tim!

Videotraining

Film 1 Wollen wir tanzen gehen?

Lara: Ja?
Tim: Hallo! Du, sag mal, wollen wir einen Ausflug machen?
Lara: Nein.
Tim: Nein?
Lara: Ich habe keine Zeit.
Tim: Ach, wie schade! Was machst du denn?
Lara: Nichts.
Tim: Nichts? Aber, dann hast du ja doch Zeit.
Lara: Ja, gut. Ich will aber keinen Ausflug machen. Ich will einfach nur meine Ruhe haben.
Tim: Okay, okay! Ist ja gut!

Lara: Du, sag mal, wollen wir am Samstagabend tanzen gehen?
Tim: Nein, nicht so gern.
Lara: Och! Warum denn nicht?
Tim: Du weißt doch: Tanzen finde ich langweilig.
Lara: Schade! Und Kino? Wollen wir ins Kino gehen?
Tim: Hm, ja, Kino finde ich besser.
Lara: Schön! Dann gehen wir ins Kino.
Tim: Aber bitte: Ich will keinen Liebesfilm sehen.
Lara: Weißt du: Mit dir ist es nicht einfach.
Tim: Ich weiß. Ich weiß.

Tim: Hallo?
Lara: Hallo! Du, ich will heute Abend ins Schwimmbad gehen. Kommst du mit?
Tim: Du, ich glaube, ich kann leider nicht mitkommen.
Lara: So? Warum denn nicht?
Tim: Ich bin ein bisschen krank.
Lara: Oh, das tut mir leid. Hast du Fieber?
Tim: Nein, ich glaube nicht. Aber ich bin sehr müde und will nur schlafen.
Lara: Na, dann aber ab ins Bett! Und gute Besserung.
Tim: Danke. Das ist lieb.

Tim: Du, sag mal: Wollen wir am Wochenende was zusammen machen?
Lara: Ja, gern. Aber was? Hast du einen Vorschlag?
Tim: Ich will schon lange mal wieder ins Theater gehen.
Lara: Ins Theater? Das ist eine super Idee!
Tim: Du kommst also mit?
Lara: Ja, natürlich! Sehr gern!
Tim: Oh, schön! Kannst du gleich die Karten bestellen?
Lara: Ja, das kann ich gern machen.
Tim: Prima!

Film 2 Ich kann nicht tanzen.
Tim: So, jetzt wollen wir einen Test machen.
Lara: Zuerst aber eine Information:
Tim: Ich kann gar nicht Gitarre spielen.
Lara: Ich kann nicht Gitarre spielen.

Tim: Ich kann ein bisschen Gitarre spielen.
Lara: Ich kann gut Gitarre spielen.
Tim: Ich kann sehr gut Gitarre spielen.
Lara: Und jetzt Sie!
Tim: Ich kann gar nicht reiten.
Lara: Ich kann ein bisschen malen.
Tim: Ich kann nicht tanzen.
Lara: Ich kann gut kochen.
Tim: Ich kann sehr gut schwimmen.
Lara: Aber du kannst schon tanzen, oder?
Tim: Nein, ich kann nicht tanzen.
Lara: Och! Schade!
Tim: Pf!

Zwischendurch mal Film

Ui!
Lara: Ui!
Tim: Oje!
Lara: Na!?
Tim: Hey!
Lara: Oh-oh!
Lara: Hä?!
Lara: Igitt!
Tim: Bäh!
Lara: Brr!

Lektion 1   Guten Tag. Mein Name ist ...

Schritt A

1   Hallo!, Auf Wiedersehen!, Tschüs!, Nacht!, Gute Nacht!

3   Morgen, Morgen, Tag, Abend, Abend, Auf Wiedersehen, Gute Nacht

4   a Gute Nacht b Hallo, Guten Morgen c Tschüs, Auf Wiedersehen d Auf Wiedersehen e Tschüs, Tschüs

Schritt B

7   a Und wie heißen Sie?, Mein Name ist Ulrike Springer. b Entschuldigung, wie heißen Sie? c Das ist Frau Papadopoulos., Guten Tag, Herr Weinert, freut mich.

8   b Mein Name ist Lena Winter. c Und wie heißen Sie? d Ich heiße Sina. e Wer ist das? f Das ist Finn.

9   a Entschuldigung, **wie** heißen Sie?, Andreas Zilinski, und das **ist** Frau Kunz. b Wer **ist** das?, **Das ist** Felix. c Ich **heiße** Laura Weber. Und wie **heißen** Sie?, Ich **heiße** Michaela Schubert. d Das ist **Herr** Hoffmann., Und **wer** ist das?, Frau Kunz.

10   b Mein Name ist Annika Bauer. c Herzlich Willkommen bei Air-Jet. d Und wer ist das? e Das ist Frau Kaufmann.

11   a Ich, wer ist, Das ist b mein Name, Wie heißen Sie, Herr c ist, Ich bin, Morgen, freut mich, willkommen d ist, Das weiß ich

Schritt C

12   a Wer **bist du?**, Woher **kommst du?**, b **Ich bin** ..., Wie **heißen Sie?** c Wer **sind Sie?**, Woher **kommen Sie?**, **Ich komme** aus ...

13   **du** + ...: B, E **Sie** + ...: C, D. F

14   B du; A Sie

15   a Freut mich, Frau Saidi. Ich bin Julia Brandner., Guten Tag, Frau Brandner., Sie sprechen gut Deutsch., Neun, nur ein bisschen. Ich spreche Französisch ud ein bisschen Arabisch.
b Hallo, ich bin Ramon aus Mexiko. Und wieheißt du?, Ich heiße Peng-Fei. Woher kommst du, Peng-Fei? Aus China., Aus china? Ich spreche ein bisschen Chinesisch., Ah, schön!

16   b sprechen c heißt d sind e spreche f kommst g bin h sprichst

17a   a heißt, heiße, kommst, komme, spreche, sprichst, spreche b kommen, komme, sprechen, spreche

18   **Bernardo** Österreich, Wien, Spanisch, Portugiesisch, Deutsch; **Sara:** Udine, Italien, Hamburg, Englisch, Italienisch, Deutsch, Französisch; **Max:** Berlin, Hamburg, Englisch, Russisch.

19   b Polnisch c Türkisch d Griechisch e Spanisch

Schritt D

21   a Kowalski b Jannick Peters c Moritz Seifert d Simon Pfaff e Ruth Kröger f Jürgen Groß

22   a Mein Name ist Anita. Und wie heißt du?, Ich heiße Andreas., Woher kommst du?, Aus Österreich.
b Guten Tag. Wie ist Ihr Name, bitte?, Mein Name ist Lukas Bürgelin., Woher kommen Sie?, Ich komme aus der Schweiz.

23   b Tut mir leid c Entschuldigung d Tut mir leid e Tut mir leid

24   Morgen, Mein, Herr, da, Entschuldigung, heißen, Buchstabieren, buchstabiere, Moment, Tut, leid, nicht, Wiederhören, Auf

25   a Guten Tag. Mein Name ist Baumann. b Ist Herr Gül da? c Einen Moment bitte. d Tut mir leid. e Herr Gül ist nicht da. f Auf Wiederhören.

26 a   Entschuldigung, wie ist Ihr Name?, Ist Herr Schneider da?, Ich buchstabiere: BAUMANN., Tut mir leid, Herr Schneider ist nicht da., Danke, auf Wiederhören.

26 b   Guten Tag. Mein Name ist Baumann. Entschuldigung, wie ist Ihr Name? Ich buchstabiere: Baumann. Vielen Dank.; Wie heißt du? Ich heiße Michael. Woher kommst du? Ich komme aus Deutschland.

Schritt E

29   a 1 Vorname 3 Straße 4 Hausnummer 5 Postleitzahl 6 Stadt b Max Obermeier, Wilhelmstr. 5, 13595 Berlin

30   **Frau, Nachname:** Álvarez, **Vorname:** Lucia, **Straße:** Weserstraße, **Postleitzahl:** 12047, **Stadt:** Berlin, **Land:** Deutschland, **E-Mail:** Lalvarez@cc.de, **Telefon:** 030/809244

Lektion 2   Meine Familie

Schritt A

1   b Sehr gut. c Gut. d Es geht. e Nicht so gut.

3   a Und Ihnen?, Auch gut, danke. b Wie geht es dir?, Und dir?, Es geht.

4   **Musterlösung A** Wie geht es dir?, Sehr gut, danke. Und dir?, Danke, auch gut. B Guten Morgen, Herr Müller., Guten Morgen, Frau Oberle., Wie geht es Ihnen? Danke, mir geht es gut. Und wie geht es Ihnen? Auch gut, danke.

Schritt B

5   männlich: Opa, Bruder, Sohn weiblich: Schwester, Mutter, Oma, Enkelin

6   Vater, Schwester, Bruder, Tochter, Sohn

7   a Bruder, Schwester b Kinder, Sohn, Tochter, Sohn c Großeltern, Oma, Opa d Eltern, Mutter, Vater

8 mein: Bruder, Sohn, Opa, Vater **meine:** Schwester, Tochter, Oma, Mutter **meine (Pl):** Kinder, Großeltern, Eltern

10 **a** dein, mein, deine, mein, meine **b** Ihre, Meine, meine, meine, Ihre

11 **a** meine, Deine **b** meine, mein, meine, Ihre, meine

12 **a** Ihr, mein **b** meine, deine, Mein

13 **a** ist mein **b** mein, meine **c** sind meine, mein, meine **d** bin, sind meine

14 **b** Woher kommen Sie, komme **c** Was sprechen Sie, spreche **d** Wer ist das, meine

Schritt C
15 **b** er **c** sie

16 **b** Er, Er **c** Sie, Sie **d** Sie **e** sie

17 Er kommt aus Österreich. Semra und Markus leben in Deutschland. Sie wohnen jetzt in Berlin. Semras Eltern leben auch in Deutschland. Sie wohnen in Frankfurt.

18 ich komme, **ihr** kommt, **sie/Sie** kommen, ich lebe, **wir** leben, ich heiße, **er/sie** heißt, **sie/Sie** heißen, ich spreche, du sprichst, **er/sie** spricht, **wir** sprechen, ich bin, **du** bist, **er/sie** ist, **ihr** seid

19 **b** Und wer seid Ihr? **c** Ihr sprecht gut Deutsch. **d** Du bist Naomi, oder? **e** Sie sprechen gut Deutsch. **f** Sprichst du Deutsch?

20 **a** komme, lebe, sind, sind, wohnen, bist, kommst **b** heißt, kommt **c** heißen, kommen

21 **b** lebe **c** ist **d** sind **e** wohnt **f** lernt **g** sind

22 **a** Ich heiße Larisa. Ich komme aus Russland und lebe jetzt in der Schweiz, in Zürich. **b** Das ist meine Schwester. Sie heißt Vera. Sie wohnt in Omsk. Sie spricht Russisch. **c** Und das ist mein Bruder Juri. Er lebt in Moskau. Er spricht Russisch und auch gut Deutsch. **d** Das sind Blanca aus Spanien und Pablo aus Argentinien. Sie lernen in Zürich zusammen Deutsch.

Schritt D

24 **b** eins (1) **c** zwanzig (20) **d** sechzehn (16) **e** zwölf (12) **f** zwei (2) **g** sechs (6) **h** sieben (7) **i** zehn (10)

25 **b** zwanzig, zehn, siebzehn **c** zwölf, null, sechs, null, vier **d** sechzehn, null, eins, neunzehn

26 **a** 2, **b** 1, **d** 5, **e** 6, **f** 4, **g** 3

27 Wie heißen Sie, Wie ist Ihre Adresse, Wie ist Ihre Telefonnummer, Haben Sie Kinder, Wie alt sind Ihre Kinder

28 Manuel Souza kommt aus Portugal. Er ist in Lissabon geboren. Er wohnt in Mannheim. Er ist geschieden. Er hat ein Kind. Es ist drei Jahre alt.

29 **Musterlösung** Ich heiße Anastasia. Ich komme aus Russland. Ich wohne in München. Meine Telefonnummer ist 089/1234567. Ich spreche Russisch, Englisch und Deutsch.

30 **a** habe, hat **b** Habt, haben **c** Haben, habe **d** Hast, habe

Schritt E
31a **2** Berlin **3** Wien **4** Zürich

31b **2** Er lebt in Deutschland., Er hat drei Kinder. **3** Er kommt aus Innsbruck. **4** Sie ist in der Schweiz geboren., Sie ist verheiratet

31c **2** Ashraf Shabaro **3** Thomas **4** Margit Ehrler

32a Geburtsort: Dubrovnik, Wohnort: Zagreb, Familie: keine Kinder, Partnerin Marta hat zwei Kinder, Sprachen: Kroatisch, Englisch, Deutsch

32b **Musterlösung:** Ich heiße Katrina. Ich bin 26 Jahre alt und in Melbourne geboren. Das liegt in Australien. Ich habe keine Kinder. Zurzeit lebe ich in Köln. Das ist in Deutschland. Ich spreche Englisch und ein bisschen Deutsch.

Fokus Beruf
1a **A** ihr, **B** Sie, **C** Sie, **D** du

2 **A** Ich bin neu hier., Wer sind Sie?; **B** Buchstabieren Sie, bitte, Und Sie sind Frau Meiniger?; **C** Mein Name ist, Freut mich., willkommen; **C** tschüs, Danke

Lektion 3 Essen und Trinken

Schritt A
1 **ein (der, das):** Brötchen, Ei, Kuchen, Würstchen; **eine (die)** Banane, Birne, Kiwi, Orange, Tomate

2 **a** eine, keine **b** eine, **c** ein, kein, ein **d** kein, eine

3 **a** kein, eine **b** ein, kein, eine **c** keine, ein **d** ein, kein, ein

4 **b** das ist kein Kuchen. Das ist ein Brötchen. **c** Das ist keine Orange. Das ist eine Tomate. **d** Das ist keine Banane. Das ist ein Würstchen.

5a ein, mein, eine, meine Banane, eine, meine Tomate, ein, mein Ei

5b ein Brötchen, kein Brötchen, mein Brötchen; eine Banane, keine Banane, meine Banane; eine Tomate, keine Tomate, meine Tomate; ein Ei, kein Ei, mein Ei;

6 kein Ei, ein Brötchen, keine Kartoffeln, eine Banane

7 **lang:** Kuchen, Tomate, Schokoladenei; **kurz:** Birne, Brötchen, Würstchen, Kiwi

8 6 Tomaten, 3 Birnen, 4 Bananen

9 **b** Orangen **c** Brote **d** Eier **e** Kiwis **f** Äpfel

Lösungen zum Arbeitsbuch

10 **a** -/⸚ Brötchen, Pfannkuchen, Würstchen **-(e)n** Orangen, Tomaten, Birnen, Kartoffeln, Zwiebeln **-e/⸚e** Brote **-s** Kiwis, Joghurts

b -/⸚ Brüder, Töchter, Mütter, Väter **-(e)n** Frauen, Schwestern, Enkelinnen, Familien, Namen, Sprachen, Buchstaben, Straßen, Adressen, Zahlen **-e/⸚e** Söhne, Städte, Kurse, Formulare, Jahre **-er/⸚er** Männer, Kinder, Länder, **-s** Omas, Opas, Papas, E-Mails

11 **A** Birnen **B** Kiwi**s** **C** Kartoffel**n** **E** Äpfel **F** Eier **D** Tomate**n**

12 **a** Söhne, Töchter **b** Opas **c** Brüder, Schwestern

13 **c** Nein, das ist keine Birne **d** Hier sind Kartoffeln. **e** Nein, das sind keine Brote **f** Hier ist ein Würstchen **g** Nein, das ist kein Joghurt

14 **Frau Wagner braucht:** sechs Eier, Milch, Butter, vier Würstchen
Sie braucht: kein Brot, keine Kartoffeln, keine Tomaten

Schritt C
15 **a** Brot **b** Fleisch **c** Bier **d** Tee **e** Mehl **f** Butter **h** Fisch

16 **b** Milch **c** Schokolade **d** Zucker **e** Wein **f** Mineralwasser

17 **b** Zucker **c** Salz **d** Butter **e** Milch **f** Bier

18 1 ↘↗↘ 2 ↗↘↘↗↘ 3 ↗↘↘↗↘

19 **b** 9, **c** 4, **d** 7, **e** 1, **f** 5, **g** 2, **h** 6, **i** 8

20 Wie <u>ist</u> Ihr Name?, Mein Bruder <u>heißt</u> Max., Ich <u>heiße</u> Adem., Woher <u>kommen</u> Sie?, Wir <u>haben</u> drei Kinder., <u>Heißt</u> du Julia?, <u>Wohnst</u> du in Leipzig?, <u>Ist</u> Adem Ihr Vorname?, <u>Kommen</u> Sie aus der Türkei?, <u>Sind</u> Sie Herr Brummer?

21 **b** Kommen Sie aus Italien? **c** Wohnen Sie in Deutschland? **d** Ist das Reis? **e** Hast du Tee? **f** Wo wohnen Sie?

22 **b** Ist das Ihr Vorname? **c** Wer ist das? **d** Heißen Sie Kunzmann? **e** Haben Sie Kinder? **f** Wie geht es Ihnen? **g** Kommen Sie aus Österreich? **h** Wohnen sie in Frankfurt?

Schritt D
23 **2** acht Euro neunzig **3** elf Euro fünfundsechzig **4** siebenundsiebzig Cent **5** fünfzig Cent

24 21, 45, 63, 72, 67, 83, 36, 48, 75, 70, 54, 38, 20, 30, 42, 33, 48

25 **a** Kaffee **c** Hackfleisch **d** Sahne **e** Wein **f** Mineralwasser, **Lösung** Kuchen

26 Gramm, Flasche, Liter, Kilo, Packung, Becher

27 **b** kostet **c** kosten **d** kosten **e** kostet

Schritt E
28 **b** Durst **c** Saft **d** Gemüse **e** Salat **f** reichen **g** Soße **h** kochen

29 **1** esst **2** esse **3** esse, trinke, isst **4** esse, Trinken

30 sehr gerne, nicht so gerne, ist sehr lecker, trinkst gern, Lieblingsgetränk

31 Ja, sehr gern!, Das ist mein Lieblingsessen., Das schmeckt lecker.
Fisch schmeckt nicht so gut. Nein, nicht so gern

32 ● Ich esse gerne Fisch und Salat. Und du, Niklas?
■ Mein Lieblingsessen ist Hähnchen mit Pommes. Und ich esse gerne Suppen. Isst du gerne Suppen?
● Naja, Suppen esse ich nicht so gern. Was trinkst du gern? ■ Ich trinke gern Wein. Aber jetzt habe ich Durst.
● Hier: eine Flasche Mineralwasser. ■ Danke!

33a richtig

33b falsch

33c richtig

Fokus Beruf
1 **b** 8,25, **c** 2 **d** Apfelsaft **e** Bier **f** 1

2 **b** 83, 29 **c** Rechnung

Lektion 4 Meine Wohnung

Schritt A
1 **b** Küche **c** Wohnzimmer **d** Toilette **e** Balkon **f** Bad

2 **ein/der:** Balkon **ein/das:** Wohnzimmer, Bad **eine/die:** Küche, Toilette

3 **a** ein, ein, ein, ein **b** Das, das **c** das, das **d** das **e** eine, die

4 **a** die Hauptstadt **b** eine Stadt, Die Stadt **c** eine Bäckerei, Die Bäckerei **d** ein Foto

5 **a** /, das, das, das, eine, Der **b** eine, die **c** eine, der **d** ein, der **e** eine, die

6 dort, dort, hier, dort

7 **Familie:** das Kind, die Mutter, die Schwester, der Sohn, die Tochter, der Vater **Name und Adresse:** der Familienname, die Hausnummer, das Land, die Nummer, die Postleitzahl, die Stadt, die Telefonnummer, der Vorname **Essen und Trinken:** die Banane, das Brot, das Brötchen, das Ei, der Fisch, die Flasche, das Fleisch, das Gemüse, der Joghurt, die Kartoffel, der Käse, der Kuchen, die Milch, das Obst, die Orange, das Salz, der Tee, die Tomate, der Wein **im Deutschkurs:** das Formular, die Frau, der Kurs, der Mann, die Partnerin, die Sprache

Schritt B

8 **b** Das Zimmer ist sehr klein. **c** Das Zimmer ist nicht hell. **d** Das Zimmer ist sehr dunkel. **e** Das Zimmer ist nicht schön. **f** Das Zimmer ist sehr hässlich.

9a **1** keine **2** nicht **3** nicht **4** kein

9b **kein/keine + Nomen:** keine Kinder, kein Arbeits- zimmer
nicht + …: nicht teuer, nicht verheiratet

10 Ich bin nicht Fernando Álvarez und ich komme nicht aus Mexiko. Ich bin nicht 35. Meine Frau heißt nicht Maria. Ich habe kein Haus und wohne nicht in Nürn- berg. Ich spreche kein Englisch.

11 **b** sie **c** Er **d** Es **e** Es

12 **b** Die Wohnung ist nicht teuer. Sie kostet 325,- Euro. **c** Der Balkon ist schön. Er ist sehr groß. **d** Das Wohn- zimmer ist toll. Es ist sehr hell.

13 **b** es **c** der **e** die **f** die **g** Sie **h** Der **i** Er **j** der **k** Er **l** die **m** sie

14 **a** hell **b** dunkel **c** neu, alt **f** groß, klein **g** breit, schmal

15 **b** Er ist nicht breit, er ist schmal. **c** Es ist nicht hell, es ist dunkel. **d** Sie ist nicht neu, sie ist alt. **e** Es ist nicht teuer, es ist billig. **f** Sie ist nicht schön, sie ist hässlich.

Schritt C

16a **1** das <u>Wohn</u>zimmer, das <u>Schlaf</u>zimmer, das <u>Kinder</u>zim- mer **2** die <u>Küche</u>, der <u>Schrank</u>, der <u>Küchen</u>schrank, der <u>Kühl</u>schrank **3** die <u>Orange</u>, der <u>Saft</u>, der <u>Orangen</u>saft, der Apfelsaft **4** der <u>Wein</u>, die <u>Flasche</u>, die <u>Wein</u>flasche **5** der <u>Käse</u>, das <u>Brötchen</u>, das <u>Käse</u>brötchen

17 **a** Sofa **b** der Herd, der Kühlschrank **c** der Tisch, die Lampe, der Stuhl **d** der Schrank, das Bett **e** die Waschmaschine

18 das, Regale

19 **b** die, die Duschen **c** das, die Bäder **d** das, die Häuser **e** die, die Wohnungen **f** das, die Zimmer **g** die, die Küchen **h** der, die Kühlschränke

20 **a** Die Sessel sind alt. **b** Im Zimmer ist ein Sofa und da sind drei Teppiche. **c** Im Zimmer sind auch drei Regale. **d** Dort sind auch zwei Lampen. **e** Aber da ist kein Bett und da ist auch keine Waschmaschine. **f** Im Zimmer sind auch drei Tische und vier Stühle. Die Stühle sind alt. **g** Da ist ein Schreibtisch.

22 Sehr gut, Ganz gut, Nicht so gut, Gut

23 **Musterlösungen: B** Wie gefallen dir die Sessel? Es geht. Sie sind alt und billig, oder? **C** Wie gefallen Ihnen die Regale? Sehr gut! Sie sind modern und günstig! **D** Wie gefällt Ihnen die Lampe? Nicht so gut. Sie ist teuer und hässlich.

25 **1** c **2** b **3** b

26 gelb, grün, blau

Schritt D

27 187, 76, 934, 67, 27 Lösung: sieben

28a **a** der Balkon **c** das Zimmer **d** das Telefon **e** die Woh- nung **f** der Euro **g** der Quadratmeter **h** der Garten **i** der Fernseher

28b 4

28c 4

Schritt E

29 **b** modern **c** Schrank **d** egal **e** Holz **f** Meter **g** Wasch- maschine **h** dunkel

30a **2** 2 Zimmer **3** die Küche **4** klein, schmal **5** 50 m² **6** 450€

30b **1** Bett, **4** Lampe, **5** Stühle, **6** Regal, **9** Kühlschrank

31 der T<u>e</u>e – die Adr<u>e</u>sse – z<u>e</u>hn Meter – s<u>e</u>chzig Z<u>e</u>ntimeter – die M<u>ie</u>te – der T<u>i</u>sch – das Z<u>i</u>mmer – die Mus<u>i</u>k – die Fam<u>i</u>lie

Fokus Beruf

1 **A** Pizza essen **B** privat telefonieren **C** rauchen **F** Musik hören

2 Was ist hier erlaubt, was ist verboten?

3 **ja** c **nein** b, d, e, f

Lektion 5   Mein Tag

Schritt A

1 **a** einkaufen **b** spielen **c** arbeiten **d** aufräumen **e** fern- sehen **g** anrufen **h** kochen

2 **3** Sie arbeitet lange. **4** Sie kauft im Supermarkt ein. **5** Sie kocht das Abendessen. **6** Sie räumt die Wohnung auf. **7** Sie ruft Freunde in Hamburg an. **8** Sie sieht noch ein bisschen fern.

3 Ich kaufe Brot, Milch und Joghurt ein. Ich rufe Herrn Paulsen an. Ich arbeite nicht so lange.

4 **b** Er räumt immer die Küche auf. **c** Wir machen jetzt Frühstück. **d** Meine Frau arbeitet sehr lange. **e** Mein Sohn sieht gern fern. **f** Ich stehe früh auf.

5 **a** Ich gehe früh ins Bett. **b** ich kaufe jetzt Fleisch und Gemüse ein. Kochen wir zusammen? **c** Ich sehe ein bisschen fern. **d** Sina, räumst du die Küche auf?

6a <u>ar</u>beiten, <u>ko</u>chen, <u>ein</u>kaufen, <u>auf</u>räumen, <u>fern</u>sehen

6b Ich <u>ar</u>beite. Ich kaufe <u>ein</u>. Ich <u>ko</u>che. Ich räume <u>auf</u>. Ich sehe <u>fern</u>.

7a Er arbeitet gern und er lernt gern Deutsch. Omar räumt nicht gern die Wohnung auf und er geht nicht gern spazieren. Hoa frühstückt gern lange. Er kauft gern ein und er kocht gern. Hoa isst nicht gern Fleisch und er sieht nicht gern fern.

7b **Musterlösung:** Ich höre gern Musik. Ich koche nicht gern. Ich schlafe gern lange und ich esse gern Kuchen.

Schritt B
8 **links** vor, vor, vor, nach, nach **rechts** nach, nach, nach, vor

9 a **15:30** f **11:58** e **14:15** b **09:45** c **10:20** o **02:40** g **16:20** i **17:10** k **08:50** d **19:35** m **07:55** j **03:05** l **15:25** n **01:02**

10 **b** 09:45, 21:45 **c** 06:15, 18:15 **d** 07:20, 19:20 **e** 09:10, 21:10 **f** 07:40, 19:40 **g** 11:15, 23:15 **h** 12:05, 00:05 **i** 04:25, 16:25 **j** 12:20, 00:20 **k** 03:25, 15:25 **l** 09:40, 21:40

11 **b** Erst **c** schon **d** schon, erst

Schritt C
12 **a** Um, am, um **b** am, von, bis, Um

13 **A** Um, gehen, komm**st** **B** habe, Am, kauf**e**, Von, bis, spiel**en**, am, komm**en**

14 **b** fängt ... an **c** Arbeitest **d** arbeitet **e** Fangen ... an **f** Sehen ... fern

15 **b** Von 12 bis halb sieben **c** Am Dienstag **d** Von zwei bis fünf Uhr **e** Um acht Uhr

16 Montag, Dienstag, Mittwoch, Donnerstag, Freitag, Sonntag

17a **1** arbeitet **2** kocht **3** räumt ... auf **4** sieht fern, isst **5** geht ... spazieren **7** schläft

17b Herr Reinhardt kocht nicht. Oma räumt nicht die Küche auf. Opa sieht nicht fern und isst keine Schokolade. Leo geht nicht mit Mäxchen spazieren. Sina macht keine Hausaufgaben. Das Baby schläft nicht.

Schritt D
18 **B** am Mittag **C** in der Nacht **D** am Morgen **E** am Nachmittag **F** am Vormittag

19a **2** Sport machen **3** Musik hören **4** essen **5** Kaffee trinken **6** spazieren gehen **7** frühstücken

19b **1** trinkt Kaffee **2** geht ... spazieren, isst **3** macht ... Sport **4** chattet, hört Musik

20 Um acht Uhr hat sie Deutschkurs. Sie lernt von neun bis zwölf Uhr. Sie macht am Mittag eine Pause. Am Nachmittag macht sie Hausaufgaben. Dann ruft sie Haruki an. Minako geht am Abend um elf Uhr ins Bett.

21 **b** frühstückt sie mit Peter. **c** räumt sie die Wohnung auf. **d** kauft sie ein. **e** kocht Julia das Mittagessen. **f** arbeitet sie im Copyshop. **g** geht sie mit Nicolas ins Kino.

22 **b** Dann frühstückt er. **c** Er ist von acht bis zwölf Uhr im Kurs. **d** Am Mittag isst er mit Carla. **e** Er spielt am Nachmittag Fußball. **f** Zu Hause sieht er noch ein bisschen fern. **g** Am Abend geht er um zehn Uhr ins Bett.

Schritt E
23a 2 G, 3 F oder B, 4 A, 5 I, 6 C

23b 2 O, 3 O, 4 P, 5 O, 6 P

24 **richtig:** c, e

25 **1** Am Samstag um 14.30 Uhr **2** Um 18.15 Uhr und um 20 Uhr. **3** Montag bis Samstag, 8 bis 13.00 Uhr

27a **e:** essen – zehn – Tee – jeden Tag – gern – Bett **i:** am Dienstag – Kino – du siehst fern – am Mittwoch – trinken **o:** am Donnerstag – geschlossen – am Montag – am Morgen – Wohnung **u:** um vier Uhr – Fußball – Stuttgart – kurz vor zwei – Flur **ä:** ich hätte – spät – Äpfel – wählen **ö:** hören – geöffnet – Söhne – zwölf **ü:** frühstücken – müde – fünf – Mütter

27b **a, +nn:** zwanzig, Mann, wann **e, eh, ee:** zehn, Tee, jeden **e, e+ss, e+tt:** essen, gern, Bett **i, ie, ieh:** Dienstag, Kino, siehst **i, i+tt:** Mittwoch, trinken **o, oh:** Montag, Morgen, Wohnung **o, o+nn, o+ss:** Donnerstag, geschlossen **u, uh, uß:** Uhr, Fußball, Flur **u, u+tt:** um, Stuttgart, kurz **ä, äh:** spät, wählen **ä, ä+tt:** hätte, Geschäft, Äpfel **ö, öh:** hören, Söhne **ö, ö+ff:** geöffnet, zwölf **ü, üh:** frühstücken, müde **ü, ü+tt:** fünf, Mütter

Fokus Beruf
2 **Luisa Lehner**
Studium: Event-Management, **Arbeitszeiten:** Freitag und Samstag: Bibliothek
Ralf Rollmann
Arbeit: Arzt (Klinik), **Arbeitszeit:** Montag bis Freitag bis 19.00 Uhr, 1x im Monat: Samstag und Sonntag, **Wie findet er die Arbeit?:** sehr gut, **aber Arbeitszeiten:** nicht so gut.
Nena Nalde
Arbeit: Malerin, **Arbeitszeit:** Montag bis Samstag von 10 Uhr bis 19 Uhr, **Wie findet sie die Arbeit?:** super

Lösungen zum Arbeitsbuch

Lektion 6   Freizeit

Schritt A

1 b Dresden c Köln d München

2 a Sonne, scheint, warm, windig b kalt, null, schneit c Wetter, Grad, bewölkt, regnet

3 scheint, Grad, schneit, bewölkt, regnet

4 a Hamburg, b München, c Dresden, d Düsseldorf, f Süden, g Westen, h Osten

5 im Süden, Westen; am Montag, Vormittag, Abend, Mittwoch; um drei Uhr, kurz vor halb sieben, halb vier; in Deutschland, München, der Nacht, der Schweiz

6 b der Regen, c der Schnee, d die Sonne, e die Wolke

7 a gut b Im Süden, scheint die Sonne c Auch am Tag, schneit es

8a Hallo Ivana, wir sind zwei Wochen in Griechenland. Das Wetter ist super. Die Sonne scheint, es sind 35 Grad. Alles ist sehr schön. Liebe Grüße Dorothea

9 richtig: a, c, f

Schritt B

10a Hast du die <u>Eier</u>? Nein die <u>Eier</u> habe ich <u>nicht</u>, aber das <u>Mehl</u>.

11 b Wer?/Was? die Wurst Wen?/Was? die Wurst c Wer?/Was? die Bananen Wen?/Was? die Bananen d Wer?/Was? das Restaurant Wen?/Was? das Restaurant

12 ein, eine, eine, keinen, eine, den, eine, einen, die, Das, das

13 a einen, ein, einen, einen, keinen b Das, der, ein, keinen, /, das

14 ein, ein, eine, ein, Die, einen, ein, einen, ein, Das, den, das, keine, keinen

15 a nimmst, nehme, nimmst, nehme b nimmt, nimmt, nehme

16a 1 meine, Deine, deinen 2 meine, einen, ein

16b deinen Schrank, mein, dein Sofa, meine, deine Waschmaschine, meine Stühle

17 a der Kiwisaft b die Kartoffelsuppe, die Gemüsesuppe, c das Schinkenbrot, das Butterbrot

18 richtig: 2, 3 falsch: 1,4,5

Schritt C

19 b nehmen, möchte c möchte, nimmst d nehmt

20 Doch, Nein, Ja, Doch

21 b 6, c 5, d 1, e 3, f 4

22 b wohnt er nicht in Köln c ist er nicht verheiratet d Arbeitet er nicht hier e Ist er nicht Fußballspieler f ist sein Bruder nicht Fußballspieler

Schritt D

23a 1 schwimmen 2 wandern 3 fotografieren 4 grillen 5 spielen 6 tanzen 7 spazieren gehen 8 lesen 9 joggen 10 hören

23b 2 wandert 3 Eine Frau fotografiert 4 grillen 5 spielt Gitarre 6 tanzen 7 gehen spazieren 8 Ein Mann liest 9 Eine Frau joggt 10 Ein Mann hört Musik

24 b 8, c 2, d 4, e 3, f 7, g 5, h 6

25 b schwimme und wandere ich gern. c ist der James-Bond-Film Skyfall. d ist Gitarrespielen. e interessant. f Hobbys? g grille gern

26 b Lieblingsfarbe ist blau c Lieblingsessen ist Pizza d Meine Lieblingsbücher sind Krimis e Meine Lieblingsmusik ist Rockmusik.

27 Ich gehe gern in Klubs und treffe sehr gern Freunde. Wir machen zusammen Ausflüge oder wandern in den Bergen. Ich telefoniere auch sehr viel mit Freunden.

28 fährst, Liest, liest, lest, Trefft, Triffst, Schläfst

29 1 Ich weiß nicht. 2 Kein Problem! 4 Ach nein, Na gut. 5 Gute Idee!

30 b Berge c Radio d Polizei e eine Wolke

31 <u>Regenwolken</u> – <u>bleiben</u> – <u>steigen</u> – fotografieren – grillen – <u>joggen</u>- <u>gefallen</u> – <u>spielen</u> – <u>anfangen</u>

Schritt E

32 B Sommer C Herbst D Winter

33a 1 Sommer 2 Herbst 3 Winter

33b B wandern C Ski fahren D schwimmen E Mountainbike (Fahrrad) fahren F grillen G klettern H surfen

33c 1 D, F, B 2 H, E 3 C, G

Fokus Beruf

1 b Dienstag c 6.15 Uhr bis 11.15 Uhr d sechs

2 C Frühstück/Mittagessen machen, A beim Aufstehen helfen, D beim Essen helfen, E vorlesen/zusammen spielen

Lektion 7   Lernen – ein Leben lang

Schritt A

1 a Was kann ich machen? b könnt ihr Tennis spielen?, wir können nicht Tennis spielen. c Janina kann super tanzen! d Können Sie bitte Kaffee kaufen? e ich kann nicht klettern.

2 ich kann, er/sie kann, wir können, ihr könnt, sie/Sie können

3 <u>Können</u> Sie das bitte <u>buchstabieren</u>?, Simon <u>kann</u> sehr gut Russisch <u>sprechen</u>.; Ich <u>kann</u> heute nicht ins Kino <u>gehen</u>.; <u>Kann</u> ich Sie etwas <u>fragen</u>?; <u>Könnt</u> ihr gut <u>tanzen</u>?

4 2 Tennis spielen, 3 reiten, 4 singen, 5 Kuchen backen, 6 fotografieren, 7 Ski fahren, 8 schwimmen

5a 1 reitet 2 singen 3 malt

5b 1 Muriel kann sehr gut reiten. 2 Karie und Jeany können gut singen. 3 Alba kann nicht so gut malen.

6 b Ludmilla kann nicht so gut reiten. c Ivan kann nicht gut Ski fahren. d Ich kann …

7 a Nein, aber ich kann gut Klavier spielen. b Ich kann leider gar nicht gut kochen., Aber dafür können Sie sehr gut Kuchen backen.

8b die <u>Sch</u>weiz, die <u>Str</u>aße, der Hand<u>st</u>and, <u>sp</u>ielen, <u>sch</u>warz, Ent<u>sch</u>uldigung, wie <u>schr</u>eibt man das? Meine <u>Sch</u>wester <u>spr</u>icht <u>Sp</u>anisch.

8c 2 s 3 s 4 sch 5 s 6 S, S

Schritt B

9 **ich** will, **du** willst, **er/sie** will, **wir** wollen, **sie/Sie** wollen

10 b Jakob und Alina wollen in den Semesterferien keinen Stress haben. c Alina will in der Natur zeichnen und fotografieren. d Jakob will jeden Tag Fußball spielen. e Sie wollen ein bisschen Englisch lernen. f Jakob und Aline wollen im Urlaub viel Freizeit haben.

11 B will C Wollen, will D wollen, wollt

12 B Vietnamesisch C Englisch D Deutsch

13 a Nein! Ich will jetzt wirklich fernsehen b Ich möchte kein Gemüse essen., Ich will aber kein Gemüse essen!

14 A Guten Tag.Was möchten Sie? – Ich möchte gern eine Pizza und eine Flasche Wein. B Ich möchte bitte bezahlen. C Hallo!!! Ich will endlich bezahlen!

Schritt C

15 essen – Die Kinder haben schon gegessen.; schreiben – Er hat die E-Mail schon geschrieben.; machen – Habt ihr auch in Italien Urlaub gemacht?; sprechen – Haben Sie mit Frau Kindl gesprochen?; kaufen – Elena hat Blumen für Oma gekauft.; lieben – Wir haben Opa sehr geliebt.; finden – Hast du dein Buch gefunden?; lesen – Habt ihr den Text schon gelesen?

16 trinken – getrunken, frühstücken – gefrühstückt, sagen – gesagt, sehen – gesehen, treffen – getroffen, kochen – gekocht, üben-geübt, leben – gelebt, sprechen – gesprochen, kosten – gekostet, grillen – gegrillt, suchen – gesucht, wohnen – gewohnt

17 **ge...(e)t:** machen – macht – gemacht; frühstücken – frühstückt – gefrühstückt; sagen – sagt – gesagt; kochen – kocht – gekocht; leben – lebt – gelebt; kaufen – kauft – gekauft; kosten – kostet – gekostet; grillen – grillt – gegrillt; suchen – sucht – gesucht; wohnen – wohnt – gewohnt; lieben – liebt – geliebt; üben –übt – geübt; **ge...en:** lesen – liest – gelesen; schreiben – schreibt – geschrieben; trinken – trinkt – getrunken; sehen – sieht – gesehen; treffen – trifft – getroffen; sprechen – spricht – gesprochen; finden – findet-gefunden; essen – isst – gegessen;

18 b hast … gekocht c habe … gelernt d habe … gesehen e habe … gegessen f habe … geschlafen g hat … gesagt

19 Ich <u>habe</u> im Deutschkurs schon viel <u>gelernt</u>., Jeden Nachmittag <u>haben</u> Paula und ich zusammen <u>geübt</u>., Gestern <u>haben</u> wir dann die A1-Prüfung <u>geschrieben</u>., Ich <u>habe</u> sie im Deutschkurs <u>kennengelernt</u>., Was <u>hast</u> Du so <u>gemacht</u>?

20 Dann habe ich gelesen und ein bisschen Deutsch gelernt. Jens hat Musik gehört und das Mittagessen gekocht. Am Nachmittag haben wir Sport gemacht. Am Abend haben wir mit Freunden Tennis gespielt.

22 Und ich habe eine neue Wohnung gesucht. Ich habe eine 2-Zimmer-Wohnung gefunden. Ich habe viele neue Möbel gekauft. Ich will Spanisch lernen. Ich will einen Kurs machen. Willst du auch Spanisch lernen? Liebe Grüße Lena

Schritt D

23 Bist … gegangen; fahren – ist … gefahren, sind … gefahren; kommen – seid … gekommen, sind … gekommen

24 gehen – geht – gegangen; fahren – fährt – gefahren; kommen – kommt – gekommen

25 ist, sind, haben, haben, sind, ist, habe, Bist

26 Er <u>hat</u> vier Jahre England <u>gearbeitet</u>., Jetzt <u>will</u> er wieder in Deutschland <u>leben</u>., Er <u>hat</u> schon eine Wohnung in Köln <u>gefunden</u>.

27 b Ernesto kann nicht so gut tanzen; c Kathi will nächsten Winter in Norwegen Ski fahren. d Aziza ist im Sommer zwei Wochen in Italien gewandert.

28 b sind wir ins Café gegangen c haben wir gekocht d sind früh ins Bett gegangen e wollen wir nach Freiburg fahren f wollen wir einkaufen g können wir dort eine Wanderkarte kaufen

29a auf der Straße

29b 2 viel 3 nicht gesehen

Schritt E

30 Bus, Comics, Zeitungen, -plakat, Antwort, Museum, Theater

31 Museum, Bus, Comic

32a Liebe Damen und Herren,… Mit vielen Grüßen

32b Hallo, ich will einen Surfkurs machen. Wann haben Sie Surfkurse für Anfänger? Was kostet ein Surfkurs? Viele Grüße

Fokus Beruf: Small Talk im Büro

2a 2 Wetter, 3 Reisen, Urlaub

2b 1 Oh, ganz gut., … nicht so gern …, Ja, sehr gern., Gute Idee!
2 Wie geht es Ihnen?, Danke gut, und Ihnen?, Schönen Tag noch.
3 Ja, das stimmt!, Ah, sehr schön., Also, …

Lösungen zu den Tests

Lektion 1   Guten Tag. Mein Name ist …

1   a Hallo. b Guten Morgen. c Gute Nacht. d Guten Abend. e Auf Wiedersehen. Tschüs

2   a Familienname, b Straße, c Postleitzahl, d Stadt, e Land

3   a bin, b heißt, c sprichst, d spreche, e kommst, f kommen, g ist, h bist

4   a Was sprechen Sie? b Wer bist du? c Wie heißen Sie? d Woher kommen Sie?

5   b 5, c 1, d 3, e 6, f 2

6   a guten Tag, b Mein Name ist, c Wie ist Ihr Name, d Ich buchstabiere, e Auf Wiederhören

7   individuelle Lösung

Lektion 2   Meine Familie

1   a Eltern, Vater; b Kinder, Tochter; c Großeltern, Opa, Oma; d Geschwister, Bruder, Schwester

2   a zwölf, b dreizehn, c sieben

3   a Er, b Sie, c Sie, d Sie, e Er, f Sie

4   a meine, mein b dein; c Ihre, Ihr; d deine, Meine; e deine

5   a komme; b sprichst, sprechen; c bin, habe, heißen; d wohnt, wohnen; e bist, bin

6   a bin Maria Mendoza, b Aus Bolivien, c verheiratet, d ledig, e wie ist Ihre Telefonnummer

7   Musterlösung a Er wohnt in Berlin. b Wir haben drei Kinder. c Du sprichst Türkisch. d Sie kommt aus Frankreich. e Ihr seid geschieden.

Lektion 3   Essen und Trinken

1   a eine Banane, b ein Apfel, c eine Stadt, d ein Brötchen, e ein Ei

2   a Kartoffel, b Salz, c Kaffee, d Wein, e Dose

3   a Äpfel, b Säfte, c Eier, d Brötchen, e Fotos, f Fragen, g Männer, h Schwestern, i Kinder, j Großmütter

4   a kein, b keine, c kein, d keine, e keine

5   a Was ist das, b Ist das, c Wie geht es Ihnen, d wie heißt du, e Sprechen Sie

6   individuelle Lösung Ich trinke gern Apfelsaft. Mein Lieblingsessen ist Pizza. Ich esse nicht gern Käse.

7   a fünfzig Cent, b drei Euro, c ein Euro siebenundzwanzig, d neunundsiebzig Cent

8   a Becher, b Gramm, c Packung, d Flaschen, e Liter

Lektion 4   Meine Wohnung

1   a das Schlafzimmer, b das Bad, c der Balkon, d die Küche, e das Wohnzimmer

2   a teuer. b klein. c hässlich. d dunkel. e schmal.

3   a Er, b Es, c Sie, d Sie, e Sie

4   a nicht, b nicht, c keine, d nicht, e kein

5   Lösungsvorschlag: a Wie viele Zimmer hat sie / die Wohnung?, b Was kostet sie im Monat?, c Gibt es eine Badewanne?, d Ist die Wohnung / sie hell?, e Wo ist die Wohnung?

6   a eine Wohnungsanzeige b wie hoch ist die Miete, c im Monat, d Nebenkosten, e eine Telefonnummer

7   a groß und ruhig. b ein Schreibtisch und ein Stuhl. c einen Balkon. d einen Computer. e warm.

Lektion 5   Mein Tag

1   a Viertel nach sechs, b halb eins, c fünf nach halb zehn, d Viertel vor elf, e kurz nach zwei

2   a räumt auf, b ruft an, c sieht fern, d kauft … ein, e gehen spazieren

3   a Am, um; b von, bis; c In der

4   a Um 7.00 Uhr frühstückt Jan. b Von 16.00 Uhr bis 18.00 Uhr macht Jan Sport. c Am Abend ruft Jan seine Freundin Anne an.

5   a schläft, steht … auf; b geht … spazieren; c ruft … an, liest; d sieht … fern, isst; e hilft; f sprechen; g spricht

6   a Halb drei. b Ich komme gern. c Von 8.00 bis 20.00 Uhr. d Das passt mir gut. Wann fängt der Film an? e Um 19.00 Uhr.

7   Musterlösung Dann gehe ich mit dem Hund spazieren. Dann mache ich mit den Kindern Hausaufgaben. Am Sonntag habe ich Zeit. Am Sonntag schlafe ich lange. Dann gehe ich ins Kino. Essen wir zusammen ein Eis? Liebe Grüße Ayla

Lektion 6   Freizeit

1   a Es schneit, b Die Sonne scheint, c Es ist windig, d Es regnet

2   a trifft, b tanzt, c schwimmen, d surfe, e wandert

3   der Herbst, der Winter

4   a einen, den; b der; c der; d den

5   a meine, meinen, mein, mein, meine; b eine, einen, eine

6   b 6, c 4, d 5, e 2, f 1

7 individuelle Lösung **a** Mein Lieblingsfilm ist … **b** Mein Lieblingsspiel ist … **c** Meine Lieblingsmusik ist …

8 individuelle Lösung

9 richtig: **a**, **d**, **e**

Lektion 7   Lernen – ein Leben lang

1 **a** spielen, **b** sagen, **c** malen, **d** reiten, **e** wandern, **f** treffen, **g** wecken

2 **a** tanzen, **b** Freunde treffen, **c** Tennis spielen, **d** grillen, **e** schwimmen, **f** Ski fahren, **g** reiten, **h** singen

3 **a** können, **b** willst, **c** Kannst, **d** Wollen, **e** kann

4 **a** sind, **b** hat, **c** haben, **d** bin

5 **a** habe … geschlafen, **b** bin … gefahren, **c** habe … gegessen

6 **a** Ja, ich kann gut Auto fahren. **b** Nein, wir können gar nicht Ski fahren. **c** Nein, ich kann / wir können nicht so gut kochen.

7 individuelle Lösung **a** den Tipp finde ich wichtig. Das mache ich oft und das hilft. **b** Nein, das finde ich nicht wichtig. **c** Ja, ich habe schon einmal mit einem Tandem-Partner gelernt. Das ist gut! **d** Nein, ich habe noch keinen Comic auf Deutsch gelesen. Den Tipp finde ich nicht so wichtig.

8 **Musterlösung** Am Nachmittag bin ich ins Café gegangen. Dann habe ich eingekauft. Am Abend habe ich Musik gehört.

Bewertungsschlüssel für die Tests:	
40 – 36 Punkte	sehr gut
35 – 32 Punkte	gut
31 – 28 Punkte	befriedigend
27 – 24 Punkte	ausreichend
23 – 0 Punkte	nicht bestanden